2023 年交通运输职业资格考试辅导丛书

公路水运工程试验检测人员考试

习题精练与解析

桥梁隧道工程

曹晓川　施尚伟　主　编
杜　松　副主编

人民交通出版社股份有限公司
北　京

内 容 提 要

本书根据2023年度《桥梁隧道工程》科目考试大纲的相关要求，以及2023版考试用书和相关规范，精心编写了大量练习题，并附有详细解析。全书包含三部分，第一部分为习题、参考答案及解析，包括绪论（桥隧工程质量检验评定），桥隧工程原材料、工程制品和构件材质状况检测，桥梁，隧道等内容；第二部分为典型易错题剖析，对各章节中的重难点内容、常见及易错考点进行总结剖析；第三部分为试验检测师和助理试验检测师模拟试卷。

本书可作为公路水运工程试验检测人员考前复习参考用书，也可为试验检测人员的检测工作提供技术参考。

图书在版编目(CIP)数据

公路水运工程试验检测人员考试习题精练与解析．桥梁隧道工程／曹晓川，施尚伟主编．—北京：人民交通出版社股份有限公司，2023.2

ISBN 978-7-114-18552-6

Ⅰ．①公…　Ⅱ．①曹…②施…　Ⅲ．①桥梁工程—试验—资格考试—题解②桥梁工程—检测—资格考试—题解③隧道工程—试验—资格考试—题解④隧道工程—检测—资格考试—题解　Ⅳ．①U41-44②U61-44

中国版本图书馆CIP数据核字(2022)第256284号

书　　名：公路水运工程试验检测人员考试习题精练与解析　桥梁隧道工程
著 作 者：曹晓川　施尚伟
责任编辑：朱伟康　刘　彤
责任校对：孙国靖　宋佳时
责任印制：张　凯
出版发行：人民交通出版社股份有限公司
地　　址：(100011)北京市朝阳区安定门外外馆斜街3号
网　　址：http://www.ccpcl.com.cn
销售电话：(010)59757973
总 经 销：人民交通出版社股份有限公司发行部
经　　销：各地新华书店
印　　刷：北京市密东印刷有限公司
开　　本：787×1092　1/16
印　　张：22.75
字　　数：553千
版　　次：2023年2月　第1版
印　　次：2023年2月　第1次印刷
书　　号：ISBN 978-7-114-18552-6
定　　价：80.00元

前　言

《公路水运工程试验检测人员考试习题精练与解析　桥梁隧道工程》于2016年首版，历年来跟踪考试大纲、考试用书的调整及相关规范的更新，本次已是第5次修订出版。本书包含习题、参考答案及解析，典型易错题剖析和模拟试卷三部分，立足于实用性和针对性，为广大考生复习备考提供了较好的参考和借鉴，已成为有影响力和广受欢迎的考试辅导资料。

本次修订版依据《2023年度公路水运工程试验检测专业技术人员职业资格考试大纲》及《桥梁隧道工程》科目考试用书的更新内容，同时根据最新的标准、规范，分析、总结近几年职业资格考试的题型、考点，按照内容全面、考点突出的原则，在前一版本的基础上主要对以下内容进行了修订：

1. 对应考试大纲的新增考点，有针对性地增加部分新的习题和解析，删减超出考试大纲范围或因规范废止而过时的习题；

2. 分析、总结近几年考试的常见题型和考点，增加相应习题；

3. 修订典型易错题剖析内容（第二部分），对各章节中重难点的概念、方法、常见及易错的考点进行总结、对比和剖析；

4. 依据近两年颁布实施的标准、规范，更新和完善了相关习题中的检测、评价方法及技术要点，包括《公路桥涵施工技术规范》（JTG/T 3650—2020）、《超声回弹法综合法检测混凝土抗压强度技术规程》（T/CECS 02—2020）、《公路工程基桩检测技术规程》（JTG/T 3512—2020）、《公路隧道施工技术规范》（JTG/T 3660—2020）、《公路桥涵养护规范》（JTG 5120—2021）等规程的相关内容；

5. 修改、完善上一版本遗漏和错误的内容，精简、合并近似的习题。

本书第一部分的绪论、第三章、第六～七章由重庆交通大学曹晓川编写，第一～二章、第五章、第十二～十三章及试验检测师模拟试卷由重庆市交通工程质量检测有限公司杜松编写，第四章、第八章、第十六～十七章及助理试验检测师模拟试卷由重庆正诚标研工程检测有限公司李莹雪编写，第九～十一章、第十四～十五章、第十八～十九章由重庆市交通工程质量检测有限公司文永江编写；第二部分由以上四人共同编写；全书由重庆交通大学曹晓川、施尚伟担任主编并统稿。

本书难免有疏漏和不足之处，敬请专家同行和各位考生提出宝贵意见和建议，以便修订时参考。

主 编

2023 年 2 月

致考生

《桥梁隧道工程》考试科目涉及桥梁与隧道工程的内容多、知识面广、难点多,要求考生具备一定的工程背景知识、较强的实际操作和分析解决问题的能力。如何备考复习、有效提高应试成绩是广大考生共同关注的问题。为此,我们提出以下几点建议供参考。

1. 抓住重点、有针对性地备考

本考试科目涉及知识点众多,如何识别重点、有针对性地进行重点和难点内容的复习准备,是提高成绩的关键。建议仔细阅读考试大纲要求,结合考试用书和相关标准、规范,并结合工程经验(如工程中常用、常见的检测方法,对工程安全、质量影响大的检测指标等),梳理、总结重要知识点和考点,有的放矢地复习备考。

2. 复习宜"由浅入深、由巨入微"

有的考生刚开始复习就一头扎进理论和细节的汪洋大海中,遇到的知识点无论深浅巨细都试图完全掌握和记忆,看似稳扎稳打,其实很不现实,也很容易逐渐失去信心。建议按"由浅入深、由巨入微"的方式循序渐进,分多次通读考试用书,先理解基本概念、检测目的、方法原理等宏观概念(也是常见的考点),再逐步深入,尝试掌握、记忆相关技术细节;难以理解的难点可以先跳过,前后贯通、勤加思考后往往能豁然开朗。

3. 重在理解和举一反三

理解标准、规范、规程和考试用书相关内容的内涵,厘清重要技术环节的相互关系,在理解的基础上加以记忆,做到举一反三,才能应对变化多样的考题,取得好成绩。

4. 习题练习

考前的习题练习是必要的,有助于考生了解题型、设问方式及难易程度,并帮助考生发现自身的薄弱环节,掌握应试技巧,提高应试能力。

最后,预祝各位考生顺利通过考试!

目 录

① 本部分习题根据2023年度《桥梁隧道工程》科目考试大纲编写，适用于检测师考前练习使用（对助理检测师不作要求）。

第一部分
习题及参考答案

绪论　桥隧工程质量检验评定

复习提示

考试大纲要求

检　测　师	助理检测师
1. 工程质量检验评定的依据,工程质量检验评定标准制定目的和适用范围,工程施工及运营安全风险评估的基本要求; 2. 单位、分部及分项工程的划分; 3. 质量检验评定程序; 4. 分项工程质量检验; 5. 工程质量评定等级; 6. 养护工程质量检验等级评定要点	1. 工程质量检验评定的依据,工程质量检验评定标准制定的目的和适用范围; 2. 单位、分部及分项工程的划分; 3. 质量检验评定程序; 4. 分项工程质量检验; 5. 工程质量评定等级; 6. 养护工程质量检验评定要点

桥隧工程质量检验评定知识要点

知　识　点		相 关 要 点
一、新建或改扩建桥梁隧道工程质量检验评定	1. 评定依据	1.《公路工程质量检验评定标准　第一册　土建工程》(JTG F80/1—2017)。 2. 质监部门质量鉴定、监理工程师质量认定、施工质量自检、交竣工质量验收的评定尺度
	2. 工程划分	1. 最小评定单元:分项工程。 2. 评定顺序:分项工程→分部工程→单位工程→合同段→建设项目。 3. 单位工程:具有独立施工条件的桥梁;特大斜拉桥、特大悬索桥分为多个单位工程,小桥、桥涵划归路基工程。 4. 分部工程:按路段长度、结构部位及施工特点划分。 5. 分项工程:按施工工序、工艺或材料划分

续上表

知识点		相关要点
一、新建或改扩建桥梁隧道工程质量检验评定	3. 分项工程评定	1. 评定内容：基本要求、外观质量、质量保证资料完整性、实测项目。 2. 评定条件：原材料、半成品、成品及施工要点符合基本要求，无外观质量限制缺陷，质量保证资料完整，方可评定。 3. 检查项目分类：关键项目（涉及结构安全和使用功能）、一般项目。 4. 评定方法：合格率制
	4. 分项工程合格标准	1. 合格率要求：关键项目≥95%（机电工程为100%），一般项目≥80%。 2. 有极值规定检查项目，任一单个检测值不得突破极值。 3. 检查项目合格率均满足，且符合其他要求，分项工程方合格。 4. 检查项目不合格，整修或返工后可重评，直至合格
	5. 工程质量等级评定	1. 两级制：合格/不合格。 2. 基本原则：两级制度、逐级评定、合规定质。 3. 所属分项工程全合格，该分部工程合格；其他类推
二、工程施工安全风险评估		1. 适用：列入计划新建、改建、扩建高等级桥梁工程，其他参照。 2. 评估内容：危险识别、风险评估、风险控制
三、桥梁隧道养护工程质量检验评定		1. 评定依据：《公路养护工程质量检验评定标准　第一册　土建工程》（JTG 5220—2020）。 2. 两级评定：按养护单元、养护工程逐级评定。 3. 养护单元的评定内容：基本要求、外观质量、质量保证资料完整性、实测项目，其中实测项目分关键项目和一般项目，用合格率评价。 4. 两级制度：养护单元、养护工程质量等级评定分为合格与不合格

习　题

一、单项选择题

1. 公路工程行业标准体系中，《公路桥涵设计通用规范》（JTG D60—2015）属于（　　）。

A. 强制性标准　　B. 推荐性标准　　C. 综合标准　　D. 管理标准

2.《公路工程质量检验评定标准　第一册　土建工程》（JTG F80/1—2017）统一了工程质量的（　　）和评定标准。

A. 检查项目　　B. 检验标准　　C. 检验方法　　D. 检验数量

3. 桥梁工程质量检验评定中，上部构造预制和安装应划归为（　　）工程。

A. 分项　　B. 分部　　C. 单位　　D. 建设

4. 新建桥梁的工程质量检验评定以（　　）工程为基本单元。

A. 单位　　B. 分项　　C. 分部　　D. 建设

5. 以下不属于分项工程质量检验内容的是（　　）。

A. 基本要求检查　　B. 质量保证资料完整性

C. 实测项目合格率　　D. 实测项目得分

6. 分项工程质量检验评定,实测项目按(　　)评价是否合格。

A. 合格率法　　B. 百分制评分法

C. 资料审查评审法　　D. 综合评定法

7. 新建公路工程质量检验评定中,分项工程的实测项目合格率应满足(　　)。

A. 关键项目不低于 90%,一般项目不低于 80%

B. 关键项目不低于 90%,一般项目不低于 75%

C. 关键项目不低于 95%,一般项目不低于 80%

D. 关键项目不低于 95%,一般项目不低于 75%

8. 根据《公路养护工程质量检测评定标准　第一册　土建工程》(JTG 5220—2020),下列说法不正确的是(　　)。

A. 养护工程质量等级评定分为合格与不合格

B. 养护工程质量检测评定按养护单元、养护工程逐级进行

C. 养护单元工程质量检测评定为合格时,关键实测检查项目合格率不低于 90%

D. 养护工程质量评定为合格时,所含各养护单元的质量均应为合格

9. 公路工程质量等级评定的原则是(　　)。

A. 两级制度、逐级计分评定、合规定质

B. 两级制度、逐级评定、合规定质

C. 三级制度、逐级计分评定、合规定质

D. 三级制度、逐级评定、合规定质

10. 桥隧工程安全风险评估包括危险识别、风险评估和(　　)三部分。

A. 风险消除　　B. 安全控制　　C. 风险控制　　D. 措施评估

二、判断题

1. 新建公路工程的分部工程中,分项工程根据路段长度、结构部位及施工特点等进行划分。(　　)

2. 特大斜拉桥、特大悬索桥建设工程,应将单座桥梁划分为多个单位工程。(　　)

3. 分项工程质量评定中,可先完成实测项目检验,再补充完善质量保证资料。(　　)

4. 分项工程质量评定中,实测检查项目分为一般项目和关键项目。(　　)

5. 公路工程质量评定时,某分部工程所属的分项工程合格率不低于 95%,则该分部工程评定为合格。(　　)

6. 某新建 5×30m 混凝土简支梁桥,应将该桥的上部构造预制和安装划分为 2 个分部工程。(　　)

7. 采用复合衬砌结构的公路隧道,初期支护、模筑混凝土分别作为一个分部工程进行质量评定。(　　)

8. 工程质量检验评定中,分项工程的基本要求包括所采用的各种原材料的品种、规格、质量及混合料配合比和成品、半成品符合有关技术标准并满足设计要求。(　　)

9. 新建隧道,混凝土衬砌的混凝土强度合格率为 90%,则相应分项工程不合格。(　　)

10. 桥梁隧道养护工程与新建工程的质量评定依据都是现行《公路工程质量检验评定标准　第一册　土建工程》。（　）

三、多项选择题

1. 根据《公路养护工程质量检验评定标准　第一册　土建工程》(JTG 5220—2020)，下列关于桥梁养护工程实测项目检验说法正确的有(　　)。
   A. 有极值限定的实测项目，检查点(组)数突破规定极值的比例不得大于5%
   B. 关键项目合格率不得低于95%
   C. 属于工厂加工制造的桥梁金属构件的合格率应为100%
   D. 一般项目的合格率应不低于90%
2. 公路工程的质量检验评定中，质量保证资料应包括(　　)等。
   A. 原材料、半成品和成品质量检验结果
   B. 材料配合比、拌和及加工控制检验和试验数据
   C. 地基处理、隐蔽工程施工记录和桥梁、隧道施工监控资料
   D. 对质量事故的处理补救达到设计要求的证明文件
3. 某3×30m预应力连续梁桥，在其质量评定中，应划归为分部工程的包括(　　)。
   A. 基础及下部构造　　B. 上部构造现场浇筑
   C. 栏杆和人行道　　D. 引道工程
4. 分项工程质量评定的合格标准包括(　　)。
   A. 实测项目的合格率满足规范要求　　B. 质量保证资料完整真实
   C. 得分不得低于80分　　D. 外观质量满足要求
   E. 符合基本要求的规定
5. 隧道工程的分部工程包括(　　)等。
   A. 总体及装饰工程　　B. 洞口工程
   C. 洞身开挖工程　　D. 洞身衬砌工程
   E. 路面工程
6. 桥隧工程质量评定中，涉及(　　)的重要实测项目为关键项目，其他项目为一般项目。
   A. 结构安全　　B. 混凝土构件　　C. 金属制品　　D. 主要使用功能
7. 桥隧工程施工安全风险评估的类型包括(　　)。
   A. 总体风险评估　　B. 专项风险评估　　C. 技术风险评估　　D. 经济风险评估
8. 养护工程质量检验的评定层级，划分为(　　)。
   A. 分项工程　　B. 分部工程　　C. 养护单元　　D. 养护工程

习题参考答案及解析

一、单项选择题

1. A

【解析】公路工程行业标准分为强制性标准和推荐性标准。《公路工程标准体系》(JTG 1001—2017)规定，强制性标准编号以“JTG”(交、通、公三字汉语拼音的首字母)开头，而推荐性标准为“JTG/T”开头。目前还有以 JTJ 开头的标准，为前期颁布仍在执行的公路工程行业标准，以后如果更新会被 JTG 或 JTG/T 代替。

2. B

3. B

【解析】本题是本章节常见的考试题型。工程划分的规定详见《公路工程质量检验评定标准　第一册　土建工程》(JTG F80/1—2017)附录 A 单位、分部及分项工程的划分。桥梁工程(特大斜拉桥、特大悬索桥除外)的分部工程包括：基础及下部构造(1～3 墩台)，上部构造预制与安装(1～3 跨)，上部构造现场浇筑(1～3 跨)，桥面系和附属工程及桥梁总体，防护工程，引道工程。

4. B

【解析】工程质量检验评定的基本单元是分项工程，根据分项工程的质量评定结果再逐级评定分部工程、单位工程的质量等级。

5. D

【解析】分项工程质量检验内容包括：基本要求检查，实测项目(合格率)，外观质量，质量保证资料完整性四个方面。

6. A

【解析】自《公路工程质量检验评定标准　第一册　土建工程》(JTG F80/1—2017)实施，分项工程质量评定采用合格率法，已取消了旧规范中的评分法。

7. C

【解析】分项工程实测项目的合格判定标准为：

(1)检查项目分关键项目(涉及结构安全和主要使用功能的)和一般项目；

(2)关键项目的合格率不应低于 95%(机电工程的关键项目合格率不应低于 100%)；

(3)一般项目的合格率不应低于 80%；

(4)有极值规定的检查项目，任一单个检测值不得突破规定极值。

8. C

【解析】养护工程质量等级分为合格与不合格，按养护单元、养护工程逐级质量评定。根据养护工程性质和设施特点，结合养护施工方法、工序及规模等划分成的养护工程基本评定单位，简称“养护单元”。养护单元的检验内容和要求与新建、改扩建工程相同，包括：基本要求、质量保证资料、外观质量、实测项目合格率检验，其中关键项目合格率不得低于 95%，一般项目合格率不得低于 80%。

9. B

【解析】新建或改扩建桥隧工程质量按“两级制度、逐级评定、合规定质”的原则进行评定。即应进行工程划分，按分项工程、分部工程、单位工程、合同段和建设项目逐级评定，工程质量等级划分为合格与不合格两个等级。且只有当所属各分项/分部/单位工程全部合格，该分部/单位/建设项目(合同段)工程才能评为合格。

10. C

【解析】公路工程安全风险评估包括危险识别、风险评估和风险控制三方面，适用对象为：列入国家和地方基本建设计划的新建、改建以及拆除、加固等的高等级公路桥梁工程项目，其他公路工程项目参照执行。

二、判断题

1. ×

【解析】分项工程应根据施工工序、工艺或材料等进行划分；分部工程则是按路段长度、结构部位及施工特点等进行划分。

2. √

【解析】特大斜拉桥、特大悬索桥因建设规模大、结构复杂，规范要求进行质量评定时，应将单座桥梁划分为多个单位工程。另外还应注意，分幅桥梁按照单幅进行划分。

3. ×

【解析】JTG F80/1—2017 规定：分项工程质量应在原材料、半成品、成品及施工控制要点等符合基本要求的规定，无外观质量限制缺陷且质量保证资料齐全时，方可行检验（即实测项目检验）评定。

4. √

【解析】桥隧工程质量评定中，涉及结构安全、主要使用功能的重要实测项目为关键项目，其他为一般项目。

5. ×

【解析】分部工程所属的分项工程全部合格时，该分部工程方可评定为合格。分项、分部、单位工程的质量等级只有合格、不合格，没有合格率的说法，合格率是针对分项工程的某一个实测项目而言的。

6. √

【解析】JTG F80/1—2017 对分部工程的划分有如下规定：单跨跨径为特大桥的，则单跨的上部构造预制和安装为一个独立的分部工程，否则按建设规模将 2 ~ 3 跨划为一个分部工程，因此该题陈述正确。该桥基础和下部构造至少应划分为 2 个分部工程（共 6 个墩台，每个分部工程最多包含 3 个墩台）。

7. ×

【解析】公路隧道将洞身衬砌（每 200 延米）作为一个分部工程，喷射混凝土、锚杆、钢筋网、钢架、仰拱、仰拱回填、衬砌钢筋、混凝土衬砌、超前锚杆、超前小导管、管棚为其中的分项工程。

8. √

9. √

【解析】隧道混凝土衬砌（每 200 延米）为洞身衬砌的一个分项工程，其中混凝土强度、衬砌背后密实状况为关键实测项目，低于 95% 时，该分项工程不合格。

10. ×

【解析】《公路工程质量检验评定标准　第一册　土建工程》（JTG F80/1—2017）适用于新建和改扩建工程的施工质量检验评定。养护工程在施工工艺、专门技术、作用条件等方面有别于新建工程，因此交通运输部于2020年发布了《公路养护工程质量检验评定标准　第一册　土建工程》(JTG 5220—2020)，作为养护工程质量检验评定的标准。

三、多项选择题

1. BC

【解析】依据该规范，选项A错误，对于有极值限定的实测项目，任一检测值都不能突破极值；选项D错误，一般项目的合格率应不低于80%。

2. ABCD

【解析】质量保证资料应包括：

(1)原材料、半成品和成品质量检验结果；

(2)材料配合比、拌和及加工控制检验和试验数据；

(3)地基处理、隐蔽工程施工记录和桥梁、隧道施工监控资料；

(4)质量控制指标的试验记录和质量检验汇总；

(5)施工过程非正常情况记录以及其对工程质量影响的分析资料；

(6)对质量事故的处理补救达到设计要求的证明文件。

3. ABD

【解析】桥梁的分部工程包括：基础及下部构造(1～3墩台)，上部构造预制与安装(1～3跨)，上部构造现场浇筑(1～3跨)，桥面系、附属工程及桥梁总体，防护工程，引道工程。选项C错误，栏杆、人行道是桥面系、附属工程及桥梁总体这一分部工程中的分项工程。

4. ABDE

【解析】分项工程的检验项目内容包括基本要求、外观质量、质量保证资料和检测项目四项内容，合格标准包括：基本要求符合规定，无外观质量限制缺陷，质量保证资料齐全，实测项目的合格率满足规范要求(关键项目为95%、一般项目为80%、有极值规定的项目任一单个检测值不得突破极值)。C选项错误，分项工程不采用评分法评价质量等级。

5. ABCDE

【解析】隧道的分部工程包括总体及装饰工程、洞口工程(每个洞口)、洞身开挖(每200延米)、洞身衬砌(每200延米)、防排水(每200延米)、路面(每1～3km)、辅助通道(每200延米)等七部分。另外还应注意，双洞隧道每单洞作为一个单位工程。

6. AD

7. AB

【解析】施工安全风险评估分为两类。总体风险评估：估测工程施工期间的整体安全风险大小，确定其静态条件下的安全风险等级；专项风险评估：当工程总体风险评估等级达到Ⅲ级及以上时，将其中高风险的施工作业活动(或施工区段)作为评估对象，进行风险源普查，对其中重大风险源进行量化估测，提出相应的风险控制措施。

8. CD

【解析】养护工程的作业内容往往比较单一，例如一处挡土墙的维修、一座桥梁的支座更换、一段路面的沥青混凝土罩面等，因此，养护工程采用简化的评定层级，分为养护单元、养护工程两级评定。

第一篇　桥隧工程原材料、工程制品和构件材质状况检测

第一章　原材料试验检测

复习提示

考试大纲要求

检　测　师	助理检测师
1. 桥隧工程所用主要原材料的种类、性能、用途； 2. 石料、混凝土及其组成材料，预应力压浆材料，钢材性能及相关的试验检测内容和技术标准、规程； 3. 石料的力学性能、抗冻性试验测试方法； 4. 混凝土抗压强度、抗弯拉强度、弹性模量和抗渗性能的试验测试方法； 5. 钢筋拉伸、弯曲试验检测方法； 6. 预应力混凝土用钢绞线检测方法； 7. 钢筋焊接质量检测方法； 8. 金属材料硬度检测方法	1. 桥隧工程所用主要原材料的种类、性能； 2. 石料、混凝土及其组成材料，预应力压浆材料，钢材性能试验检测内容和技术标准、规程； 3. 石料的力学性能、抗冻性试验检测方法； 4. 混凝土抗压强度、抗弯拉强度、弹性模量和抗渗性能试验测试方法； 5. 钢筋拉伸、弯曲试验检测方法； 6. 预应力混凝土用钢绞线检测方法； 7. 钢筋焊接质量检测方法； 8. 金属材料硬度检测方法

原材料试验检测知识要点

知　识　点	相 关 要 点
一、石料力学性能试验	1. 石料单轴抗压强度试验的仪器设备、试件制备、试验步骤、抗压强度结果计算及评判。 2. 评价石料抗冻性好坏的三个指标：冻融循环后强度变化、质量损失、外观变化。 3. 石料抗冻性试验的仪器设备、试件制备、试验步骤、试验结果参数计算
二、混凝土	1. 混凝土配制用水泥、细集料、粗集料、水的选择。 2. 混凝土性能试验设备，试件数量、尺寸及修正系数，试件制作及养护。 3. 防水混凝土抗渗等级分为设计抗渗等级、试验抗渗等级、检验抗渗等级。 4. 混凝土抗渗性能试验的试样制备、仪器设备、试验步骤及结果计算，混凝土抗渗等级以每组 6 个试件中有 4 个未发现渗水现象时的最大水压力表示。 5. 抗压强度、抗弯拉强度和弹性模量的仪器设备、试验步骤方法（力值、速率、持荷时间）、数据处理和合格判定

续上表

知　识　点	相关要点
三、钢材	1. 钢筋拉伸试验屈服强度、抗拉强度、规定塑性延伸强度、断后伸长率、最大总延伸率的试验方法。 2. 钢筋弯曲、反复弯曲试验方法。 3. 预应力钢棒的力学性能和弯曲性能试验方法，预应力钢棒应进行初始应力为70%公称抗拉强度时1000h的松弛试验。 4. 预应力钢绞线的产品标记包括：结构代号、公称直径、强度级别和标准编号。 5. 预应力钢绞线的力学性能试验及应力松弛试验方法及指标要求。 6. 钢筋焊接接头质量检验包括外观检查和力学性能检验。 7. 金属材料硬度试验检测方法及判定

习　题

一、单项选择题

1. 累年最冷月份平均气温低于或等于-10℃地区的中桥，其表层石料的抗冻性指标为(　　)。

A. 50次　　B. 30次　　C. 25次　　D. 20次

2. 用于桥梁工程的石料单轴抗压强度试验，试件的规格是(　　)，每组试件共(　　)个。

A. 70mm±2mm，3　　B. 70mm±2mm，6　　C. 75mm±2mm，3　　D. 75mm±2mm，6

3. 在石料抗冻性试验中，需将试件放入烘箱烘至恒量，烘箱温度及烘干时间分别为(　　)。

A. 100～105℃，12～24h　　B. 100～105℃，24～48h

C. 105～110℃，12～24h　　D. 105～110℃，24～48h

4. 抗冻性好的石料在冻融试验后的质量损失率不大于(　　)，强度不低于试验前的(　　)倍。

A. 2%，0.70　　B. 2%，0.75　　C. 3%，0.70　　D. 3%，0.75

5. 水泥混凝土抗弯拉强度试验中，采用100mm×100mm×400mm棱柱体非标准试件时，所得的抗弯拉强度值应乘以尺寸修正系数(　　)。

A. 0.85　　B. 0.95　　C. 1.05　　D. 1.1

6. 钢绞线力学试验平行长度为795mm，摘下引伸计时，两夹口距离为800mm，钢绞线拉断时夹口距离为840mm，最大力总延伸率应为(　　)。

A. 4%　　B. 5%　　C. 5.6%　　D. 6.5%

7. 混凝土标准养护室的温度及相对湿度分别为(　　)。

A. 20℃±2℃、90%以上　　B. 20℃±2℃、95%以上

C. 20℃±5℃、90%以上　　D. 20℃±5℃、95%以上

8. 某混凝土立方体试件抗压强度试验结果为，试件A：43.1MPa，试件B：51.6MPa，试件C：58.5MPa，则该组混凝土立方体抗压强度测定值为(　　)。

A. 43.1MPa　　B. 51.1MPa　　C. 51.6MPa　　D. 试验结果无效

9. 水泥混凝土的受压弹性模量取轴心抗压强度(　　)时对应的弹性模量。

A. 1/2　　B. 1/3　　C. 2/3　　D. 1/4

10. 隧道防水混凝土衬砌每(　　)需要做一组抗渗试件。

A. 50m　　B. 100m　　C. 200m　　D. 500m

11. 现场取样检验隧道防水混凝土的抗渗等级,应满足(　　)。

A. 不低于设计抗渗等级　　B. 比设计抗渗等级提高 0.1MPa

C. 比设计抗渗等级提高 0.2MPa　　D. 比设计抗渗等级提高 0.5MPa

12. 对没有明显屈服现象的钢材,通常取塑性延伸率为(　　)所对应的应力作为规定塑性延伸强度。

A. 0.2%　　B. 0.3%　　C. 0.4%　　D. 0.5%

13. 某预应力混凝土构件中,预应力钢筋初始应力为 317MPa,一段时间后测得钢筋的应力为 308MPa,则该预应力钢筋的应力松弛率为(　　)。

A. 97.16%　　B. 2.92%　　C. 2.84%　　D. 102.92%

14. 公称直径 $d=25$mm 的 HRB400 钢筋进行弯曲性能试验,对弯芯直径的要求是(　　)。

A. $3d$　　B. $4d$　　C. $5d$　　D. $6d$

15. 钢绞线应力松弛性能试验,当初始负荷为公称最大力的 80% 时,1000h 后的应力松弛率应不大于(　　)。

A. 1.0%　　B. 2.5%　　C. 3.5%　　D. 4.5%

16. 钢筋焊接接头拉伸试验,有 1 个试件呈延性断裂,2 个试件发生脆性断裂,应再取(　　)个试件进行复验。

A. 2　　B. 3　　C. 4　　D. 6

17. 钢筋连接接头的受拉承载力标准值不应小于被连接钢筋的受拉承载力标准值的(　　)倍。

A. 1.0　　B. 1.1　　C. 1.2　　D. 1.25

18. 钢筋拉伸试验计算抗拉强度时,采用(　　)作为钢筋的计算横截面面积。

A. 实测横截面面积　　B. 公称横截面面积

C. 参考横截面面积　　D. 理论横截面面积

19. 钢绞线最大力总伸长率试验,试样数量为每批(　　)根。

A. 1　　B. 2　　C. 3　　D. 4

20. 钢绞线应力松弛性能试验中要求引伸计的标距不小于公称直径的(　　)倍。

A. 40　　B. 50　　C. 60　　D. 80

二、判断题

1. 桥梁工程中的石料强度等级是以边长为 75mm×75mm×75mm 立方体试件的抗压极限强度值表示。(　　)

2. 用于浸水或气候潮湿地区的受力结构等石材软化系数不应低于 0.8。(　　)

3. 石料冻融后的质量损失率取 3 个试件试验结果的最小值。(　　)

4. 钢绞线拉伸试验，试样在引伸计外部断裂或在夹具中断裂，达到最小规定值时，认为产品符合产品标准要求。（　）

5. 无标准养护室时，可将混凝土试件放入温度为20℃ ±2℃的不流动 $Ca(OH)_2$饱和溶液中养护。（　）

6. 在沿海地区，为合理利用资源，可直接将海水用于结构混凝土的拌制。（　）

7. 混凝土的标准养护龄期为7d。（　）

8. 在混凝土抗弯拉强度试验中，计算结果精确至0.01MPa。（　）

9. 混凝土抗弯拉强度试验，当试件接近破坏而开始迅速变形时，为了更好地观察试件破坏的过程，可以通过减小试验机的油门来实现。（　）

10. 防水混凝土抗渗等级以每组6个试件中有4个未发现有渗水现象时的最大水压力表示。（　）

11. 混凝土的抗渗等级为P6，即表示混凝土试件在抗渗试验时能抵抗6MPa的静水压力而不渗水。（　）

12. 钢筋断后伸长率为试样拉伸断裂后的长度与原始标距之比。（　）

13. 钢筋拉伸试验测定断后伸长率时，应使用分辨率优于0.1mm的量具，准确到±0.25mm。（　）

14. 预应力混凝土用钢绞线应力松弛试验应参照国家相关标准进行，允许用至少120h的测试数据推算1000h的松弛值。（　）

15. 预应力混凝土用钢绞线（L_0≥400mm）的最大力总伸长率应不小于3.0%。（　）

16. 钢筋焊接接头拉伸试验，3个试件均断于钢筋母材，呈延性断裂，其抗拉强度大于或等于钢筋母材抗拉强度标准值，则可判定该检验批接头拉伸试验合格。（　）

17. 预应力混凝土用钢绞线应力松弛性能试验的试样标距长度，应不小于公称直径的50倍。（　）

18. 测定预应力钢绞线最大总伸长率时，应使用不劣于2级准确度的引伸计。（　）

19. 对锚具的硬度检验，如有一个零件不合格，则应另取双倍数量的零件重做试验。（　）

20. 混凝土立方体试件置于压力机受压时，混凝土试件的尺寸越小，测得的抗压强度越小。（　）

三、多项选择题

1. 公路桥涵工程使用的石料制品主要有（　）。
A. 片石　B. 细料石　C. 粗料石　D. 块石
E. 条石

2. 影响石料抗压强度的因素有（　）。
A. 含水率　B. 石材结构　C. 石料成色　D. 石材高径比

3. 石料抗冻性试验测试项目包括（　）。
A. 弹性模量　B. 冻融系数　C. 抗折强度　D. 质量损失率

4. 下列关于粗料石外形及尺寸描述正确的是（　）。

A. 形状应大致方正,上下面大致平整　　B. 厚度 200 ~ 300mm

C. 宽度为厚度的 1.0 ~ 1.5 倍　　D. 长度为厚度的 1.5 ~ 3.0 倍

5. 关于配制混凝土用粗集料最大粒径的表述,正确的包括(　　)。

A. 最大粒径不得超过结构最小边尺寸的 1/4 和钢筋最小净距的 3/4

B. 在两层或多层密布钢筋结构中,最大粒径不得超过钢筋最小净距的 3/4,同时不得超过 75.0mm

C. 混凝土实心板的粗集料最大粒径不宜超过板厚的 1/4 且不得超过 37.5mm

D. 泵送混凝土的粗集料最大粒径对于碎石不宜超过输送管径的 1/3

E. 泵送混凝土的粗集料最大粒径对于卵石不宜超过输送管径的 1/2.5

6. 在混凝土抗弯拉强度试验中用到的仪器设备包括(　　)。

A. 压力试验机　　B. 抗弯拉试验装置

C. 百分表　　D. 液压千斤顶

7. 关于混凝土抗渗性能试验,以下叙述正确的是(　　)。

A. 水压从 0.1MPa 开始

B. 每一级水压加载完成后间隔 8h 施加下一级水压,随时观察渗水情况

C. 相邻两级水压差为 0.1MPa

D. 试验过程中,如水从试件周边渗出,可停止试验,记录当前水压计算抗渗等级

8. 钢绞线的产品标记包括(　　)。

A. 结构代号　　B. 公称直径　　C. 强度级别　　D. 标准长度

E. 标准编号

9. 预应力混凝土用钢棒按表面形状分为(　　)。

A. 光圆钢棒　　B. 螺旋槽钢棒　　C. 螺旋肋钢棒　　D. 带肋钢棒

10. 下列不属于钢材加工性能指标的是(　　)。

A. 弯曲性能　　B. 断后伸长率　　C. 钢筋连接　　D. 冲击性能

11. 下列需要进行弯曲试验的钢筋包括(　　)。

A. 热轧带肋钢筋　　B. 热轧光圆钢筋

C. 预应力混凝土用钢绞线　　D. 预应力混凝土用钢棒

12. 钢筋连接接头根据(　　)以及高应力和大变形条件下反复拉压性能的差异,分为三个等级。

A. 抗拉强度　　B. 残余变形

C. 抗压强度　　D. 抗剪强度

13. 钢筋焊接接头质量检验项目包括(　　)。

A. 拉伸试验　　B. 弯曲试验

C. 剪切试验　　D. 外观检查

14. 下列关于洛氏硬度检测描述正确的是(　　)。

A. 试验温度为 10 ~ 35℃

B. 从初试验力 F_0 施加到总试验力 F 的施加应在 1 ~ 8s 之间

C. 相邻两压痕中心间距离至少应为压痕平均直径的 3 倍

D. 任一压痕中心距试样边缘距离至少应为压痕直径的 3 倍

四、综合题

1. 关于混凝土棱柱体抗压弹性模量试验,请回答下列问题。

(1)在混凝土棱柱体抗压弹性模量试验中用到的仪器设备包括(　　)。

A. 万能试验机　　B. 百分表

C. 千分表　　D. 微变形测量仪固定支架

(2)每组试件数量为(　　)根。

A. 3　　B. 4　　C. 5　　D. 6

(3)下列关于仪器设备安装及调试,表述正确的有(　　)。

A. 微变形测量仪应安装在试件两侧的中线上并对称于试件两侧

B. 加荷至基准应力 0.5MPa 对应的初始荷载 F_0,持荷 60s 后在 30s 内记录两侧变形测量仪的读数

C. 以 0.6MPa/s ±0.4MPa/s 的速率连续均匀加荷至 1/3 轴心抗压强 f_{cp} 对应的荷载值 F_a,持荷 60s 后在 30s 内记录两侧变形测量仪的读数

D. 两侧变形测量读数与均值之差应在 15% 以内,否则应重新调整试件位置

(4)下列关于试验过程的相关操作,表述正确的有(　　)。

A. 正式试验前需预压,预压在初始荷载值 F_0 及 $1/3f_{cp}$ 荷载值 F_a 处均持荷 60s

B. 预压的循环次数至少为两次

C. 完成最后一次预压后,即刻加荷至 F_a 并记录变形量测数据

D. 紧接 C 选项步骤,卸载并卸除微变形测量仪,试验结束

(5)下列关于混凝土抗压弹性模量试验结果,表述正确的有(　　)。

A. 以 3 根试件试验结果的算术平均值为测定值

B. 如试件循环后任一根与循环前轴心抗压强度之差超过后者的 20%,则弹性模量值按另两根试件试验结果的算术平均值计算

C. 如试件循环后有两根与循环前轴心抗压强度之差超过后者的 20%,则试验结果无效

D. 试验结果计算精确至 1MPa

2. 依据《公路隧道施工技术规范》(JTG/T 3660—2020),针对隧道工程防水混凝土抗渗性能试验,请回答下列问题。

(1)隧道防水混凝土衬砌,每(　　)需要 1 组抗渗试件,每组试件数量为(　　)。

A. 100m,3 个　　B. 100m,6 个　　C. 200m,3 个　　D. 200m,6 个

(2)混凝土抗渗试验所需要的仪器设备包括(　　)。

A. 混凝土渗透仪　　B. 成型试模　　C. 螺旋加压器　　D. 密封材料

(3)关于混凝土抗渗试件尺寸和形状,符合要求的有(　　)。

A. 150mm × 150mm × 150mm 的立方体

B. 直径、高度均为 100mm 的圆柱体

C. 上底直径 185mm,下底直径 175mm,高为 150mm 的圆台体

D. 上底直径 175mm，下底直径 185mm，高为 150mm 的圆台体

(4)防水混凝土抗渗性能试验，当试件中有(　　)个试件表面发现渗水，记下此时的水压力，即可停止试验。

A. 2　　B. 3　　C. 4　　D. 5

(5)若题(4)中试验记录的试件渗水时最大水压力为 1.1MPa，则该组试件的混凝土抗渗等级为(　　)。

A. P1　　B. P1.1　　C. P10　　D. P11

3. 对热轧带肋钢筋 HRB335 进行拉伸试验，钢筋规格型号为Φ20mm×400mm。请回答下列问题。

(1)钢筋应按批进行检查和验收，每批钢筋由(　　)的钢筋组成。

A. 同一规格　　B. 同一重量

C. 同一炉罐号　　D. 同一牌号

(2)钢筋拉伸试验的一组试样数量应为(　　)根。

A. 1　　B. 2　　C. 3　　D. 5

(3)钢筋拉伸试验速率控制方法有(　　)。

A. 应变速率控制　　B. 应力速率控制

C. 应力、应变综合速率控制　　D. 时间-位移控制

(4)已知钢筋实测最大力值为 160.925kN，则抗拉强度(数据修约为整数)为(　　)。

A. 511MPa　　B. 512MPa　　C. 513MPa　　D. 514MPa

(5)通过钢筋拉伸试验可以获得的力学性能参数指标有(　　)。

A. 屈服强度　　B. 抗拉强度

C. 最大力总伸长率　　D. 断后伸长率

E. 弯曲性能

习题参考答案及解析

一、单项选择题

1. A

【解析】桥梁结构物所用石料一般包括两方面的要求：石料制品的物理、几何尺寸要求和力学性能要求。其中石料物理、几何尺寸要求中规定，累年最冷月份平均气温低于或等于 -10℃的地区，所用石料抗冻性指标应符合下表的规定。

石料的抗冻性指标

结构物类别	大、中桥	小桥及涵洞
镶面或表层石料的抗冻性指标	50 次	25 次

2. B

【解析】石料单轴抗压强度试验中，试件边长为 70mm±2mm 的立方体试件，每组试件共

6个。

对于有显著层理的石料,分别沿平行和垂直层理方向各取试件6个。试件上、下端面应平行和磨平,试件端面的平面度公差应小于0.05mm,端面对于试件轴线垂直度偏差不应超过0.25°。

3.C

【解析】在石料抗冻性试验中,先对试件进行编号,用放大镜详细检验,并作外观描述,然后量出每个试件的尺寸,计算受压面积,然后将试件放入烘箱,在105~110℃下烘至恒量,烘干时间一般为12~24h,待在干燥器内冷却至室温后取出,立即称其质量,精确至0.01g。

4.B

【解析】评价石料抗冻性好坏有三个指标:冻融循环后强度变化、质量损失、外观变化。冻融试验后的材料无明显损伤(裂缝、脱层和边角损坏),冻融后的质量损失率不大于2%,强度不低于试验前的0.75倍(冻融系数大于75%)时,为抗冻性好的石料。

5.A

【解析】混凝土性能试验试件的尺寸、数量及尺寸修正系数应根据下表选定。

混凝土性能试验试件尺寸及数量

试件名称	试件形状	试件尺寸(mm)	尺寸修正系数	每组试件数量(个)
立方体抗压强度试件	立方体	200×200×200(53)	1.05	3
	立方体	150×150×150(31.5)	标准试件	3
	立方体	100×100×100(26.5)	0.95	2
棱柱体轴心抗压强度试件	棱柱体	200×200×400(53)	1.05	3
	棱柱体	150×150×300(31.5)	标准试件	3
	棱柱体	100×100×300(26.5)	0.95	3
棱柱体抗压弹性模量试件	棱柱体	200×200×400(53)	—	3
	棱柱体	150×150×300(31.5)	标准试件	3
	棱柱体	100×100×300(26.5)	—	3
抗弯拉强度试件	棱柱体	150×150×600(31.5)	标准试件	3
	棱柱体	150×150×550(31.5)	标准试件	3
	棱柱体	100×100×400(26.5)	0.85	3
立方体劈裂抗拉强度试件	立方体	150×150×150(31.5)	标准试件	3
	立方体	100×100×100(26.5)	—	3

6.B

7.B

【解析】混凝土试件采用标准养护时,应将完好试件放入标准养护室进行养护,养护室温度为20℃±2℃,相对湿度为95%以上,且试件应放在铁架或木架上,间距至少10~20mm,试件表面应保持一层水膜,并避免直接用水冲洗。

当无标准养护室时,可将试件放入温度为20℃±2℃的不流动$Ca(OH)_2$饱和溶液中养护。

8. C

【解析】在混凝土立方体抗压强度试验中，以 3 个试件测值的算数平均值为测定值。3 个测值中最大值或最小值中如有一个与中间值之差超过中间值的 15%，则取中间值为测定值；如最大值和最小值与中间值之差均超过中间值的 15%，则该组试验结果无效。

9. B

【解析】混凝土棱柱体抗压弹性模量试验方法规定了水泥混凝土在静力作用下的受压弹性模量测试方法，水泥混凝土的受压弹性模量取轴心抗压强度 1/3 时对应的弹性模量。

10. C

【解析】《公路隧道施工技术规范》(JTG/T 3660—2020)规定，对于采用防水混凝土的衬砌，每 200m 需要做一组(6 个)抗渗试件。

11. A

【解析】防水混凝土的抗渗等级分为设计抗渗等级、试验抗渗等级(配合比设计时)、检验抗渗等级。其中，试验确定施工配合比时的试验抗渗等级应比设计等级提高 0.2MPa，现场检验抗渗等级不得低于设计等级。

12. A

【解析】在室温条件下，对没有明显屈服现象的钢材标准试样进行拉伸试验，由于没有明显的屈服现象，可以取某一规定塑性延伸率(下图中的 e_p)所对应的应力作为规定塑性延伸强度，作为这类钢材的强度指标。通常取塑性延伸率为 0.2% 所对应的应力作为规定塑性延伸强度，即 $R_{p0.2}$。

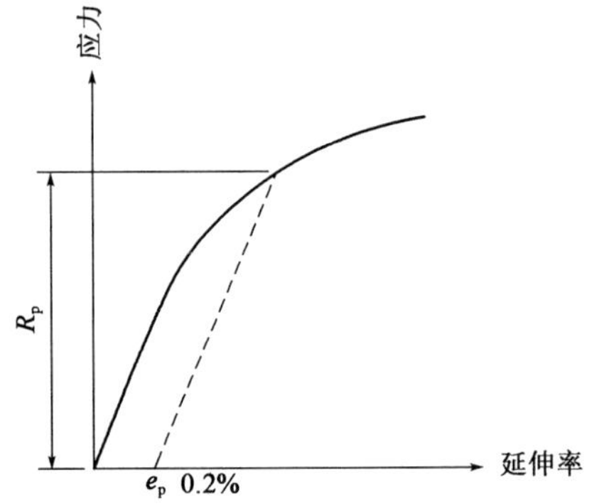

无明显屈服现象钢材的应力-延伸率曲线

13. C

【解析】应力松弛是钢材在规定的温度和规定约束条件下，应力随时间而减少的现象。松弛率为松弛应力与初始应力的比值。本题中，应力松弛率 $= \frac{317-308}{317} \times 100\% = 2.84\%$。

14. B

【解析】热轧钢筋弯曲性能试验按下表规定的弯芯直径弯曲 180°后，钢筋受弯曲部位表面不得产生裂纹。

热轧钢筋弯曲性能要求

牌　　号	公称直径 d(mm)	弯芯直径
HRB335 HRBF335	6 ~ 25	$3d$
	28 ~ 40	$4d$
	>40 ~ 50	$5d$
HRB400 HRBF400	6 ~ 25	$4d$
	28 ~ 40	$5d$
	>40 ~ 50	$6d$
HRB500 HRBF500	6 ~ 25	$6d$
	28 ~ 40	$7d$
	>40 ~ 50	$8d$

15. D

【解析】所有不同规格钢绞线的松弛性能要求均应满足下表的要求，实测应力松弛率应不小于表中规定的松弛率。

钢绞线应力松弛性能要求

初始负荷相当于公称最大力的百分数(%)	1000h 后应力松弛率(%)
60	1.0
70	2.5
80	4.5

16. D

【解析】钢筋焊接接头拉伸试验，有 1 个试件断于钢筋母材，呈延性断裂，2 个试件断于焊缝或热影响区，呈脆性断裂，应切取 6 个试件进行复验。

17. B

【解析】钢筋连接接头应满足强度及变形性能的要求，接头连接件的屈服承载力和受拉承载力的标准值不应小于被连接钢筋的屈服承载力和受拉承载力标准值的 1.1 倍。

18. B

【解析】钢筋拉伸试验中，采用公称横截面面积作为抗拉强度的计算截面面积。

19. C

【解析】预应力混凝土用钢绞线的最大力、屈服力、最大力总伸长率的试样数量均为 3 根/批，从每盘中任意一端截取。

20. C

二、判断题

1. ×

【解析】桥梁工程中的石料强度等级是以边长为 70mm × 70mm × 70mm 的立方体试件在

浸水饱和状态下的抗压极限强度值表示。

2. √

3. ×

【解析】石料冻融后的质量损失率取3个试件试验结果的算数平均值。

4. √

【解析】《预应力混凝土用钢材试验方法》(GB/T 21839—2019)规定，钢绞线拉伸试验，试样在引伸计外部断裂或在夹具中断裂，达到最小规定值时，认为产品符合产品标准要求。不论采用什么夹持方式，试样断在夹具中且未达到最小规定值时，建议进行重新试验。试样断在夹具和引伸计之间，未达到最小规定值时，需要按照相关标准规定确定是否进行重新试验。

5. √

6. ×

【解析】混凝土用水应符合下列规定：

(1)水中不应有漂浮明显的油脂和泡沫，不应有明显的颜色和异味；

(2)严禁将未经处理的海水用于结构混凝土的拌制。

7. ×

【解析】混凝土标准养护龄期为28d，非标准养护龄期一般为1d、3d、7d、60d、90d和180d。

8. √

9. ×

【解析】在混凝土立方体抗压强度试验、棱柱体轴心抗压强度试验、抗弯拉强度试验和劈裂抗拉强度试验中，当试件接近破坏而开始迅速变形时，均不得调整试验机油门，直至试件破坏，记下破坏极限荷载。

10. √

11. ×

【解析】抗渗等级试验是以28d龄期的标准试件，按标准试验方法测定混凝土试件所能承受的最大水压力(取混凝土抗渗试验时一组6个试件中4个试件未出现渗水时的最大水压力)，混凝土的抗渗等级划分为P4、P6、P8、P10、P12、大于P12等6个等级，相应表示能抵抗0.4MPa、0.6MPa、0.8MPa、1.0MPa及1.2MPa的静水压力而不渗水。抗渗等级≥P6的混凝土为抗渗混凝土。

12. ×

【解析】钢筋断后伸长率为试样拉伸断裂后的残余伸长量与原始标距之比(以百分比表示)，是表示钢材变形性能、塑性变形能力的重要指标。

13. √

14. √

【解析】预应力混凝土用钢绞线的应力松弛试验应参照《预应力混凝土用钢材试验方法》(GB/T 21839—2019)，试样的环境温度应保持在20℃ ±2℃，标距长度不小于公称直径的60倍，试样制备后不得进行任何热处理和冷加工，允许用至少120h的测试数据推算1000h的松弛值。

15. ×

【解析】预应力混凝土用钢绞线按不同的结构形式、公称直径和强度等级，有不同的力学性能要求，但最大力总伸长率（$L_0 \geqslant 400$mm）均要求不小于3.5%。

16. √

17. ×

18. √

【解析】钢材拉伸试验用引伸计的准确度级别应符合《单轴试验用引伸计的标定》（GB/T 12160—2012）的要求，测定上屈服强度、下屈服强度、屈服点延伸率、规定塑性延伸强度、规定总延伸强度、规定残余延伸强度应使用不劣于1级准确度的引伸计；测定其他具有较大延伸率的性能，例如抗拉强度、最大力总延伸率和最大力塑性延伸率、断裂伸长率以及断后伸长率应使用不劣于2级准确度的引伸计。

19. √

【解析】对锚具的硬度检验，当硬度值符合设计要求的范围，则判为合格；如有一个零件不合格，则应另取双倍数量的零件重做试验，如仍有一个零件不合格，则应逐个检验，合格者方可使用。

20. ×

三、多项选择题

1. ACD

【解析】石料是由天然岩石经爆破开采得到的大块石，再按要求的规格经粗加工或细加工而得到的规则或不规则的块石、条石等，另一来源是天然的卵石、漂石、巨石经加工而成。桥涵工程石料制品有片石、块石、粗料石。桥涵工程所用的石料主要用于砌体工程，如桥涵拱圈、墩台、基础、锥坡等。

2. ABD

【解析】石料的抗压强度受一系列因素，如料石的矿物组成和结构、含水率、试件尺寸等的影响和控制。

3. BD

4. BC

【解析】粗料石外形应方正，呈六面体，厚度200～300mm，宽度为厚度的1.0～1.5倍，长度为厚度的2.5～4.0倍，表面凹陷深度不大于20mm。选项A、D是针对块石的外形及尺寸描述。

5. ADE

【解析】粗集料最大粒径宜按混凝土结构情况及施工方法选取，但最大粒径不得超过结构最小边尺寸的1/4和钢筋最小净距的3/4；在两层或多层密布钢筋结构中，最大粒径不得超过钢筋最小净距的1/2，同时不得超过75.0mm；混凝土实心板的粗集料最大粒径不宜超过板厚的1/3且不得超过37.5mm；泵送混凝土的粗集料最大粒径，对于碎石不宜超过输送管径的1/3，对于卵石不宜超过输送管径的1/2.5。

6. AB

【解析】混凝土抗弯拉强度试验的主要仪器设备有压力试验机或万能试验机、抗弯拉试验装置(即三分点处双点加荷和三点自由支承式混凝土抗弯拉强度试验装置)。

7. ABC

【解析】混凝土抗渗性能试验,水压从0.1MPa开始,每隔8h增加0.1MPa,并随时观察试件端面渗水情况。当6个试件中有3个试件表面发现渗水,记下此时的水压力,即可停止试验。如在试验过程中,水从试件周边渗出,则说明密封不好,应重新密封。

8. ABCE

【解析】钢绞线的产品标记包括:结构代号、公称直径、强度级别、标准编号。

9. ABCD

【解析】按照《预应力混凝土用钢棒》(GB/T 5223.3—2017)的规定,预应力混凝土用钢棒是低合金钢热轧圆盘条经过冷加工后(或不经过冷加工)淬火和回火所得到,按表面形状分为:光圆钢棒、螺旋槽钢棒、螺旋肋钢棒和带肋钢棒。

10. BD

【解析】钢材具有优异的力学性能和加工性能,广泛应用于各种不同类型的桥涵工程结构。钢材的加工性能包括:弯曲性能、钢筋连接等。断后伸长率和冲击性能属于钢材的力学性能指标。

11. ABD

【解析】预应力混凝土用钢绞线无须进行弯曲试验,故C选项错误。

12. AB

13. ABCD

【解析】《钢筋焊接及验收规范》(JGJ 18—2012)规定,钢筋焊接接头质量检验包括外观检查和力学性能检验,力学性能检验包括拉伸试验、弯曲试验、剪切试验、冲击试验和疲劳试验。

14. ABC

【解析】依据《金属材料　洛氏硬度试验　第1部分:试验方法》(GB/T 230.1—2018)规定,试验一般在10~35℃的室温进行,从初试验力F_0施加到总试验力F的施加应在1~8s之间,相邻两压痕中心间距离至少应为压痕平均直径的3倍,任一压痕中心距试样边缘距离至少应为压痕直径的2.5倍,因此D选项错误。

四、综合题

1.(1)ACD　(2)D　(3)ABC　(4)AB　(5)ABC

【解析】(1)混凝土棱柱体抗压弹性模量试验中用到的仪器包括压力试验机或万能试验机、微变形测量仪、微变形测量仪固定支架、钢尺,其中微变形测量仪可用千分表或分辨率不低于0.001mm的其他仪表,而百分表的分辨率为0.01mm,不满足试验要求。

(2)混凝土棱柱体抗压弹性模量试验,每组试件为6根,其中3根用于测定轴心抗压强度,提供弹性模量试验的加荷标准,另外3根则做弹性模量测定试验。

(3)在混凝土棱柱体抗压弹性模量试验仪器安装及调试过程中,需注意以下事项:

①微变形测量仪应安装在试件两侧的中线上并对称于试件两侧;

②调整试件位置时，应加荷至基准应力为0.5MPa对应的初始荷载值F_0，保持恒载60s并在以后的30s内记录两侧变形测量仪的读数，立即以0.6MPa/s±0.4MPa/s的加荷速率连续均匀加荷至1/3轴心抗压强f_{cp}对应的荷载值F_a，保持恒载60s并在以后的30s内记录两侧变形测量仪的读数；

③变形测量的读数与均值相差应在20%以内，否则应重新对中试件并重复②的步骤，如果无法使差值降低到20%以内，则此次试验无效。

(4)在正式试验过程中需注意以下事项：

①正式试验前需进行预压，预压在初始荷载值F_0及1/3轴心抗压强f_{cp}对应的荷载值F_a处持荷时间均为60s，至少进行两次预压循环；

②在完成最后一次预压后，保持60s的初始荷载值F_0，在后续的30s内记录两侧变形测量仪的读数，再用同样的加荷速率加荷至荷载值F_a，保持60s恒载，并在后续的30s内记录两侧变形测量仪的读数；

③荷载值F_a的读数完毕后，卸除变形测量仪，以同样的速率加荷至破坏，记录破坏极限荷载F(N)。

(5)以3根试件试验结果的算术平均值为测定值。如果试件循环后任一根与循环前轴心抗压强度之差超过后者的20%，则弹性模量值按另两根试件试验结果的算术平均值计算，如果有两根试件试验结果超出上述规定，则试验结果无效。试验结果计算精确至100MPa。

2.(1)D　　(2)ABCD　　(3)D　　(4)B　　(5)C

【解析】(1)《公路隧道施工技术规范》(JTG/T3660—2020)规定，对于采用防水混凝土的衬砌，每200m需要做一组(6个)抗渗试件。

(2)混凝土抗渗试验所需要的仪器设备包括：混凝土渗透仪、成型试模、螺旋加压器、烘箱、电炉、铁锅、密封材料等。

(3)依据《普通混凝土长期性能和耐久性能试验方法标准》(GB/T 50082—2009)相关规定：混凝土抗渗试件形状为圆台体，尺寸为上底直径175mm，下底直径185mm，高为150mm。

(4)防水混凝土抗渗性能试验，水压从0.1MPa开始，每隔8h增加水压0.1MPa，并随时观察试件端面渗水情况，当6个试件中有3个试件表面发现渗水，记下此时的水压力，即可停止试验。

当加压至设计抗渗等级规定压力，经8h后第3个试件仍不渗水，表明混凝土已满足设计要求，也可停止试验。如果在试验过程中，水从试件周边渗出，则说明密封不好，要重新密封。

(5)混凝土的抗渗等级以每组6个试件中有4个未发现有渗水现象时的最大水压力表示，抗渗等级按下式计算：

$$P = 10H - 1$$

式中：P——混凝土抗渗等级；

H——6个试件中有3个试件渗水时的水压力(MPa)。

由上式计算可知，该组试件的混凝土抗渗等级为P10。

3.(1)ACD　　(2)B　　(3)AB　　(4)B　　(5)ABCD

【解析】(1)钢筋应按批进行检查和验收，每批钢筋由同一牌号、同一炉罐号、同一规格的钢筋组成。

(2)钢筋拉伸试验的取样数量为一组2根。

(3)钢筋拉伸试验的试验速率可以根据要求、条件等,选择采用应变速率控制(方法A)或应力速率控制(方法B)。

(4)该钢筋抗拉强度试验结果为:$\frac{F}{A}=\frac{160.925}{3.14\times20\times20/4}\times1000=512.5(\mathrm{MPa})$。根据题意,应将结果修约为整数,依据数字修约规则:拟舍弃数字的最左一位数字为5,且其后无数字或皆为0时,若所保留的末位数字为奇数(1,3,5,7,9)则进一,若所保留的末位数字为偶数(0,2,4,6,8)则舍去。因此B选项正确。

(5)热轧钢筋的力学性能试验包括屈服强度、抗拉强度、最大力总伸长率、断后伸长率等力学性能特征值,弯曲性能属于钢筋的工艺性能。

第二章　工程制品试验检测

复习提示

考试大纲要求

检　测　师	助理检测师
1. 桥梁支座、伸缩装置、波纹管、锚具，隧道防水卷材、土工布、止水带、止水条、排水管的分类和技术性能、结构特点，以及试验检测和标准、规范、规程； 2. 桥梁板式橡胶支座、盆式支座、球形支座外观及内部检查和力学性能试验检测方法及结果评定； 3. 桥梁用锚具、夹具和连接器的质量检查、性能试验检测及结果评价； 4. 伸缩装置外观质量检查、性能试验检测及结果评价； 5. 预应力混凝土用塑料波纹管、金属波纹管外观质量检查、性能试验检测及结果评价； 6. 隧道防水卷材、土工布、止水带、止水条性能检测方法及结果评价	1. 桥梁支座、伸缩装置、波纹管、锚具，隧道防水卷材、土工布、止水带、止水条、排水管等制品的性能试验检测和标准、规范、规程； 2. 桥梁板式橡胶支座、盆式支座、球形支座外观及内部检查和力学性能试验检测方法及结果评定； 3. 桥梁用锚具、夹具和连接器的质量检查、性能试验检测及结果评价； 4. 伸缩装置外观质量检查、性能试验检测及结果评价； 5. 预应力混凝土用塑料波纹管、金属波纹管外观质量检查、性能试验检测及结果评价； 6. 隧道防水卷材、土工布、止水带、止水条性能检测及结果评价

工程制品试验检测知识要点

知　识　点	相 关 要 点
一、锚具、夹具和连接器	1. 锚具、夹具和连接器产品的分类及代号标记。 2. 锚具静载锚固性能试验需同时满足：效率系数 $\eta_a \geqslant 0.95$、实测极限拉力时的总应变 $\varepsilon_{apu} \geqslant 2.0\%$。 3. 夹具静载锚固性能试验效率系数 $\eta_g \geqslant 0.92$。 4. 锚具、夹具和连接器疲劳荷载试验、周期荷载试验等相关力学指标要求。 5. 试验用仪器设备、试件组装、加载方式、试验观测项目、试验结果计算及注意事项。 6. 外观及尺寸检测、静载锚固性能试验、疲劳荷载试验、周期荷载试验检测结果的判定
二、桥梁支座	1. 桥梁板式橡胶支座、盆式支座、球型支座的产品分类、代号、标记。 2. 桥梁板式橡胶支座、盆式支座、球型支座力学性能要求。 3. 桥梁板式橡胶支座抗压弹性模量试验、抗剪弹性模量试验、抗剪老化试验等的试样放置、预压、加载方法、结果计算及合格评判。 4. 盆式支座竖向承载力试验、摩擦系数试验、转动试验的试样放置、预压、加载方法、结果计算及合格评判。 5. 球型支座竖向承载力试验、水平承载力试验、摩擦系数试验、转动试验的试样放置、预压、加载方法、结果计算及合格评判。 6. 支座力学性能试验检测结果的判定

续上表

知识点	相关要点
三、桥梁伸缩装置	1. 伸缩装置产品分类、代号及标记。 2. 伸缩装置力学性能要求。 3. 伸缩装置各参数指标的试验方法，检测结果判定
四、波纹管	1. 波纹管产品分类、代号及标记。 2. 波纹管力学性能要求。 3. 波纹管各参数指标的试验方法，检测结果判定
五、隧道用防水卷材	1. 防水卷材取样方法，外观质量检查，长度、宽度、厚度等尺寸量测。 2. 拉伸性能试验的试验设备、试验方法程序、试验结果计算。 3. 抗渗漏性、抗穿孔性试验等试验仪器设备、试验方法程序、试验结果计算。 4. 防水卷材外观质量、尺寸允许偏差、理化性能检测的结果评判
六、隧道用土工布	1. 土工布的物理特性、力学特性和水力学特性指标。 2. 土工布检测试验的试样制备、试验步骤、结果整理。 3. 宽条拉伸试验、撕破强力试验、CBR 顶破强力试验、渗透性能试验的仪器设备、试样状态调整、试验步骤、结果整理

习　题

一、单项选择题

1. 锚具周期性荷载试验的循环次数为(　　)。

A. 20 次　　B. 50 次　　C. 100 次　　D. 200 次

2. 锚具疲劳荷载试验的试验应力上限值为钢材抗拉强度标准值 f_{ptk} 的(　　)。

A. 50%　　B. 65%　　C. 80%　　D. 90%

3. 锚具的静载锚固性能试验效率系数应满足(　　)。

A. $\eta_a \geq 1.0$　　B. $\eta_a \geq 0.95$　　C. $\eta_a \geq 0.92$　　D. $\eta_a \geq 0.90$

4. 锚具静载锚固性能试验组装时的初应力可取钢绞线抗拉强度标准值的(　　)。

A. 1%　　B. 3%　　C. 10%　　D. 20%

5. 下列不属于锚具辅助性试验项目的是(　　)。

A. 钢绞线的内缩量试验　　B. 锚具摩阻损失试验

C. 张拉锚固工艺试验　　D. 静载锚固性能试验

6. 钢绞线的内缩量试验中，张拉端钢绞线内缩量应不大于(　　)。

A. 1mm　　B. 1cm　　C. 5mm　　D. 5cm

7. 锚具摩阻损失试验中，锚口(含锚下垫板)摩阻损失率合计应不大于(　　)。

A. 3%　　B. 4%　　C. 5%　　D. 6%

8. 圆形四氟滑板天然橡胶支座，直径为 300mm，厚度为 54mm，下列选项中标记正确的是(　　)。

A. GYZF4 300×54(NR)　　B. GYZF4 300×54(CR)

C. GYZ 300×54(NR)F4　　D. GYZ 300×54(CR)F4

9. 盆式支座竖向承载力试验,检验荷载为该试验支座竖向设计承载力的(　　)倍。

A. 1.1　　B. 1.2　　C. 1.4　　D. 1.5

10. 球型支座在竖向设计承载力作用下的竖向压缩变形不应大于支座总高度的(　　)。

A. 1%　　B. 2%　　C. 0.05%　　D. 0.5%

11. 试验前支座停放温度和时间应为(　　)。

A. 温度23℃±2℃、时间12h　　B. 温度23℃±2℃、时间24h

C. 温度23℃±5℃、时间12h　　D. 温度23℃±5℃、时间24h

12. 盆式橡胶常温型活动支座的摩擦系数(加5201硅脂润滑后)应不大于(　　)。

A. 0.03　　B. 0.04　　C. 0.05　　D. 0.06

13. 关于板式橡胶支座抗压弹性模量试验的表述,正确的是(　　)。

A. 试样置于压力试验机承载板上,对准偏差不大于1.5%试样短边尺寸

B. 在承载板四角对称安置四只千分表

C. 正式加载前需进行三次预压

D. 正式加载前需进行两次预压

14. 支座转角试验中,当出现(　　)情形时,表示支座脱空。

A. $\Delta_{min}=0$　　B. $\Delta_{min}<0$　　C. $\Delta_{min}\geq 0$　　D. $\Delta_{min}>0$

15. 对于盆式橡胶支座竖向承载力试验,每次、每级竖向变形应取该次、该级加载时四个竖向位移传感器读数的(　　)。

A. 算术平均值　　B. 标准差

C. 绝对值之和的1/2　　D. 绝对值之和

16. 下列不属于桥梁梳齿板式伸缩装置试验检测项目的是(　　)。

A. 拉伸、压缩时最大竖向变形偏差　　B. 最大水平摩阻力

C. 拉伸、压缩时偏位均匀性　　D. 防水试验

17. 桥梁梳齿板式伸缩装置拉伸、压缩时最大水平摩阻力的指标为(　　)kN/m。

A. ≤2　　B. ≤3　　C. ≤4　　D. ≤5

18. 金属波纹管抗局部横向荷载性能试验的试样长度取圆管公称内径或扁管等效公称内径的(　　)倍,且不应小于(　　)mm。

A. 5,300　　B. 5,500　　C. 3,500　　D. 3,300

19. 桥梁用塑料波纹管环刚度试验,试样管材的数量和长度分别为(　　)。

A. 3根,300mm±10mm　　B. 3根,500mm±10mm

C. 5根,300mm±10mm　　D. 5根,500mm±10mm

20. 隧道高分子防水卷材拉伸性能试验时,裁取的试件尺寸(纵向×横向)为(　　)。

A. 100mm×50mm　　B. 150mm×150mm　　C. 120mm×25mm　　D. 200mm×200mm

21. 隧道用土工织物试样调湿与饱和的温度、湿度条件为(　　)。

A. 温度为20℃±2℃、相对湿度为65%±5%

B. 温度为20℃ ±2℃、相对湿度为75% ±5%

C. 温度为23℃ ±2℃、相对湿度为65% ±5%

D. 温度为23℃ ±2℃、相对湿度为75% ±5%

22. 隧道用土工织物拉伸强度试验,预张拉力为最大负荷的(　　)。

A. 1%　　B. 2%　　C. 5%　　D. 10%

23. 土工合成材料常规厚度是在(　　)压力下的厚度测定值。

A. 2.0kPa　　B. 20kPa　　C. 200kPa　　D. 2.0MPa

二、判断题

1. 锚具经疲劳荷载性能试验后,钢绞线因锚具夹持作用发生疲劳破坏的截面面积不应大于组装件中预应力筋总截面面积的2%。(　　)

2. 锚具静载锚固试验,预应力筋-锚具组装件的破坏形式应是预应力筋的破坏,而不是由锚具失效导致试验终止。(　　)

3. 锚具静载锚固性能试验试样数量为3个组装件,试验结果取3个试件的平均值。(　　)

4. 锚具静载试验过程中,锚具出现滑丝,但锚固效率系数和实测极限拉力时的总应变均满足要求,可判定锚具合格。(　　)

5. 对锚具的外观及尺寸检验,如表面无裂缝,尺寸符合设计要求,则结果判定为合格;如有一套表面有裂缝,并超过允许偏差,则结果判定为不合格。(　　)

6. 某组板式橡胶支座实测抗剪弹性模量为理论设计抗剪弹性模量的1.12倍,则该指标合格。(　　)

7. 桥梁盆式支座试验,要求卸载后残余变形不得超过支座设计荷载下相应变形的3%。(　　)

8. 球型支座摩擦系数试验,温度在 -25 ~60℃时的摩擦系数(加5201硅脂润滑后)应不大于0.03。(　　)

9. 板式橡胶支座抗压弹性模量试验,需进行三次加载试验,并要求实测单项结果与算术平均值之间的偏差不应大于算术平均值的10%。(　　)

10. 支座抗剪弹性模量试验,当试样为矩形支座时,应使支座顺其短边方向受剪。(　　)

11. 板式橡胶支座抗剪老化试验,需将试样置于老化箱内48h,老化箱内温度应在70℃ ±2℃。(　　)

12. 盆式橡胶支座水平承载力试验,最大试验荷载为支座水平设计承载力的1.2倍。(　　)

13. 桥梁球型支座水平承载力试验,受试验设备能力限制时,经与用户协商可选用小型支座进行试验。(　　)

14. 在正常设计、生产、安装、运营养护条件下,桥梁伸缩装置的设计使用年限不应低于15年。(　　)

15. 预应力混凝土桥梁用塑料波纹管力学性能试验中,要求环刚度不小于5kN/m²。(　　)

16. 预应力混凝土桥梁用塑料波纹管柔韧性试验要求，按规定的弯曲方法反复弯曲 5 次后，用专用塞规能顺利地从塑料波纹管中通过。（　）

17. 预应力混凝土用金属波纹管弯曲后抗渗漏性能试验，在规定的弯曲情况下，可用清水灌满试件，如果试件不渗水，可不再用水泥浆进行试验。（　）

18. 土工布撕裂强度能够反映土工织物抵抗垂直织物平面法向压力的能力。（　）

19. 隧道用高分子防水卷材试验截取前，应在温度 23℃ ±2℃、相对湿度 60% ±15% 的标准环境下进行状态调节，时间不得少于 24h。（　）

20. 用梯形法测定无纺土工织物的经向撕裂强度时，剪取试样长边应与织物经向垂直，使切缝平行于经向。（　）

21. 隧道防水卷材低温弯折性能试验，若有一个试件不符合标准规定，则应判定其不合格。（　）

22. 顶破强力试验的常用方法有 CBR 顶破试验和圆球顶破试验。二者的差异主要在于前者用圆柱形顶压杆顶压，后者用圆球顶压，同时二者的夹具环直径不同。（　）

23. 采用穿孔仪进行隧道防水卷材抗穿孔试验，重锤自由落下，撞击位于试样表面的冲头，将试样取出后若无明显穿孔，则可评定为不渗水。（　）

三、多项选择题

1. 根据国家标准规定，锚具按照锚固方式的差异分为（　）等不同类型。

A. 夹片式　B. 挤压式　C. 支撑式　D. 组合式

E. 握裹式

2. 锚具静载锚固性能试验，应按预应力钢绞线抗拉强度标准值（f_{ptk}）进行分级等速加载，加载分级包括（　）。

A. 10% f_{ptk}　B. 20% f_{ptk}　C. 40% f_{ptk}　D. 60% f_{ptk}

E. 80% f_{ptk}

3. 下列关于桥梁锚具静载锚固性能试验检测结果判定的描述，正确的包括（　）。

A. 3 个组装件中有 1 个组装件不符合要求，则判定该批产品为不合格品

B. 3 个组装件中有 2 个组装件不符合要求，则判定该批产品为不合格品

C. 如有 1 个组装件不符合要求，应取双倍数量的样品重新试验；如仍有不符合要求者，则判定该批产品为不合格品

D. 如有 2 个组装件不符合要求，应取双倍数量的样品重新试验；如仍有不符合要求者，则判定该批产品为不合格品

4. 对于锚具中钢绞线的内缩量测定试验，下列描述正确的是（　）。

A. 试验用钢绞线需在台座上张拉，不可在混凝土梁上张拉

B. 试验用钢绞线需在混凝土梁上张拉，不可在台座上张拉

C. 钢绞线的受力长度不小于 5m

D. 试验用试样为 3 个，试验结果取平均值

5. 锚具试验的抽样，同一组批指的是（　）等。

A. 同一种产品　B. 同一批原材料

C. 同一种工艺　　D. 一次投料生产的产品

6. 板式橡胶支座试验过程中需对试样进行对中放置,下列表述正确的是(　　)。

A. 对中偏差小于 1% 的试样短边尺寸或直径

B. 对中偏差小于 2% 的试样长边尺寸或直径

C. 当试样为矩形支座时,应使支座顺其短边方向受剪

D. 当试样为矩形支座时,应使支座顺其长边方向受剪

7. 下列属于板式橡胶支座力学性能试验检测项目的包括(　　)。

A. 极限抗压强度　B. 抗剪弹性模量　C. 抗压弹性模量　D. 水平承载能力

8. 下列关于盆式橡胶支座的竖向承载力试验结果的合格判定,表述正确的有(　　)。

A. 在竖向设计承载力作用下支座压缩变形为支座总高度的 2%

B. 在竖向设计承载力作用下盆环上口径向变形为盆环外径的 0.5%

C. 卸载后支座残余变形为设计荷载下相应变形的 5%

D. 正式加载试验分三次进行,三次测试结果的平均值为该支座试样的测试结果

9. 模数式伸缩装置试验检测项目包括(　　)。

A. 拉伸、压缩时最大水平摩阻力

B. 拉伸、压缩时变形均匀性

C. 拉伸、压缩时每单元最大竖向变形偏差

D. 符合水平摩阻力和变形均匀性条件的错位性能

E. 承载性能试验

10. 下列关于桥梁伸缩装置试件描述,正确的有(　　)。

A. 整体试件采用整体装配后的伸缩装置

B. 当受试验设备限制,不能对整体试件进行试验时,试件截取长度不得小于 5m

C. 多缝模数式伸缩装置应不少于 4 个位移箱

D. 梳齿式伸缩装置应不小于一个单元

11. 下列有关桥梁伸缩装置防水性能试验说法正确的是(　　)。

A. 伸缩装置在最大开口状态下固定

B. 伸缩单元两端应严密堵截

C. 在伸缩装置缝内注水,水面高度应超过伸缩装置顶面 10mm

D. 经过 48h 后检查有无渗水、漏水现象

12. 塑料波纹管的标记由(　　)等组成。

A. 产品代号　B. 管材内径　C. 管材类别　D. 刚度类别

13. 下列属于金属波纹管力学性能试验检测项目的有(　　)。

A. 环刚度　　B. 抗外荷载性能试验

C. 抗冲击性能　　D. 抗渗漏性能

14. 隧道用土工布撕破强力试验用到的仪器设备包括(　　)。

A. 拉力机　B. 夹具夹　C. 伸长计　D. 梯形模板

15. 土工布物理特性检测项目有(　　)。

A. 厚度　B. 单位面积质量　C. 抗拉强度　D. 延伸率

16. 下列关于隧道用土工布检测试样制备的描述,正确的包括(　　)。

A. 试样不应含有灰尘、折痕、损伤部分和可见疵点

B. 每项试验的试样应从样品长度与宽度方向上指定抽取,但距样品边缘至少 100mm

C. 为同一试验剪取 2 个以上的试样时,应在同一纵向或横向位置上剪取

D. 剪取试样时,应先制订剪裁计划,对每项试验所用的全部试样予以编号

四、综合题

1. 对一批板式橡胶支座进行力学性能检验,请回答下列问题。

(1)板式橡胶支座力学性能检验的项目包括(　　)。

A. 极限抗压强度　　B. 老化抗剪弹性模量

C. 抗剪黏结性能　　D. 水平承载力

(2)板式橡胶支座力学性能试验中,下列表述正确的是(　　)。

A. 计算承载能力时,按支座有效承压面积(钢板面积 A_0)计算

B. 计算承载能力时,按支座平面毛面积(公称面积 A)计算

C. 计算水平拉力时,按支座有效承压面积(钢板面积 A_0)计算

D. 计算水平拉力时,按支座平面毛面积(公称面积 A)计算

(3)针对 600mm × 700mm × 130mm 支座,以下对中偏差不满足要求的是(　　)。

A. 1.0mm　　B. 5.0mm　　C. 7.0mm　　D. 10.0mm

(4)若一个支座 3 次加载测得的综合抗剪弹性模量分别为 1.13MPa、1.14MPa、1.18MPa,则该支座的综合抗剪弹性模量应取(　　)。

A. 1.13MPa　　B. 1.18MPa　　C. 1.15MPa　　D. 结果无效

(5)板式橡胶支座试验结果判定:随机抽取(　　)块(或对)支座,若有(　　)块(或对)支座不能满足要求时,则应从该批产品中随机再抽取(　　)倍支座对不合格项目进行复检,若仍有不合格项,则判定该批产品不合格。

A. 3,1,1　　B. 3,2,1　　C. 3,1,2　　D. 3,2,2

2. 关于桥梁锚具静载锚固性能试验,请回答下列问题。

(1)锚具静载锚固性能试验用设备,一般由(　　)组成。

A. 加载千斤顶　　B. 荷载传感器

C. 承力台座　　D. 液压油泵源及控制系统

(2)关于试验中所用钢绞线的描述,正确的是(　　)。

A. 静载锚固试验前,应在母材上截取不少于 3 根钢绞线进行力学试验

B. 静载锚固试验前,应在母材上截取不少于 6 根钢绞线进行力学试验

C. 多根钢绞线组装件的试验,钢绞线受力长度不应小于 1m

D. 总伸长率测量装置的标距不宜小于 1m

(3)下列关于锚具静载锚固性能试验加载过程的描述,正确的是(　　)。

A. 加载速率为 80MPa/min

B. 加载速率为 100MPa/min

C. 分四级等速加载至钢绞线抗拉强度标准值的 80%

D. 分四级等速加载至钢绞线抗拉强度标准值的 100%

(4)试验过程中,关于对锚具变形的相关要求,表述正确的是(　　)。

A. 夹片不允许出现横向、斜向断裂及碎断

B. 预应力筋达到极限破断时,锚板不允许出现过大塑性变形

C. 预应力筋达到极限破断时,锚板中心残余变形不可出现明显挠度

D. 夹片回缩 Δb 比预应力筋应力为 $0.8f_{ptk}$ 时成倍增加,表明已失去可靠的锚固性能

(5)若三组锚具试件实测极限拉力时的总应变均满足要求,实测锚固效率系数分别为 0.96、0.98、0.94,则下列描述正确的是(　　)。

A. 三组试件荷载效率均值为 0.96,因此可判定为合格

B. 应另取双倍数量重做试验

C. 应另取三倍数量重做试验

D. 可直接判定为不合格

3. 关于隧道用防水卷材的试验检测,请回答下列问题。

(1)合成高分子防水卷材验收批量为(　　)m^2。

A. 1000　　B. 5000　　C. 10000　　D. 20000

(2)合成高分子防水卷材试样截取前的状态调整标准环境为(　　)。

A. 温度 20℃ ±2℃　　B. 温度 23℃ ±2℃

C. 相对湿度 60% ±15%　　D. 相对湿度 65% ±5%

(3)关于防水卷材拉伸性能试验,表述正确的是(　　)。

A. 拉伸性能试验在标准环境下进行

B. 试验机的拉伸速度为 250mm/min ±50mm/min

C. 用测厚仪测量标距区内标线及中间 3 点的厚度,取平均值作为试样厚度 d

D. 若试样断裂在标距外,则该批试件为不合格

(4)试样拉伸试验结果如下表所示,则断裂伸长率为(　　)。

横向试样	1	2	3	4	5
试样断裂瞬间标距线间的长度(mm)	76	81	89	73	83
纵向试样	1	2	3	4	5
试样断裂瞬间标距线间的长度(mm)	77	79	83	85	76

注:试样标距线间初始有效长度为 25.8mm。

A. 断裂伸长率为:横向 311%,纵向 310%

B. 断裂伸长率为:横向 212%,纵向 210%

C. 断裂伸长率为 311%

D. 断裂伸长率为 211%

(5)关于防水卷材性能检测结果评判,下列描述正确的是(　　)。

A. 若尺寸允许偏差不合格,则应在该批产品中随机另抽 2 卷重新检验

B. 对于拉伸性能试验,以同一方向试件的算术平均值分别达到标准规定,则判为合格

C. 对于不透水性试验，若有一个试件不符合标准规定，则判为不合格

D. 各项理化性能检测结果若仅有一项不符合标准规定，允许在该批次产品中随机另取一卷进行单项复测

习题参考答案及解析

一、单项选择题

1. B

【解析】锚具周期性荷载试验的循环次数为 50 次，疲劳荷载试验的循环次数为 200 万次。

2. B

【解析】规范对锚具疲劳荷载试验的应力幅度和试验应力上限值做出了规定，应力幅度应不小于 80MPa，试验应力上限值为钢材抗拉强度标准值 f_{ptk} 的 65%。

3. B

【解析】对于锚具静载锚固性能试验效率系数 η_g，标准 GB/T 14370—2015 和 JT/T 329—2010 的要求相同，即 $\eta_g \geq 0.95$。但对于夹具的效率系数 η_g，两个标准的要求分别为 0.95 和0.92，应注意区分。

4. C

【解析】夹具（锚具、连接器）静载锚固性能试验将钢绞线、夹具（锚具、连接器）与试验台组装，使每根钢绞线受力均匀，初应力为钢绞线抗拉强度标准值的 5% ~10%。

5. D

【解析】规范规定，锚具、连接器的主要试验项目为静载锚固性能试验、疲劳荷载试验、周期荷载试验；另外还有辅助性试验项目，包括钢绞线的内缩量试验、锚具摩阻损失试验、张拉锚固工艺试验。

6. C

【解析】钢绞线的内缩量试验中，张拉端钢绞线内缩量应不大于 5mm。

7. D

【解析】锚口（含锚下垫板）摩阻损失率合计应不大于 6%。

8. A

9. D

10. A

11. D

【解析】桥梁支座前期的准备工作主要包括试样准备、试样停放与试验条件、试验用仪器设备等，其中试样的停放与试验条件要求为：试样需在标准温度为 23℃ ±5℃ 的试验室内停放 24h，并在该标准温度下进行试验。

12. A

【解析】盆式橡胶支座成品力学性能包括竖向承载力、水平承载力、转角、摩擦系数4 个

试验项目，其中摩擦系数(加5201硅脂润滑后)试验对常温型支座和耐寒型支座有如下规定：常温型活动支座的摩擦系数应不大于0.03，耐寒型活动支座的摩擦系数应不大于0.06。

13. C

【解析】相关规范对板式橡胶支座抗压弹性模量试验的试样放置、预压、正式加载进行了如下规定：

(1)试样放置：将试样置于压力试验机的承载板上，对准中心，偏差应小于1%的试样短边尺寸或直径，缓缓加载至压应力为1.0MPa且稳压后，在承载板的四角对称安置四只百分表；

(2)预压：将压应力以0.03~0.04MPa/s速率连续增至10MPa，持荷2min，然后连续均匀卸载至压应力为1.0MPa，持荷5min，记录百分表初始值，预压需进行三次；

(3)正式加载：正式加载需连续进行三次，每一加载循环自1.0MPa开始，将压应力以0.03~0.04MPa/s速率连续增至4MPa，持荷2min，然后以同样速率每2.0MPa为一级逐级加载至10MPa为止，每级持荷2min，然后连续均匀卸载至压应力为1.0MPa，持荷10min。

14. B

【解析】支座转角试验在承载板四角对称安置四只位移传感器，转角试验结果根据各传感器实测值计算。各种转角下，支座边缘最大、最小变形值计算公式如下：

$$\Delta_{max} = \Delta_2 + \Delta_\theta$$

$$\Delta_{min} = \Delta_2 - \Delta_\theta$$

式中：Δ_2——垂直承压力和转动共同影响下试样中心处产生的压缩变形值(mm)；

Δ_θ——实测转角产生的变形值(mm)。

根据所测各种转角下支座边缘最小变形值来判定实测转角正切值是否符合标准，当$\Delta_{min} \geq 0$时，支座不脱空；当$\Delta_{min} < 0$时，支座脱空。

15. A

【解析】盆式支座竖向承载力试验，需要观测竖向位移和盆环径向位移，规定如下：

(1)每次、每级竖向变形应取该次、该级加载时四个竖向位移传感器(百分表)读数的算术平均值；

(2)每次、每级径向变形应取该次、该级加载时四个径向位移传感器(千分表)读数的绝对值之和的1/2；

(3)三次测试结果的平均值为该支座试样的测试结果。

16. C

【解析】桥梁梳齿板式伸缩装置试验检测项目包括：拉伸、压缩时最大竖向变形偏差，最大水平摩阻力以及防水试验。

17. D

【解析】《公路桥梁伸缩装置通用技术条件》(JT/T 327—2016)规定，桥梁梳齿板式伸缩装置拉伸、压缩时最大水平摩阻力≤5kN/m；桥梁模数式伸缩装置拉伸、压缩时最大水平摩阻力≤$(4\times n)$kN/m，其中n为多缝模数式伸缩装置中橡胶密封带的个数。

18. A

【解析】金属波纹管抗局部横向荷载性能试验的试样长度，取圆管公称内径或扁管等效公称内径的5倍，且不应小于300mm。

19. C

20. C

21. A

【解析】土工布试样的调湿与饱和的规定有：对于土工织物，试样一般应置于温度为20℃ ±2℃、相对湿度为65% ±5%和标准大气压的环境中调湿24h；对于塑料土工合成材料，在温度为23℃ ±2℃的环境下，进行状态调节的时间不得少于4h。

22. A

23. A

【解析】土工织物在承受规定的压力下，正反两面之间的距离称为厚度。常规厚度是指在2kPa压力下的试样厚度。

二、判断题

1. ×

【解析】见GB/T 14370—2015第6.1.2.2条，锚具的疲劳性能试验，试样经过200万次循环荷载后，锚具零件不应发生疲劳破坏；钢绞线因锚具夹持作用发生疲劳破坏的截面面积不应大于组装件中预应力筋总截面面积的5%。

2. √

3. ×

【解析】静载锚固性能试验的试样数量为组装件3个(6个锚环及相配套的夹片、钢绞线)，每个组装件的试验结果均应满足力学性能要求，不得进行平均。但是对于钢绞线内缩量试验、锚口摩阻损失试验，3个试件的测试结果需进行平均处理。

4. ×

【解析】锚具静载试验，若试验值未满足要求($\eta_a \geqslant 0.95$、$\varepsilon_{apu} \geqslant 2.0\%$)，而钢绞线在锚具、夹具或连接器以外非夹持部位破断的，应更换钢绞线重新试验；若试验值虽然满足要求，但锚具破坏、断裂、失效(滑丝、零件断裂、严重变形等)时，试验结果判定为锚具不合格。

5. ×

【解析】对锚具的外观及尺寸检验，如表面无裂缝，尺寸符合设计要求，判为合格；如有一套表面有裂缝或超过允许偏差，应另取双倍数量重新检验，如仍有一套不符合要求，则应逐套检查，合格者方可使用。

6. √

【解析】板式橡胶支座成品力学性能试验包括实测极限抗压强度、抗压弹性模量、抗剪弹性模量、老化后抗剪弹性模量、转角正切值及摩擦系数等试验项目，其中，实测抗剪弹性模量的指标为$G \pm G \times 15\%$。

7. ×

【解析】盆式橡胶支座竖向承载力试验，卸载后支座压缩及径向的残余变形应小于设计荷载下相应变形的5%。

8. √

【解析】球型支座成品力学性能要求包括竖向承载力、水平承载力、支座实测转动力矩、摩擦系数四个试验项目，其中，摩擦系数（加5201硅脂润滑后）试验根据温度适用范围不同分两个技术指标：温度在-25～60℃时的摩擦系数应不大于0.03，温度在-40～-25℃时的摩擦系数应不大于0.05。

9. ×

【解析】板式橡胶支座抗压弹性模量试验，需进行三次加载试验，实测单项结果和算术平均值之间的偏差不应大于算术平均值的3%，否则该试样应重新复核试验一次。

10. √

11. ×

【解析】规范对板式橡胶支座的抗剪老化试验准备工作做了如下规定：抗剪老化试验前，应将试样置于老化箱内，在70℃±2℃温度下经72h后取出；将试样在标准温度23℃±5℃下停放48h后，再在标准试验温度下进行抗剪切试验。

12. √

13. √

14. √

15. ×

【解析】预应力混凝土桥梁用塑料波纹管环刚度应不小于6kN/m^2。

16. √

17. √

18. ×

【解析】顶破强度能够反映土工织物抵抗垂直织物平面法向压力的能力；撕裂强度是指试样在撕裂过程中抵抗扩大破损裂口的最大拉力。

19. √

20. ×

21. √

22. √

23. ×

【解析】隧道防水卷材抗穿孔性试验，重锤自由落下，撞击位于试样表面的冲头，将试样取出后若无明显穿孔则表明试样无穿孔，则还应进行水密性试验，根据试验结果判断试样是否穿孔，继而评定是否渗水。

三、多项选择题

1. ACDE

【解析】国家标准将锚具、夹具和连接器按锚固方式不同，分为夹片式、支撑式、组合式和握裹式四种基本类型。另外，交通运输行业标准将锚具、连接器按其结构形式分为张拉端锚具、固定端锚具两类。

2. BCDE

【解析】锚具静载锚固性能试验的加载速率为100MPa/min，以预应力钢绞线抗拉强度标准值的20%、40%、60%、80%，分四级等速加载，加载至钢绞线抗拉强度标准值的80%后，持荷1h，然后用低于100MPa/min的加载速率缓慢加载至试样破坏。

3. BC

【解析】桥梁锚具静载锚固性能试验检测结果的判定标准为：3个组装件中有2个组装件不符合要求，则判定该批产品为不合格品；如有1个组装件不符合要求，应取双倍数量的样品重新试验；如仍有不符合要求者，则判定该批产品为不合格品。

4. CD

【解析】钢绞线的内缩量试验是锚具、连接器力学性能辅助试验之一。规范规定，试验用钢绞线可在台座上张拉，也可在混凝土梁上张拉，其受力长度不小于5m，试验用试样为3个，其试验结果取平均值。

5. ABCD

【解析】规范规定，同一种产品、同一批原材料、同一种工艺、一次投料生产的产品为一组批。对于锚具试验有关组批与抽样还需注意：

(1)每个抽检组批不得超过2000件(套)；

(2)硬度检验时抽取3%～5%，静载锚固性能、周期荷载试验、疲劳试验、辅助性试验时各抽取3个组装件的用量。

6. AC

【解析】相关规范对板式橡胶支座试验过程中的试样放置进行了规定。

(1)抗压弹性模量试验：将试样置于压力机的承压板上，对准中心，偏差小于1%的试样短边尺寸或直径。

(2)抗剪弹性模量试验：将试样置于压力机的承载板与中间钢拉板上按双剪组合配置好，对准中心，偏差小于1%的试样短边尺寸或直径，当试样为矩形支座时，应使支座顺其短边方向受剪。

7. ABC

【解析】板式橡胶支座力学性能试验检测项目包括抗压弹性模量、抗剪弹性模量、抗剪黏结性能、抗剪老化、摩擦系数、转角、极限抗压强度。支座的检测还包括外观质量及尺寸检测。

8. ACD

【解析】盆式橡胶支座竖向承载力试验包括压缩变形、径向变形、残余变形三个指标，规范对三个指标做出了如下规定。

(1)对于压缩变形：竖向设计承载力作用下支座压缩变形不大于支座总高度的2%；

(2)对于径向变形：在竖向设计承载力作用下盆环上口径向变形不得大于盆环外径的0.05%；

(3)对于残余变形：卸载后残余变形小于支座设计荷载下相应变形的5%。

另外，盆式支座竖向承载力试验的正式加载分三次进行，三次测试结果的平均值为该支座试样的测试结果。

9. ABCDE

【解析】模数式伸缩装置试验检测项目包括：拉伸、压缩时最大水平摩阻力，拉伸、压缩时变形均匀性，拉伸、压缩时每单元最大竖向变形偏差，符合水平摩阻力和变形均匀性条件的错位性能，防水性能试验及承载性能试验。

10. ACD

【解析】桥梁伸缩装置的试验对象分为材料试件、构件试件和整体试件三类，整体试件为采用整体装配后的伸缩装置；当受试验设备限制，不能对整体试件进行试验时，试件截取长度不得小于4m；多缝模数式伸缩装置应不少于4个位移箱；梳齿式伸缩装置应不小于一个单元。

11. ABC

【解析】桥梁伸缩装置防水性能试验要求：伸缩装置在最大开口状态下固定，将每个伸缩单元两端堵截，在伸缩装置缝内注水（水面超过伸缩装置顶面10mm），经过24h后检查有无渗水、漏水现象。

12. ABC

【解析】塑料波纹管由产品代号、管材内径、管材类别三部分组成。管材内径（mm）：圆形管以直径表示，扁形管以长轴表示。

金属波纹管由产品代号、管材内径、刚度类别三部分组成。管材内径（mm）：圆形管以直径表示，扁形管以长轴尺寸×短轴尺寸表示。

13. BD

【解析】金属波纹管力学性能检测项目包括抗外荷载性能试验、抗渗漏性能，抗外荷载性能试验包括抗局部横向荷载性能试验、抗均布荷载性能试验，抗渗漏性能包括承受局部横向荷载后抗渗漏性能试验、弯曲后抗渗漏性能试验。塑料波纹管的力学性能检测项目为：环刚度、局部横向荷载、柔韧性和抗冲击性。

14. ABD

【解析】土工布撕破强力试验用到的仪器设备主要有拉力机、夹具夹、梯形模板。伸长计用于宽条拉伸试验。

15. AB

【解析】土工布物理特性检测项目主要指土工布的厚度与单位面积质量。抗拉强度及延伸率属于土工布的力学性能指标。

16. AD

【解析】隧道用土工布性能检测前需进行试样的制备、试样的调湿与饱和、试样记录等准备工作。其中试样的制备必须满足以下要求：

(1)试样不应含有灰尘、折痕、损伤部分和可见疵点；

(2)每项试验的试样应从样品长度与宽度方向上随机抽取，但距样品边缘至少100mm；

(3)为同一试验剪取2个以上的试样时，不应在同一纵向或横向位置上剪取，如不可避免时，应在试验报告中说明；

(4)剪取试样应满足精度要求；

(5)剪取试样时，应先制订剪裁计划，对每项试验所用的全部试样予以编号。

四、综合题

1.(1)ABC　　(2)AD　　(3)CD　　(4)C　　(5)C

【解析】(1)板式橡胶支座成品力学性能检验包括实测极限抗压强度、抗压弹性模量、抗剪弹性模量、老化后抗剪弹性模量、抗剪黏结性能、转角正切值及摩擦系数等试验项目;选项D错误,水平承载力是盆式支座和球形支座的检验项目。

(2)支座抗剪弹性模量试验计算承载能力时,按支座有效承压面积(钢板面积A_0)计算;计算水平拉力时,按支座平面毛面积(公称面积A)计算。

(3)在支座抗剪弹性模量试验中,将试样置于压力机的承载板与中间钢拉板上,按双剪组合配置好,对准中心,偏差应小于1%的试样短边尺寸。该支座型号为600mm×700mm×130mm,短边尺寸的1%为6mm,C、D选项均大于6mm。

(4)综合抗剪弹性模量G_1取试样3次加载所得3个结果的均值,单次试验结果与均值之间的偏差应不大于平均值的3%,否则重新复核试验一次。

(5)板式橡胶支座力学性能试验的结果判断:随机抽取3块(或对)支座,若有2块(或对)支座不能满足要求,则判定该批产品不合格;若有1块(或对)支座不能满足要求时,则应从该批产品中随机再抽取双倍支座对不合格项目进行复检,若仍有不合格项,则判定该批产品不合格。

2.(1)ABCD　　(2)BD　　(3)BC　　(4)ABCD　　(5)B

【解析】(1)静载锚固性能试验、周期荷载试验、疲劳试验用设备,一般由加载千斤顶、荷载传感器、承力台座、液压油泵源及控制系统组成。

(2)锚具静载锚固性能试验前,应在母材上截取不少于6根钢绞线进行力学试验,试验结果应满足国家现行标准的规定;多根钢绞线组装件的试验,钢绞线受力长度不应小于3m;总伸长率测量装置的标距不宜小于1m。

(3)规范对锚具静载锚固性能试验的加载过程有如下规定:

①加载速率为100MPa/min。

②以预应力钢绞线抗拉强度标准值的20%、40%、60%、80%,分四级等速加载。

③加载至钢绞线抗拉强度标准值的80%后,持荷1h。

④持荷1h后用低于100MPa/min的加载速率缓慢加载至试样破坏。

(4)试验过程中应观测锚具的变形:在静载锚固性能满足后,夹片允许出现微裂和纵向断裂,不允许出现横向、斜向断裂及碎断;预应力筋达到极限破断时,锚板不允许出现过大塑性变形,锚板中心残余变形不应出现明显挠度;夹片回缩Δb如果比预应力筋应力为$0.8f_{ptk}$时成倍增加,表明已失去可靠的锚固性能。

(5)规范要求效率系数$\eta_a \geqslant 0.95$,每个组装件的试验结果均应满足力学性能要求,不得进行平均。如果有一个试件不符合要求,应另取双倍数量重做试验,如仍有一个试件不合格,则该批产品不合格。

3.(1)C　　(2)BC　　(3)AB　　(4)B　　(5)BCD

【解析】(1)依据《氯化聚乙烯防水卷材》(GB 12953—2003)的相关规定,合成高分子防

水卷材同类型的 $10000m^2$ 为一批，不足 $10000m^2$ 也可作为一批。

(2)合成防水卷材试样截取前，应在温度23℃ ±2℃、相对湿度60% ±15%的标准环境下进行状态调整，时间不少于24h。

(3)拉伸性能试验在标准环境下进行，在标距区内，用测厚仪测量标距标线及中间3点的厚度，取中值作为试样厚度 d，精确到0.1mm；若试样断裂在标距外，则该试样作废，另取试样重做。

(4)断裂伸长率(%)按下式计算：

$$E = \frac{100(L_1 - L_0)}{L_0}$$

式中：E——试样的断裂伸长率(%)；

L_0——试样标距线间初始有效长度(mm)；

L_1——试样断裂瞬间标距线间的长度(mm)。

分别计算并报告5块试样纵向和横向的算数平均值，精确到1%。由上式计算可知，断裂伸长率为：横向212%，纵向210%。

(5)对于防水卷材性能检测结果评判有以下规定：

防水卷材的外观质量、尺寸允许偏差均合格，可判定为合格；若存在不合格，则在该批产品中随机另抽3卷重新检验，全部达到标准则判定其外观质量、尺寸允许偏差合格，若仍有不符合标准规定的即判定该批次产品不合格。

对于拉伸性能、热处理尺寸变化率、剪切状态下的黏合性，若同一方向试件的算术平均值分别达到标准规定，即判定该项合格。

对于低温弯折、抗穿孔性、不透水性，若所有试件都符合标准规定，则判定该项合格；若有一个试件不符合标准规定，则判定为不合格。

各项理化性能检测结果仅有一项不符合标准规定时，允许在该批次产品中随机另取一卷进行单项复测，合格则判定该批次产品理化性能合格，否则判定该批次产品理化性能不合格。

第三章　构件材质状况无损检测

复习提示

考试大纲要求

检　测　师	助理检测师
1. 构件材质状况无损检测评定的目的和基本内容,需要使用的各种专业仪器设备原理,技术指标及基本知识; 2. 构件材质状况无损检测、评价的内容和技术标准、规范与规程; 3. 混凝土结构构件和钢结构构件缺陷的无损检测原理和方法; 4. 主要参数无损检测方法、数据处理与结果评定,包括:混凝土内部缺陷与损伤,混凝土强度,钢筋锈蚀电位,混凝土中氯离子含量,混凝土中钢筋分布及保护层厚度,混凝土电阻率,混凝土碳化深度,钢结构构件、螺栓及涂装质量; 5. 地质雷达法检测混凝土衬砌质量的原理、方法及数据处理与解释	1. 构件材质状况无损检测的目的和基本内容,需要使用的各种专业仪器设备、技术指标及基本知识; 2. 构件材质状况无损检测的内容和技术标准;混凝土结构构件和钢结构构件缺陷的无损检测方法; 3. 混凝土内部缺陷与损伤,混凝土强度,钢筋锈蚀电位,混凝土中氯离子含量,混凝土中钢筋分布及保护层厚度,混凝土电阻率,混凝土碳化深度,钢结构构件、螺栓及涂装质量等检测方法; 4. 地质雷达法检测混凝土衬砌质量方法

构件材质状况无损检测知识要点

知识点	相关要点			
	检测方法	检测频率	操作要点	数据处理及检测结果
一、结构混凝土强度无损检测	回弹法	批量检验:随机抽检不少于构件数的 30%,且不少于 10 个构件;构件数量大于 30 个,抽检比例可适当调整; 一般 10 个测区/构件;16 个回弹测点/测区;碳化深度测点不少于构件测区数的 30%	回弹仪使用前后率定; 注意测区位置、大小等要求; 碳化深度对测试结果的影响及检测方法	测区回弹值:每测区去除 3 大 3 小后平均; 回弹值修正:先角度修正,再浇筑面修正; 专用、地区、全国统一测强曲线,及其适用范围; 根据修正后回弹值及碳化深度,由测强曲线确定强度换算值,数理统计得到推定值

续上表

<table>
<tr><th>知识点</th><th colspan="4">相关要点</th></tr>
<tr><td rowspan="4">一、结构混凝土强度无损检测</td><td>检测方法</td><td>检测频率</td><td>操作要点</td><td>数据处理及检测结果</td></tr>
<tr><td>超声回弹综合法</td><td>批量检验：随机抽检不少于构件数的 30%，且不少于 10 个构件；
一般 10 个测区/构件；
16 个回弹测点/测区；
3 个超声测点/测区</td><td>回弹仪使用前后率定；
注意测区位置、大小等要求；
超声测试方法：对测、角测、单面平测</td><td>测区回弹值：每测区去除 3 大 3 小后平均；
回弹值修正：先角度修正，再浇筑面修正；
声速修正：浇筑面修正系数 β、平测修正系数 λ；
专用、地区、全国统一测强曲线，及其适用范围；
强度换算值、推定值</td></tr>
<tr><td>钻芯法</td><td>单个构件：芯样不少于 3 个，小尺寸构件芯样不少于 2 个；
批量检验：标准芯样不少于 15 个，小直径芯样适当增加</td><td>标准芯样：直径 100mm，高径比 1∶1；
小直径芯样试件，直径不应小于 70mm 且不小于集料最大粒径的 2 倍；
芯样要求：高径比、直径、平整度、垂直度等；
干燥状态：自然干燥 3d；
潮湿状态：20℃ ± 5℃，40 ~ 48h</td><td>批量构件强度推定值：采用数理统计；
单个构件强度推定值：有效芯样抗压强度最小值</td></tr>
<tr><td colspan="4">推定强度匀质系数 K_{bt}：结构或构件实测强度推定值/混凝土抗压强度设计值；
平均强度匀质系数 K_{bm}：测区平均换算强度/混凝土抗压强度设计值；
依据 K_{bt} 和 K_{bm}，确定桥梁混凝土强度评定标度</td></tr>
<tr><td>二、钢筋锈蚀电位检测</td><td colspan="4">1. 检测目的：评估混凝土中钢筋发生锈蚀的概率。
2. 方法及原理：半电池电位法，测定钢筋/混凝土与参考电极（硫酸铜电极）之间的电位差，评价钢筋锈蚀活化程度。
3. 仪器：钢筋锈蚀仪。
4. 检测范围：主要承重构件或主要受力部位、可能锈蚀的部位；每测区不少于 20 测点。
5. 操作要点：混凝土表面清洁、打磨，涂刷接触液润湿；测区布置测试网格，每测区不少于 20 测点；测点读数变动不超过 2mV；同一测点，同一电极测读差异不超过 10mV；同一测点，不同电极测读差异不超过 20mV。
6. 数据处理：实测电位差取负值作为锈蚀电位水平。
7. 结论：锈蚀电位水平越小（电位差越大），钢筋发生锈蚀的可能越大，评定标度越大。
8. 钢筋锈蚀电位评定标度≥3，应检测混凝土碳化深度、氯离子含量及混凝土电阻率</td></tr>
<tr><td>三、混凝土中钢筋分布及保护层厚度检测</td><td colspan="4">1. 检测目的：估测钢筋位置、保护层厚度和直径。
2. 仪器及原理：钢筋位置检测仪，电磁感应原理。
3. 检测范围：主要承重构件或主要受力部位，或可能锈蚀活化的部位，以及根据结构检算及其他检测需要确定的部位；批量构件抽检不少于 30%，每个构件测区数不少于 3 个。
4. 操作要点：每次检测前利用标准块标定；测读前调零；探头长轴与被测钢筋平行，避开箍筋，沿垂直于钢筋方向移动，信号最强处读取保护层厚度和直径。
5. 数据处理：数理统计的方法计算保护层厚度特征值。
6. 结论：用特征值与设计保护层厚度比值评价，比值越小评定标度越大，状况越差</td></tr>
</table>

续上表

知识点	相关要点
四、混凝土氯离子含量检测	1. 检测目的:评估混凝土中氯离子诱发钢筋锈蚀的可能性。 2. 方法:在混凝土上钻取不同深度的粉末,通过化学分析法或滴定条法测定氯离子含量。 3. 仪器:化学试剂、滴定条等。 4. 检测范围:取样部位参照钢筋锈蚀电位测区的布置原则。 5. 操作要点:每个构件不少于3个测区,每个测区钻孔数量不少于3个;钻孔取粉的要求为同一测区不同孔,相同深度的粉末可收集在一个袋内,质量不少于25g;不同深度(无论是否同一测区、同一钻孔)的粉末不能混合;不同测区的粉末不能混合。 6. 结论:用测区氯离子含量最大值评价,含量越高,钢筋锈蚀可能越大,评定标度越大
五、混凝土碳化深度	1. 检测目的:评估混凝土对钢筋的保护作用,回弹测强。 2. 方法:在混凝土新鲜断面喷洒酸碱指示剂,观察颜色变化,量测碳化深度。 3. 仪器:1% ~2% 的酚酞酒精试剂、碳化深度测试仪。 4. 检测范围: (1)耐久性检测:主要承重构件或主要受力部位,或可能存在钢筋锈蚀活动的区域,不少于3个测区。 (2)回弹测强:测区数不少于构件测区数的30%。 5. 操作要点:测区钻孔、清除粉末、喷洒试剂、量测碳化深度。 6. 结论: (1)耐久性:用碳化深度均值与实测钢筋保护层厚度的比值评价,比值越大评定标度越大,状况越差。 (2)回弹测强:由回弹值及碳化深度确定混凝土强度换算值
六、混凝土电阻率	1. 检测目的:评估混凝土中钢筋的可能锈蚀速率。 2. 方法:四电极法。 3. 仪器:混凝土电阻率测试仪。 4. 检测范围:主要承重构件或主要受力部位,或可能存在钢筋锈蚀活动的区域,测区布置参照钢筋锈蚀电位测区的布置,测区数量不宜少于30个。 5. 操作要点:混凝土表面清洁、打磨,去除碳化层和涂料;电极前端涂抹耦合剂,垂直置于混凝土表面,施加适当压力。 6. 结论:用测区电阻率最小值评价,电阻率越小,锈蚀发展速率越快,评定标度越大
七、超声法检测混凝土内部缺陷及表层损伤	1. 检测原理:超声波穿过缺陷,较无缺陷部位会出现声速降低(即声时增大)、接收波幅(接收能量)衰减、接收频率降低、波形畸变等,实质是比较法。 2. 仪器:非金属超声波检测仪。 3. 检测方法: (1)厚度振动式换能器平面测试法,包括:双面对测、双面斜测和单面平测。 (2)径向换能器钻孔测试法,包括:孔中对测、孔中斜测和孔中平测。 4. 检测内容及对应检测方法: (1)混凝土内部空洞、不密实:双面对测、双面斜测或钻孔测试。 (2)混凝土结合面:双面对测、双面斜测。 (3)表层损伤:单面平测、钻孔测试(逐层穿透法)。 (4)裂缝深度: 构件断面不大且可对测时:双面对测。 构件不可对测,预估裂缝深度不大于500mm:单面平测。 构件不可对测,预估裂缝深度大于500mm:钻孔测试。 (5)混凝土匀质性:双面对测、双面斜测。 (6)钢管混凝土缺陷。 5. 操作要点:测定零声时,涂抹耦合剂,调节合适的增益,测试记录声学参数

续上表

知识点	相关要点
八、钢结构构件超声探伤及涂层检测	1. 钢结构无损探伤方法：超声探伤、射线探伤、磁粉探伤、渗透探伤。 2. 超声探伤仪器：金属超声波检测仪。 3. 超声探伤方法：反射法、穿透法。 4. 焊缝探伤比例：一级焊缝 100%，二级焊缝 20%。 5. 防腐涂层厚度检测：按构件数抽查 10%，且同类构件不少于 3 件，每个构件测 5 处，每处的数值为 3 个相距 50mm 测点的厚度平均值；干膜厚度的检查频率按设计要求执行，设计无规定时，每 $10m^2$ 时测 3～5 个点，每点测 3 次，取均值；主体外表面涂层干膜厚度采用“90-10”规则判定，其他表面采用“85-15”规则判定。 6. 防腐涂层附着力检测：按构件数抽查 1%，且不少于 3 个构件，每个构件测 3 处；划格法、划叉法、拉开法；划格法适用厚度不超过 250μm 涂层；划叉法不受涂层厚度限制，适用于硬涂层；现场工作条件好，可用拉开法
九、地质雷达法检测模筑混凝土衬砌质量	1. 原理：光谱电磁技术，向隧道衬砌发射电磁波，电磁波遇到衬砌界面或空洞时反射电磁波被接收天线接收后可进行判断。 2. 系统组成：主机、天线、计算机、数据采集及分析软件。 3. 天线选择：天线频率高，适用于短距离测试，反之亦然

习　题

一、单项选择题

1. 对于批量构件采用回弹法或超声回弹综合法检测混凝土强度，随机抽检数量一般应满足(　　)。

A. 不少于构件总数的 30% 且不少于 10 件

B. 不少于构件总数的 40%

C. 不少于构件总数的 40% 且不少于 10 件

D. 不少于 10 件

2. 回弹法检测单个一般构件的混凝土强度，要求的测区数量不宜少于(　　)。

A. 5 个　　B. 10 个　　C. 16 个　　D. 20 个

3. 回弹仪在检测前后，均应在洛氏硬度(HRC)为 60 ± 2 的钢砧上进行率定，率定值应满足(　　)。

A. 76 ± 2　　B. 78 ± 2　　C. 80 ± 2　　D. 82 ± 2

4. 采用回弹法检测混凝土强度，每个测区读取 16 个回弹值，该测区的回弹平均值为(　　)。

A. 3 个最大值与 3 个最小值的平均值

B. 该测区全部回弹值平均

C. 剔除 3 个最大值与 3 个最小值后的平均值

D. 剔除最大值与最小值后的平均值

5. 回弹法检测混凝土强度，回弹测区应优先选择在(　　)。

A. 能使回弹仪竖直弹击的混凝土浇筑底面

B. 能使回弹仪竖直弹击的混凝土浇筑侧面

C. 能使回弹仪水平弹击的混凝土浇筑底面

D. 能使回弹仪水平弹击的混凝土浇筑侧面

6. 采用超声回弹综合法检测混凝土强度，现场测试的数据应包括(　　)。

A. 回弹值和碳化深度　　B. 声波波幅和回弹值

C. 声时值、回弹值和碳化深度　　D. 声时值和回弹值

7. 采用回弹法并根据全国统一测强曲线计算非泵送混凝土的抗压强度时，该方法适用于(　　)的混凝土强度检测。

A. 龄期无限制、抗压强度为 10 ~ 50MPa

B. 龄期 7 ~ 2000d、抗压强度为 10 ~ 70MPa

C. 龄期 14 ~ 1000d、抗压强度为 10 ~ 60MPa

D. 龄期 7 ~ 1000d、抗压强度为 10 ~ 60MPa

8. 回弹法测定混凝土强度，碳化深度的测点数不应少于构件测区数的(　　)。

A. 20%　　B. 30%　　C. 40%　　D. 50%

9. 采用钻芯法检测单个构件的混凝土强度，有效芯样数量不得少于(　　)，小尺寸构件的芯样不得少于(　　)；按有效芯样试件抗压强度值的(　　)确定其推定值。

A. 6 个，4 个，平均值　　B. 6 个，4 个，最小值

C. 3 个，2 个，平均值　　D. 3 个，2 个，最小值

10. 钻芯法标准芯样试件要求其公称直径为(　　)且不宜小于集料最大粒径的(　　)；也可采用小直径芯样试件，但其公称直径不宜小于(　　)且不得小于集料最大粒径的(　　)。

A. 70mm，4 倍，50mm，3 倍　　B. 100mm，3 倍，70mm，2 倍

C. 100mm，3 倍，50mm，2 倍　　D. 70mm，3 倍，50mm，2 倍

11. 桥梁结构混凝土材质强度的评定标度，是根据(　　)的取值范围确定的。

A. 推定强度匀质系数 K_{bt} 和平均强度匀质系数 K_{bm}

B. 强度推定值 $f_{cu,e}$

C. 强度标准差

D. 测区强度换算值的平均值

12. 某涵洞遭受了火灾，为确定火灾后墙身混凝土的强度，可采用(　　)进行检测。

A. 回弹法　　B. 超声法　　C. 超声回弹综合法　　D. 钻芯法

13. 混凝土中钢筋锈蚀电位的检测方法可采用(　　)。

A. 半电池电位法　　B. 滴定条法　　C. 四电极法　　D. 惠斯顿电桥法

14. 采用半电池电位法检测混凝土桥梁主要构件的钢筋锈蚀电位，每一测区的测点数不宜少于(　　)个。

A. 20　　B. 15　　C. 10　　D. 5

15. 用半电池电位法检测钢筋锈蚀的方法以电位水平作为判据，判断“有锈蚀活动性，严

重锈蚀可能性极大”的电位水平界限是(　　)。

A. ≥ -200mV　　B. (-300, -400]mV

C. (-400, -500]mV　　D. < -500mV

16. 混凝土中氯离子的主要危害是(　　)。

A. 降低混凝土的强度　　B. 降低混凝土的弹性模量

C. 加速混凝土的碳化　　D. 诱发或加速钢筋的锈蚀

17. 混凝土中氯离子含量检测,每一测区取粉的钻孔数量不宜少于(　　)。

A. 2 个　　B. 3 个　　C. 4 个　　D. 5 个

18. 当混凝土氯离子含量(　　)时,可判定钢筋锈蚀活化。

A. ≥0.20%　　B. ≥0.50%　　C. ≥1.00%　　D. ≥2.00%

19. 采用基于电磁原理的钢筋保护层测试仪进行钢筋位置测试,当探头位于(　　)时指示信号最强。

A. 与钢筋轴线平行且位于钢筋正上方　　B. 与钢筋轴线垂直且位于钢筋正上方

C. 与钢筋轴线成 45°且位于钢筋正上方　　D. 远离钢筋

20. 在采用钢筋探测仪进行构件混凝土内部钢筋保护层厚度测试时,如出现实测钢筋的根数、位置与设计有较大偏差的情形,以下处理方式正确的是(　　)。

A. 判定该构件不满足要求

B. 如实测钢筋的实际根数多于设计但位置有利,可不做处理

C. 应选取不少于 30% 的已测钢筋,且不少于 6 处采用钻孔、剔凿等方法验证

D. 按抽检数量加倍的方式继续测试

21. 测定混凝土电阻率所采用的方法是(　　)。

A. 半电池电位法　　B. 滴定条法　　C. 四电极法　　D. 超声波法

22. 下列关于混凝土电阻率测试的叙述,正确的是(　　)。

A. 混凝土电阻率越大,对结构耐久性越不利

B. 混凝土表面湿度不影响电阻率的测试结果

C. 混凝土表面碳化不影响电阻率的测试结果

D. 一般采用四电极法进行测试

23. 混凝土发生碳化后,对结构耐久性的不利影响主要是(　　)。

A. 使混凝土的强度降低

B. 会导致混凝土开裂

C. 使混凝土碱度降低,对钢筋的保护作用减弱

D. 降低混凝土的弹性模量

24. 酒精酚酞试剂喷洒在已碳化的混凝土表面,其颜色应为(　　)。

A. 紫色　　B. 蓝色　　C. 黑色　　D. 不变色

25. 当碳化深度平均值与实测钢筋保护层厚度平均值的比值≥2 时,混凝土碳化深度评定标度为(　　)。

A. 2　　B. 3　　C. 4　　D. 5

26. 下列选项中,不能采用非金属超声波探测仪检测的项目是(　　)。

A. 混凝土内部钢筋锈蚀情况　　B. 混凝土强度
C. 裂缝深度　　D. 基桩完整性检测

27. 超声法检测混凝土结构内部缺陷,是否存在缺陷的判据不包括(　　)。
A. 声速　　B. 接收波幅　　C. 接收频率　　D. 发射波幅

28. 超声法检测混凝土结构内部缺陷,如采用钻孔法测试,应使用的换能器是(　　)。
A. 平面换能器　　B. 径向换能器　　C. 平板换能器　　D. 大功率换能器

29. 某混凝土构件表面裂缝的预估深度大于 500mm,且只有一个可测表面时,可采用(　　)测试其裂缝深度。
A. 超声对测法　　B. 超声平测法　　C. 超声斜测法　　D. 超声钻孔法

30. 进行高强度螺栓连接副预拉力检验时,每套连接副进行的试验次数为(　　)。
A. 1 次　　B. 3 次　　C. 5 次　　D. 6 次

31. 高强度大六角头螺栓连接副的扭矩系数复验,每批次应抽取(　　)进行复验。
A. 3 套　　B. 5 套　　C. 6 套　　D. 8 套

32. 钢材焊缝内部缺陷无损探伤,主要采用(　　)。
A. 超声探伤、磁粉探伤　　B. 超声探伤、射线探伤
C. 超声探伤、渗透探伤　　D. 磁粉探伤、渗透探伤

33. 采用横波脉冲反射法检测钢结构内部缺陷时,探头类型应采用(　　)。
A. 直探头　　B. 斜探头　　C. 径向振动探头　　D. 平面振动探头

34.《钢结构工程施工质量验收标准》(GB 50205—2020)规定,对设计要求全焊透的一级焊缝应采用超声波法进行内部缺陷的检验,检验比例为(　　)。
A. 20%　　B. 50%　　C. 70%　　D. 100%

35.《钢结构工程施工质量验收标准》(GB 50205—2020)对钢结构防腐涂料涂层厚度检查数量的要求是(　　)。
A. 按构件数抽查 10%,且同类构件不应少于 2 件
B. 按构件数抽查 10%,且同类构件不应少于 3 件
C. 按构件数抽查 30%,且同类构件不应少于 3 件
D. 按构件数抽查 50%,且同类构件不应少于 5 件

36. 进行钢结构涂层干膜厚度检测,设计未规定检查频率时,每 $10m^2$ 时应测(　　)个点,每个点附近测(　　)次,取平均值。
A. 2;3　　B. 3 ~ 5;3　　C. 5;5　　D. 5 ~ 10;5

37. 采用地质雷达法检测隧道混凝土衬砌厚度,检查方法和频率为(　　)。
A. 纵向 3 条测线,每 20m 检查 1 个断面,每个断面 3 点
B. 纵向 3 条测线,每 10m 检查 1 个断面,每个断面 3 点
C. 纵向 5 条测线,每 20m 检查 1 个断面,每个断面 5 点
D. 纵向 5 条测线,每 10m 检查 1 个断面,每个断面 5 点

38. 采用地质雷达法检测混凝土背后回填密实性,当混凝土反射信号弱,图像均一且反射界面不明显时,则通常判定为(　　)。
A. 空洞　　B. 不密实　　C. 密实　　D. 离析

39. 采用地质雷达对隧道衬砌进行检测前,应现场标定衬砌混凝土的介电常数或电磁波波速,且每座隧道标定应不少于(　　)处,每处实测不少于(　　)次。

A. 1,1　　B. 2,2　　C. 1,3　　D. 3,3

40. 地质雷达天线频率越低,则(　　)。

A. 波长越大,能量衰减越快,探测距离越小

B. 波长越大,能量衰减越慢,探测距离越大

C. 波长越小,能量衰减越快,探测距离越小

D. 波长越小,能量衰减越慢,探测距离越大

二、判断题

1. 回弹法检测混凝土强度,在计算测区回弹值时,应先进行浇筑面修正,然后进行角度修正。(　　)

2. 对某构件采用回弹法检测混凝土抗压强度,如测区数少于 10 个,该构件的混凝土强度推定值取各测区中最小的混凝土强度换算值。(　　)

3. 采用超声回弹综合法检测结构混凝土强度时,超声测试和回弹测试的顺序没有严格规定。(　　)

4. 超声回弹综合法检测混凝土强度,超声检测采用对测或角测时,测区尺寸宜为 200mm × 200mm,如采用单面平测时,测区尺寸宜为 400mm × 400mm。(　　)

5. 采用超声回弹综合法检测混凝土的抗压强度,测区位于混凝土顶面或底面时,对回弹值和声速值都要进行浇筑面修正。(　　)

6. 超声回弹综合法检测混凝土强度,当构件材料及其龄期与制定测强曲线的材料及其龄期有较大差异时,应用同条件的混凝土试块或钻芯取样对测区混凝土强度换算值进行修正。(　　)

7. 采用钻芯法检测混凝土的抗压强度,应尽量选择在主要承重构件的关键部位钻取芯样。(　　)

8. 采用半电池电位法检测混凝土结构内部钢筋锈蚀状况,测区混凝土表面应保持自然干燥。(　　)

9. 采用钢筋锈蚀仪进行钢筋锈蚀状况检测时,测区应选择主要承重构件或承重构件的主要受力部位,或可能发生锈蚀的部位,但应避开明显锈胀、脱空或层离的部位。(　　)

10. 混凝土中氯离子含量测定试验,应在距混凝土表面 10mm 深度处钻取混凝土粉末样品,通过化学分析进行测定。(　　)

11. 采用滴定条法测定混凝土中氯离子,每次应称取 25g 样品粉末,加入 50mL 硝酸。(　　)

12. 钢筋探测仪在进行混凝土内部钢筋探测前,应将探头放置于金属标准块上调零。(　　)

13. 采用钢筋探测仪检测混凝土内部的钢筋直径时,每根钢筋重复检测 2 次,第二次检测时探头应旋转 180°。(　　)

14. 使用钢筋探测仪检测混凝土中钢筋的保护层厚度,当实际保护层厚度小于仪器的最小

厚度探测范围时，则该方法不可用。（　）

15. 使用混凝土电阻率仪检测时，为保证导电良好，混凝土表面应用水充分湿润。（　）

16. 混凝土电阻率越小，则混凝土中的钢筋越容易发生锈蚀。（　）

17. 混凝土碳化状况可采用观察混凝土新鲜断面酸碱指示剂反应的方法判定。（　）

18. 在进行混凝土碳化深度的测量时，应使用清水将孔洞中的粉末和碎屑清洗干净后再喷涂酚酞酒精试剂。（　）

19. 某碳化深度测点的 3 次实测值分别为 1.75mm、1.75mm 和 1.25mm，则该测点的碳化深度值取 1.58mm。（　）

20. 超声法检测混凝土内部缺陷，在满足首波幅度测读精度的条件下，应尽量选用较高频率的换能器。（　）

21. 采用超声法检测混凝土表面损伤层厚度，两个换能器的连线方向应尽量避免与主钢筋方向平行。（　）

22. 超声法检测混凝土内部不密实、空洞，可采用单面平测法。（　）

23. 超声单面平测法，测距应通过两换能器的内边缘距离加上时距回归计算的修正值得出。（　）

24. 超声法不适用于深度超过 500mm 的裂缝深度检测。（　）

25. 采用超声单面平测法检测混凝土裂缝深度时，裂缝中应灌注清水作为耦合剂。

（　）

26. 采用超声单面平测法测定混凝土结构浅裂缝深度，如发现某测距处首波反相，则根据该测距测量数据计算的结果就是裂缝的深度值。（　）

27. 调试超声波检测仪时，测得零声时 $t_0 = 5\mu s$，某测点测距 $L = 30cm$，仪器显示声时为 $105\mu s$，则该测点超声波传播的声速为 2857m/s。（　）

28. 对于扭剪型高强度螺栓连接副，除因构造原因无法使用专用扳手拧掉梅花头者外，以梅花头拧断为终拧结束。（　）

29. 对钢结构构件进行焊后成品的外观检验之前，需将焊缝附近 10～20mm 的污物清除干净。（　）

30. 对合金钢的焊接产品必须进行两次外部检查。（　）

31. 对钢结构的焊接接头进行外观检测时，如发现焊缝表面出现咬边或满溢，则内部可能存在未焊透或未熔合。（　）

32. 采用超声法对钢结构进行内部缺陷探伤时，如材料较厚时宜选用发射频率较高的探头。（　）

33. 对钢结构焊缝进行超声探伤时，至少需要两个探头才能完成检测。（　）

34. 规范对于钢结构主体外表面涂层干膜厚度检测的要求是：允许有 10% 的读数低于规定值，但每一单独测量值不得低于规定值的 90%。（　）

35. 钢结构防腐涂层附着力的测试方法中，划格法适用于厚度不超过 250μm 的涂层，划叉法不受涂层厚度的限制。（　）

36. 地质雷达法进行隧道混凝土衬砌内部状况检测，测线布置应以纵向布置为主，环向布置为辅。（　）

37. 隧道衬砌内的金属物对地质雷达会产生强反射信号，若图像呈分散的月牙状，可判定为钢筋。（　　）

38. 采用地质雷达对隧道衬砌质量进行检查时，分段测量相邻测量段接头重复长度不应小于0.5m。（　　）

39. 地质雷达法进行隧道衬砌现场检测前，需标定介电常数。实测测量部位混凝土厚度为50cm，雷达电磁波双程走时为10ns，则混凝土介电常数为9。（　　）

40. 采用地质雷达进行隧道衬砌质量检查时，天线移动速度应平稳、均匀，移动速度宜为3～5km/h。（　　）

三、多项选择题

1. 目前回弹法可采用的测强曲线有（　　）。

A. 地区测强曲线　B. 专用测强曲线

C. 全国统一测强曲线　D. 特殊测强曲线

2. 回弹法检测混凝土强度时，关于测区的选择，下列选项正确的是（　　）。

A. 对一般构件，测区数不宜少于 5 个

B. 相邻两测区的间距应大于 2m

C. 测区离构件端部或施工缝边缘的距离不宜大于 0.5m，且不宜小于 0.2m

D. 测区的面积不宜小于 $0.04m^2$

E. 测区应优先选在使回弹仪处于水平方向的混凝土浇筑侧面

3. 符合下列（　　）条件的，可采用超声回弹综合法检测混凝土强度。

A. 人工或机械搅拌的混凝土　B. 泵送混凝土

C. 龄期 7～3000d　D. 混凝土强度 10～70MPa

4. 超声回弹综合法检测混凝土强度，超声测试的方式有（　　）。

A. 斜测法　B. 对测法　C. 角测法　D. 单面平测法

5. 适用于现场混凝土强度的检测方法包括（　　）。

A. 回弹法　B. 超声回弹综合法

C. 钻芯法　D. 地质雷达法

6. 钻芯法检测混凝土强度，芯样试件尺寸偏差及外观质量超过下列要求时，相应的测试数据无效（　　）。

A. 沿芯样试件高度的任一直径与平均直径相差大于 1mm

B. 抗压芯样试件端面的不平整度在 100mm 内大于 0.1mm

C. 芯样试件的实际高径比小于要求高径比的 95% 或大于 105%

D. 芯样试件端面与轴线的不垂直度大于 1°

7. 钻芯法的混凝土芯样试件内不宜含有钢筋，如不能满足此要求，则应符合以下规定（　　）。

A. 标准芯样试件，每个试件内直径小于 10mm 的钢筋不得多于 2 根

B. 公称直径小于 100mm 的芯样，每个试件内最多允许有 1 根直径小于 10mm 的钢筋

C. 芯样试件内的钢筋应与芯样的轴线基本垂直并离开断面 10mm 以上

D. 芯样试件内的钢筋应与芯样的轴线基本平行

8. 建设方组织的现场质量抽查采用回弹法测强，发现预制混凝土 T 梁强度不满足设计要求，要求第三方检测单位复测，可采用（　　）。

A. 回弹法结合取芯修正法　　B. 回弹法结合预留试块修正

C. 超声法　　D. 取芯法

9. 下列情形中，不适合采用半电池电位法检测钢筋锈蚀的有（　　）。

A. 处于盐雾环境的混凝土结构　　B. 混凝土表面锈蚀胀裂、层离

C. 混凝土表面有涂料　　D. 混凝土接近饱水状态

10. 半电池电位法检测钢筋锈蚀，对测试系统稳定性的要求包括（　　）。

A. 在同一测点，用相同参考电极重复两次测得的电位差值应小于 10mV

B. 在同一测点，用相同参考电极重复两次测得的电位差值应小于 20mV

C. 在同一测点，用两只不同参考电极重复两次测得的电位差值应小于 20mV

D. 在同一测点连续测量 30min，电位变化应小于 5mV

11. 混凝土中氯离子含量的测定方法包括（　　）。

A. 实验室化学分析法　　B. 物理分析法

C. 钻芯法　　D. 滴定条法

12. 关于混凝土中氯离子含量的测定试验，下列叙述正确的有（　　）。

A. 每一测区取粉的钻孔数量不少于 3 个

B. 取粉孔不允许与碳化深度测量孔合并使用

C. 钻孔取粉应分孔收集，即每个孔的粉末收集在一个袋中

D. 不同测区的测孔，但相同深度的粉末可收集在一个袋中

E. 钻孔取粉应分层收集，同一测区、不同测孔、相同深度的粉末可收集在一个袋中

13. 采用电磁感应原理的钢筋检测仪检测混凝土中钢筋保护层厚度时，应注意（　　）等因素对测试结果的影响。

A. 混凝土含铁磁性物质　　B. 钢筋品种

C. 混凝土含水率　　D. 钢筋间距

14. 在进行混凝土内部钢筋位置及保护层测定时，以下操作正确的有（　　）。

A. 探头长轴方向应尽量与被测钢筋的方向垂直

B. 测量时应尽量避开钢筋交叉的位置

C. 探头长轴方向应尽量与被测钢筋的方向平行

D. 探头在混凝土表面的移动方向与被测钢筋方向应尽量垂直

15. 关于混凝土桥梁内部钢筋位置及保护层检测，下列叙述正确的是（　　）。

A. 钢筋保护层厚度检测部位应包括发生钢筋锈蚀胀裂的部位

B. 钢筋保护层厚度特征值为检测部位保护层厚度的平均值

C. 对于钢筋混凝土桥梁，钢筋保护层厚度越大对结构越有利

D. 对于缺失资料的桥梁结构应估测钢筋直径

16. 对某一钢筋混凝土梁进行钢筋保护层厚度测试，正确的测试方法包括（　　）。

A. 应抽取不少于 30% 且不少于 6 根纵向受力钢筋的保护层厚度进行检验

B. 每根钢筋应在有代表性的 3 点不同部位测量保护层厚度，并取平均值

C. 应对全部纵向受力钢筋的保护层厚度进行检验

D. 纵向受力钢筋的保护层厚度检验比例不宜小于 30%

17. 下列关于混凝土电阻率测试评定的相关表述，正确的包括（　　）。

A. 混凝土表面碳化不影响电阻率的测试结果

B. 混凝土表面湿度会影响测试结果

C. 混凝土电阻率越大，对结构耐久性是有利的

D. 混凝土电阻率越大，则电阻率评定标度越大

18. 对某桥梁构件进行混凝土电阻率的测试，所有测区中电阻率最大值为 12000Ω · cm，平均值为 8000Ω · cm，最小值为 4000Ω · cm，根据测试结果进行评定，下列结论正确的有（　　）。

A. 该构件的混凝土电阻率标度按最大值 12000Ω · cm 进行评定

B. 该构件的混凝土电阻率标度按平均值 8000Ω · cm 进行评定

C. 该构件的混凝土电阻率标度按最小值 4000Ω · cm 进行评定

D. 根据评定结果，该构件混凝土中的钢筋可能锈蚀速率为一般

E. 根据评定结果，该构件混凝土中的钢筋可能锈蚀速率为很快

19. 对桥梁结构进行耐久性检测评定，当钢筋锈蚀电位标度 <3 时，可不用进行（　　）检测。

A. 混凝土碳化深度　　B. 钢筋保护层厚度

C. 混凝土内部空洞　　D. 混凝土氯离子含量

E. 混凝土电阻率

20. 以下哪些情况，应进行混凝土碳化深度检测（　　）。

A. 钢筋锈蚀电位评定标度 ≥ 3

B. 钢筋锈蚀电位评定标度 ≥ 2

C. 回弹法检测混凝上抗压强度

D. 超声回弹综合法检测混凝土抗压强度

21. 混凝土结构无损检测的各个指标，主要反映了对结构耐久性和材质性能造成的影响，下列叙述正确的有（　　）。

A. 混凝土内部的钢筋锈蚀电位越小，则钢筋锈蚀的可能性越大

B. 混凝土中氯离子含量越大，表明钢筋锈蚀的概率越大

C. 混凝土电阻率越小，则钢筋锈蚀的发展速度越快

D. 混凝土碳化会提高混凝土的表面硬度，因此碳化深度越大则钢筋越不容易发生锈蚀

22. 超声法可用于（　　）等的试验检测。

A. 基桩完整性检测　　B. 节段施工箱梁混凝土接缝质量检测

C. 混凝土裂缝深度检测　　D. 混凝土匀质性检测

23. 超声法检测混凝土缺陷时，平面测试的方法包括（　　）。

A. 单面平测法　　B. 对测法　　C. 斜测法　　D. 孔中平测

24. 超声法检测，判断混凝土存在内部缺陷的判据有（　　）。

A. 声时变长　　B. 接收首波能量衰减
C. 接收频率降低　　D. 接收波形畸变

25. 使用超声检测仪，采用单面平测法检测混凝土表面的裂缝深度时，必要的测试步骤包括(　　)。
A. 测试部位混凝土表面应清洁、平整，必要时用砂轮磨平或用高强度的快凝砂浆抹平
B. 按跨缝和不跨缝分别布置测点进行检测
C. 在裂缝两侧钻测试孔，并尽量避开钢筋
D. 试验前测定声时初读数 t_0

26. 钢结构构件焊接质量检测，主要包括(　　)。
A. 焊前检验　　B. 焊接过程中检验
C. 漆膜厚度检验　　D. 焊后成品检验

27. 关于高强度螺栓的质量检验，以下叙述正确的是(　　)。
A. 高强度螺栓摩擦面抗滑移系数检验，按工程量 1000t 为一批，不足 1000t 视为一批
B. 高强度螺栓摩擦面抗滑移系数检验，每批抽检 3 组试件
C. 高强度大六角头螺栓连接副进场时应复验扭矩系数
D. 扭剪型高强度螺栓连接副进场时应进行紧固轴力(预拉力)复验

28. 目前可用于钢结构焊缝无损探伤的方法有(　　)。
A. 超声法　　B. 射线法　　C. 磁粉探伤　　D. 渗透检测
E. 雷达检测

29. 在进行金属材料超声探伤时，以下材料可用作耦合剂的是(　　)。
A. 水　　B. 化学浆糊　　C. 甘油　　D. 机油

30. 关于钢结构防腐涂层附着力的现场检测，表述正确的有(　　)。
A. 可用方法包括划格法、划叉法及条分法
B. 划格法适用于厚度不超过 250μm 的涂层
C. 划叉法不受涂层厚度的限制
D. 对于硬涂层，应采用划叉法

四、综合题

1. 某在用 3×30m 预应力混凝土简支梁桥，上部结构 T 梁采用预制、吊装施工，每跨有 9 片 T 梁，经调查所有 T 梁的生产工艺、强度等级、原材料、配合比、养护工艺均相同，龄期相近。在一次特殊检查时，对混凝土强度进行了回弹检测，1 号回弹测区布置在第 1 跨 5 号 T 梁的底面，回弹仪竖直向上弹击，回弹测值及相关资料见下表，请回答以下相关问题。

1 号测区实测回弹值

28	28	26	35	35	36	36	36
36	36	36	37	37	39	39	40

非水平方向弹击时修正值

平均回弹值 R_m	检测角度（弹击角度向上为正、向下为负）	
	90°	-90°
31.0	-4.9	3.5
32.0	-4.8	3.4
33.0	-4.7	3.4
34.0	-4.6	3.3
35.0	-4.5	3.3
36.0	-4.4	3.2
37.0	-4.3	3.2

混凝土浇筑面修正值

平均回弹值 R_m	浇　筑　面	
	表面	底面
30.0	1.5	-2.0
31.0	1.4	-1.9
32.0	1.3	-1.8
33.0	1.2	-1.7
34.0	1.1	-1.6
35.0	1.0	-1.5
36.0	0.9	-1.4
37.0	0.8	-1.3

(1)下列关于回弹仪率定的表述，正确的包括(　　)。

A. 回弹仪在每次检测的前后，都要用钢砧进行率定

B. 在标准钢砧上，回弹仪的率定平均值应为 80 ±2

C. 钢砧为硬度恒定的标准物质，平时妥善保管，无须送检

D. 率定时，回弹仪的弹击方向应尽量与待检混凝土测区的弹击方向一致

(2)关于上部构件 T 梁的回弹抽检数量，下列表述正确的包括(　　)。

A. 采用批量检测的方式随机抽检

B. 按照单个构件检测方式，每跨选取 2 片

C. 抽检 T 梁数量应不少于 10 个

D. 该桥 T 梁数量较多，根据规范抽检数量可适当减少，但不得少于 5 个

(3)在进行各项修正前，1 号回弹测区的平均回弹值为(　　)。

A. 35.0　　B. 36.0　　C. 33.2　　D. 36.8

(4)关于对 1 号测区回弹值的修正，以下表述哪些是正确的(　　)。

A. 先进行浇筑面修正，再进行弹击角度修正

B. 先进行弹击角度修正,再进行浇筑面修正

C. 仅考虑对弹击角度修正

D. 根据(3)小题计算结果,查表得角度和浇筑面修正值

(5)进行修正后,1 号回弹测区的平均回弹值为(　　)。

A. 30.2　　B. 30.1　　C. 29.8　　D. 31.6

2. 对某在用钢筋混凝土桥梁进行结构材质状况无损检测,请回答以下相关问题。

(1)下列有关混凝土强度检测方法的叙述,表述正确的有(　　)。

A. 采用回弹法检测泵送混凝土强度,测区不能选在混凝土浇筑顶面或底面

B. 钻芯法不适用于检测强度大于 70MPa 的普通混凝土

C. 超声回弹综合法适用于强度 10 ~ 70MPa 的混凝土强度检测

D. 采用回弹法测强,如混凝土的碳化深度大于 6mm,则统一测强曲线不适用

(2)采用超声法检测结构混凝土的内部缺陷,下列叙述正确的包括(　　)。

A. 平测法检测表面损伤层宜选用频率较低的厚度振动式换能器

B. 混凝土结合面质量检测可采用对测法和斜测法

C. 检测不密实区和空洞时构件的被测部位至少应具有一对相互平行的测试面

D. 使用径向振动式换能器时,应根据标准声时棒测定声时初读数

(3)采用超声法检测混凝土表面的浅裂缝深度,先在不跨缝区域进行声时测量的相关操作和表述正确的有(　　)。

A. 所绘制的时-距坐标图中直线的长度为裂缝深度

B. 所绘制的时-距坐标图中直线的截距为测距的修正值

C. 所绘制的时-距坐标图中直线的斜率为不跨缝区域的混凝土声速

D. 以两个换能器中心距为 100mm、200mm、300mm……布置测点进行测试

(4)在进行钢筋保护层检测时,有关技术要求包括(　　)。

A. 当实际的钢筋保护层厚度小于钢筋探测仪的最小示值时,则该测试方法不适用

B. 当钢筋较密集,对测试结果有影响时,应采用钻孔、剔凿的方法验证

C. 检测前,应对钢筋探测仪进行预热和调零

D. 检测前,应采用校准试件进行校准

(5)在进行混凝土结构无损检测前,应进行必要的准备工作,以下操作错误的是(　　)。

A. 如钢筋锈蚀电位测区有绝缘层时,应先清除绝缘层介质

B. 钢筋锈蚀电位测区的混凝土表面应保持绝对干燥

C. 混凝土电阻率测试前应在测区开孔露出钢筋

D. 进行钢筋直径测试前,测区应涂抹黄油等耦合剂

3. 采用超声法对某混凝土结构物进行内部缺陷无损检测,请回答以下问题。

(1)以下关于超声法检测混凝土缺陷的表述,正确的包括(　　)。

A. 混凝土匀质性一般采用平面换能器进行穿透对测法检测

B. 混凝土表面损伤层厚度的检测方法有:单面平测法和逐层穿透法

C. 混凝土匀质性一般采用平面换能器进行对测法检测

D. 混凝土内部空洞一般采用单面平测法检测

(2)采用超声法检测混凝土裂缝深度,以下表述正确的有(　　)。

A.测试前裂缝中应灌注清水作为耦合剂

B.构件断面不大且具备条件时,可采用平面对测法

C.超声测点布置应尽量避开钢筋

D.裂缝深度大于500mm时,可采用钻孔对测法

(3)对完好无缺陷部位的混凝土进行了超声测试,超声检测仪的零声时 $t_0=4.5\mu s$,某测点超声波实际传播距离为497mm,声时 $t=144.5\mu s$,则该测点的实测声速为(　　)。

A.3.44m/s　　B.3.44km/s　　C.3.55m/s　　D.3.55km/s

(4)单面平测法检测1号裂缝深度,已知声速为3.8km/s,跨缝测试过程中,两换能器间距为200mm,实测声时值为68μs(已扣除零声时),则此测距计算的裂缝深度 h_i 约为(　　)。

A.53mm　　B.129mm　　C.82mm　　D.100mm

(5)单面平测法检测2号裂缝的深度,根据多个测距跨缝测试的数据分别计算裂缝深度 h_i,并记录首波情况,结果见下表,则2号裂缝的深度 h 为(　　)。

测距(mm)	100	120	140	160	180	200
该测距的裂缝深度 h_i(mm)	92	88	92	96	97	88
首波方向	↑	↑	↑	↓	↓	↓

A.96mm　　B.95mm　　C.92mm　　D.91mm

4.采用超声波检测技术对某钢桥进行焊缝检查,请回答以下问题。

(1)钢结构焊缝检测的人员应该(　　)。

A.取得超声检测相关的资格等级证书

B.受过专业培训和操作授权

C.具备中级或以上职称

D.具有足够的焊缝超声检测经验

(2)关于钢结构焊缝无损探伤,以下叙述正确的是(　　)。

A.检测区域是指焊缝及其两侧至少30mm宽母材或热影响区宽度(取二者较大值)

B.焊缝表面外观检查合格后,方可进行探伤

C.探头移动区应平整光滑

D.探头移动区应足够宽,保证声束覆盖整个检测区域

(3)探伤时采用较高频率的探头,可有利于(　　)。

A.发现较小的缺陷　　B.区分开相邻的缺陷

C.改善声速指向性　　D.改善反射波形

(4)焊缝检测中,探头角度的选择与(　　)有关。

A.钢板厚度　　B.缺陷方向　　C.缺陷部位　　D.钢材强度

(5)为探出焊缝中不同角度的缺陷,应采用(　　)方法。

A.提高检测频率　　B.修磨检测面

C.用多种折射角度的探头　　D.增加采样时间

5. 采用地质雷达对某隧道模筑混凝土衬砌质量进行检测,请回答下列问题。

(1)地质雷达在隧道施工检测中应用广泛,可用于(　　)。

A. 混凝土平整度检测　　B. 混凝土强度检测

C. 衬砌背部密实状况检测　　D. 仰拱厚度检测

E. 钢拱架数量抽查

(2)在隧道检测中,关于雷达天线的选择,叙述正确的有(　　)。

A. 对于厚度约 1.5m 的仰拱,检验其厚度宜选用 1.5GHz 的天线

B. 应根据检测对象、探测深度和分辨率综合选择天线

C. 对于厚度约 0.8m 的衬砌,检验其内部空洞宜选用 400 ~ 900MHz 的天线

D. 地质雷达的天线频率越高,探测深度越大

(3)检测前,用收发一体天线在明洞端墙部位(厚度 60cm)标定电磁波速,若测得电磁波的时程为 10ns,则本隧道混凝土的电磁波传播速度为(　　)m/s。

A. 1.2×10^{8}　　B. 2.0×10^{8}　　C. 0.6×10^{8}　　D. 1.0×10^{8}

(4)若衬砌有配筋,某区段局部混凝土背后不密实,雷达数据有(　　)特征。

A. 反射信号弱,图像均匀且反射界面不明显

B. 反射信号强,信号同相轴呈绕射弧形,不连续且分散、杂乱

C. 反射信号强,图像呈小双曲线形

D. 反射信号弱,图像不均匀

(5)某区段雷达接收到的反射信号弱,图像均一且反射界面不明显,则可判断衬砌内或背后(　　)。

A. 有钢筋　　B. 有钢架　　C. 有空洞　　D. 密实

习题参考答案及解析

一、单项选择题

1. A

【解析】结构混凝土强度的常用检测方法有回弹法、超声回弹综合法、钻芯法等。

回弹法、超声回弹综合法具有快速、简便的特点,依据规范按批量检测的构件,抽检数量不得少于同批构件总数的30%且不少于10件,当检测构件数量较多(大于30个),抽检数量可适当调整,但不得低于《建筑结构检测技术标准》规定的最少抽样数量。

2. B

3. C

4. C

【解析】考虑到混凝土为非匀质材料以及浇筑质量的离散性,回弹法测强每个测区读取16个回弹值,剔除3个最大值与3个最小值后,将剩余10个测点的回弹均值作为该测区平均回弹值。

5. D

【解析】回弹测强的原理：混凝土硬度与其强度存在相关性，回弹仪中的弹簧推动弹击杆以固定动能撞击混凝土表面，测量弹击杆的反弹距离（回弹值），根据经验公式可换算混凝土强度。回弹仪非水平弹击时，弹击杆受自重影响，导致向上弹击的回弹值偏大、向下弹击的回弹值偏小，对此偏差进行的修正称为角度修正；另外，混凝土浇筑成型后，相对于浇筑侧面来说，浇筑底面硬度较高的粗集料含量多，而浇筑表面硬度较低的砂浆较多，造成浇筑底面回弹值偏大，浇筑表面回弹值偏小的情况，对此偏差进行的修正称为浇筑面修正。规范提供的角度修正值和浇筑面修正值，均为依据大量试验结果得到的经验数据，而由于混凝土集料组成多样、材质离散性大，修正结果也难免存在偏差。因此规范要求，回弹测区应优先选择在能使回弹仪处在水平方向的混凝土浇筑侧面，尽量减少修正引入的误差。

6. D

【解析】超声回弹综合法是根据现场测试的混凝土声时值（用于计算声速）和回弹值，推定混凝土的抗压强度。其原理是：超声波传播速度与混凝土强度存在相关性，测定超声波在混凝土内部传播的声时（可计算声速）以反映混凝土内部的强度状况，测定回弹测试以反映混凝土表层的强度状况。该方法综合了单一回弹法和超声法的优点，内外结合，测试误差小、适用范围广，还可以减少混凝土龄期及含水率的影响。

混凝土表面碳化使混凝土表面硬度增大，回弹值也变大，回弹法换算混凝土强度时需要计入碳化深度的影响；而超声回弹综合法同时测定了回弹值和声速值，一般而言混凝土碳化使得回弹值增大、声速值减小，因此碳化对混凝土换算强度的影响不明显，超声回弹综合法不必测试碳化深度，选项C错误。

7. C

【解析】规范规定了全国统一测强曲线的适用条件，包括混凝土集料、外加剂、成型工艺、模板、养护条件等，尤其应注意回弹法的统一测强曲线适用于自然养护14～1000d、抗压强度为10～60MPa的混凝土，超声回弹综合法的统一测强曲线适用于自然养护7～2000d、抗压强度为10～70MPa的混凝土。

8. B

9. D

【解析】钻芯法检测混凝土强度分为批量构件和单个构件，两种情况的芯样数量及数据处理均不同。

批量构件检测时，芯样数量根据检验批的容量确定，不宜少于15个，小直径芯样数量应适当增加，按数理统计方法确定混凝土强度的推定值。

单个构件检测时，有效芯样数量不应少于3个，构件尺寸较小时不得少于2个；因芯样数量较少，计算混凝土强度推定值时不再进行数据的舍弃，按有效芯样试件抗压强度的最小值作为构件混凝土强度推定值。

10. B

【解析】钻芯法的芯样分为标准芯样和小直径芯样。其中标准芯样试件是指公称直径为100mm，高径比为1:1的混凝土圆柱体试件，其公称直径不宜小于集料最大粒径的3倍；小直径芯样试件的公称直径不宜小于70mm且不得小于集料最大粒径的2倍。现行《钻芯法检测混凝土强度技术规程》要求，一般宜使用标准芯样试件，被检测结构或构件尺寸较小或其他原因时也可钻取小直径芯样试件。

11. A

【解析】桥梁结构混凝土材质强度检测结果的评定，应依据 K_{bt} 和 K_{bm} 的范围按下表确定混凝土强度评定标度，K_{bt} 和 K_{bm} 分别为实测强度推定值、测区平均换算强度值与混凝土设计强度的比值。

桥梁混凝土强度评定标准

K_{bt}	K_{bm}	强度状态	评定标准
≥0.95	≥1.00	良好	1
(0.95,0.90]	(1.00,0.95]	较好	2
(0.90,0.80]	(0.95,0.90]	较差	3
(0.80,0.70]	(0.90,0.85]	差	4
<0.70	<0.85	危险	5

12. D

【解析】对于遭受冻灾、火灾、化学侵蚀或其他损害的混凝土，因存在表面损伤，选项 ABC 对应的检测方法均不适用，可采用钻芯法检测其强度。

13. A

【解析】混凝土中钢筋锈蚀电位的检测方法一般采用半电池电位法。混凝土呈高碱性，钢筋表面会形成致密的钝化膜，钢筋具有良好的稳定性。当混凝土致密度变差或钢筋表面的钝化膜局部破坏，一旦有水、空气侵入时，钝化膜破坏处就会形成阳极，而周围钝化膜完好的部位构成阴极，从而形成了若干个微电池，当微电池处于活化状态时发生氧化还原反应就会造成钢筋锈蚀。半电池电位法检测钢筋锈蚀的原理是：将混凝土与混凝土中的钢筋看成半个电池，锈蚀检测仪的铜/硫酸铜参考电极作为另外半个电池，测试时将铜/硫酸铜参考电极与混凝土接触，检测混凝土与钢筋的电位差，就可评定混凝土中钢筋锈蚀的活化程度。半电池电位法测试原理及钢筋锈蚀仪见下图。

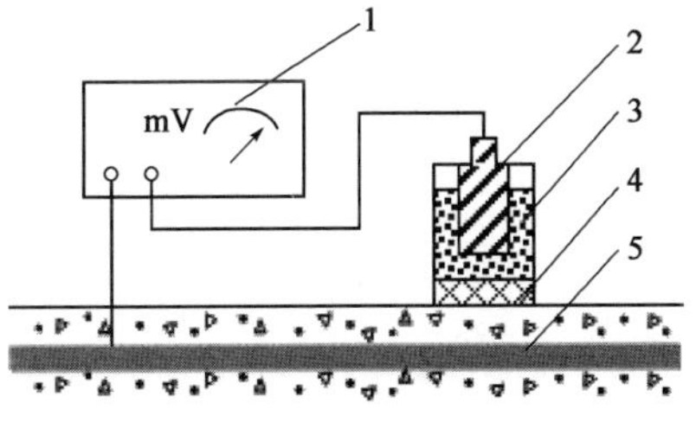

1-毫伏表；2-铜棒电极；3-硫酸铜饱和溶液；
4-多孔接头；5-混凝土中钢筋

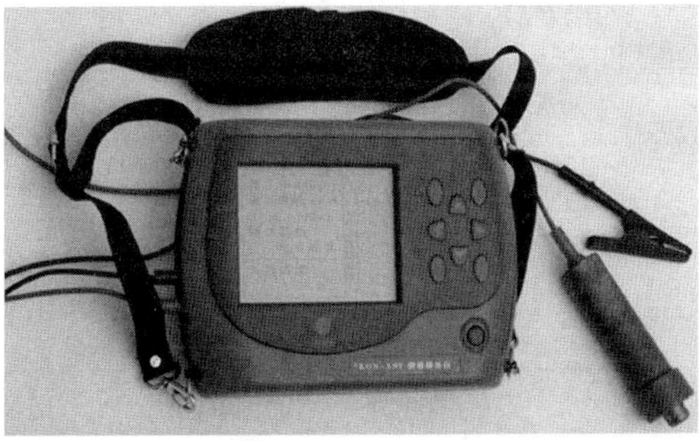

半电池电位法测试原理及钢筋锈蚀仪

选项 B，滴定条法用于现场检测混凝土中氯离子含量；选项 C，四电极法用于检测混凝土电阻率；选项 D，惠斯顿电桥常用于应变测试。

14. A

【解析】见《公路桥梁承载能力检测评定规程》（JTG/T J21—2011）第5.4节的相关规定。在测区布置测试网格，网格结点为测点，一般不宜少于20个测点。

15. C

【解析】采用半电池电位法进行钢筋锈蚀状况评判时，按惯例将电位值加以负号，然后按下表进行判断。

混凝土桥梁钢筋锈蚀电位评定标准

电位水平（mV）	钢筋状况	评定标度
≥ -200	无锈蚀活动性或锈蚀活动性不确定	1
（-200，-300]	有锈蚀活动性，但锈蚀状态不确定，可能坑蚀	2
（-300，-400]	有锈蚀活动性，发生锈蚀概率大于90%	3
（-400，-500]	有锈蚀活动性，严重锈蚀可能性极大	4
< -500	构件存在锈蚀开裂区域	5

16. D

【解析】混凝土拌制过程中混入的氯离子和在使用环境中侵入的氯离子，其直径小、活性大，很容易穿透混凝土钝化膜，当氯离子含量尤其是水溶性氯离子含量超过一定浓度时，就容易诱发或加速混凝土中钢筋的锈蚀，影响结构耐久性。

17. B

【解析】混凝土中氯离子含量检测，每一测区取粉的钻孔数量不宜少于3个，取粉孔可以与碳化深度测量孔合并使用。

18. C

【解析】详见下表。

混凝土氯离子含量评定标准

氯离子含量（占水泥含量的百分比，%）	诱发钢筋锈蚀的可能性	评定标度
<0.15	很小	1
[0.15,0.40)	不确定	2
[0.40,0.70)	有可能诱发钢筋锈蚀	3
[0.70,1.00)	会诱发钢筋锈蚀	4
≥1.00	钢筋锈蚀活化	5

19. A

【解析】钢筋探测仪（见下图）测试时可实时显示信号强度值，探头距钢筋越近或钢筋直径越大，该信号值越大，移动探头到信号最强处就是钢筋正上方。大部分钢筋探测仪同时也显示钢筋保护层数值，探头距离钢筋越近该值越小，也可以根据该数值判断钢筋位置，但准确性不如前一种方法。

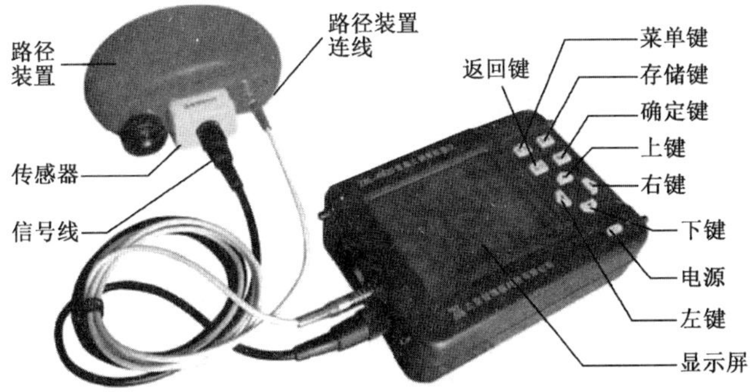

钢筋位置及保护层测试仪

20. C

【解析】基于电磁感应原理的钢筋无损检测技术，其测试结果受使用条件、外界干扰的影响较大，如箍筋影响、钢筋间距过小、上下层钢筋互相干扰、预应力束干扰、外界电磁干扰等都会影响测试结果。当实测结果与设计有较大偏差时，规范要求采用更为可靠、直接的手段验证仪器是否正常、干扰造成的偏差是否过大、工作环境是否适用等，必要时凿开混凝土进行验证。在得到验证前，即使抽检数量加倍也难以说明测试数据的可靠性，因此D选项是错误的。

21. C

【解析】混凝土中的钢筋锈蚀后，钢筋与混凝土之间存在电化学反应，微观上形成若干微电池。混凝土的电阻率越小，则导电性越强，越能激发微电池的活动性，致使钢筋锈蚀的发展速度加快，且扩展能力越强。因此混凝土电阻率大小可用于评估钢筋锈蚀的发展速度。

规范推荐的混凝土电阻率测试方法为四电极法。该方法在混凝土表面等间距接触4支电极，两外侧电极为电流电极，两内侧电极为电压电极，通过检测两电压电极间的混凝土阻抗得到混凝土电阻率。四电极法混凝土电阻率测试仪见下图。

四电极法混凝土电阻率测试仪

22. D

【解析】选项A错误，混凝土电阻率对结构耐久性的影响详见本章【单选】题21解析。选项BC错误，混凝土表面的碳化层和潮湿均会影响结果，测试时混凝土应保持自然干燥状态（只在电极前端涂抹少量耦合剂），并应去除混凝土表面的碳化层。

23. C

【解析】混凝土中的水泥在水化过程中生成大量碱性的氢氧化钙，对钢筋有良好的保护作用。随着空气中的 CO_2 逐渐渗透到混凝土内，与碱性物质发生化学反应生成碳酸盐和水等中性物质，这一过程称为碳化。碳化后的混凝土碱度降低，对钢筋的保护作用减弱，钢筋容易发生锈蚀。

24. D

【解析】混凝土碳化深度检测，采用工具在混凝土表面形成直径约 15mm 的孔洞，滴入浓度为 1% ~2% 的酚酞酒精试剂，观察颜色变化并用碳化深度测量尺读取碳化深度。试剂接触未碳化的混凝土（呈碱性）变为紫红色，接触碳化后的混凝土（呈中性）不变色。因此本题答案为 D。

25. D

【解析】碳化深度评定标度分 1、2、3、4、5 五个等级，标度值越大状况越差。当碳化深度超过钢筋保护层厚度时，混凝土失去对钢筋的保护作用，当二者比值≥2 时，混凝土碳化深度评定标度为 5。

26. A

【解析】选项 A，混凝土内部钢筋锈蚀情况采用钢筋锈蚀仪检测，基于电磁感应原理；选项 BCD 均可使用非金属超声波探测仪进行检测。

27. D

【解析】超声波检测仪通过发射换能器发射超声波脉冲信号，穿过混凝土后由接收换能器接收并记录声速（声时）、波幅、频率、波形等声学参数。当超声波遇到内部缺陷或裂缝时会绕射，声时变大而导致**声速降低**；超声波在缺陷处会转换和叠加，造成**波形畸变**；超声波在缺陷界面上的反射或绕射，会造成能量显著衰减，**波幅降低**；混凝土内部的缺陷是类似于滤波器的介质，超声波脉冲的各频率成分在遇到缺陷时衰减程度不同，高频超声波衰减较大，从而造成**接收频率降低**。超声法检测的实质是将待测部位与完好部位的声学参数进行对比，来判别混凝土是否存在缺陷，判别时必须具备相同条件，其中就包括声波发射波幅（通过仪器设置发射电压来调整）相同，因此选项 D 不是缺陷存在与否的判据。

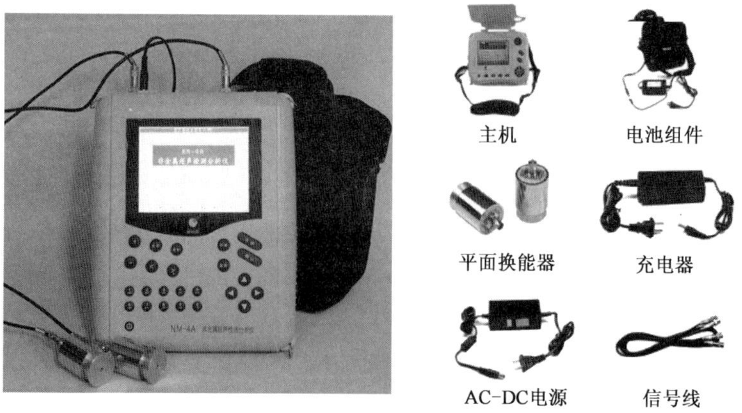

非金属超声波检测仪

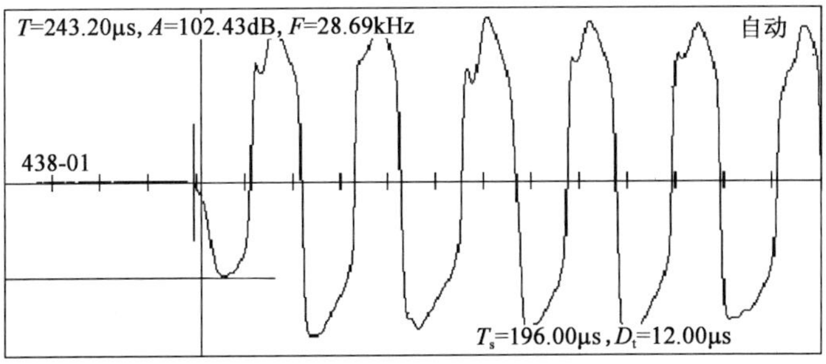

正常混凝土的接收超声波形

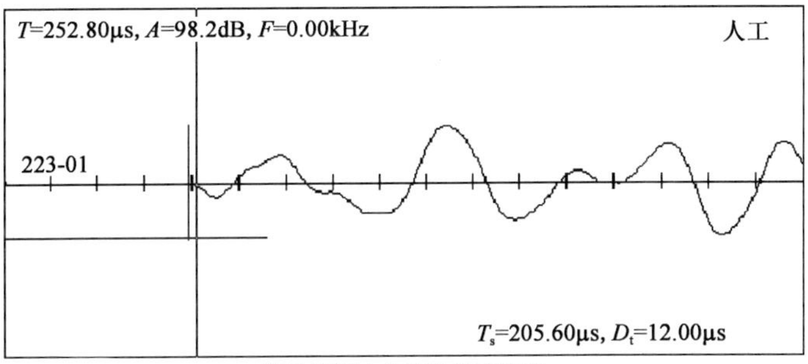

异常混凝土的接收超声波形

28. B

【解析】超声法检测混凝土内部缺陷与表层损伤的方法总体上可分为两类：第一类为用厚度振动式换能器（简称平面换能器）进行平面测试；第二类为采用径向振动式换能器进行钻孔测试。

第一类——使用平面换能器进行的平面测试方法（见下图）：

(1)双面对测法：发射和接收换能器分别置于被测结构相互平行的两个表面，且两个换能器的轴线位于同一直线上；双面对测法主要适用于不密实区和空洞检测、混凝土结合面质量检测；

(2)双面斜测法：发射和接收换能器分别置于被测结构的两个表面，但两个换能器的轴线不在同一直线上；双面斜测法主要适用于裂缝深度检测、不密实区和空洞检测、混凝土结合面质量检测；

(3)单面平测法：发射和接收换能器置于被测结构物同一个表面上进行测试；单面平测法主要适用于浅裂缝深度检测、表面损伤层检测。

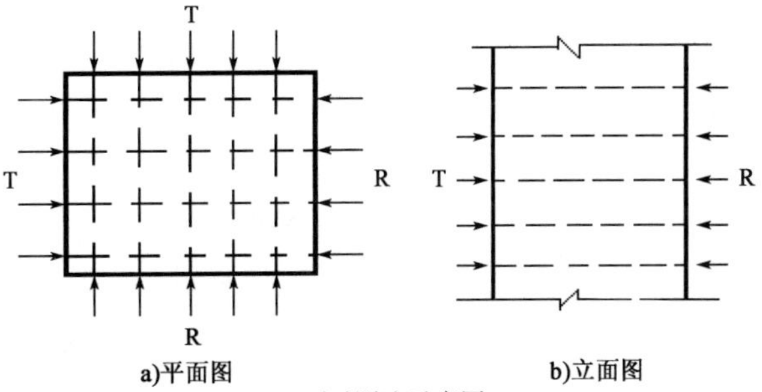

a)平面图　　b)立面图

双面对测法示意图

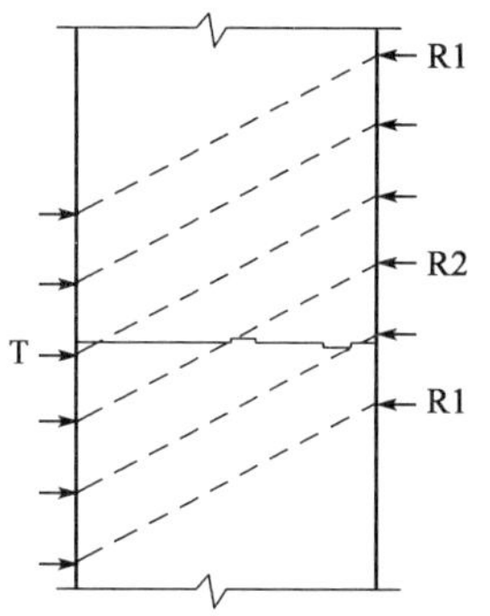

双面斜测法示意图

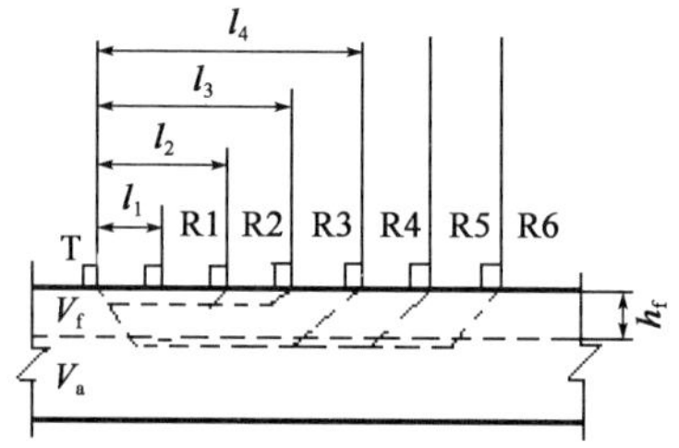

单面平测法示意图

第二类——使用径向换能器进行的钻孔测试方法(见下图):

(1)孔中对测:一对换能器分别置于两个对应钻孔中,位于同一高度进行测试;孔中对测法主要适用于深裂缝的深度检测、不密实区和空洞检测以及灌注桩混凝土缺陷检测;

(2)孔中斜测:一对换能器分别置于两个对应的钻孔,但不在同一高度,而是在保持一定高度差的条件下进行测试;孔中斜测法主要适用于不密实区和空洞检测以及灌注桩混凝土缺陷检测;

(3)孔中平测:一对换能器置于同一钻孔中,以一定高程差同步移动进行测试;该方法适用于大体积混凝土结构细测,进一步查明钻孔附近的缺陷位置和范围。

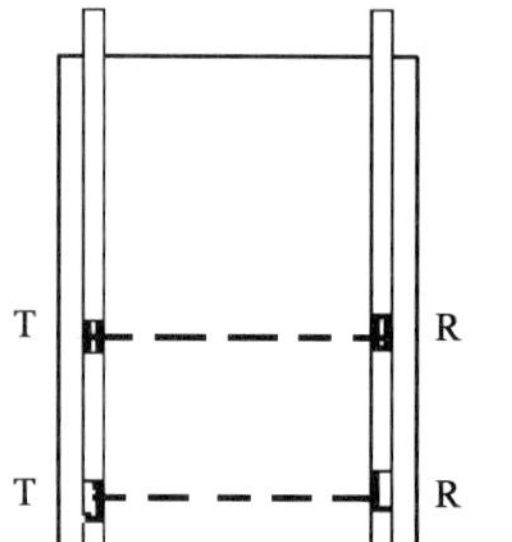

孔中对测法示意图

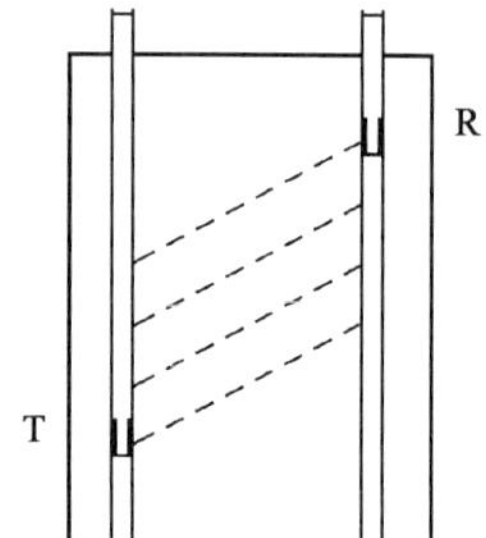

孔中斜测法示意图

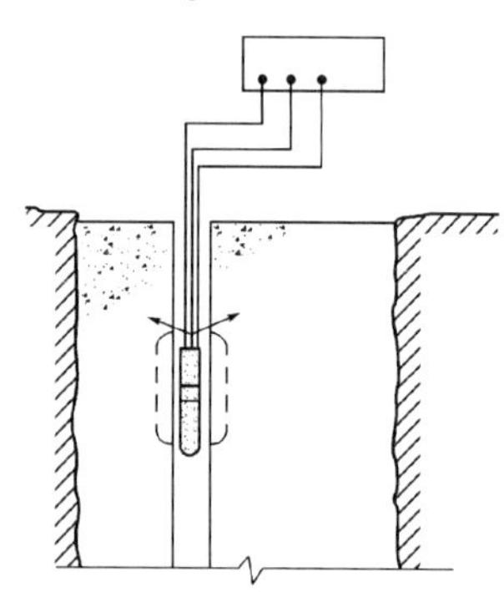
孔中平测法示意图

29. D

【解析】当结构物的裂缝部位具有两个相互平行的测试表面时,可采用双面穿透斜测法检测裂缝深度。不具备此条件时,可采用单面平测法或钻孔法检测裂缝深度。其中,单面平测法适用于检测深度不超过500mm的裂缝(称为浅裂缝),超声波自发射换能器在混凝土中传播,绕过裂缝末端后到达接收换能器,通过测试声时推算裂缝深度(见下图);而对于深度超过500mm的深裂缝,超声波绕射距离过长,脉冲信号衰减剧烈,接收换能器接收到的信号过小,难以得到准确结果,因此对于深裂缝一般采用钻孔法检测其深度,即在裂缝两侧钻孔后放置径向换能器进行测试,见本章【单选】题28中的孔中对测法示意图。

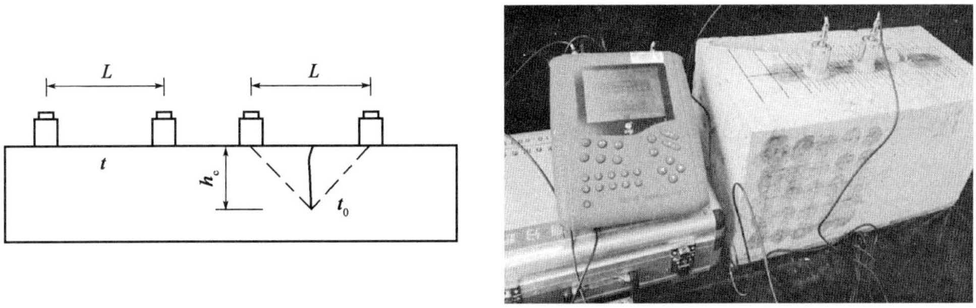

超声波单面平测法测定浅裂缝深度示意图

30. A

【解析】高强度螺栓连接副紧固和张拉后，其力学性能就会有所改变，因此每套连接副只能做一次试验，不得重复使用，在紧固中垫圈发生转动时，视为试验无效，应更换连接副后重复试验。

31. D

【解析】高强度大六角头螺栓连接副的扭矩系数复验和扭剪型高强度螺栓紧固轴力（预拉力）复验，样品数量均为每批次随机抽取8套。

32. B

【解析】磁粉探伤和渗透探伤主要适用于材料的表面缺陷检测。

33. B

【解析】超声法检测钢结构内部缺陷的方法主要分为反射法和穿透法（见下图），穿透法使用两个探头（一发一收）分别置于工件的两相对面，根据接收能量的衰减情况判断是否存在内部缺陷，反射法原理是超声波遇到缺陷部位发生反射，根据反射波形识别缺陷部位及估算当量大小。反射法又分为纵波反射法和横波反射法，其中纵波反射法使用直探头，垂直于构件表面发射超声波产生纵波，常用于原材料内部缺陷检测；横波反射法使用斜探头，向构件内部发射入射角不为零的超声波产生横波和纵波，常用于钢结构焊缝检测。

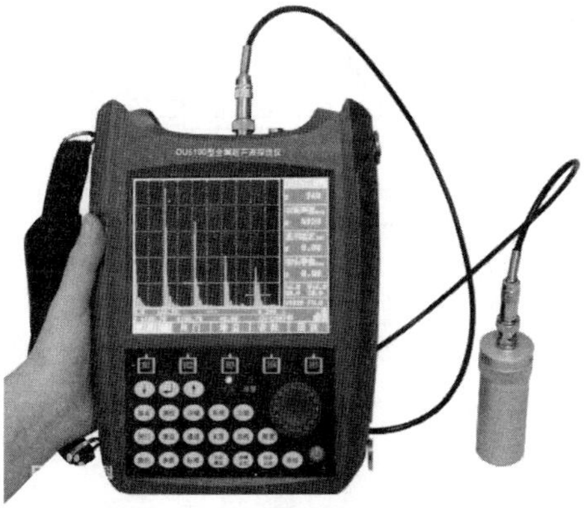

非金属超声检测仪

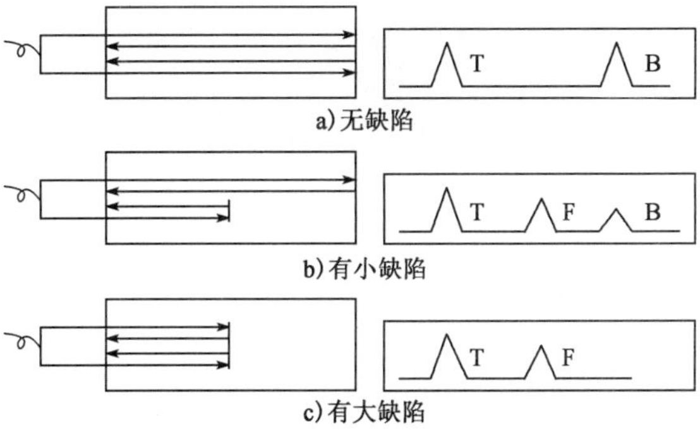

纵波脉冲反射法测试原理

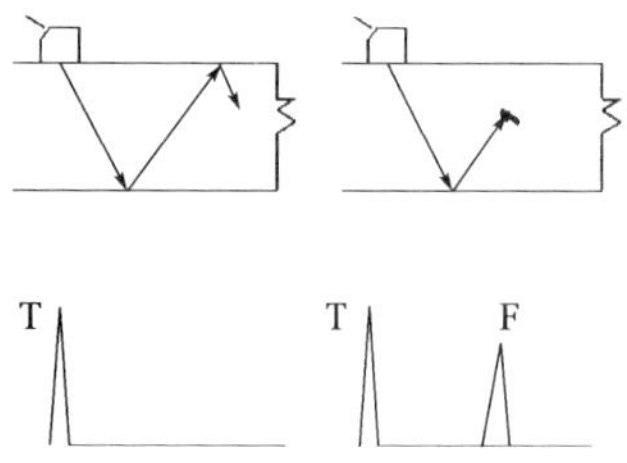

横波脉冲反射法测试原理

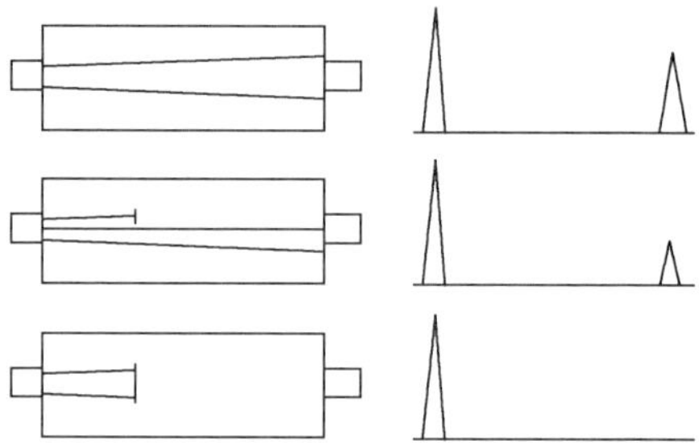

穿透法测试原理

金属超声波检测仪及其测试原理

34. D

【解析】《钢结构工程施工质量验收标准》(GB 50205—2020)要求,对设计要求全焊透的一级焊缝探伤比例为100%,二级焊缝探伤比例为20%。

35. B

36. B

【解析】涂层干膜厚度的检查频率按设计要求执行,设计无规定时,每10m²时应测3~5个点,每个点附近测3次,取平均值。

37. C

【解析】地质雷达法是应用广泛的无损检测技术,在隧道工程中常用于检测喷锚衬砌和模筑衬砌厚度、密实性、内部钢架、钢筋分布以及超前地质预报等。地质雷达检测混凝土衬砌厚度,应在拱顶、两侧拱腰、两侧边墙连续测试共5条测线,每20m检查一个断面,每个断面测5点。

地质雷达

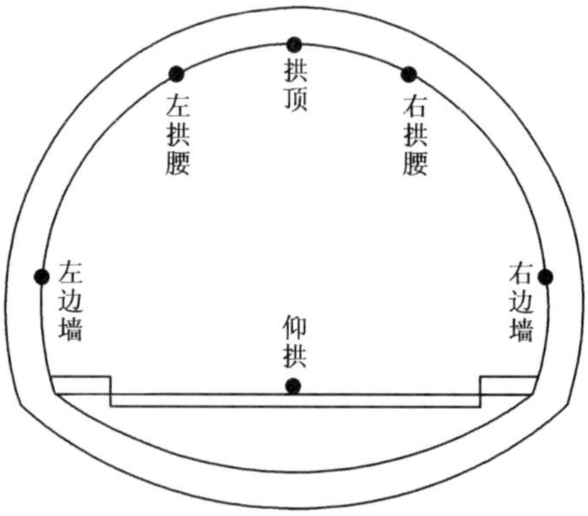

隧道衬砌厚度检测测线布置

38. C

【解析】采用地质雷达法检测混凝土背后回填密实性,可根据信号特征(见下图)作出定性判断。

(1)密实:反射信号弱,图像均一且反射界面不明显;

(2)不密实:反射信号强,信号同相轴呈绕射弧形,不连续且分散、杂乱;

(3)空洞:反射信号强,反射界面明显,下部有多次反射性好,两组信号时程差较大。

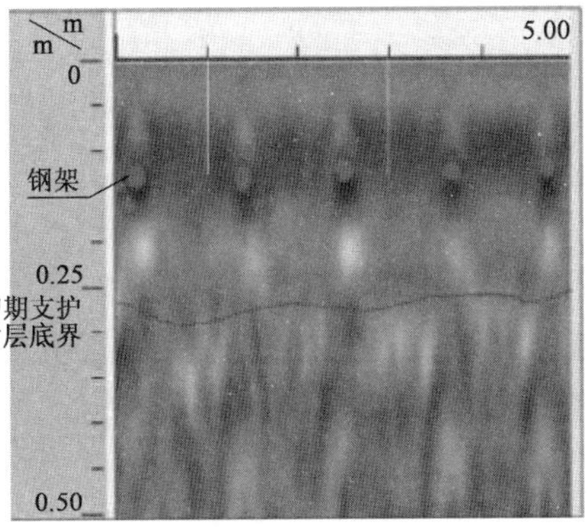

隧道正常初期支护雷达检测信号

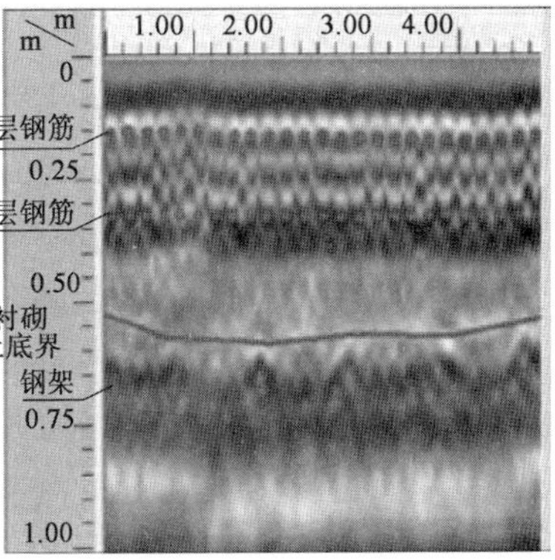

隧道正常二次衬砌雷达检测信号

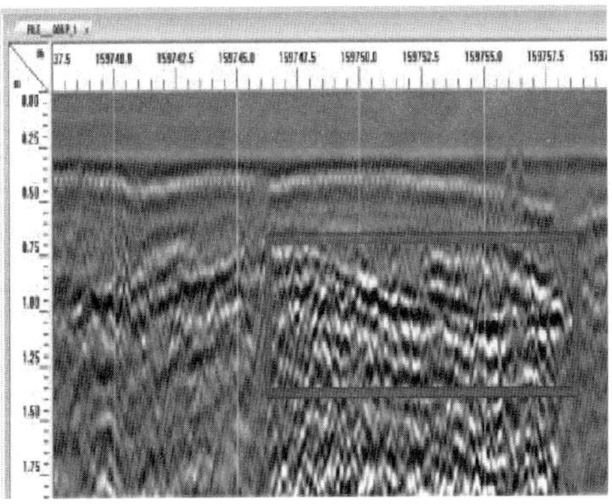

混凝土不密实区雷达检测信号

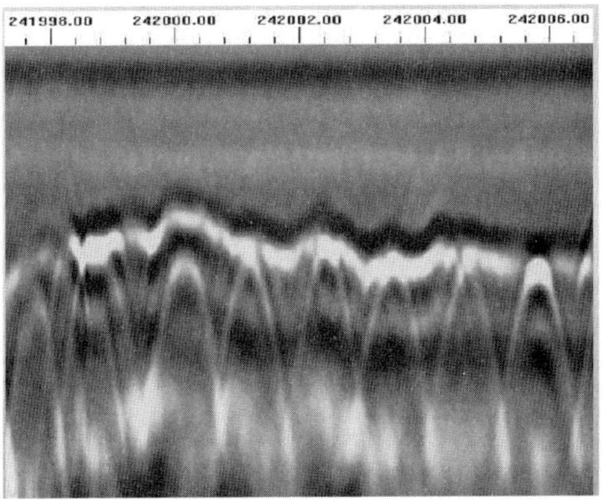

混凝土背后空洞、脱空区雷达检测信号

39. C

【解析】地质雷达检测前应现场标定电磁波波速或介电常数，且每座隧道应不少于1处，每处实测不少于3次，取平均值为该隧道的介电常数或电磁波波速。对于特长隧道，应增加标定点数。标定方法包括钻孔实测和双天线直达波法测量。标定目标体的厚度不宜小于15cm，标定记录中界面反射信号应清晰、准确。

40. B

【解析】地质雷达天线频率f、波长λ和电磁波速c的关系为：$c=\lambda f$，可以看出，电磁波速一定的情况下，波长和频率成反比。地质雷达天线频率越低，探测距离越长，精度越低。

二、判断题

1. ×

【解析】根据规范，当回弹仪为非水平方向弹击且测试面为非混凝土的浇筑侧面时，应先对回弹值进行角度修正，再进行浇筑面修正，修正顺序不能颠倒，也不允许用两个修正值直接与原始回弹值相加减。

2. √

【解析】当构件测区数少于10个时，因样本太少，不宜采用数理统计的方法，取最小值作为强度推定值。

3. ×

【解析】超声测试需在混凝土表面涂抹耦合剂(黄油、凡士林等),以保证换能器与混凝土表面的良好耦合,如先完成超声测试,混凝土表面残留的耦合剂将影响后续回弹测值的准确性。

4. √

【解析】超声回弹综合法检测混凝土强度,除尺寸要求外,测区选择时还要注意宜优先采用对测,不具备条件时可采用角测或单面平测,每个测区内应布置3个超声测点。

5. √

【解析】超声回弹综合法检测混凝土的抗压强度,当测区位于混凝土顶面或底面时,对回弹值和声速值都要进行修正。进行回弹值修正的原因详见本章【单选】题5解析。试验表明,超声测区在混凝土表面或底面时测定的声速值均有偏差,应进行测试面声速修正(系数$\beta=1.034$),如采用的是平测法,还要进行平测声速修正(系数λ,现场实测确定)。

6. √

【解析】超声回弹综合法检测混凝土强度,当结构或构件所采用的材料及其龄期与绘制测强曲线的材料及其龄期有较大差异时,应采用同条件立方体试件,试件数量不少于4个,或在结构或构件测区中钻取混凝土芯样试件,芯样数量不少于4个,根据试样的抗压强度对测区混凝土强度进行修正。

7. ×

【解析】钻芯法会对结构造成一定程度的破损,应尽量避免在主要承重构件的关键部位钻、截取试样,并应采取有效措施,确保结构安全,钻、截取试样后,应及时进行修复或加固处理。

8. ×

【解析】采用半电池电位法检测混凝土结构内部钢筋锈蚀状况,结构及构件应处于自然干燥状态(该方法不适用于潮湿环境或水下结构),但测区混凝土表面应预先充分润湿,可在饮用水中加入适量洗涤剂配制成导电溶液,喷洒在测区混凝土表面,使铜/硫酸铜参考电极与混凝土良好耦合,以减少接触电阻。

9. √

【解析】对于明显锈胀、脱空或层离的部位可以直接观察、根据经验判断其锈蚀状况。由于钢筋锈蚀仪的工作原理,对存在这些病害状况的区域难以测量得到可靠的数据,应避开。

10. ×

【解析】混凝土中氯离子含量测定,需收集混凝土粉末,钻孔取粉应分层收集,一般深度间隔可取3mm、5mm、10mm、15mm、20mm、25mm、50mm等,测定结果应能反映氯离子在混凝土不同深度的分布,根据钢筋处混凝土氯离子含量判断引发钢筋锈蚀的危险性。另外,对于粉末样品的要求还有:同一测区的不同取样孔,相同深度的粉末可收集在一个塑料袋内,质量不少于25g;不同深度(无论是否同一测区、同一钻孔)的粉末不能混合;不同测区的粉末不能混合。

11. ×

【解析】采用滴定条法测定混凝土中氯离子，每次应称取5g样品粉末，加入50mL硝酸。读取滴定条颜色变化处的最高值，将查表所得值除以1000即为氯离子的百分比含量。

12. ×

【解析】在工作环境周围难免存在电磁信号，钢筋探测仪在每次测试前需测量现场的环境磁场强度并调零，以此为基准进行混凝土内部的钢筋探测，调零时探头应远离金属物质。

13. √

14. ×

【解析】当实际保护层厚度小于钢筋探测仪的最小示值时，可在探头下附加垫板后检测。但要注意垫板应采用硬质无磁性材料，如工程塑料或电工用绝缘板，表面应平整光滑。

15. ×

【解析】检测混凝土电阻率时混凝土应保持自然状态，表面应清洁、无尘、无油脂，如混凝土表面潮湿，由于水具有一定导电性，将无法得到正确的测试结果。测试中，为保证电极与混凝土表面接触良好，只在电极前端涂抹少量耦合剂，并施加适当的压力。应注意区分钢筋锈蚀电位和混凝土电阻率测试时，对混凝土表面处理的差异，前者需预先充分润湿测区的混凝土表面，以减少接触电阻，后者应保持自然状态，只在电极处涂抹耦合剂，由于两种测试的原理、目的不同，操作处理方式也不相同。

16. √

【解析】详见本章【单选】题21解析。

17. √

18. ×

【解析】混凝土碳化深度的测量步骤为：采用适当的工具在测区表面形成直径约15mm的孔洞，其深度应大于预估混凝土的碳化深度；孔洞中的粉末和碎屑应除净，并不得用水擦洗；采用浓度为1%～2%的酚酞酒精溶液滴在孔洞内壁边缘，待未碳化混凝土变色后用碳化深度测量尺量测碳化深度。若使用水清洗，当滴入酚酞酒精溶液后，在孔洞中残留的水分将改变其浓度，而且清水也可能非中性，影响测试结果。

19. ×

【解析】每个碳化深度测点应测量3次，读数精确至0.25mm，取3次测量的平均值作为该测点的碳化深度测量结果，并精确至0.5mm。本题中该测点的碳化深度值应为1.5mm。

20. √

【解析】穿透混凝土遇到内部缺陷时，频率越高的超声波能量衰减越快，接收到首波幅度变化更明显，判别缺陷的灵敏度更高。因此，在工程检测中，在满足首波幅度测读精度的条件下，选用较高主频的换能器。但主频越高的超声波穿透能力越弱，要注意题中"满足首波幅度测读精度"这个限定条件，如换能器主频过高，当混凝土缺陷严重或探测厚度较大时，超声波衰减过快会造成首波过于微弱，无法辨别波幅的变化，反而不能有效判别混凝土缺陷。

21. √

【解析】测试区域内的钢筋作为超声波的良好传输介质，会影响混凝土声速值的测试结果，为尽量减小此影响，两个换能器的连线方向应避免与主钢筋方向平行。

22. ×

【解析】超声法检测不密实区和空洞时,要求被测部位应具有一对(或两对)相互平行的测试面,当有两对平行测试面时,采用对测法,当只有一对平行测试面时,采用对测和斜测相结合的方法,当测距较大时,可采用钻孔或预埋管测法。根据其测试原理,单面平测法不能用于不密实区和空洞的检测。超声法检测混凝土缺陷的几种方法详见本章【单选】题28解析。

23. √

【解析】超声单面平测法采用厚度振动式换能器,应以T、R两换能器内边缘之间的距离加上"时-距"图中的截距(或回归直线方程的常数项)作为测距。当采用径向振动式换能器在钻孔或预埋管中检测时,以钻孔或预埋管的内边缘之间的距离作为测距。

24. ×

【解析】深度超过500mm的裂缝,可采用钻孔法进行超声检测。

25. ×

【解析】超声平测法检测混凝土裂缝深度的原理是:裂缝阻断了超声波在两换能器间的直线传递路径,超声波由发射换能器出发,绕道裂缝末端,到达接收换能器,可测试这一传递路径消耗的声时来推算裂缝深度。若裂缝中有水或泥浆,超声波经水介质耦合直接从裂缝中穿过,则测试结果无效。因此检测时,裂缝中不得有水或泥浆。同理,当有钢筋穿过裂缝并与两换能器的连线大致平行时,沿钢筋传播的超声波将首先达到接收换能器(称为声短路),也影响到测试结果的准确性,因此布置测点时,两换能器的连线应至少与该钢筋相距1.5倍的裂缝预估深度。

26. ×

【解析】采用超声平测法测定混凝土结构浅裂缝深度,如在某测距处发现首波反相,则取该测距及两个相邻测距裂缝深度计算值的均值,作为该裂缝的深度值。

27. ×

【解析】根据 $v = L/(t - t_0)$,可得到超声波在混凝土中的传播速度为3000m/s。

28. √

【解析】扭剪型高强度螺栓连接副检验,紧固螺栓分为初拧、终拧两次进行,初拧值为预拉力标准值的50%,除因构造原因无法使用专用扳手拧掉梅花头者外,以梅花头拧断为终拧结束。

29. √

【解析】在焊后成品的外观检查之前,必须将焊缝附近10~20mm区域金属上所有飞溅及其他污物清除干净。一般来说,根据熔渣覆盖的特征和飞溅的分布情况,有助预测该处是否存在缺陷。例如,贴焊缝面的熔渣表面有裂纹痕迹,往往在焊缝中也有裂纹;若发现有飞溅成线状集结在一起,则可能是电流产生磁场磁化工件后,金属微粒堆积在裂纹上,此时应在该处仔细检查是否有裂纹。

30. √

【解析】由于合金钢内的裂纹形成得很慢,第一次检查时可能不会发现裂缝,因此需要在焊接之后的15~30d,进行第二次检查。

31. √

【解析】对焊缝的外观检查是钢结构焊接质量检验的重要环节,若焊缝表面出现缺陷,焊缝内部便有存在缺陷的可能。如发现焊缝表面出现咬边或满溢,则内部可能存在未焊透或未熔合;焊缝表面多孔,则焊缝内部亦可能会有气孔或非金属夹杂物存在。

32. ×

【解析】钢结构超声探伤的探头一般选用 2 ~ 5MHz,推荐使用 2 ~ 2.5MHz 探头。超声探头频率越高,分辨率越高,但衰减快、穿透性差,不宜用于厚板构件的缺陷检测。

33. ×

【解析】焊缝超声探伤多采用横波反射法,使用一个探头检测,兼作信号的发射和接收。

34. √

【解析】钢结构主体外表面涂层干膜厚度采用"90-10"规则判定,即允许有 10% 的读数低于规定值,但每一单独测量值不得低于规定值的 90%;钢结构其他表面的涂层干膜厚度采用"85-15"规则判定。

35. √

【解析】钢结构防腐涂层附着力的现场测试一般采用划格法或划叉法,划格法适用于厚度不超过 250μm 的涂层,划叉法不受涂层厚度的限制,对于硬涂层,应采用划叉法。

36. √

【解析】采用地质雷达检测衬砌厚度及内部状况时,测线布置应以纵向布置为主,环向布置为辅;两车道隧道纵向测线应分别在隧道的拱顶、左右拱腰、左右边墙布置测线,根据检测需要可布置 5 ~ 7 条测线;三车道、四车道隧道应在隧道的拱腰部位增加两条测线,遇到衬砌有缺陷的地方应加密;隧底测线根据现场情况布置,一般 1 ~ 3 条测线,特殊要求的地段可布置网格状测线。环线测线实施较困难,可按检测内容和要求布设测线,一般环线测线沿隧道纵向的布置距离为 8 ~ 12m。

37. ×

【解析】隧道衬砌中的钢架、钢筋等金属物电导率很大,电磁波无法穿透,能量几乎全部被反射回来,形成强反射信号。由于钢架、钢筋、预埋管件的体积、间距不同,形成的图像形状也存在差异(见下图),主要判定特征为:

(1)钢架、预埋管件:反射信号强,图像呈分散的月牙状。

(2)钢筋:反射信号强,图像呈连续的小双曲线形。

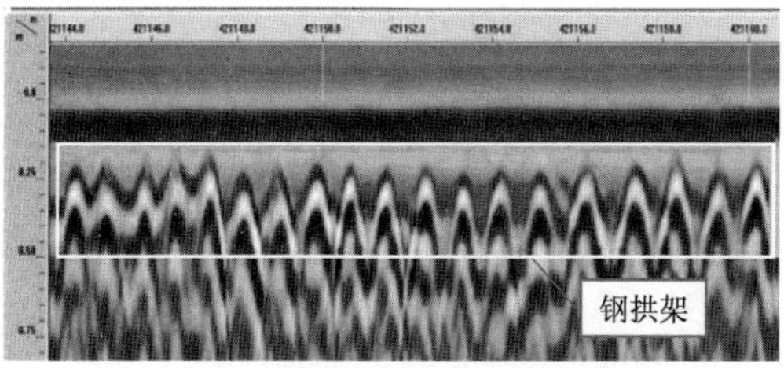

隧道初期支护雷达检测信号

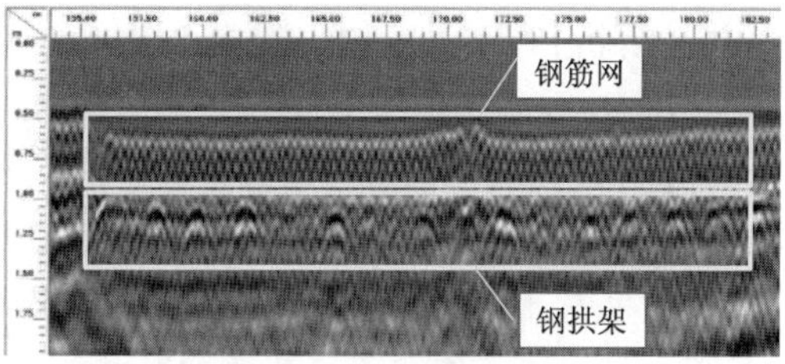

隧道二次衬砌雷达检测信号

38. ×

【解析】采用地质雷达检测混凝土衬砌质量,当需要分段测量时,相邻测量段接头重复长度不应小于1m。

39. √

【解析】雷达检测前，应进行介电常数或电磁波波速现场标定，标定结果按下式进行计算：

$$\varepsilon_r = \left(\frac{0.3t}{2d}\right)^2;\quad v = \frac{2d}{t}\times 10^9$$

式中：ε_r——相对介电常数；

v——电磁波速(m/s)；

t——双程旅行时间(ns)；

d——标定目标物体的厚度(m)。

40. √

三、多项选择题

1. ABC

【解析】目前，回弹法可采用的测强曲线分为全国统一测强曲线、地区测强曲线和专用测强曲线。考虑到各测强曲线对适用区域的针对性，检测单位宜按专用、地区、统一测强曲线的顺序选用。

2. CE

【解析】规范中，针对单个构件回弹检测时测区选择的规定主要包括：

(1)对一般构件，测区数不宜小于10个；当受检构件数量大于30个且不需提供单个构件推定强度或受检构件某一方向尺寸不大于4.5m且另一方向尺寸不大于0.3m时，测区数量可适当减少，但不应少于5个；

(2)相邻两测区的间距不应大于2m，测区离构件端部或施工缝边缘的距离不宜大于0.5m，且不宜小于0.2m；

(3)测区宜选在能使回弹仪处于水平方向的混凝土浇筑侧面。当不能满足要求时，也可选在使回弹仪处于非水平方向的混凝土浇筑表面或底面；

(4)测区的面积不宜大于$0.04m^2$；

(5)……

3. ABD

【解析】详见本章【单选】题7解析。

4. BCD

【解析】超声回弹综合法的超声测试，通过检测超声波在混凝土中的声速大小来反映混凝土的内部情况，而声速则通过实测的换能器间距(测距)和声时换算得到。《超声回弹法综合法检测混凝土抗压强度技术规程》(T/CECS 02—2020)规定，超声测试宜优先采用对测，当不具备条件时可采用角测法或单面平测法，斜测法因难以确定测距，故不采用。

5. ABC

6. BCD

【解析】芯样试件尺寸偏差及外观质量必须符合规范要求，超过下列数值时，测试数据无效：

(1)芯样试件的实际高径比(H/d)小于要求高径比的0.95或大于1.05；

(2)沿芯样试件高度的任一直径与平均直径相差大于2mm；

(3)抗压芯样试件端面的不平整度在100mm长度内大于0.1mm；

(4)芯样试件端面与轴线的不垂直度大于1°；

(5)芯样有裂缝或有其他较大缺陷。

7. ABC

8. ABD

9. ABD

【**解析**】选项AD不适用，混凝土处于盐雾中或接近饱水状态，由于异常的导电性，混凝土与钢筋之间的半电池已近似短路，无法准确测量其电位；选项B不适用，半电池电位法检测钢筋锈蚀，如混凝土表面锈蚀胀裂、层离，因不能形成良好的回路，会导致测试结果异常；选项C适用，在测试前打磨清除混凝土表面的绝缘涂料后，可采用半电池电位法检测。

10. AC

【**解析**】采用半电池电位法检测钢筋锈蚀，对测试数据的要求有：测点读数变动不超过2mV，视为稳定；同一测点，同一参考电极重复测读的差异不应超过10mV；同一测点，不同参考电极重复测读的差异不应超过20mV。

11. AD

12. AE

【**解析**】分层取粉的目的是根据每一取样层氯离子含量的测定值，做出氯离子含量的深度分布曲线，判断氯化物是混凝土生成时已有的，还是结构使用过程中由外界渗入及浸入的，另外不同测区的工作环境、混凝土质量状况都可能不同，因此不同测区或不同深度的粉末要分开收集。

13. ABD

【**解析**】根据测试原理，该方法不适用于含铁磁性物质的混凝土检测，同时还要避免外加磁场的影响；钢筋品种对测试结果有一定影响，主要是高强度钢筋，应加以修正；另外多层布筋、钢筋间距过小也会影响测量结果。

14. BCD

【**解析**】在使用钢筋探测仪检测混凝土内部钢筋时，要保证探头长轴方向尽量平行于被测钢筋，沿着与被测钢筋轴线垂直的方向移动探头，测量主筋时应尽量避开箍筋位置。

钢筋探测仪工作时，探头的电磁线圈产生电磁场，移动探头靠近钢筋时线圈的输出电压将发生变化，移动探头并稍微调整探头角度使仪器的输出信号最大时，探头就位于钢筋正上方且探头长轴方向与钢筋走向平行。基于同样的原理，对探头移动方向也有要求，理论上如果探头与某根钢筋保持固定距离且沿钢筋走向移动时，磁场强度保持不变，则输出信号值也不会发生变化；而探头移动方向与钢筋走向垂直时，磁场强度变化最明显，因此探头的移动方向和钢筋的走向要尽量垂直。

15. AD

【**解析**】混凝土内部钢筋保护层厚度的检测及评定见《公路桥梁承载能力检测评定规

程》(JTG/T J21—2011)第5.8节的相关规定。本题正确答案为AD;选项B,保护层厚度特征值应按公式$D_{ne}=\overline{D}_n-K_PS_D$计算,式中,$\overline{D}_n$为保护层厚度均值,$K_P$为规范规定的判定系数,$S_D$为标准差;选项C,钢筋保护层厚度越大对结构越有利并不准确,保护层厚度越大则阻止外界腐蚀介质、空气、水分渗入的能力也越强,对钢筋保护作用越大,但从结构受力的角度来说,特别是对于受弯构件,保护层厚度过大则是不利的,规范中是将实测得到的保护层厚度特征值与设计保护层厚度相比较,根据比值进行评定。

16. BC

【解析】详见《混凝土结构工程施工质量验收规范》(GB 50204—2015)附录E结构实体钢筋保护层厚度检验,对梁、板构件钢筋保护层检验的抽检构件数量、测区数量等都有详细规定。

17. BC

【解析】选项A错误,碳化层会使混凝土表面电阻率降低,电阻率测试前应去除混凝土表面的碳化层;由四电极法的原理和电阻率对钢筋锈蚀速率的影响可知,选项BC正确;选项D错误,结构状况及各项材质评定的标度越小表示状况越好,评定标度越大表示状况越差,电阻率越大,对结构耐久性越有利,则评定标度越小。

18. CE

【解析】规范规定,按测区电阻率最小值确定混凝土电阻率的评定标度,由混凝土电阻率评定标准(见下表),该构件混凝土中的钢筋可能锈蚀速率为很快。

混凝土电阻率评定标准

电阻率(Ω·cm)	钢筋发生锈蚀可能的锈蚀速率	评定标度值
>20000	很慢	1
15000~20000	慢	2
10000~15000	一般	3
5000~10000	快	4
<5000	很快	5

19. ADE

【解析】《公路桥梁承载能力检测评定规程》(JTG/T J21—2011)规定,当钢筋锈蚀电位评定标度≥3,即有锈蚀活动性、发生锈蚀的概率较大时,应进行混凝土碳化深度、氯离子含量及混凝土电阻率检测。

为评价桥梁结构的耐久性,与钢筋锈蚀相关的检测项目主要有:钢筋锈蚀电位、混凝土电阻率、混凝土碳化深度、氯离子含量和钢筋保护层厚度,这也是进行桥梁承载力评定时,为确定承载能力恶化系数ξ_e需完成的检测项目。钢筋锈蚀只有在满足基本条件时才能发生,即当钢筋表面的钝化膜被破坏,且腐蚀介质、水分、空气侵入混凝土后钢筋才会发生锈蚀。仔细分析这5个检测指标的含义,通过钢筋锈蚀电位水平可以了解钢筋表面的钝化膜是否被破坏并形成活化的微电池,钢筋保护层厚度可评价混凝土是否具备阻止外界腐蚀介质、空气、水分渗入的能力,这是评价钢筋发生锈蚀的基本条件是否成立的两项关键指标;而混凝土碳化是使混凝土碱度降低，使混凝土对钢筋的保护作用减弱，氯离子含量过高会诱发并加速钢筋锈蚀，混凝土电阻率越小则锈蚀速率发展速度越快，当满足锈蚀的基本条件时，这3项指标变差会导致锈蚀的加速和恶化，但当锈蚀的基本条件不成立时，这3项指标不良并不会直接导致钢筋锈蚀。也就是说，满足基本条件是钢筋锈蚀的"主犯"，而混凝土碳化深度、氯离子含量及混凝土电阻率指标变差是钢筋锈蚀的"帮凶"。

因此规范规定，进行桥梁结构耐久性评价时，钢筋锈蚀电位和钢筋保护层厚度是必测指标，当钢筋锈蚀电位标度≥3时，认为钢筋有锈蚀活动性、发生锈蚀的概率较大，应进行混凝土碳化深度、氯离子含量及混凝土电阻率检测，否则这3项指标可以不做检测，其评定标度值取1。

20. AC

【解析】选项A正确、B错误，详见本章【多选】题19解析；选项C正确，混凝土碳化会增大混凝土的表面硬度，使回弹值变大，需根据修正后的回弹值及碳化深度，由测强曲线确定混凝土强度换算值；选项D错误，详见本章【单选】题6解析。在进行结构耐久性评价和回弹测强时都需要检测混凝土碳化深度，但测试目的和所反映的问题实质是不同的。

21. ABC

【解析】选项D错误，混凝土中的碱性介质对钢筋有良好的保护作用，混凝土碳化会使其碱度降低，对钢筋的保护作用减弱，当碳化深度超过钢筋保护层厚度时，就会使混凝土碱度降低、对钢筋保护作用减弱，在水与空气存在的条件下，钢筋更容易发生锈蚀。

22. ABCD

23. ABC

【解析】选项D错误，孔中平测法属于钻孔测试的方法之一，使用径向换能器。

24. ABCD

【解析】详见本章【单选】题27解析。

25. ABD

26. ABD

【解析】根据焊接工序的特点，检验工作是贯穿始终的。一般分成三个阶段，即焊前检验、焊接过程中检验和焊后成品的检验。

27. BCD

【解析】选项A错误、选项B正确，高强度螺栓摩擦面应进行抗滑移系数试验和复验，按单位工程划分的工程量，按2000t为一批，不足2000t视为一批，每批抽检3组试件；选项CD正确，高强度大六角头螺栓连接副的扭矩系数和扭剪型高强度螺栓连接副的紧固轴力（预拉力），是影响高强度螺栓连接质量最主要的因素，根据《钢结构工程施工质量验收标准》（GB 50205—2020），生产厂家出厂前应进行检验，施工单位应进行复验（见证取样送样检验）。

28. ABCD

29. ABCD

【解析】金属超声探伤所采用的耦合剂要求透声性好、声阻抗高，流动性、黏度、附着力适当，易清洗，对工件无腐蚀、无污染等，一般常用的耦合剂有：水、水玻璃、化学浆糊、甘油、机油。

30. BCD

【解析】钢结构防腐涂层附着力的现场检测一般采用划格法或划叉法。如现场条件较好,可使用拉开法测试。划格法适用厚度不超过250μm涂层;划叉法不受涂层厚度限制,适用硬涂层。

四、综合题

1.(1)AB (2)AC (3)B (4)BD (5)C

【解析】(1)选项C错误,钢砧的钢芯硬度和表面状态可能会随着弹击次数的增加而改变,因此钢砧也应送检或校准,周期为2年;选项D错误,回弹仪率定方向为竖直向下弹击。

(2)根据题述,该桥T梁的生产工艺、强度等级、原材料、配合比、养护工艺均相同,龄期相近,应采用批量检测,即随机抽检不少于总数30%且不少于10个构件进行回弹检测,故选项A、C正确;选项D,规范规定当检验批中的构件总数大于30个时,抽检构件数量可适当调整,但不得少于国标规定的最少数量,本题中构件总数为27个,未达到此条件。

(3)修正前测区的平均回弹值计算方法为:从16个回弹值中剔除3个最大值和3个最小值,取其余10个回弹值的平均值。

(4)先进行弹击角度修正,再进行浇筑面修正,两次修正的顺序不能颠倒,也不允许用两个修正值直接与原始回弹值相加减,即在角度修正后的基础上,再查表进行浇筑面修正值。

(5)略。

2.(1)AC (2)ABC (3)BC (4)BCD (5)BCD

【解析】(1)选项A正确,因泵送混凝土的流动性较大,其浇筑顶面、底面的强度状况相差较大,因此规范规定泵送混凝土的回弹测区应选在浇筑侧面;选项B错误,钻芯法适用于检测强度不大于80MPa的普通混凝土;选项D错误,对于碳化深度大于6mm的混凝土,可采用统一测强曲线换算混凝土强度,换算时碳化深度按6mm计。

(2)选项A正确,平测法检测表面损伤层,超声波穿越损伤层混凝土时衰减较快,而换能器主频越高,超声波穿越缺陷的能力越弱(高频信号更易被衰减),会造成接收信号较弱难以判读;选项B正确,超声法检测混凝土结合面质量,主要是采用对比的方法,测点的布置应包括有结合面和无结合面的两部分混凝土,保证各测点具有一定的可比性,每一对测点都应保持倾斜角度一致、测距相等,可采用对测法和斜测法;选项D错误,标准声时棒用于厚度振动式换能器声时初读数的测定,而径向振动换能器(超声波沿换能器径向转播)是无法通过标准声时棒进行声时初读数测定的,规范要求将径向振动换能器置于水中采用时-距法测定声时初读数。

(3)在不跨缝区域进行声时测量,通过绘制时-距坐标图或用回归分析的方法可求出声时与测距之间的回归直线方程:$l_i = a + bt_i$。其中a为时-距坐标图中直线的截距,即测距的修正值;b为时-距坐标图中直线的斜率,即不跨缝区域的混凝土声速。选项D错误,相邻测点间距应为50mm。

(4)选项A错误,当实际的钢筋保护层厚度小于钢筋探测仪的最小示值时,可采用在探头下附加垫板的方式检测,所加垫板厚度在测值中扣除。

(5)钢筋探测仪是基于电磁感应的工作原理,探头与混凝土之间不需要涂抹耦合剂。

3.(1)ABC　　(2)BCD　　(3)D　　(4)C　　(5)B

【解析】(1)选项D错误,单面平测法超声波无法深入混凝土结构内部,混凝土内部空洞的检测一般采用平面对测法、钻孔或预埋管测法。

(2)选项A错误,若裂缝中有水或泥浆,超声波经水介质耦合从裂缝中穿过,测试结果不能真实反映裂缝深度。当裂缝部位具有两个相互平行的测试面时,可采用对测法检测裂缝深度,不具备此条件时,可采用单面平测法或钻孔法检测。单面平测法适用检测深度不超过500mm的裂缝(称为浅裂缝);对于深度超过500mm的深裂缝,采用平测法超声波绕射距离过长,脉冲信号衰减剧烈,接收信号过小,难以得到可靠结果,此时可采用钻孔法检测,即在裂缝两侧钻孔后放置径向换能器进行测试。

(3)根据公式 $v=L/(t-t_0)$ 计算超声波声速,即:$497/(144.5-4.5)=3.55(\text{mm}/\mu\text{s})=3.55\text{km/s}$。

(4)超声波单面平测法检测裂缝深度的示意见下图。

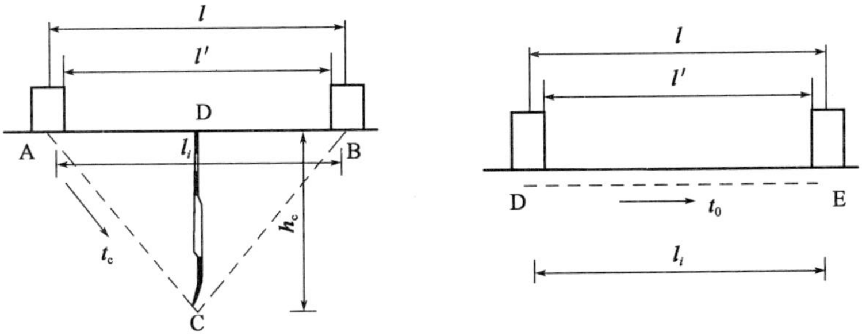

a)跨缝检测　　b)等距不跨缝检测

超声波单面平测法检测裂缝深度示意图

先在无裂缝区域测得完好混凝土的声速 v,再将两换能器置于以裂缝为对称轴的两侧进行跨缝测试,超声波遇到裂缝时发生绕射,最快传播路径为ACB。如上图所示,换能器A、裂缝表面D及裂缝末端C三点构成一直角三角形,求解CD的长度即为裂缝深度 h_{ci}。超声波实际传播距离为 $l_s=l_{AC}+l_{BC}=2\times l_{AC}$,可由该测点的声时 t_i 及混凝土中的声速 v 求得,即 $l_s=v\times t_i$,则根据几何关系有:

$$h_{ci}=l_{CD}=\sqrt{l_{AC}^2-l_{AD}^2}=\sqrt{\left(\frac{l_s}{2}\right)^2-\left(\frac{l_i}{2}\right)^2}=\sqrt{\left(\frac{v\cdot t_i}{2}\right)^2-\left(\frac{l_i}{2}\right)^2}=\frac{l_i}{2}\cdot\sqrt{\left(\frac{v\cdot t_i}{l_i}\right)^2-1}$$

根据题述条件,可计算得到在此测距计算的裂缝深度约为82mm。

(5)根据多个测距跨缝测试的数据分别计算裂缝深度 h_i 后,最终的实测裂缝深度 h 应按以下方式确定:

①当跨缝测量中,发现某测距处首波反相时,取该测距及两个相邻测距下测得的裂缝深度计算值的均值为该裂缝的深度值 h;

②如未发现首波反相,将各测距 l_i 小于 m_{hc} 及大于 $3m_{hc}$ 对应之 h_i 剔除后(m_{hc} 为各测点裂缝深度平均值),取余下 h_i 的均值作为该裂缝的深度值(h_c)。

2号裂缝深度测试过程中,在测距160mm时出现首波反向,按上述第①条,$h=(92+96+$

97)/3 =95(mm)。

4.(1)ABD (2)BCD (3)ABC (4)ABC (5)C

【解析】(1)《焊缝无损检测超声波检测技术、检测等级和评定》(GB/T 11345—2013)要求:从事钢结构焊缝无损检测的人员,应取得超声检测相关工业门类的资格等级证书,并由雇主或其代理对其进行职位专业培训和操作授权,掌握超声检测通用知识,具有足够的焊缝超声检测经验,并掌握一定的材料和焊接基础知识。

(2)选项A错误,检测区域是指焊缝及其两侧至少10mm宽母材或热影响区宽度(取二者较大值)。

(3)焊缝无损探伤所用的探头,频率一般在2~5MHz,应遵照验收等级要求选择合适的频率。选择较高检测频率的探头,有助于改善缺陷识别的分辨力,但其穿透能力(探测深度)不如低频探头。

(4)略。

(5)略。

5.(1)CDE (2)BC (3)A (4)BC (5)D

【解析】(1)地质雷达法适用于探测隧道锚喷衬砌和模筑衬砌厚度、密实性、背后空洞、内部钢架、钢筋分布等,另外可用于施工隧道超前地质预报。

(2)对于探测深度≤1.3m的混凝土结构(如隧道衬砌结构、路基路面密实性)宜采用400~600MHz天线;900MHz天线探测深度<0.5m;900MHz加强型天线探测深度<1.1m;1.5GHz天线探测深度小于0.25m,宜作为辅助探测。对于探测深度为1.3~15m的混凝土结构(如仰拱深度、厚度等)或较大不良地质(空洞、溶洞、采空区等),宜采用100MHz天线和200MHz天线。由以上可知,混凝土衬砌厚度一般在30~60cm之间,天线可选用400MHz或900MHz。地质雷达天线频率越高,探测深度越小。

(3)选项A正确,按照公式$v=2d/t$进行计算。

(4)(5)地质雷达检测混凝土结构背后回填的密实性(密实、不密实、空洞),主要判定特征如下:

①密实:反射信号弱,图像均一且反射界面不明显。

②不密实:反射信号强,信号同相轴呈绕射弧形,不连续且分散、杂乱。

③空洞:反射信号强,反射界面明显,下部有多次反射信号,两组信号时程差较大。

地质雷达法检测衬砌钢筋、钢架、预埋管件主要判定特征如下:

①钢架、预埋管件:反射信号强,图像呈分散的月牙状。

②钢筋:反射信号强,图像呈连续的小双曲线状。

第二篇　桥梁

第四章　地基与基础试验检测

复习提示

考试大纲要求

检　测　师	助理检测师
1. 桥梁基坑、地基与基础工程常用形式和分类； 2. 桥梁基坑、地基与基础试验检测的内容和技术标准、规范、规程； 3. 基坑监测方法、数据处理和评价； 4. 地基承载力试验方法、数据处理和承载力评价； 5. 钻孔桩成孔检测方法、数据处理和成孔质量评价； 6. 基桩完整性检测方法、数据处理和评价； 7. 基桩承载力试验方法，数据处理和承载力评价	1. 桥梁基坑、地基与基础工程常用形式和分类； 2. 桥梁基坑、地基与基础试验检测的内容； 3. 基坑监测方法； 4. 地基承载力试验方法； 5. 钻孔桩成孔检测方法； 6. 基桩完整性检测方法； 7. 基桩承载力试验方法

地基与基础试验检测知识要点

知　识　点	相 关 要 点
一、地基岩土分类	岩石、碎石土、砂土、粉土、黏性土、特殊性岩土共6类
二、基础分类	刚性基础、扩展基础、箱形基础、筏板基础、壳体基础、桩基础等
三、地基承载能力试验方法	(一)试验方法 1. 平板荷载试验： 浅层平板荷载试验：适用于埋深 <3.0m 地基土，采用50cm 或70.7cm 方板。 深层平板荷载试验：适用于埋深≥3.0m 地基土，采用 ϕ800mm 刚性板。 2. 圆锥动力触探法(DPT)： 轻型：适用贯入深度 <4m 黏性土、黏性土组成的素填土和粉土。 重型：适用砂土、中密以下碎石土和极软岩。 超重型：适用较密实碎石土、极软岩和软岩，见下表：

续上表

<table>
<tr><th>知　识　点</th><th>相 关 要 点</th></tr>
<tr><td>三、地基承载能力试验方法</td><td>
<table>
<tr><td>规格</td><td>轻型</td><td>重型(标准)</td><td>超重型</td></tr>
<tr><td>落锤质量(kg)</td><td>10</td><td>63.5</td><td>120</td></tr>
<tr><td>落距(cm)</td><td>50</td><td>76</td><td>100</td></tr>
<tr><td>记录贯入深度(cm)</td><td>30</td><td>10</td><td>10</td></tr>
</table>
(二)浅层平板试验要点(与深层平板类似,加载分级、终止条件、变形模量计算有差异)
1. 加载阶段:压密、剪切、破坏三阶段。
2. 加载设备:加荷装置、反力装置、沉降观测装置(百分表)。
3. 加载分级:不少于8级,每级为极限承载力的1/10～1/8,最大荷载≥设计2倍或接近土层极限荷载。
4. 稳定标准:每级隔10min、10min、10min、15min、15min,再每隔0.5h读沉降,2h内每小时沉降<0.1mm,认为稳定,可加下级荷载。
5. 终止条件:(1)压板周围土体挤出或开裂;(2)某级荷载,24h不能稳定;(3)沉降急增,本级沉降量>前级5倍;(4)沉降与压板宽或直径之比(S/d)≥0.06。前三种,取前一级为极限承载力。
(三)地基土承载力基本容许值确定(浅层与深层相同)
1. 取比例界限所对应的荷载值。
2. 极限荷载<比例界限荷载2倍,取极限荷载的1/2。
3. 前两款不能确定,取S/d=0.01～0.015对应荷载,且<0.5倍最大加载量。
4. 同土层试验点≥3个,极差≤均值30%,取均值为地基承载力基本容许值
</td></tr>
<tr><td>四、基桩成孔质量检测参数</td><td>
(一)检测指标
1. 泥浆性能指标:相对密度、黏度、静切力、含砂率、胶体率、失水率、泥皮厚、酸碱度。
2. 成孔质量:孔位、孔深、孔径、倾斜度、沉淀厚度。
(二)成孔质量要求
1. 孔中心位置允许偏差:群桩,100mm;单排桩,50mm。
2. 孔径:不小于设计值。
3. 倾斜度:钻孔,小于1%;挖孔,小于0.5%。
4. 孔深:摩擦桩,不小于设计值;支承桩,大于设计值50mm。
(三)成孔质量检测方法
1. 钻孔倾斜度:简易测量法、陀螺倾斜仪、井斜仪。
2. 孔径及垂直度:钢筋笼式测孔器、伞形孔径仪、超声波孔壁测试仪。
3. 桩底沉渣厚度:垂球法、电阻率法、电容法
</td></tr>
<tr><td>五、基桩完整检测</td><td>
(一)基桩完整检测方法
低应变反射波法、超声透射法、钻芯法。
(二)低应变反射波法
1. 原理:桩顶锤击,在桩身有明显波阻抗变化部位产生反射波,识别不同部位反射信息,可判别桩身完整性、判断桩身缺陷位置、校核桩长、估计混凝土强度(根据应力波速度)。
2. 设备组成:传感器(压电加速度计、磁电速度计),激振设备(力锤、力棒)等,桩身较长时采用质量大、材质软的力锤(力棒)锤击。
3. 传感器布置:
混凝土灌注桩:桩径<1.0m,不少于2测点;桩径≥1.0m,3～4测点。
混凝土预制桩:边长或桩径<0.6m,不少于2测点;边长或桩径≥0.6m,不少于3测点。
4. 缺陷判据:
(1)$Z_1 \approx Z_2$(Z为波阻抗):桩身无反射波,有桩底反射,桩身完整。
</td></tr>
</table>

续上表

知　识　点	相关要点
五、基桩完整检测	(2) $Z_1 > Z_2$：反射波与入射波同相，桩身截面削弱（缩颈、离析、空洞），或摩擦桩桩底反射。 (3) $Z_1 < Z_2$：反射波与入射波反相，桩身扩径、膨胀或端承桩。 5. 反射波法桩身完整性类别判定： 依据时域信号和频域信号特征，分为Ⅰ～Ⅳ类桩，详见JTG/T 3512—2020表8.4.4。 （三）超声透射法 1. 原理：桩身中夹泥、离析、断桩、桩底沉渣过厚等会引起超声波波速、波幅、频率、波形变化，据此判断缺陷。适用于检测直径不小于800mm的混凝土灌注桩的完整性、缺陷位置、范围和程度。 2. 设备组成：非金属超声仪、水密式径向换能器等。 3. 声测管埋设要求： 金属管，内径比换能器外径至少大15mm；固定在钢筋笼内侧，各管平行，不堵管、管底封闭、管口加盖；测试前声测管中加清水作为耦合剂。 数量：当桩径<1000mm时，埋设二根管；1000mm≤桩径≤1600mm时，埋设三根管；1600mm<桩径<2500mm时，埋设四根管；桩径≥2500mm时，应增加声测管的数量。 4. 缺陷判据：波速临界值、波幅临界值、PSD。 5. 超声透射法桩身完整性类别判定： 依据各测点声参量和波形特征，分为Ⅰ～Ⅳ类桩，详见JTG/T 3512—2020表10.4.11
六、基桩承载力试验方法	（一）基桩承载力检测方法 1. 静载试验：竖向静压、竖向抗拔、静推。 2. 高应变动测法。 （二）基桩静载试验原理及设备 1. 原理：施加荷载，测定荷载与桩身位移相关性，确定承载力。常用慢速维持荷载法。 2. 设备：反力架、液压千斤顶、变形测量装置（大量程百分表或电子位移计，分辨率不低于0.01mm）、锚桩。 （三）基桩静载试验要点 1. 直径或边宽≤500mm的桩，2个位移测点；直径或边宽>500mm的桩，4个位移测点。 2. 分级加、卸载：每级加载量为最大加载量的1/15～1/10，第一级可取分级荷载的2倍；每级卸载量取加载时分级荷载的2倍。 3. 沉降观测：每级加载后5、15、30、45、60min测读一次，之后每30min测读一次。 4. 沉降稳定标准：每一小时内的桩顶沉降量不超过0.1mm，并连续出现两次。 5. 终止试验条件和极限承载力的确定： 详见规范JTG/T 3512—2020的第5.3.6条和第5.4节

习　题

一、单项选择题

1.《公路桥涵地基与基础设计规范》(JTG 3363—2019)根据岩块的饱和单轴抗压强度标准值将岩石的坚硬程度分为(　　)级。

A. 4　　B. 5　　C. 6　　D. 8

2. 若砂土地基标准贯入锤击数 $N=20$，则密实度等级为(　　)。

A. 松散　　B. 稍密　　C. 中密　　D. 密实

3. 已知某桥涵地基为碎石土，其平均粒径小于或等于 50mm，且最大粒径不超过 100mm，采用重型动力触探鉴别其密实度，实测锤击数修正后的平均值 $N_{63.5}=10$，则碎石土的密实度等级为（　　）。

A. 密实　　B. 中密　　C. 稍密　　D. 松散

4. 根据《公路桥涵地基与基础设计规范》（JTG 3363—2019），多年压实未遭破坏的非岩石旧桥，在墩台与基础无异常变位的情况下，地基承载力抗力系数 γ_R 可适当提高，当修正后的地基承载力特征值 $f_a < 150\text{kPa}$ 时，γ_R 的取值为（　　）。

A. 1.0　　B. 1.25　　C. 1.5　　D. 2.0

5. 浅层平板荷载试验的最大加载量不应小于设计要求的（　　）倍或接近试验土层的极限荷载。

A. 1.5　　B. 2.0　　C. 2.5　　D. 3.0

6. 桥梁地基浅层平板荷载试验现场测试时，基坑宽度不应小于承压板宽度（或直径）的（　　）倍；试验加荷分级不应少于（　　）级。

A. 3，8　　B. 2，10　　C. 3，10　　D. 2，8

7. 浅层平板荷载试验中，需根据试验记录绘制（　　），并利用该曲线确定地基承载力基本容许值、计算地基土的变形模量。

A. 荷载-沉降关系曲线　　B. 荷载-应力关系曲线

C. 沉降-应力关系曲线　　D. 沉降-模量关系曲线

8. 深层平板荷载试验，满足条件（　　）时，认为沉降趋于稳定，可施加下一级荷载。

A. 在连续 24h 内，每小时的沉降量小于 0.01mm

B. 在连续 12h 内，每小时的沉降量小于 0.01mm

C. 在连续 4h 内，每小时的沉降量小于 0.1mm

D. 在连续 2h 内，每小时的沉降量小于 0.1mm

9. 重型圆锥动力触探试验落锤的落距为（　　）。

A. 50cm　　B. 66cm　　C. 76cm　　D. 100cm

10. 采用重型圆锥动力触探确定粗砂的密实度，实测触探击数 $N_{63.5}=8$，则该粗砂的密实度为（　　）。

A. 松散　　B. 稍密　　C. 中密　　D. 密实

11. 通过荷载试验或其他原位测试取得的地基承载力基本容许值不应大于地基极限承载力的（　　）。

A. 1/5　　B. 1/4　　C. 1/3　　D. 1/2

12. 根据《公路桥涵施工技术规范》（JTG/T 3650—2020），桥梁钻孔桩成孔中心位置允许偏差为（　　）。

A. 群桩和单排桩均为 100mm　　B. 群桩和单排桩均为 50mm

C. 群桩 100mm，单排桩 50mm　　D. 群桩 50mm，单排桩 100mm

13. 钻孔灌注桩的成孔倾斜度应满足（　　）。

A. ≤1% 桩长且≤500mm　　B. ≤3% 桩长且≤300mm

C. ≤0.5%桩长且≤200mm　　　　D. ≤1%桩长且≤200mm

14. 依据《公路工程基桩检测技术规程》(JTG/T 3512—2020),采用低应变反射波法检测混凝土灌注桩的桩身完整性时,如待检桩的桩径为0.9m,则测振传感器的布置数量不应少于(　　)点。

A. 1　　B. 2　　C. 3　　D. 4

15. 低应变反射波法检测时,被检桩混凝土龄期不应少于(　　)。

A. 5d　　B. 7d　　C. 14d　　D. 28d

16. 采用低应变反射波法检测桩身完整性时,应根据信号频率的上限合理设置采样频率,通常采样频率为信号频率上限的(　　)倍为宜。

A. 1.0　　B. 1.5　　C. 2.0　　D. 3.0

17. 低应变反射波法检测钻孔灌注桩的桩身完整性,若实测平均波速为4400m/s,缺陷反射波返回的时间为0.005s,则缺陷位于桩顶以下(　　)处。

A. 11m　　B. 22m　　C. 33m　　D. 44m

18. 低应变反射波法检测桩身完整性,时域信号特征为:$2L/c$时刻前无缺陷反射波,有桩底反射波。该桩应判别为(　　)类桩。

A. Ⅰ　　B. Ⅱ　　C. Ⅲ　　D. Ⅳ

19. 根据《公路工程基桩检测技术规程》(JTG/T 3512—2020),采用超声透射波法检测桩径为1.6m灌注桩的完整性,应埋设声测管的数量为(　　)。

A. 2根　　B. 3根　　C. 4根　　D. 由检测单位自行确定

20. 超声透射波法检测桩身完整性,要求桩身混凝土强度(　　)。

A. 不低于设计强度的60%,且不低于10MPa

B. 不低于设计强度的70%,且不低于12MPa

C. 不低于设计强度的70%,且不低于15MPa

D. 不低于设计强度的80%,且不低于20MPa

21. 采用超声对测法检测基桩完整性,收发换能器以相同步长由下向上移动,其步长不应大于(　　)。

A. 10cm　　B. 20cm　　C. 25cm　　D. 30cm

22. 超声透射波法检测桩身完整性,不能用于对基桩完整性分析判定的数据资料是(　　)。

A. 声速-深度曲线　　　　B. 波幅-深度曲线

C. PSD-深度曲线　　　　D. 荷载-沉降曲线

23. 跨孔声波透射法适用于检测直径不小于(　　)的混凝土灌注桩的完整性。

A. 600mm　　B. 800mm　　C. 1000mm　　D. 1200mm

24. 超声波透射法检测桩身完整性,检测结果为"多个测点的个别声参量轻微异常,其他声参量正常,但空间分布范围小,接收波形基本正常或个别测点波形轻微畸变",则应判定该桩为(　　)。

A. Ⅰ类桩　　B. Ⅱ类桩　　C. Ⅲ类桩　　D. Ⅳ类桩

25. 基坑立柱的竖向位移监测点宜布置在基坑中部、多根支撑交汇处、地质条件复杂处的立柱上，监测点不应少于立柱总根数的(　　)，且不应少于(　　)根。

A. 1%，2　　B. 2%，2　　C. 3%，3　　D. 5%，3

26. 下列选项中对于基坑监测实施条件表述不正确的是(　　)。

A. 基坑设计安全等级为一级的基坑

B. 基坑设计安全等级为二级的基坑

C. 开挖深度大于或等于 5m 的土质基坑

D. 开挖深度大于或等于 5m 的坚硬岩基坑

27. 对直径 1.0m 的桩进行竖向抗压静载试验，应安装(　　)个位移计用于沉降观测。

A. 1　　B. 2　　C. 3　　D. 4

28. 桥梁基桩竖向抗压静载试验，每级加载后的第 1 小时内，应进行(　　)次沉降观测，累计 1h 后，每隔(　　)min 观测一次。

A. 5，30　　B. 4，30　　C. 6，30　　D. 4，60

29. 采用高应变法检测基桩承载力，激振锤重量不得小于预估单桩极限承载力的(　　)。

A. 1.0%　　B. 1.2%　　C. 3.0%　　D. 5.0%

30. 根据《公路工程基桩检测技术规程》(JTG/T 3512—2020)，高应变动力试桩法测试基桩承载力时，重锤以自由落锤锤击设有桩垫的桩头，锤的最大落距不宜大于(　　)。

A. 1.0m　　B. 1.2m　　C. 2.0m　　D. 2.5m

二、判断题

1. 浅层平板荷载试验适用于确定深度小于 5m 的地基土层承压板下主要影响范围内的承载力和变形模量。(　　)

2. 平板荷载试验与圆锥动力触探试验均为公路桥涵勘察中的原位测试方法，均可用于确定地基承载力和变形模量。(　　)

3. 浅层平板荷载试验应采用分级卸荷的方式卸除荷载，分级卸荷量应为分级加荷量的 3 倍。(　　)

4. 现场深层平板荷载试验中，在某一级荷载作用下，24h 内沉降速率不能达到稳定，可终止加载。(　　)

5. 采用超重型圆锥动力触探确定地基土的变形模量时，应先将实测锤击数换算成轻型动力触探的锤击数后，再进行修正。(　　)

6. 超重型圆锥动力触探试验一般适用于较密实的碎石土、极软岩和软岩。(　　)

7. 使地基发生剪切破坏而即将失去整体稳定性时相应的最小基础底面压力，称为地基容许承载力。(　　)

8. 超声波孔壁测量仪可以测定桥梁钻孔灌注桩孔底沉淀土厚度。(　　)

9. 采用接触式孔径仪进行基桩孔径检测时，其测试精度不应低于 0.5%。(　　)

10. 桥梁钻孔灌注桩清孔后，泥浆性能指标检测的试样应从孔底取出。(　　)

11. 钻孔灌注桩桩身完整性检测方法有低应变反射波法、声波透射法和钻探取芯法。其中钻芯法在桩基工程质量普查中应用最广。(　　)

12. 用于低应变法检测桩身完整性的设备，其单通道采样点宜不少于 1024 点。(　　)

13. 在桥梁工程中采用低应变反射波法检测桩身完整性时，若要检查桩身微小的缺陷，应使锤击振源产生主频较低的激励信号。 （　　）

14. 高应变法适用于检测单桩竖向抗压极限承载力。 （　　）

15. 低应变反射波法检测桥梁桩身完整性，依据时域信号判定桩身类别。 （　　）

16. 采用低应变反射波法检测桩身完整性时，各测点记录的有效信号数不应少于 2 次。 （　　）

17. 超声透射法检测混凝土灌注桩桩身质量的方法有单孔透射法和跨孔透射法两种，其中单孔透射法的信号分析难度较小，在工程实际中应用较为普遍。 （　　）

18. 声波透射法检测桩身完整性时，增大声波频率，有利于增强对桩身缺陷的分辨能力。 （　　）

19. 低应变反射波法检测桩身完整性，当桩身混凝土严重离析或断裂时，一般见不到桩底反射波。 （　　）

20. 在桩基超声检测前应对仪器系统的延迟时间 t_0 和声测管与耦合水层声时修正值 t' 进行标定，并在仪器参数设置时予以调整。 （　　）

21. 采用超声透射法检测桩身完整性时，若判定结果为Ⅲ类桩，检测报告中还应附其缺陷区域的双向斜测或扇形扫测结果的声阴影图。 （　　）

22. 低应变反射波法不仅能判断桥梁基桩桩身混凝土完整性，估算混凝土强度等级，还能估算单桩承载力。 （　　）

23. 采用低应变反射波法检测桩身完整性，对大直径长桩，应选用质量大、材质软的力棒（力锤）锤击。 （　　）

24. 围护墙或基坑边坡顶部的水平和竖向位移监测点的水平间距不宜大于 20m，每边监测点数目不宜少于 3 个。 （　　）

25. 基坑土压力计埋设后应立即进行检查测试，基坑开挖前应至少经过 2 周时间的监测并取得稳定初始值。 （　　）

26. 单桩承载力静载试验，在同一条件下试桩数量不宜少于总桩数的 1%，且不少于 5 根。 （　　）

27. 用于单桩竖向抗压静载试验的加载反力装置的承载能力不应小于最大加载量的 1.2 倍。 （　　）

28. 采用慢速维持荷载法进行桩基竖向抗压静载试验，沉降稳定的标准为：每级加载下沉量在最后 1h 内不大于 0.2mm。 （　　）

29. 桥梁基桩静荷载试验中，可采用一次性连续卸载的方式卸除荷载。 （　　）

30. 高应变法检测基桩竖向抗压承载力，在桩顶下两侧应对称安装 2 个加速度传感器和 2 个应变传感器。 （　　）

三、多项选择题

1. 公路桥涵地基岩土可分为（　　）。

A. 岩石　　B. 碎石土　　C. 砂土　　D. 粉土

E. 黏性土和特殊性岩土

2. 桥涵地基平板荷载试验设备由(　　)等组成。

A. 稳压加荷装置　　B. 反力装置　　C. 沉降观测装置　　D. 激振器

3. 关于浅层平板荷载试验要点的描述,正确的有(　　)。

A. 承压板采用直径 0.8m 的刚性板

B. 承压板与土层之间铺设 20mm 厚的木板

C. 每级荷载施加后,沉降观测时间不应小于 2h

D. 在连续 2h 内,每小时沉降量小于 0.1mm,则认为已趋稳定

4. 关于深层平板荷载试验要点的描述,正确的有(　　)。

A. 宜采用尺寸为 50cm 或 70.7cm 的方板

B. 宜采用直径为 0.8m 的刚性板

C. 加荷等级可按预估承载力的 1/5 ~ 1/10

D. 加荷等级可按预估承载力的 1/10 ~ 1/15

E. 同一土层参加统计的试验点不应少于 3 点

5. 当浅层平板荷载试验出现(　　)情况之一时,即可终止加载。

A. 承载板周围的土体有明显侧向挤出或发生裂纹

B. 在某一级荷载下,12h 内沉降速率不能达到稳定标准

C. 沉降量与承压板宽度或直径之比大于 0.06

D. 本级荷载沉降量大于前级荷载沉降量的 5 倍

6. 根据浅层平板荷载试验数据绘制的 *P-S* 曲线确定地基土承载力基本容许值,表述正确的有(　　)。

A. *P-S* 曲线有比例界限时,取比例界限所对应的荷载值

B. *P-S* 曲线无比例界限时,本次试验无效

C. 当极限荷载值小于比例界限荷载的 2 倍时,取极限荷载值的 1/2

D. 当极限荷载值大于比例界限荷载的 2 倍时,取极限荷载值的 1/2

7. 圆锥动力触探试验成果可用于(　　)。

A. 评价地基土的密实度　　B. 评价地基承载力

C. 确定地基土的变形模量　　D. 评价地基土的均匀性

E. 确定地基持力层

8. 常用的地基承载力的确定方法有(　　)。

A. 由现场荷载试验或原位测试确定

B. 按地基承载力理论公式计算

C. 按现行规范提供的经验公式计算

D. 在土质相同的条件下,参照邻近结构物地基容许承载力

9. 当桥梁基桩桩孔较深且倾斜度较大时,可用于检测钻孔倾斜度的设备有(　　)。

A. 陀螺斜测仪　　B. 基桩动测仪　　C. 井斜仪　　D. 声波孔壁测定仪

E. 红外激光测距仪

10. 桥梁钻孔灌注桩桩底沉淀土厚度的检测方法包括(　　)。

A. 垂球法　　B. 超声波法　　C. 电阻率法　　D. 电容法

E. 钢筋笼法

11. 桥梁工程中，钻孔灌注桩桩身完整性检测方法包括(　　)。

A. 低应变反射波法　　B. 高应变动力试桩法

C. 声波透射法　　D. 超声回弹综合法

E. 钻探取芯法

12. 低应变反射波法可用于检测(或估计)灌注桩的(　　)。

A. 桩端嵌固情况　B. 桩身缺陷及位置　C. 桩身混凝土强度　D. 桩长

E. 桩身的完整性

13. 下列关于低应变反射波法检测桩身完整性结果的判定，表述正确的有(　　)。

A. $2L/c$ 时刻前无缺陷反射波，有桩底反射波信号，应判定为Ⅰ类桩

B. $2L/c$ 时刻前有局部轻微缺陷反射波，有桩底反射波信号，应判定为Ⅱ类桩

C. $2L/c$ 时刻前有明显的缺陷反射波，桩底反射波信号不明显，应判定为Ⅳ类桩

D. 桩身严重缺陷使波形呈多次大振幅反射，无桩底反射信号，应判定为Ⅳ类桩

14. 基桩静载试验包括(　　)。

A. 单桩竖向抗压静载试验　　B. 单桩竖向抗拔静载试验

C. 单桩水平静载试验　　D. 单桩抗扭静载试验

15. 采用跨孔透射法检测混凝土灌注桩的桩身完整性时，其测试方式有(　　)。

A. 桩内单孔透射法 B. 单向斜测　　C. 对测　　D. 交叉斜测

E. 扇形测

16. 基坑水平位移监测基准点、工作基点的布设和测量应满足(　　)。

A. 水平位移基准点的数量不应少于 2 个

B. 水平位移基准点的数量不应少于 3 个

C. 当采用光学对中装置时，对中误差不宜大于 0.5mm

D. 当采用光学对中装置时，对中误差不宜大于 1.0mm

17. 可用于确定基桩承载力的检测方法有(　　)。

A. 超声透射波法　　B. 低应变反射波法

C. 基桩静力加载　　D. 高应变动力试桩法

18. 基桩竖向静载试验时，用千斤顶加载的反力装置其组成形式主要有(　　)。

A. 锚桩横梁反力装置　　B. 重物直接加载装置

C. 压重平台反力装置　　D. 锚桩压重联合反力装置

19. 高应变动力试桩法的检测成果可用于(　　)。

A. 判断桩身完整性　　B. 确定桩身断裂位置

C. 确定桩身缺陷深度　　D. 估算单桩抗压极限承载力

20.《公路工程基桩检测技术规程》(JTG/T 3512—2020)规定，在基桩竖向静载试验中，当出现下列(　　)情况时，可终止加载。

A. 某级荷载作用下的沉降量大于前一级荷载沉降量的 5 倍，且桩顶总沉降量大于 40mm

B. 某级荷载作用下的沉降量大于前一级荷载沉降量的 4 倍，且桩顶总沉降量大

于 50mm

C. 某级荷载作用下的沉降量大于前一级荷载沉降量的 2 倍且经 24h 尚未稳定，同时桩顶总沉降量大于 40mm

D. 工程桩验收时，荷载已达到承载力容许值的 2 倍

四、综合题

1. 采用浅层平板荷载试验检测某桥梁工程地基承载力。已知地基土为淤泥质土，泊松比为 0.41，试验加载和测试装置如下图 a) 所示，实测荷载-沉降关系曲线如下图 b) 所示。试回答下列问题。

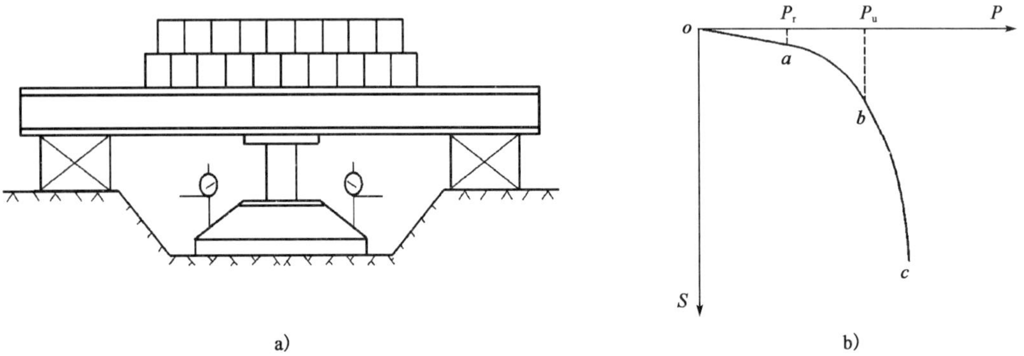

加载系统及实测曲线

(1) 图 b) 中，"oa"段曲线表示的是(　　)。

A. 压密阶段　B. 剪切阶段　C. 初始阶段　D. 破坏阶段

(2) 依题意，承压板的规格应选择(　　)。

A. 30cm × 30cm　B. 50cm × 50cm　C. 70.7cm × 70.7cm　D. 80cm × 80cm

(3) 根据现场实测结果计算得"oa"段斜率为 0.15，则该地基土的变形模量为(　　)。

A. 0.037　B. 0.039　C. 0.041　D. 0.043

(4) 本次试验可选择(　　)用于沉降观测。

A. 百分表　B. 电测位移计　C. 千分表　D. 全站仪

(5) 下列选项中，对现场检测试验要点的表述正确的有(　　)。

A. 承压板与土层接触处，应铺设 20mm 厚的中砂或粗砂找平

B. 分级加载的第一级荷载应计入加载设备的重量

C. 在连续 2h 内，每小时的沉降量小于 1.0mm 时，则可继续施加下一级荷载

D. 当某一级荷载的沉降量大于前一级荷载沉降量的 5 倍时，应终止加载

2. 采用圆锥动力触探确定某桥涵地基的承载力，已知该地基为碎石土，试回答下列问题。

(1) 根据题设条件，可选用(　　)。

A. 特轻型圆锥动力触探仪　B. 轻型圆锥动力触探仪

C. 重型圆锥动力触探仪　D. 超重型圆锥动力触探仪

(2)关于现场试验记录内容的叙述,正确的有(　　)。

A. 若选用重型圆锥动力触探仪进行试验,应记录每贯入 30cm 相应的锤击数 $N_{63.5}$

B. 若选用重型圆锥动力触探仪进行试验,应记录每贯入 10cm 相应的锤击数 $N_{63.5}$

C. 若选用超重型圆锥动力触探仪进行试验,应记录每贯入 10cm 相应的锤击数 N_{120}

D. 若选用超重型圆锥动力触探仪进行试验,应记录每贯入 20cm 相应的锤击数 N_{120}

(3)进行试验结果分析时,需对实测的触探杆锤击数进行修正,其修正内容包括(　　)。

A. 锤头质量的修正　　B. 触探杆长度的修正

C. 地下水影响的修正　　D. 落锤高度的修正

E. 侧壁摩擦影响的修正

(4)若采用重型圆锥动力触探仪进行试验,触探杆长度为 3m,在某土层贯入深度为 10cm 的锤击数为 40 击,则修正后的锤击数为(　　)。

部分重型圆锥动力触探锤击数修正系数 α_1

杆长(m)	$N'_{63.5}$							
	5	10	15	20	25	30	35	40
2	1.00	1.00	1.00	1.00	1.00	1.00	1.00	1.00
4	0.96	0.95	0.93	0.92	0.90	0.89	0.87	0.86

A. 34　　B. 37　　C. 38　　D. 40

(5)关于试验结果的处理,表述正确的有(　　)。

A. 若采用重型圆锥动力触探仪,可直接根据实测锤击数平均值确定该地基承载力

B. 若采用重型圆锥动力触探仪,应先将实测锤击数换算为超重型圆锥动力触探的实测锤击数后,再根据换算结果的平均值确定该地基承载力

C. 若采用超重型圆锥动力触探仪,可直接根据实测锤击数平均值确定该地基承载力

D. 若采用超重型圆锥动力触探仪,应先将实测锤击数换算为重型圆锥动力触探的实测锤击数后,再根据换算结果的平均值确定该地基承载力

3. 利用声波透射法检测钻孔灌注桩的桩身完整性,已知待检桩的直径为 1.8m。试完成下述相关试验操作和分析。

(1)桩身内预埋的声测管应满足(　　)等要求。

A. 透声性好　　B. 便于安装　　C. 强度高　　D. 变形大

(2)根据《公路工程基桩检测技术规程》(JTG/T 3512—2020),应设(　　)个测试剖面。

A. 4　　B. 5　　C. 6　　D. 8

(3)现场测试工作正确的有(　　)。

A. 发射和接收换能器分别置于两声测管的同一高度,自下而上,将收发换能器以相同步长(不大于 200mm)向上提升,进行水平检测

B. 若平测后,存在桩身质量的可疑点,则进行加密平测,以确定异常部位的纵向范围

C. 斜测时,发、收换能器中心线与水平夹角一般取 45°

D. 扇形测在桩顶、桩底斜测范围受限或减小换能器升降次数时采用

(4)现场测试时,可根据超声波波速对混凝土强度进行评价,若实测声速为2500m/s,则桩身混凝土强度可评价为(　　)。

A. 好　　B. 较好　　C. 差　　D. 非常差

(5)下列结果分析中,表述不正确的有(　　)。

A. 声速临界值采用混凝土声速平均值与3倍声速标准差之差

B. 波幅异常时的临界值采用波幅平均值减8dB

C. 实测混凝土声速平均值低于声速低限值时,应将其作为可疑缺陷区域

D. 当PSD值在某点附近变化明显时,可将其作为可疑缺陷区域

4. 采用慢速维持荷载法对某直径为1.2m、桩长为20m的桥梁桩基进行竖向抗压静载试验,已知桥位处地基土为坚硬黏质土,请回答以下问题。

(1)对混凝土灌注桩进行承载力检测,被检桩的强度和龄期的要求是(　　)。

A. 混凝土龄期应达到14d或强度达到设计要求的80%

B. 混凝土龄期应达到28d或强度达到设计要求

C. 混凝土龄期应达到14d且强度达到设计要求的80%

D. 混凝土龄期应达到28d且强度达到设计要求

(2)关于沉降观测仪器的叙述,正确的有(　　)。

A. 沉降测量仪表的测量误差不应大于1%FS

B. 沉降测量仪表的分辨率不低于0.01mm

C. 应在桩径的两个正交方向对称安装4个沉降观测仪表

D. 沉降测定平面离桩顶距离不宜小于200mm,测点应牢固地固定于桩身

(3)关于试验加载步骤的表述,正确的有(　　)。

A. 每级荷载施加后,每20min测读一次沉降数据

B. 每级加载1h后,每30min测读一次沉降数据

C. 荷载作用下每1h内桩顶沉降量不超过0.1mm,并连续出现两次,可施加下一级荷载

D. 卸载时,每级荷载维持1h,分别按第15、30、60min量测桩顶的回弹量

(4)当出现下列(　　)情形之一时,应终止加载。

A. 本级荷载沉降量大于前一级的5倍且总沉降量≥60mm

B. 本级荷载沉降量大于前一级的2倍,且24h尚未稳定,同时总沉降量≥40mm

C. 桩身出现明显破坏现象

D. 工程桩作锚桩时,锚桩上拔量已达到允许值

(5)根据试验结果确定单桩竖向抗压极限承载力,表述正确的有(　　)。

A. 对于陡降型Q-s曲线,取其发生明显陡降的结束点对应的荷载值

B. 取s-lg$t$曲线尾部出现明显向下弯曲的前一级荷载

C. 取最大加载量的1/2

D. 对于缓变型Q-s曲线,取$s=40$mm对应的荷载

习题参考答案及解析

一、单项选择题

1. B

【解析】《公路桥涵地基与基础设计规范》(JTG 3363—2019)第4.1.2条规定,岩石的坚硬程度应根据岩块的饱和单轴抗压强度标准值分级,详见下表。

岩石坚硬程度分级

坚硬程度类别	坚硬岩	较硬岩	较软岩	软岩	极软岩
饱和单轴抗压程度标准值f_{tk}(MPa)	$f_{tk}>60$	$60 \geqslant f_{tk}>30$	$30 \geqslant f_{tk}>15$	$15 \geqslant f_{tk}>5$	$f_{tk} \leqslant k$

2. C

【解析】砂土的密实度根据标准贯入锤击数分为松散、稍密、中密和密实4个等级,详见下表,其他类型岩土的分类及其指标请参阅考试用书的相关内容。

砂土的密实度

标准贯入锤击数N	密实度	标准贯入锤击数N	密实度
$N \leqslant 10$	松散	$15<N \leqslant 30$	中密
$10<N \leqslant 15$	稍密	$N>30$	密实

3. C

【解析】(1)由平均粒径小于或等于50mm,且最大粒径不超过100mm的卵石、碎石、圆砾、角砾组成的碎石土,其密实度可根据重型动力触探锤击数$N_{63.5}$($N_{63.5}$为修正后锤击数的平均值),按下表分为松散、稍密、中密和密实4个等级。

碎石土的密实度

锤击数$N_{63.5}$	密实度	锤击数$N_{63.5}$	密实度
$N_{63.5} \leqslant 5$	松散	$10<N_{63.5} \leqslant 20$	中密
$5<N_{63.5} \leqslant 10$	稍密	$N_{63.5}>20$	密实

(2)当缺乏有关试验数据,碎石土平均粒径大于50mm或最大粒径大于100mm时,可按下表鉴别其密实度。

碎石土密实度野外鉴别

密实度	骨架颗粒含量和排列	可挖性	可钻性
松散	骨架颗粒质量小于总质量的60%,排列混乱,大部分不接触	锹可以挖掘,井壁易坍塌,从井壁取出大颗粒后,立即塌落	钻进较易,钻杆稍有跳动,孔壁易坍塌
中密	骨架颗粒质量等于总质量的60%~70%,呈交错排列,大部分接触	锹可以挖掘,井壁有掉块现象,从井壁取出大颗粒后,能保持凹面形状	钻进较困难,钻杆、吊锤跳动不剧烈,孔壁有坍塌现象

续上表

密实度	骨架颗粒含量和排列	可　挖　性	可　钻　性
密实	骨架颗粒质量大于总质量的70%，呈交错排列，连续接触	锹挖掘困难，用撬棍方能松动，井壁较稳定	钻进困难，钻杆、吊锤跳动剧烈，孔壁较稳定

4. B

【解析】《公路桥涵地基与基础设计规范》(JTG 3363—2019)第3.0.7条规定，地基承载力抗力系数 γ_R 可按下表取值。

地基承载力抗力系数 γ_R

受荷阶段	作用组合或地基条件		f_a(kPa)	γ_R
使用阶段	频遇组合	永久作用与可变作用组合	≥150	1.25
			<150	1.00
		仅计结构重力、预加力、土的重力、土侧压力和汽车荷载、人群荷载	—	1.00
	偶然组合		≥150	1.25
			<150	1.00
	多年压实未遭破坏的非岩石旧桥基		≥150	1.50
			<150	1.25
	岩石旧桥基		—	1.00
施工阶段	不承受单向推力		—	1.25
	承受单向推力		—	1.50

5. B

6. A

【解析】在浅层平板荷载试验现场测试时，基坑宽度不应小于承压板宽度 b 或直径 d 的3倍。试验加荷分级不应少于8级，第一级荷载包括设备重力，每级荷载增量为地基土层预估极限承载力的1/10～1/8。关于现场测试的其他要求，请参阅考试用书的相关内容。

7. A

【解析】在浅层平板荷载试验中，需根据试验记录绘制荷载-沉降(P-S)关系曲线，利用荷载-沉降关系曲线还可以估算地基土的不排水抗剪强度和地基基床反力系数等。

8. D

【解析】深层平板荷载试验加荷分级可按预估极限承载力的1/15～1/10分级施加。每级加载后，第一个小时内按间隔10min、10min、10min、15min、15min，以后为每隔半小时测读一次沉降量，当在连续2h内，每小时的沉降量小于0.1mm时，则认为已趋稳定，可加下一级荷载。

9. C

【解析】圆锥动力触探试验分为轻型、重型和超重型三种类型，见下表。

圆锥动力触探类型及规格

类型		轻型	重型	超重型
落锤	质量(kg)	10	63.5	120
	落距(cm)	50	76	100
探头	直径(mm)	40	74	74
	锥角(°)	60	60	60
探杆直径(mm)		25	42	50～60
指标		贯入 30cm 的锤击数 N_{10}	贯入 10cm 的锤击数 $N_{63.5}$	贯入 10cm 的锤击数 N_{120}

型圆锥动力触探试验落锤的落距为 50cm;重型圆锥动力触探试验落锤的落距为 76cm;超重型圆锥动力触探试验落锤的落距为 100cm,故选项 C 正确。

10. C

【解析】重型圆锥动力触探的触探击数与砂土密实度关系详见下表。

触探击数与砂土密实度关系

砂土分类	$N_{63.5}$	砂土密实度
砾砂	<5	松散
	5～8	稍密
	8～10	中密
	>10	密实
粗砂	<5	松散
	5～6.5	稍密
	6.5～9.5	中密
	>9.5	密实
中砂	<5	松散
	5～6	稍密
	6～9	中密
	>9	密实

11. D

【解析】地基承载力基本容许值应首先考虑由荷载试验或其他原位测试取得,其值不应大于地基极限承载力的 1/2。对中小桥、涵洞,当受现场条件限制或荷载试验和原位测试确有困难时,也可按照《公路桥涵地基与基础设计规范》(JTG 3633—2019)的相关规定取得,必要时进行修正。

12. C

【解析】桥梁钻孔、挖孔桩的成孔质量标准详见下表。

钻、挖孔成孔质量标准

检查项目	规定值或允许偏差	检查方法或频率
桩位(mm)	群桩:100;单排桩:50	全站仪:每桩测中心坐标
孔深(m)	≥设计值	测绳:每桩测量
孔径(mm)	≥设计值	探孔器或超声波成孔检测仪:每桩测量
钻孔倾斜度(mm)	钻孔:≤1%桩长且≤500 挖孔:≤0.5%桩长且≤200	钻杆垂线法或超声波成孔检测仪:每桩测量
沉淀厚度(mm)	满足设计要求	沉淀盒或测渣仪:每桩测量

13. A

14. B

【解析】《公路工程基桩检测技术规程》(JTG/T 3512—2020)第8.3.4条规定,低应变反射波法检测基桩完整性时,测振传感器的布置数量要求为:

混凝土灌注桩:桩径<1.0m时,不少于2测点;桩径≥1.0m时,3~4测点;传感器宜安装在距桩中心2/3半径处,且与桩的主筋距离应不小于50mm。

混凝土预制桩:边长或桩径<0.6m时,不少于2测点;边长或桩径≥0.6m时,不少于3测点。

15. B

【解析】《公路工程基桩检测技术规程》(JTG/T 3512—2020)第3.4.1、3.4.2条规定,采用低应变反射波法或超声波法检测时,被检桩混凝土强度不得低于设计强度的70%且不得小于15MPa,龄期不应少于7d;对混凝土灌注桩进行承载力检测或钻孔取芯检测时,被检桩的混凝土龄期应达到28d或强度达到设计要求。

16. D

【解析】在信号测试时,采样频率(f_s)的设定应首先满足采样定理的要求,即$f_s \geq 2f_m$(f_m为信号频率上限),采用低应变反射波法检测桩身完整性时,通常取$f_s = 3f_m$为宜。在工程实际中,除了要满足采样定理的要求外,还应根据测试目的合理地设置采样频率,如要检测桩身3~5m范围内的浅部缺陷,采用的频率宜为1~2kHz;若要检测桩底反射信号或桩身深部缺陷,则采样频率可降低至0.6kHz以下,此时灵敏度高、低频性能好的速度传感器具有较大优势。

17. A

【解析】反射波法检测基桩完整性,人工敲击桩顶产生应力波沿着桩身往下传播,在桩身有明显波阻抗变化部位(如缺陷)产生向上的反射波,由桩顶的传感器获取得到。所以缺陷位于桩顶下的距离$L = V \times t/2 = 4400 \times 0.005/2 = 11$(m)。

18. A

【解析】采用低应变反射波法检测桩身完整性时,一般以时域分析为主,频域分析为辅,评判为Ⅰ类~Ⅳ类桩,见下表。

低应变反射波法桩身完整性判定

类别	时域信号特征	频域信号特征
Ⅰ类桩	$2L/c$ 时刻前无缺陷反射波，有桩底反射波信号	可见规律的等间距桩底谐振峰，其相邻频差 $\Delta f \approx c/2L$
Ⅱ类桩	$2L/c$ 时刻前有局部轻微缺陷反射波，有桩底反射波信号	桩底谐振峰基本等间距，其相邻频差 $\Delta f \approx c/2L$，局部轻微缺陷产生的谐振峰与桩底谐振峰之间的频差 $\Delta f_x > c/2L$
Ⅲ类桩	$2L/c$ 时刻前有明显的缺陷反射波，桩底反射信号不明显，其他特征介于Ⅱ类和Ⅳ类之间	
Ⅳ类桩	$2L/c$ 时刻前有严重的缺陷反射波，或因桩身严重缺陷使波形呈多次大振幅反射，无桩底反射信号	严重缺陷峰-峰值排列基本等间距，相邻频差 $\Delta f_x > c/2L$，无桩底谐振峰，或因桩身浅部严重缺陷只出现单一谐振峰

注：L 表示测点以下桩长(m)，c 表示桩身波速(m/s)。

19. B

【解析】《公路工程基桩检测技术规程》(JTG/T 3512—2020)第 10.3.1 条规定，声测管的埋设要求为：当桩径 < 1000mm 时，埋设二根管；1000mm ≤ 桩径 ≤ 1600mm 时，埋设三根管；1600mm < 桩径 < 2500mm 时，埋设四根管；桩径 ≥ 2500mm 时，应增加声测管的数量。

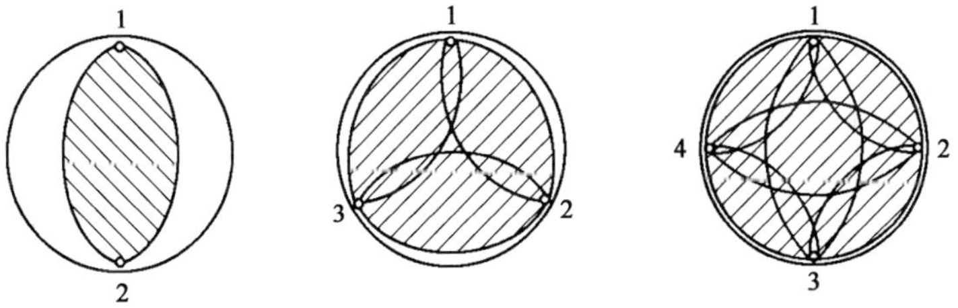

声测管布置示意图

20. C

【解析】见本章【单选】题 15 解析。

21. C

【解析】进行基桩完整性超声检测时，自下而上将收发换能器以相同步长向上提升，测点间距不应大于 250mm，累计相对高差不应大于 20mm，并随时校正。对于声时值和波幅值出现异常的部位，应采用水平加密、等差同步或扇形扫测等方法进行细测，结合波形分析确定桩身混凝土缺陷的位置及其严重程度。另外还应注意的是，对同一根桩进行检测的过程中，声波发射电压应保持不变。

22. D

【解析】当采用声波透射法检测灌注桩桩身完整性时，通常可以根据声速-深度曲线、波幅-深度曲线、PSD-深度曲线来分析桩身质量情况。选项 D，荷载-沉降(P-S)曲线为静载试验曲线，不是桩身完整性的判断数据。

23. B

【解析】对于跨孔声波透射法，当桩径较小时，声测管间距也较小，其测试误差相对较大，同时预埋声测管也易引起附加的灌注桩施工质量问题。《公路工程基桩检测技术规程》(JTG/T 3512—2020)第10.1.2条规定，跨孔声波透射法适用于直径不小于800mm的混凝土灌注桩的完整性检测。

24. A

【解析】《公路工程基桩检测技术规程》(JTG/T 3512—2020)规定，被测桩的桩身完整性类别可根据各剖面可疑缺陷区的分布、可疑缺陷区域测点的声参量偏离正常值的程度和接收波形变化情况，结合桩型、地质情况、成桩工艺等因素，按下表进行评判。

超声透射法桩身完整性判定

类　别	测点的声参量和波形特征
Ⅰ类桩	所有测点声学参数正常，接收波形正常；个别测点的多个声参量轻微异常，但此类测点离散，接收波形基本正常或个别测点波形轻微畸变；多个测点的个别声参量轻微异常，其他声参量正常，但空间分布范围小，接收波形基本正常或个别测点波形轻微畸变
Ⅱ类桩	一个或多个剖面上多个测点的多个声参量轻微异常，在深度和径向形成较小的区域，多个测点接收波形存在明显畸变，其中个别测点的声速低于低限值； 一个或多个剖面上多个测点的个别声参量明显异常，其他声参量轻微异常，在深度和径向形成较小的区域，多个测点的接收波形存在明显畸变，其中个别测点的声速低于低限值
Ⅲ类桩	某一深度范围内，一个或多个剖面上多个测点的多个声参量明显异常，在深度或径向形成较大的区域，多个测点接收波形存在严重畸变或个别测点无法检测到首波，其中多个测点的声速低于低限值； 一个或多个剖面上多个测点的个别声参量异常严重，其他声参量明显异常，在深度或径向形成较大的区域，多个测点接收波形存在严重畸变或个别测点无法检测到首波，其中多个测点的声速低于低限值
Ⅳ类桩	某一深度范围内，多个剖面上的多个测点的个别或多个声参量异常严重，在深度或径向形成很大区域，波形严重畸变或无法检测到首波，较多测点的声速低于低限值

25. D

【解析】《建筑基坑工程监测技术标准》(GB 50497—2019)第5.2.5条规定，立柱的竖向位移监测点宜布置在基坑中部、多根支撑交汇处、地质条件复杂处的立柱上；监测点不应少于立柱总根数的5%，逆作法施工的基坑不应少于10%，且均不应少于3根。立柱的内力监测点宜布置在设计计算受力较大的立柱上，位置宜设在坑底以上各层立柱下部的1/3部位，每个截面传感器埋设不应少于4个。

26. D

【解析】《建筑基坑工程监测技术标准》(GB 50497—2019)第3.0.1条规定，下列基坑应实施基坑工程监测：

(1)基坑设计安全等级为一、二级的基坑。

(2)开挖深度大于或等于5m的下列基坑：

①土质基坑；

②极软岩基坑、破碎的软岩基坑、极破碎的岩体基坑；

③上部为土体,下部为极软岩、破碎的软岩、极破碎的岩体构成的土岩组合基坑。

(3)开挖深度小于5m但现场地质情况和周围环境较复杂的基坑。

27. D

【解析】桥梁基桩竖向静载试验,可选用大量程百分表或电子位移计进行沉降观测,测量误差要求不大于0.1%FS,分辨率不低于0.01mm。对于直径或边宽>500mm的桩,应在桩径的两个正交方向对称安装4个位移计;对于直径或边宽≤500mm的桩,对称安装2个位移计。

28. A

【解析】采用慢速维持荷载法进行基桩竖向抗压静载试验时,每级荷载施加后在第5min、15min、30min、45min、60min测读桩顶沉降,以后每隔30min测读一次。

29. B

【解析】见《公路工程基桩检测技术规程》(JTG/T 3512—2020)第9.2.3条。

30. D

【解析】高应变动力试桩法,锤的落距不宜过大,落距过大会增加偏心锤击的可能性,造成桩头和桩身损坏,另外会使实测曲线中土的动阻力影响加剧,分析难度增大。

二、判断题

1. ×

【解析】浅层平板荷载试验适用于确定浅部地基土层(深度小于3m)承压板下主要影响范围内的承载力和变形模量;深层平板荷载试验用于确定深部地基及大直径桩桩端在承压板压力主要影响范围内的承载力和变形模量,适用于埋深大于或等于3m和地下水位以上的地基土。

2. √

【解析】平板荷载试验是用于确定地基承压板下应力主要影响范围内土层承载力和变形模量的原位测试方法,可分为浅层平板荷载试验和深层平板荷载试验。

圆锥动力触探试验(DPT)是利用一定质量的落锤,以一定高度的自由落距将标准规格的锥形探头打入土层中,根据探头贯入的难易程度判定土层的物理力学性质。此法也是公路桥涵工程勘察中用于确定地基土的承载力和变形模量的方法之一。

3. ×

【解析】浅层平板荷载试验应采用分级卸荷的方式卸除荷载,分级卸荷量应为分级加荷量的2倍,15min观测一次,1h后再卸下一级荷载,荷载卸除后应继续观测3h。

4. √

【解析】深层平板荷载试验现场出现下列情况之一时,即可终止加载:

(1)沉降量急剧增大,*P-S*曲线上有可判定极限承载力的陡降段,且沉降量超过0.04d(d为承压板直径);

(2)在某一级荷载作用下,24h内沉降速率不能达到稳定;

(3)本级沉降量大于前一级沉降量的5倍;

(4)当持力层土层坚硬,沉降量很小时,最大加载量不小于设计要求的2倍。

5. ×

【解析】采用超重型圆锥动力触探确定地基土的变形模量时,应先将实测锤击数换算成重型动力触探的锤击数后,再进行修正。

6. √

【解析】圆锥动力触探试验类型分为轻型、重型和超重型三种。

轻型圆锥动力触探试验一般用于贯入深度小于4m的黏性土、黏性土组成的素填土和粉土,可用于施工槽、地基检验和地基处理效果的检测。

重型圆锥动力触探试验一般适用于砂土、中密以下的碎石土和极软岩。

超重型圆锥动力触探试验一般适用于较密实的碎石土、极软岩和软岩。

7. ×

【解析】使地基发生剪切破坏而即将失去整体稳定性时相应的最小基础底面压力,称为地基极限承载力;而作用于基底的压应力不超过地基的极限承载力,且有足够的安全度,且所引起的变形不超过建(构)筑物的容许变形,满足以上两项要求的地基单位面积上所承受的荷载称为地基容许承载力。

8. ×

【解析】桥梁钻孔灌注桩孔底沉淀土厚度常用的检测方法主要有垂球法、电阻率法和电容法,超声波孔壁测量仪用于检测孔径和垂直度。

9. ×

【解析】《公路工程基桩检测技术规程》(JTG/T 3512—2020)规定,接触式孔径仪应符合下列要求:

(1)被测孔径小于1.2m时,孔径测量允许误差±15mm;被测孔径不小于1.2m时,孔径测量允许误差±25mm。

(2)孔深测量精度不低于0.3%。

10. ×

【解析】桥梁钻孔灌注桩清孔后,用于泥浆性能指标检测的试样应从桩孔的顶、中、底部分别取样,检测结果为上述三处的平均值。

11. ×

【解析】钻孔灌注桩桩身完整性检测方法有低应变反射波法、声波透射法和钻探取芯法。

低应变反射波法具有仪器轻便、操作简单、检测速度快、成本低等特点,被广泛应用于钻孔灌注桩桩身完整性检测。声波透射法在桥梁基桩检测中应用广泛,且可靠性较高,但需事先埋设声测管。钻芯法使用设备笨重、操作复杂、成本高、有损检测,仅用于抽样检查,不适合大批量检测,但由于其结果直观可靠,一般适用于经前述两种方法检测后,对桩身缺陷仍存有疑虑时,可采用钻芯法进行验证。

12. √

【解析】《公路工程基桩检测技术规程》(JTG/T 3512—2020)规定,低应变法检测桩身完整性,其仪器的主要技术性能指标不应低于现行《基桩动测仪》(JC/T 3055)中规定的2级标准要求,具有连续采集、快速自动存储、显示实测信号和处理分析信号的功能。信号采集系

统应符合下列规定:

(1)数据采集和处理器模/数(AVD)转换器的位数宜不低于16bit;

(2)采样间隔宜为5～50μs;

(3)单通道采样点宜不少于1024点;

(4)动态范围宜大于60dB,可调、线性度良好,其频响范围应满足10～5000Hz。

13. ×

【解析】当锤击振源产生的激励信号主频较低时,其波长较大,当波长大于缺陷尺寸时,由于波的绕射作用,桩身微小缺陷很难识别;若要识别桩身微小缺陷,应使锤击振源产生主频高、波长小的激励信号。

14. √

【解析】除了检测单桩竖向抗压极限承载力,高应变法还可检测桩身结构完整性。

15. ×

【解析】低应变反射波法以时域分析为主,频域分析为辅判定桩身完整性类别。尽管实测的时域信号能较真实地反映桩身情况,但不可避免地夹杂着许多干扰信号,这给时域分析带来困难,因此对时域信号进行频域分析是必要的。频域分析作为一种辅助手段,与时域分析互相验证、相互补充,有利于更加准确地判断桩身完整性。

16. ×

【解析】采用低应变反射波法检测桩身完整性时,各测点记录的有效信号数不应少于3次,且检测波形应具有良好的一致性。

17. ×

【解析】由于单孔透射法的声传播途径比跨孔透射法复杂得多,信号分析难度较大,且有效检测范围约一个波长,故此法在工程上不常采用,但单孔透射法可以作为钻芯检测的补充手段,用以了解孔芯周围的混凝土质量状况。

18. √

【解析】当声波频率增大后,声波的波长变小,有利于提高桩身微小缺陷的分辨能力,但超声波的衰减也会增大。

19. √

【解析】当桩身混凝土严重离析或断裂时,入射波的能量在离析或断裂处大部分被反射回来,仅小部分能量以入射波的形式继续向下传播,当遇到桩底反射时能量逐渐减小,由桩底反射回来的反射波再次遇到离析或断裂处时,其大部分能量被反射,故一般无法见到桩底反射波。

20. √

【解析】声时值是基桩完整检测的重要参数,超声检测仪从生成相应的电信号、经换能器发射超声波、接收换能器将收到的超声波再转回为电信号、最后由仪器对电信号进行分析处理都需要一定的时间,这就是仪器系统的延迟时间t_0。超声波从换能器发射出来,要经过耦合水、声测管才能进入基桩混凝土体内,然后要再次进过声测管、耦合水才能被换能器所接收,超声波在声测管壁、耦合水中传播的时间就是应该修正的时间t'。为了准确测得超声波在混凝土内部传播的时间,应对t_0、t'进行标定,并在仪器参数设置时予以调整。

21. √

【解析】《公路工程基桩检测技术规程》(JTG/T 3512—2020)第10.4.12条规定,对于Ⅲ类、Ⅳ类桩的报告还应附其缺陷区域的双向斜测或扇形扫测结果的声阴影图。

22. ×

【解析】低应变反射波法可用于检测桩身完整性、判断桩身存在的缺陷和位置,根据波速估算桩身混凝土强度,核对桩长等,但不能估算单桩承载能力。

23. √

【解析】当采用低应变反射波法检测桩身完整性时,对大直径长桩,应选择质量大的锤或力棒,以产生主频低、能力大的激励信号,获得较清晰的桩底反射信号;锤头材质软,产生的低频脉冲波衰减慢,有利于获得桩底反射信号。

24. √

【解析】围护墙或基坑边坡顶部的水平和竖向位移监测点应沿基坑周边布置,基坑各侧边中部、阳角处、邻近被保护对象的部位应布置监测点。监测点水平间距不宜大于20m,每边监测点数目不宜少于3个。水平和竖向位移监测点宜为共用点,监测点宜设置在围护墙顶或基坑坡顶上。

25. ×

【解析】基坑土压力宜采用土压力计测量,土压力计埋设后应立即进行检查测试,基坑开挖前应至少经过1周时间的监测并取得稳定初始值。

26. ×

【解析】《公路桥涵施工技术规范》(JTG/T 3650—2020)规定,在同一条件下基桩静荷载试验抽检的试桩数量不宜少于总桩数的1%,并不少于3根。

27. ×

【解析】根据《公路工程基桩检测技术规程》(JTG/T 3512—2020)第5.2.3条,单桩竖向抗压静载试验的加载反力装置的承载能力不应小于最大加载量的1.3倍。

28. ×

【解析】桩基竖向抗压静载试验,每级荷载达到相对稳定后方可施加下一级荷载,沉降稳定的标准为:每一小时内的桩顶沉降量不超过0.1mm,并连续出现两次(从分级荷载施加后的第30min开始,按1.5h连续三次每30min的沉降观测值计算)。

29. ×

【解析】桥梁基桩静荷载试验完成后,卸荷应分级进行。

30. √

三、多项选择题

1. ABCDE

【解析】《公路桥涵地基与基础设计规范》(JTG 3633—2019)规定,公路桥涵地基岩土可分为岩石、碎石土、砂土、粉土、黏性土和特殊性岩土六类。

2. ABC

3. CD

【解析】选项 A 错误，浅层平板荷载试验的承压板采用 50cm × 50cm 或 70.7cm × 70.7cm的方板，直径0.8m 的刚性板用于深层平板荷载试验；选项 B 错误，承压板与土层之间应铺设 20mm 厚的中砂或粗砂找平，以保证承压板与土层水平、均匀接触。每级荷载施加后，沉降达到相对稳定后方可施加下一级荷载，稳定的标准为：在连续 2h 内，每小时沉降量小于0.1mm，故选项 CD 正确。

4. BDE

【解析】深层平板荷载试验宜采用直径为 0.8m 的刚性板，紧靠承压板周围外侧的土层高度不应小于0.8m；浅层平板荷载试验宜采用尺寸为 50cm 或 70.7cm 的方板，故 B 选项正确；试验应进行分级加载，可按预估承载力的 1/10 ~ 1/15 选取，D 选项正确；同一土层参加统计的试验点不应少于3 点，当试验实测值的极差不超过平均值的 30% 时，取此平均值作为该土层的地基承载力特征值。

5. AC

【解析】浅层平板荷载试验，出现以下情况之一时，可终止加载：

(1)承载板周围的土体有明显侧向挤出或发生裂纹；

(2)在某一级荷载下，24h 内沉降速率不能达到稳定标准；

(3)沉降量急剧增大，*P-S* 曲线出现陡降段；

(4)沉降量与承压板宽度或直径之比大于或等于0.06。

注意区分浅层、深层平板荷载试验在终止条件、承载力基本容许值确定规则方面的异同。

6. AC

【解析】在浅层平板荷载试验时，地基土承载力基本容许值的确定应符合下列规定：

(1)当 *P-S*(荷载-沉降)曲线有比例界限时，取该比例界限所对应的荷载值。

(2)当极限荷载值小于比例界限荷载值的 2 倍时，取极限荷载值的 1/2。

(3)若不能按上述两款要求确定，当压板面积为 $2500m^2$ 或 $5000m^2$ 时，可取 $S/d = 0.01 \sim 0.015$ 所对应的荷载值，但其值不应大于最大加载量的 1/2。

同一土层参加统计的试验点不应少于 3 点。当试验实测值的极差不超过其平均值的30% 时，取其平均值作为该土层的地基承载力基本容许值。

7. ABCDE

【解析】圆锥动力触探试验成果应用主要有以下几个方面：

(1)利用触探曲线对地基土进行力学分层；

(2)评价地基土的密实度；

(3)评价地基承载力；

(4)确定地基土的变形模量；

(5)确定抗剪强度、地基检验和确定地基持力层；

(6)评价地基土的均匀性。

8. ABCD

【解析】地基承载力可根据地质勘测、原位测试、野外荷载试验以及邻近建(构)筑物调查对比，由经验和理论公式计算综合分析确定，地基承载力通常由下列几种途径来确定：

(1)由现场荷载试验或原位测试确定；

(2)按地基承载力理论公式计算;

(3)按现行规范提供的经验公式计算;

(4)在土质相同的条件下,参照邻近结构物地基容许承载力。

9. ACD

【解析】当桥梁基桩桩孔较深且倾斜度较大时,可根据地质及施工情况选用陀螺斜测仪和井斜仪检查其倾斜度,也可采用声波孔壁测定仪测定。基桩动测仪用于桩身完整性检查,红外激光测距仪主要用于测量桩的中心位置以及桩位偏差。

10. ACD

【解析】桩底沉淀土厚度的大小极大地影响桩端承载力的发挥,在施工过程中必须严格控制桩底沉淀土的厚度。在工程中常用于测定沉淀土厚度的方法有垂球法、电阻率法和电容法。超声波法和钢筋笼法均用于检测成孔后的孔径和垂直度,不能检测孔底的沉淀土厚度。

11. ABCE

【解析】钻孔灌注桩桩身完整性检测方法有低应变反射波法、声波透射法和钻探取芯法。取芯法可作为低应变反射波法、声波透射法存在疑虑时的一种辅助验证方法;高应变动力试桩法不仅可以估算单桩抗压承载力,也可用于判断桩身完整性;超声回弹综合法用于检测混凝土强度,不能检测桩身完整性。

12. ABCDE

【解析】低应变反射波法是通过分析实测桩顶速度响应信号的特征来检测桩身的完整性,推定桩身缺陷位置及影响程度,判断桩端嵌固情况,也可对基桩的有效桩长进行校核。桩身的混凝土强度等级可依据波速来估计,波速与混凝土抗压强度的换算系数,应通过对混凝土试件的波速测定和抗压强度对比试验确定。

13. ABD

【解析】见本章【单选】题 18 解析。

14. ABC

15. BCDE

【解析】声波透射法检测混凝土灌注桩桩身完整性时,测试方法有桩内单孔透射法和跨孔透射法两种,故 A 选项错误。跨孔透射法的测试方式可分为对测、斜测和扇形测,其中斜测又可分为单向斜测和交叉斜测。

16. BC

【解析】基坑水平位移监测基准点、工作基点的布设和测量应符合下列规定:

(1)水平位移基准点的数量不应少于 3 个,基准点标志的形式和埋设应符合现行行业标准《建筑变形测量规范》(JGJ8)的有关规定;

(2)采用视准线活动觇牌法和视准线小角法进行位移观测,当不便设置基准点时,可选择设置在稳定位置的方向标志作为方向基准,采用基准线控制时,每条基准线应在稳定区域设置检核基准点;

(3)工作基点宜设置为具有强制对中装置的观测墩,当采用光学对中装置时,对中误差不宜大于 0.5mm;

(4)水平位移基准点的测量宜采用全站仪边角测量,水平位移工作基点的测量可采用全站仪边角测量、边角后方交会等方法；

(5)每次水平位移观测前应对相邻控制点(基准点或工作基点)进行稳定性检查。

17. CD

【解析】静力加载和高应变动力试桩法可用于检测桩基承载能力，超声透射波法和低应变反射波法用于检测桩基桩身完整性。

18. ACD

【解析】基桩竖向静载试验一般采用油压千斤顶加载，加载的反力装置可根据现场条件选用，主要有锚桩横梁反力装置、压重平台反力装置和锚桩压重联合反力装置三种形式，并应符合下列规定：

(1)加载反力装置的承载能力不应小于最大加载量的1.3倍；

(2)应对加载反力装置的全部构件进行强度和变形验算；

(3)应对锚桩抗拔力以及抗力(含地基土、抗拔钢筋、桩的接头等)进行验算；采用工程桩作锚桩时，锚桩数量不宜少于4根，并应监测锚桩上拔量；

(4)在压重平台反力装置中，应确保消除压重平台对试验的影响，压重宜在检测前一次加足，并均匀稳固地放置于平台上；

(5)压重施加于地基的压应力不应大于地基承载力容许值的1.5倍，有条件时宜利用工程桩作为堆载支点。

19. AD

【解析】高应变动力试桩法的检测成果可用于估算单桩抗压极限承载力和判断桩身完整性。需要注意的是，进行极限承载力检测时，应具有相同条件下的动-静试验对比资料和现场工程实践经验，对于长桩、大直径扩底桩和嵌岩桩，不宜采用该方法进行单桩承载力检测。

20. ACD

四、综合题

1.(1)A (2)C (3)B (4)AB (5)ABD

【解析】(1)图b)中，“oa”段曲线表示的是压密阶段；“ab”段曲线表示的是剪切阶段；“bc”段曲线表示的是破坏阶段。

(2)浅层平板荷载试验承压板的面积可选用50cm×50cm或70.7cm×70.7cm的方板。根据题设条件，该工程地基土为淤泥质土，属于软土地基，对软土地基进行浅层平板荷载试验时，承压板的面积不小于0.5m^2，故C选项正确。

(3)地基土的变形模量E_0，可根据下式进行计算：

$$E_0=(1-\mu^2)\frac{\pi B}{4}\cdot\frac{\Delta P}{\Delta S}$$

式中：B——承压板直径(m)，当为方形板时，$B=\sqrt{\frac{A}{\pi}}$，A为方形板的面积(m^2)；

$\frac{\Delta P}{\Delta S}$——荷载-沉降关系曲线中“$oa$”段的斜率(kPa/m)；

μ——地基土泊松比。

将题干中的已知条件分别代入上式计算，可得B选项正确。

(4)浅层平板荷载试验要求沉降观测装置的精度不应低于0.01mm，可用百分表或电测位移计量测；虽然千分表的精度为0.001mm，但是量程较小，不能满足使用要求；全站仪的测试精度低于0.01mm，故A、B选项符合题意。

(5)浅层平板荷载试验现场测试时，在连续2h内，若每小时的沉降量小于0.1mm，则可继续施加下一级荷载，故C选项错误。

2.(1)CD　(2)BC　(3)BCE　(4)B　(5)AD

【解析】(1)《公路桥涵地基与基础设计规范》(JTG 3363—2019)将碎石土分为松散、稍密、中密和密实4个等级。

中密及以下的碎石土应选用重型圆锥动力触探试验；较密实的碎石土应选用超重型圆锥动力触探试验，根据本题题设条件，可选用重型或超重型锥动力触探试验。

(2)见本章【单选】题9解析。

(3)对圆锥动力触探试验结果进行整理分析时，需要对实测锤击数进行修正，其修正的内容包括：触探杆长度的修正、侧壁摩擦影响的修正和地下水影响的修正。值得注意的是，对于砂土和松散～中密的圆砾、卵石，触探深度在1～15m范围内时，一般不考虑侧壁摩擦的影响。

(4)对于重型圆锥动力触探仪，触探杆长度为3m，实测锤击数为40击，根据表中数据线性内插可得实测锤击数修正系数为0.93，则修正后的锤击数为$N_{63.5}=\alpha_1 N'_{63.5}=40\times0.93=37.2$，修约为37。

(5)圆锥动力触探试验结果可用于评判地基土的承载力，若现场采用重型圆锥动力触探试验，实测锤击数可直接用于确定地基土的承载力；若采用超重型圆锥动力触探试验，应先将试验结果换算成相当于重型圆锥动力触探试验的实测锤击数后，再用于评判地基土的承载力，其换算公式为：$N_{63.5}=3N_{120}-0.5$。

3.(1)ABC　(2)C　(3)BD　(4)C　(5)CD

【解析】(1)声测管作为声测探头的检测通道，应选择透声性好、便于安装和费用较低的材料，考虑到混凝土的水化作用及施工过程中受外力作用较大，容易使声测管变形、断裂，影响换能器在管道内的畅通，故声测管应选择强度高(选用强度较高的金属管为宜)且不宜变形的材料。

(2)待检桩直径为1.8m，依据《公路工程基桩检测技术规程》(JTG/T 3512—2020)，应埋设4根声测管(编号为1#～4#)，为全面评判桩身完整性，尽量减少检测盲区，布设1#-2#、1#-3#、1#-4#、2#-3#、2#-4#、3#-4#共6个剖面，如下图所示。

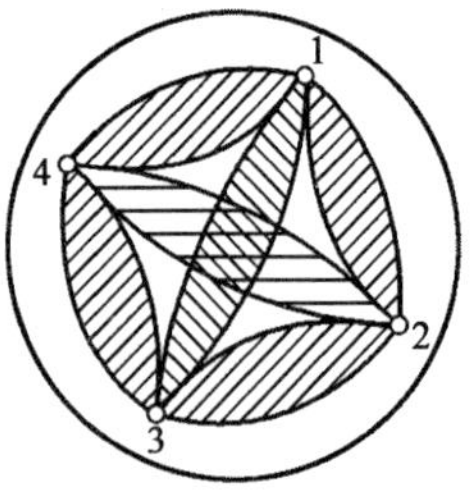

声测管布置图

(3)发射和接收换能器分别置于两声测管的同一高度,自下而上,将收发换能器以相同步长(不大于250mm)向上提升,进行水平检测,A选项错误;斜测时,发、收换能器中心线与水平夹角一般取30°~40°,C选项错误。

(4)混凝土强度与声速关系详见下表。

混凝土强度与声速关系参考表

声速(m/s)	>4500	4500~3500	3500~3000	3000~2000	<2000
强度定性评价	好	较好	可疑	差	非常差

(5)灌注桩声波透射法检测分析和处理的主要参数有声时、声速、波幅及主频,同时要观测和记录实测波形。声速临界值采用混凝土声速平均值与2倍声速标准差之差,波幅异常时的临界值采用波幅平均值减6dB,故A、B选项错误;当实测混凝土声速平均值低于声速低限值时或PSD值在某点附近变化明显时,可将其作为可疑缺陷区域。

4.(1)B (2)BCD (3)BCD (4)ABCD (5)BD

【解析】(1)略

(2)沉降测量宜采用位移传感器或大量程百分表,并应符合下列规定:

①测量误差不应大于0.1%FS,分辨率应优于或等于0.01mm;

②直径或边宽大于500mm的桩,应在其两个方向对称安装4个位移测试仪表,直径或边宽小于或等于500mm的桩可对称安置2个位移测试仪表;

③沉降测定平面离桩顶距离不宜小于200mm,测点应牢固地固定于桩身;

④基准梁应具有足够的刚度,一端固定在基准桩上,另一端应简支于基准桩上;

⑤检测设备及量测仪表应有遮挡设施,严禁日光直射基准梁;被检桩区域应不受冲击、振动等影响;基准桩应打入地面以下一定深度,确保在试验过程中不变形。

(3)慢速维持荷载法试验步骤应符合下列规定:

①每级荷载施加后按第5min、15min、30min、45min、60min测读桩顶沉降量,以后每隔30min测读一次。

②沉降相对稳定标准:每1h内的桩顶沉降量不超过0.1mm,并连续出现两次(从分级荷载施加后的第30min开始,按1.5h连续三次每30min的沉降观测值计算)。

③当桩顶沉降达到相对稳定标准时,再施加下一级荷载。

④卸载时,每级荷载维持1h,分别按第15min、30min、60min量测桩顶的回弹量,即可卸下一级荷载。卸载至零后,维持时间不少于3h。桩端为砂类土时,在开始30min内每15min测读一次;桩端为黏质土时,在开始60min内每15min测读一次,以后每隔30min测读一次桩顶残余沉降量。

(4)对于慢速维持荷载法基桩静压试验,当出现下列情况之一时,可终止加载:

①总位移≥40mm,且本级荷载沉降量≥前一级的5倍;

②总位移≥40mm,且本级荷载沉降量≥前一级的2倍,且24h尚未稳定;

③荷载-沉降曲线呈缓变型时,可加载至桩顶总沉降量60~80mm;当桩长超过40m或被检桩为钢桩时,宜考虑桩身压缩变形,可加载至桩顶总沉降量超过80mm;

④工程桩验收时,荷载已达到承载力容许值的2.0倍或设计要求的最大加载量且沉降达

到稳定；

⑤桩身出现明显破坏现象；

⑥工程桩作锚桩时，锚桩上拔量已达到允许值。

(5)单桩竖向抗压极限承载力可按下列方法综合分析确定：

①根据沉降随荷载变化的特征确定：对于陡降型 Q-s 曲线，取其发生明显陡降的起始点对应的荷载值。

②根据沉降随时间变化的特征确定：取 s-lg$t$ 曲线尾部出现明显向下弯曲的前一级荷载值。

③对应终止加载条件第 2 条的，取前一级荷载值；

④对应终止加载条件第 4 条的，取本级荷载值；

⑤对于缓变型 Q-s 曲线可根据沉降量确定，宜取 $s=40$mm 对应的荷载；对于钢管桩和桩长大于 40m 的混凝土桩，宜考虑桩身弹性压缩量；对直径大于或等于 800mm 的灌注桩或闭口桩，可取 $s=0.05D$ 对应的荷载值（D 为桩端全断面直径）。

第五章　桥梁技术状况评定

复习提示

考试大纲要求

检　测　师	助理检测师
1. 桥梁分类及主要桥型的结构组成； 2. 桥梁检查分类、检查方法及需要的设备要求； 3. 主要桥型的检查要点、桥梁技术状况评定的工作流程和评定方法； 4. 桥梁缺损、构件、部件、结构的技术状况评分计算方法和要点； 5. 桥梁部件权重值重新分配的原则和计算方法、全桥技术状况评定的方法和要点	1. 桥梁分类及主要桥型的结构组成； 2. 桥梁检查分类、检查方法及需要的设备要求； 3. 主要桥型的检查要点、桥梁技术状况评定的工作流程； 4. 桥梁缺损、构件、部件、结构的技术状况评分方法； 5. 桥梁部件权重值重新分配的原则和计算方法

桥梁技术状况评定知识要点

<table>
<tr><th>知　识　点</th><th colspan="4">相 关 要 点</th></tr>
<tr><td>一、桥梁分类及主要桥型的结构组成</td><td colspan="4">1. 桥梁结构的组成：上部结构（包括支座）、下部结构、桥面系及附属设施。
2. 桥梁分类：按工程规模分类（特大桥、大桥、中桥、小桥、涵洞），按结构体系分类[梁式桥、拱式桥、刚构桥、索结构桥（包括悬索桥和斜拉桥）、桁架桥]，按建筑材料分类（配筋混凝土桥、钢桥等）</td></tr>
<tr><td rowspan="7">二、桥梁检查、养护</td><td colspan="4">1. 养护检查等级：分为Ⅰ、Ⅱ、Ⅲ级，分级标准见《公路桥涵养护规范》（JTG 5120—2021）第3.1节。
2. 检查分类：初始检查、日常巡查、经常检查、定期检查和特殊检查。
3. 桥梁评定分类：技术状况评定、适应性评定。
4. 桥梁养护分类：日常养护、预防养护、修复养护、专项养护。
5. 各类检查的周期见下表：</td></tr>
<tr><td>养护等级</td><td>Ⅰ级</td><td>Ⅱ级</td><td>Ⅲ级</td></tr>
<tr><td>初始检查</td><td colspan="3">宜与交工验收同时进行，最迟不得超过交付使用后1年</td></tr>
<tr><td>日常巡查</td><td colspan="2">不少于1次/d</td><td>不少于1次/周</td></tr>
<tr><td>经常检查</td><td>不少于1次/1月</td><td>不少于1次/2月</td><td>不少于1次/3月</td></tr>
<tr><td>定期检查</td><td>不少于1次/1年</td><td colspan="2">不少于1次/3年</td></tr>
<tr><td>特殊检查</td><td colspan="3">不限定周期</td></tr>
</table>

续上表

<table>
<tr><th>知　识　点</th><th colspan="2">相 关 要 点</th></tr>
<tr><td rowspan="7">二、桥梁检查、养护</td><td colspan="2">6. 各类检查的内容及方法：
《公路桥涵养护规范》(JTG 5120—2021)增加：Ⅰ、Ⅱ级养护的有水中基础的桥梁应进行水下检测；单孔不小于60m的桥梁要设永久观测点。
7. 检查设备：裂缝观测仪、回弹仪、碳化深度仪、钢筋探测仪、钢筋锈蚀仪、涂层厚度仪、金属超声仪、非金属超声仪。
8. 桥梁养护策略见下表：</td></tr>
<tr><td>技术状况等级</td><td>养 护 对 策</td></tr>
<tr><td>1 类桥</td><td>正常养护或预防养护</td></tr>
<tr><td>2 类桥</td><td>修复养护、预防养护</td></tr>
<tr><td>3 类桥</td><td>修复养护、加固或更换较大缺陷构件；必要时交通管制</td></tr>
<tr><td>4 类桥</td><td>修复养护、加固或改造；及时交通管制、必要时封闭交通</td></tr>
<tr><td>5 类桥</td><td>及时封闭交通，改建或重建</td></tr>
<tr><td>三、主要桥型的检查要点、桥梁技术状况评定的工作流程和评定方法</td><td colspan="2">1. 主要桥型检查要点：梁桥（混凝土梁桥、钢梁桥）、拱桥（圬工拱桥、钢筋混凝土拱桥、钢-混凝土组合拱桥）、悬索桥、斜拉桥。
2. 桥梁技术状况评定工作流程：桥梁检查评定计划、现场检查、桥梁检测指标技术状况评定、构件评定、部件评定、结构（上部结构、下部结构、桥面系）评定、总体评定、数据归档。
3. 桥梁评定方法：《公路桥梁技术状况评定标准》(JTG/T H21—2011)提出的分层综合评定与5类桥单项控制指标相结合的评定方法</td></tr>
<tr><td>四、桥梁缺损、构件、部件、结构的技术状况评分计算方法和要点</td><td colspan="2">1. 桥梁构件评定指标及分级评定标准：上部结构，包括梁桥（混凝土梁桥、钢梁桥）、拱桥（圬工拱桥、钢筋混凝土拱桥、钢-混凝土组合拱桥）、悬索桥、斜拉桥；下部结构；桥面系。
2. 桥梁构件技术状况评分：构件各检测指标扣分值、技术状况评分计算公式、扣分指标按扣分值由大到小依序排列。
3. 桥梁部件技术状况评分：技术状况评分计算公式、评分值在[0,60)区间时的处理方法。
4. 桥梁上部结构、下部结构、桥面系技术状况评分：技术状况评分计算公式</td></tr>
<tr><td>五、桥梁部件权重值重新分配的原则和计算方法、全桥技术状况评定的方法和要点</td><td colspan="2">1. 权重：上部结构0.4、下部结构0.4、桥面系权重0.2；各部件权重、部件权重值重新分配的原则和计算方法。
2. 桥梁的主要部件和次要部件：各类桥梁的主要部件、主要部件技术状况评定等级、次要部件技术状况评定等级。
3. 桥梁总体技术状况评定：桥梁总体技术状况评定等级；桥梁总体技术状况评分计算公式；桥梁技术状况分类界限；特殊情况下的技术状况评定（5 类桥单项控制指标；上、下部结构3 类、桥面系4 类的总体评定；按最差缺损状况评定的情形）。
4. 14 条5 类桥技术状况单项控制指标</td></tr>
</table>

习　题

一、单项选择题

1. 对于梁式桥，相邻墩台支座中心之间的水平距离称为(　　)。

A. 桥梁全长　　B. 净跨径　　C. 计算跨径　　D. 标准跨径

2.《公路桥涵养护规范》(JTG 5120—2021)将公路桥梁养护检查等级分为(　　)。

A. 1、2、3、4、5 类　　B. 甲、乙、丙级

C. Ⅰ、Ⅱ、Ⅲ级　　D. A、B、C 级

3. 三、四级公路上的中桥、小桥的养护检查等级为(　　)。

A. Ⅱ级　　B. Ⅲ级　　C. Ⅳ级　　D. Ⅴ级

4. 养护检查等级为Ⅰ级的桥梁,定期检查周期不得超过(　　)年。

A. 1　　B. 2　　C. 3　　D. 4

5. 依据《公路桥梁技术状况评定标准》(JTG/T H21—2011)进行桥梁技术状况评定,采用的方法是(　　)。

A. 考虑各部件权重的综合评定法

B. 分层综合评定与五类桥梁单项控制指标相结合的方法

C. 按技术状况标准的描述凭经验判断的评定方法

D. 按重要部件最差的缺损状况评定方法

6. 当单座桥梁存在不同结构形式时,可根据结构形式的分布情况划分评定单元,分别对各评定单元进行桥梁技术状况的等级评定,然后取(　　)作为全桥的技术状况等级。

A. 各单元技术状况等级平均值　　B. 各单元技术状况等级加权平均值

C. 最好的一个评定单元技术状况等级　　D. 最差的一个评定单元技术状况等级

7. 某桥梁的结构形式为:1 跨 60m 钢筋混凝土箱形拱桥 +1 跨 20m 简支空心板引桥,对该桥进行技术状况评定时,应采用以下(　　)方式划分评定对象。

A. 两跨作为一个整体的评定单元

B. 拱桥和空心板桥分别当作不同部件进行评定

C. 把拱桥和空心板桥划分成两个单元分别评定

D. 以主桥(拱桥)的评定结果作为全桥的评定结果

8. 某桥未设人行道,桥面系技术状况评分计算时,人行道部分的权重 0.10 应(　　)。

A. 按照桥面系其他各既有部件权重在全部既有部件权重中所占比例进行分配

B. 平均分配给桥面系其他部件

C. 直接扣除

D. 按 1.0 计算

9. 某桥上部结构技术状况评分为 62,下部结构评分为 65,桥面系评分为 40,则桥梁总体技术状况等级为(　　)。

A. 2 类　　B. 3 类　　C. 4 类　　D. 5 类

10. 某构件的最高标度为 4,当其评定标度为 3 类时,应扣分(　　)。

A. 40　　B. 35　　C. 30　　D. 25

11. 桥梁技术状况评定时最小的评定单元是(　　)。

A. 构件　　B. 部件　　C. 结构　　D. 材料

12. 按照桥梁技术状况评定标准,在某部件的最低构件得分以及构件平均得分不变的条件下,该部件的得分与构件数量的关系是(　　)。

A. 无关　　B. 数量越多得分越低
C. 数量越多得分越高　　D. 不确定

13. 下列哪一项不属于水泥混凝土桥面铺装的评定指标(　　)。
A. 车辙　　B. 磨光　　C. 脱皮　　D. 露骨

14. 在进行公路桥梁技术状况评定时,将桥梁结构的部件分为两大类,分别为(　　)。
A. 受力部件和非受力部件　　B. 主要部件和次要部件
C. 上部结构部件和下部结构部件　　D. 完好部件和破损部件

15. 桥梁技术状况评定时,以下(　　)不是梁式桥的主要部件。
A. 基础　　B. 桥墩　　C. 上部承重构件　　D. 横隔板

16. 按规范,将桥梁主要部件、次要部件和总体技术状况的评定等级分别划分为(　　)。
A. 1～5 类、1～5 类、1～5 类　　B. 1～4 类、1～4 类、1～5 类
C. 1～5 类、1～4 类、1～5 类　　D. 1～5 类、1～5 类、1～4 类

17. 某跨径为 10m 的钢筋混凝土空心板简支梁桥,跨中有多条竖向受力裂缝,最大裂缝宽度 0.06mm,线形测量结果跨中下挠 3cm,该桥技术状况等级评定为(　　)。
A. 2 类　　B. 3 类　　C. 4 类　　D. 5 类

18. 依据《公路桥梁技术状况评定标准》(JTG/T H21—2011),桥梁支座属于(　　)的部件。
A. 桥面系　　B. 上部结构　　C. 下部结构　　D. 附属设施

19. 某空心板桥共有 2 种病害:混凝土剥落掉角,实际评定标度 2(最大评定标度 4);梁底横向裂缝,实际评定标度 2(最大评定标度 5)。该片空心板技术状况评分最接近于(　　)。
A. 75　　B. 70　　C. 65　　D. 55

20. 桥梁技术状况评定中,桥梁上部结构某部件的得分与下列(　　)无直接关系。
A. 所属构件中的最低得分　　B. 所属构件得分平均值
C. 所属构件中的最高得分　　D. 所属构件的数量

二、判断题

1. 新建或改建桥梁的初始检查宜与交工验收同时进行,最迟不得超过交付使用后 1 年。(　　)

2. 某新建 36m + 60m + 36m 的 3 跨连续梁桥,初始检查时应设立永久观测点。(　　)

3. 养护检查等级为Ⅰ级的桥梁,经常检查周期为每月不应少于 1 次。(　　)

4. 桥梁评定分为一般评定和适应性评定,桥梁技术状况评定属一般评定。(　　)

5. 按照公路桥梁技术状况评定标准,当一个构件存在多种缺损扣分时,应按扣分多少由大到小排序后计算构件的技术状况评分。(　　)

6. 桥梁构件各评定指标的分级采用评定标度描述,标度越高,说明技术状况越好。(　　)

7. 桥梁各部件的技术状况均采用 1～5 级标度描述其技术状况的优劣。(　　)

8. 依据 JTG/T H21—2011,如主要部件达到 4 类或 5 类,则应按主要部件最差的缺损状况评定全桥总体技术状况等级。(　　)

9. 有水中基础且养护检查等级为Ⅰ、Ⅱ级的桥梁，应进行水下检测。（　）

10. 某构件存在两种类型的缺损，扣分值分别为25分和40分，则该构件的得分为35分。（　）

11. 如果悬索桥主缆或多根吊索出现严重锈蚀、断丝，则应直接判定该桥为5类桥。（　）

12. 全长大于150m的多跨桥梁，养护检查等级为Ⅰ级。（　）

13. 桥梁技术状况评定为3类时，桥梁的养护检查等级应提高一级。（　）

14. 养护检查等级为Ⅰ级的桥梁，在初始检查时应完成静动载试验检测。（　）

15. 对某装配式混凝土梁桥进行技术状况评定，一片梁划归为一个部件。（　）

16. 养护检查等级为Ⅱ级的桥梁，定期检查周期不得超过2年。（　）

17. 具备桥梁工程试验检测的资格和能力的检测人员，可进行公路桥梁水下构件检测。（　）

18. 某空心板梁桥有一片空心板梁因施工缺陷导致顶板较薄，且在车轮直接碾压下被压碎出现较大空洞，该桥在技术状况评定中，可直接评定为5类桥。（　）

19. 某一空心板梁桥，铰缝遭破坏比较严重，导致桥面出现多条纵向裂缝。该桥在技术状况评定中，可直接评定为5类桥。（　）

20. 对桥梁通行能力、承载能力进行的评定属于特殊性评定。（　）

三、多项选择题

1. 下列桥梁中属于特大桥的是（　）。

A. 30×40m简支梁桥　　B. 148m拱桥

C. 10联3×30m连续梁桥　　D. 78m+152m+78m斜拉桥

2. 以下关于桥梁养护检查等级的叙述，正确的是（　）。

A. 单孔跨径大于150m的特大桥养护检查等级为Ⅰ级

B. 单孔跨径小于或等于150m的特大桥、大桥养护检查等级为Ⅱ级

C. 高速公路或一、二级公路上的中桥、小桥的养护检查等级为Ⅱ级

D. 三、四级公路上的中桥、小桥的养护检查等级为Ⅲ级

3. 某桥梁技术状况评定为4类，依据《公路桥涵养护规范》（JTG 5120—2021）应采取的养护对策有（　）。

A. 修复养护、预防养护

B. 修复养护、加固或改造

C. 及时进行交通管制、必要时封闭交通

D. 及时封闭交通

4. 依据《公路桥涵养护规范》（JTG 5120—2021），当桥梁出现下列（　）情况时应进行特殊检查。

A. 定期检查中难以判明构件损伤原因及程度的桥梁

B. 拟通过加固手段提高荷载等级的桥梁

C. 需要判明水中基础技术状况的桥梁

D. 技术状况评定为4、5类的桥梁

5. 当桥梁出现下列(　　)情况之一时,应评定该桥为5类桥。

A. 拱桥的系杆或吊杆出现严重锈蚀或断裂现象

B. 悬索桥主缆或多根吊索出现严重锈蚀、断丝

C. 桥梁总体技术状况评分 $D_r<50$ 分

D. 桥梁扩大基础冲刷深度大于设计值,冲空面积达10%以上

6. 依据《公路桥涵养护规范》(JTG 5120—2021),桥梁检查的分类包括(　　)。

A. 日常巡查　B. 经常检查　C. 特殊检查　D. 应急检查

7. 根据JTG/T H21—2011,下列关于桥梁技术状况评定的相关表述,正确的包括(　　)。

A. 桥梁适应性评定的目的是确定桥梁的技术状况等级

B. 评定的最小单元为构件

C. 评定标度值越大,状况越差

D. 上部结构、下部结构、桥面系权重分别为0.4、0.4、0.2

8. 根据上部结构形式,可将桥梁分为(　　)几大类。

A. 拱式桥　B. 梁式桥　C. 悬索桥　D. 钢-混凝土组合桥

E. 斜拉桥

9. 简支空心板梁桥铰缝渗水现象,技术状况评定中应对以下(　　)部件扣分。

A. 上部一般构件　B. 防排水系统　C. 桥面铺装　D. 伸缩缝装置

10. 在评定标准中,钢筋混凝土箱板拱桥主拱圈的评定指标包括(　　)。

A. 蜂窝、麻面　B. 主拱圈变形　C. 侧墙变形、位移　D. 拱脚位移

E. 钢筋锈蚀

11. 在进行桥梁技术状况评定时,按结构组成划分为(　　)分别进行检查和评定。

A. 桥面系　B. 上部结构　C. 基础结构　D. 下部结构

12. 公路桥梁水下构件检测一般包括(　　)等检查内容。

A. 水下构件表观缺陷　B. 基础冲刷及淘空

C. 河床断面测量　D. 桥梁跨径

13. 斜拉桥技术状况评定中,上部结构包括(　　)等。

A. 主梁　B. 拉索系统　C. 索塔　D. 支座

14. 沥青混凝土桥面铺装的评定指标包括(　　)。

A. 变形　B. 错台　C. 泛油　D. 裂缝

15. 桥梁适应性评定主要包括评定桥梁的(　　)。

A. 技术状况等级　B. 承载能力　C. 通行能力　D. 抗灾害能力

四、综合题

1. 某4跨简支梁桥,每跨上部结构由4片预应力T梁组成,请根据JTG/T H21—2011进行该桥的技术状况评定。经对结构构件检查,发现其中12片梁出现少量纵向裂缝,裂缝宽度未超限值,评定标度为2(最高标度为5);一处横隔板(全桥共20道横隔板)局部存在网状裂缝,评定标度为2(最高标度为4);有5个橡胶支座局部脱空,评定标度2(最高标度5),并有老化

变形、开裂,评定标度3(最高标度5)。

t 值 表

n	16	17	18	19	20	30	40
t	7.08	6.96	6.84	6.72	6.60	5.40	4.90

(1)支座最低构件得分值为(　　)。

A. 41.39　　B. 45.15　　C. 45.28　　D. 20.00

(2)上部承重构件得分平均值为(　　)。

A. 65.00　　B. 73.75　　C. 75.00　　D. 81.25

(3)上部横隔板部件得分值为(　　)。

A. 65.00　　B. 75.00　　C. 92.95　　D. 94.96

(4)上部结构技术状况评分为(　　)。梁式桥上部承重构件权值为0.70,上部一般构件权值为0.18,支座权值为0.12。

A. 68.86　　B. 70.48　　C. 74.83　　D. 76.73

(5)若该桥下部结构、桥面系的技术状况评分分别为96.65、79.68,则该桥的总体技术状况评分为(　　)。

A. 85.3　　B. 84.5　　C. 82.8　　D. 82.1

2. 对某3跨混凝土简支空心板桥,每跨横向由10片空心板组成,对桥梁进行技术状况评定,请依据JTG/T H21—2011回答以下问题。

(1)上部构件划分中,上部承重构件和上部一般构件的构件数应为(　　)。

A. 10、9　　B. 30、27　　C. 30、9　　D. 10、27

(2)以下属于主要部件的有(　　)。

A. T梁　　B. 支座　　C. 桥台　　D. 桥墩

(3)以下关于桥梁部件技术状况评定方法的表述,错误的有(　　)。

A. 构件数量不影响部件评分

B. 各构件评分分别乘以各构件的权重得到部件评分

C. 部件评分与构件平均评分、构件最低评分有关

D. 主要部件的最高评定标度值为5

(4)假定该桥上部承重构件、上部一般构件、支座的技术状况评分分别为55.00、75.00、65.00,权重值分别为0.70、0.18、0.12,则该桥上部结构技术状况评分和评定结果正确的是(　　)。

A. 上部结构的技术状况评分为65.00　　B. 上部结构的技术状况评分为59.80

C. 上部结构技术状况评定为3类　　D. 上部结构技术状况评定为4类

(5)若该桥下部结构、桥面系的技术状况评分分别为75.00、80.00,则该桥总体技术状况评定结果正确的有(　　)。

A. 该桥总体技术状况评分为69.92　　B. 该桥总体技术状况评分为71.60

C. 该桥总体技术状况评定为3类　　D. 该桥总体技术状况评定为4类

3. 某高速公路匝道(无人行道)由3联连续箱梁桥组成,由于货车侧翻导致第二联的主

梁、桥面铺装及栏杆受损,请回答以下问题。

(1)为了进一步判断事故对桥梁结构安全的影响,应组织进行(　　)。

A. 初始检查　B. 定期检查　C. 特殊检查　D. 经常检查

(2)检查后提交的报告应包括的内容有(　　)。

A. 桥梁基本状况信息、检测背景、检测方法

B. 损坏程度并分析原因

C. 提出结构部件和总体的维修、加固或改建的建议

D. 事故赔偿方案

(3)对该桥进行技术状况评定,因该桥无人行道,桥面铺装的权重(原权重为0.40)应调整为(　　)。(注:人行道的权重为0.10)

A. 0.43　B. 0.44　C. 0.45　D. 0.50

(4)检查中发现,第二联(4×20m)右侧护栏被车辆撞断,损坏长度超过20m,则护栏的评定标度应为(　　)。

A. 4　B. 3

C. 2　D. 直接评定全桥为5类桥

(5)经检查发现该桥第二联的主梁部件评定标度为5,损伤严重、影响安全,桥梁总体技术状况评分为65.0,该桥总体的技术状况等级应评为(　　)。

A. 2类　B. 3类　C. 4类　D. 5类

习题参考答案及解析

一、单项选择题

1. C

【解析】对于设支座的桥梁,计算跨径是指相邻墩台支座中心线之间的水平距离,结构计算均以计算跨径为准;净跨径是指相邻墩台之间的水平净距;标准跨径是指相邻桥墩中线之间或桥墩中线与台背前缘之间的水平距离,标准跨径是划分大、中、小桥及涵洞的指标之一。

2. C

【解析】《公路桥涵养护规范》(JTG 5120—2021)较2004版养护规范有较大变化,其中就包括提出了桥涵养护检查等级,用于指导桥涵养护决策。

3. B

【解析】《公路桥涵养护规范》(JTG 5120—2021)将公路桥梁养护检查等级分为Ⅰ、Ⅱ、Ⅲ级,分级标准如下:

(1)单孔跨径大于150m的特大桥、特别重要桥梁的养护检查等级为Ⅰ级;

(2)单孔跨径小于或等于150m的特大桥、大桥,以及高速公路或一、二级公路上的中桥、小桥的养护检查等级为Ⅱ级;

(3)三、四级公路上的中桥、小桥的养护检查等级为Ⅲ级;

(4)技术状况评定为3类的大、中、小桥应提高一级进行检查;

(5)技术状况评定为4类的桥梁在加固维修前应按Ⅰ级进行检查。

4. C

【解析】《公路桥涵养护规范》(JTG 5120—2021)规定,养护检查等级为Ⅰ级的桥梁,定期检查周期不得超过1年;养护检查等级为Ⅱ、Ⅲ级的桥梁,定期检查周期不得超过3年。

5. B

【解析】桥梁技术状况的评定方法历经几次修订、改进。已废止的《公路桥涵养护规范》(JTG H11—2004)采用的是考虑桥梁各部件权重的综合评定法;现行《公路桥涵养护规范》(JTG 5120—2021)中已取消了该评定方法,要求按《公路桥梁技术状况评定标准》(JTG/T H21—2011)执行,即采用分层综合评定与五类桥梁单项控制指标相结合的方法评定桥梁技术状况。

6. D

【解析】桥梁技术状况评定时,不同结构形式的桥梁,其构件、部件、权重组成以及检查指标都不相同,无法作为一个单元进行评定。对于单座桥梁由多种不同结构形式组成的情形(常见的是主桥和引桥的结构形式不同),JTG/T H21—2011 第3.1.2条规定,应根据结构形式的分布情况划分评定单元,分别对各评定单元进行桥梁技术状况的等级评定,然后取最差的一个评定单元技术状况等级作为全桥的技术状况等级。

7. C

8. A

【解析】《公路桥梁技术状况评定标准》(JTG/T H21—2011)规定,对于桥梁中未设置的部件(并非损坏,而是设计上不必设置),应根据此部件的隶属关系,将其权重值分配给各既有部件,分配原则按照各既有部件权重在全部既有部件权重中所占比例进行分配。未设置部件不纳入评定,也没有评定标度。

规范中对 n 类部件规定的对应权重分别为 $w_1 \sim w_n$,如缺少的某类部件所对应的权重为 w_1,则权重调整如下表。

部件	部件1	部件2	部件3	…	部件 n
原权重	w_1	w_2	w_3	…	w_n
缺少部件1, 调整后的权重	—	$w_2/(1-w_1)$	$w_3/(1-w_1)$	…	$w_n/(1-w_1)$

举例:查规范的权重分配表,桥梁上部结构中人行道部件的权重为0.10,而对于不必设置人行道的桥梁(如高速公路桥梁),则需要将该权重按上述方式分配给上部结构的其余部件,例如桥面铺装的权重应由原来的0.40调整为 $\dfrac{0.40}{1-0.10}=0.44$,伸缩缝的权重应由原来的0.25调整为 $\dfrac{0.25}{1-0.10}=0.28$。

9. B

【解析】桥梁上部结构、下部结构、桥面系的权重分别为0.4、0.4、0.2,该桥总体技术状况评分 $D_r = 62\times0.4+65\times0.4+40\times0.2=58.8$,本应评定为4类桥(见下表),但JTG/T

H21—2011 第 4.1.7 条规定：当上部结构和下部结构技术状况等级为 3 类、桥面系技术状况等级为 4 类，且桥梁总体技术状况评分为 $40 \leqslant D_r < 60$ 时，桥梁总体技术状况等级应评定为 3 类。注意理解、记忆规范第 4.1.7 和 4.1.8 两条的特殊规定。

桥梁总体及结构技术状况分类界限表

技术状况评分	技术状况等级 D_r				
	1 类	2 类	3 类	4 类	5 类
D_r (SPCI、SBCI、BDCI)	[95,100]	[80,95)	[60,80)	[40,60)	[0,40)

10. A

【解析】见下表。

构件各检测指标扣分值

检测指标所能达到的最高等级类别	指标类别				
	1 类	2 类	3 类	4 类	5 类
3 类	0	20	35	—	—
4 类	0	25	40	50	—
5 类	0	35	45	60	100

11. A

【解析】桥梁的最小评定单元是构件。《公路桥梁技术状况评定标准》(JTG/T H21—2011)采用分层综合评定与 5 类桥梁单项控制指标相结合的方法，即依次计算构件、部件、上部结构(下部结构、桥面系)的技术状况评分值，再加权计算桥梁总体的技术状况评分值，最终评定全桥的技术状况等级；同时根据是否符合 5 类桥梁单项控制指标决定是否将桥梁技术状况等级直接评定为 5 类。桥梁技术状况评定顺序和评定方法是特别重要的技术细节，应加以关注。

12. B

【解析】构件数量越多，t 值越小，由部件得分公式 $\mathrm{PCCI}_i = \overline{\mathrm{PMCI}} - (100 - \mathrm{PMCI}_{\min})/t$ 可知，当 $\overline{\mathrm{PMCI}}$、$\mathrm{PMCI}_{\min}$ 都不变时，构件数量越多，部件得分越低。

13. A

【解析】车辙属于沥青混凝土桥面铺装变形中的评定指标。

14. B

【解析】桥梁技术状况评定时，将桥梁部件划分为主要部件和次要部件，前者为涉及结构安全的承重结构，主要部件以外的为次要部件，见下表。

各结构类型桥梁主要部件

序　号	结构类型	主要部件
1	梁式桥	上部承重构件、桥墩、桥台、基础、支座
2	板拱桥(圬工、混凝土)、肋拱桥、箱形拱桥、双曲拱桥	主拱圈、拱上结构、桥面板、桥墩、桥台、基础

续上表

序　号	结构类型	主要部件
3	刚架拱桥、桁架拱桥	刚架(桁架)拱片、横向联结系、桥面板、桥墩、桥台、基础
4	钢-混凝土组合拱桥	拱肋、横向联结系、立柱、吊杆、系杆、行车道板(梁)、支座
5	悬索桥	主缆、吊索、加劲梁、索塔、锚碇、桥墩、桥台、基础、支座
6	斜拉桥	斜拉索(包括锚具)、主梁、索塔、桥墩、桥台、基础、支座

15. D

16. C

【解析】桥梁总体、主要部件的评定标度分为 1 ~ 5 类，次要部件的评定标度分为 1 ~ 4 类。

17. D

【解析】本题有两个信息支持评定为 5 类桥。

(1)线形测量结果显示跨中下挠 3cm，按计算跨径 10m(题中 10m 应是标准跨径，计算跨径小于标准跨径)计算挠跨比 0.03/10 = 3/1000 > 1/600，已超过《公路桥梁技术状况评定标准》(JTG/T H21—2011)表 5.1.1-8 中梁式桥挠度标度 5 的定量指标，JTG/T H21—2011 第 4.1.1 条构件检测指标扣分表如下表所示，主梁挠度评定指标扣分值为 $DP_{ij}=100$。根据构件评分的规定，当 $DP_{ij}=100$ 时，该构件评分直接取 $PMCI_l=0$；根据部件评分的规定，当上部结构主要部件某一构件的评分值 $PMCI_l$ 在[0,40)时，该部件评分直接取 $PCCI_i=PMCI_l=0$；根据第 4.1.8 条的规定，全桥总体技术状况等级评定时，当主要部件评分达到 4 类或 5 类，且影响桥梁安全时，可按照桥梁主要部件最差的缺损状况评定。简支梁挠跨比达到 1/600，可视为刚度严重不足，影响桥梁安全，故桥梁应评定为 5 类。

构件各检测指标扣分值

检测指标所能达到的最高等级类别	指标类别				
	1 类	2 类	3 类	4 类	5 类
3 类	0	20	35	—	—
4 类	0	25	40	50	—
5 类	0	35	45	60	100

(2)根据规范中 5 类桥单项控制指标：结构出现明显的永久变形，变形大于规范值。《公路钢筋混凝土及预应力混凝土桥涵设计规范》(JTG 3362—2018)规定，由汽车荷载(不计冲击力)和人群荷载频遇组合在梁式桥主梁产生的最大挠度不应超过计算跨径的 1/600。题目中桥梁线形测量结果显示，恒载作用下的挠跨比已经超过了该指标，即结构出现明显超规范的永久变形，即可直接评定为 5 类桥。

另外，题目中关于裂缝的描述应视为钢筋混凝土桥梁正常的带缝工作状态。规范规定的旧桥受力裂缝允许值为 0.25mm。

18. B

【解析】桥梁结构包含即上部结构、下部结构和桥面系三个组成部分，对于有支座的桥梁,支座恰好是上部结构和下部结构的联结部位,交通行业规范将支座划归上部结构。

19. D

【解析】梁底横向裂缝扣分为 $DP_{i1}=35$,混凝土剥落掉角扣分为 $DP_{i2}=25$(注意 DP_{ij}应按分值由高到低顺序排列)。于是有:

$$U_1 = DP_{i1} = 35, U_2 = \frac{DP_{i2}}{100\sqrt{2}} \times (100 - U_1) = 11.49$$

该片空心板(构件)的技术状况评分为:

$$PMCI_l = 100 - DP_{i_1} - DP_{i_2} = 53.51$$

20. C

【解析】由桥梁上部结构部件的技术状况评分公式 $PCCI_i = \overline{PMCI} - (100 - PMCI_{min})/t$ 可知,部件的评分与所属构件平均得分$\overline{PMCI}$、所属构件最低得分 $PMCI_{min}$、构件数量 t 直接相关。

二、判断题

1. √

2. √

【解析】《公路桥涵养护规范》(JTG 5120—2021)要求(第 3.2.2、3.5.3 条),桥梁初始检查时对于单孔跨径不小于 60m 的桥梁,应设立永久观测点。

3. √

【解析】《公路桥涵养护规范》(JTG 5120—2021)规定各类桥梁的检查周期如下。

养护等级	Ⅰ级	Ⅱ级	Ⅲ级
初始检查	宜与交工验收同时进行,最迟不得超过交付使用后 1 年		
日常巡查	不少于 1 次/d		不少于 1 次/周
经常检查	不少于 1 次/1 月	不少于 1 次/2 月	不少于 1 次/3 月
定期检查	不少于 1 次/1 年	不少于 1 次/3 年	
特殊检查	不限定周期		

4. ×

【解析】《公路桥涵养护规范》(JTG 5120—2021)将桥梁评定分为技术状况评定和适应性评定。"一般评定"为 2004 版养护规范的要求,现已取消。

5. √

【解析】按照公路桥梁技术状况评定标准,构件的技术状况评分采用逐项扣分的方法计算,各项缺损的扣分值与其排序有关,应按照缺损扣分值的多少由大到小排序后,再按评定标准的式(4.1.1)计算评分值。

6. ×

【解析】评定标度越高,表示技术状况越差。

7. ×

【解析】JTG/T H21—2011 根据桥型和结构的不同,将桥梁部件划分为主要部件和次要部件,其中主要部件的评定标度分 1 ~5 类,次要部件的评定标度为 1 ~4 类。

8. ×

【解析】JTG/T H21—2011 第 4.1.7 条规定,当主要部件评分达到 4 类或 5 类且影响到桥梁的安全时,可按照桥梁主要部件最差的缺损状况进行评定,如果确定主要部件的缺损不致危及桥梁安全,则仍按桥梁总体评分确定技术状况等级。

9. √

【解析】《公路桥涵养护规范》(JTG 5120—2021)纳入了水下检测的内容。

10. ×

【解析】详见《公路桥梁技术状况评定标准》(JTG/T H21—2011)第 4.1.1 条的相关评分计算方法。

11. √

【解析】悬索桥主缆或多根吊索出现严重锈蚀、断丝的情形,已危及结构安全,属于 5 类桥单项控制指标的情形之一,应直接判定该桥为 5 类桥。

12. √

【解析】单孔跨径大于 150m 的特大桥、特别重要桥梁的养护检查等级为Ⅰ级。

13. √

【解析】规范要求,对技术状况不良的桥梁提高养护检查等级,具体要求为:技术状况评定为 3 类的大、中、小桥应提高一级进行检查;技术状况评定为 4 类的桥梁在加固维修前应按Ⅰ级进行检查。

14. √

【解析】规范要求,对养护检查等级为Ⅰ级的桥梁,通过静载试验测试桥梁结构控制截面的应力、应变、挠度等静力参数,计算结构校验系数;通过动载试验测定桥梁结构的自振频率、冲击系数、振型、阻尼比等动力参数。当交、竣工验收资料中已经包含上述检查项目或参数的实测数据时,可直接引用。

15. ×

【解析】桥梁的最小评定单元为构件,如一片梁、一个桥墩;结构中的同类构件称为桥梁部件(即构件集),如全部主梁、全部桥墩等。

16. ×

【解析】养护检查等级为Ⅰ级的桥梁,定期检查周期不得超过 1 年;养护检查等级为Ⅱ、Ⅲ级的桥梁,定期检查周期不得超过 3 年。

17. ×

【解析】公路桥梁水下构件检测要求检测人员同时具备桥梁工程试验检测和水下工程检测要求的资格和能力。

18. √

【解析】《公路桥梁技术状况评定标准》(JTG/T H21—2011)规定了 14 条 5 类桥技术状况单项控制指标,桥梁出现规范所列的任何一条,即可直接评定为 5 类桥。其中第一条即为:上部结构有落梁;或有梁、板断裂现象。空心板是该类桥的主要承重构件,顶板是其横截面的一部分,当顶板破裂,将大大削弱其抗弯能力,故对桥梁安全构成重大隐患。

19. ×

【解析】《公路桥梁技术状况评定标准》(JTG/T H21—2011)中的5类桥技术状况单项控制指标无此项。铰缝属于上部结构一般构件,铰缝遭破坏后会影响结构的整体工作性能,导致单片梁的受力状态恶化。按照规范对梁式桥上部结构的技术状况评定标准,该病害符合规范表5.1.1-9结构变位标度3的定性描述,见下表。

结构变位评定标准

标　　度	评定标准
	定性描述
1	完好
2	较好,结构无明显位移
3	横向联结件松动,纵向接缝开裂较大
4	边梁有横移或外倾现象,行车振动或摇晃明显,有异常音
5	构件有严重的横向位移,存在失稳现象,结构振动或摇晃显著

20. ×

【解析】桥梁评定分为技术状况评定和适应性评定,其中技术状况评定是根据初始检查、定期检查资料,通过对桥梁各部件的综合评定,确定桥梁的技术状况等级(1~5类),提出养护措施;适应性评定工作可与定期检查、特殊检查结合进行,评定内容有:承载能力评定、通行能力评定、抗灾害能力评定、耐久性评定等。

三、多项选择题

1. AD

【解析】《公路桥涵设计通用规范》(JTG D60—2015)将特大桥、大桥、中桥、小桥、涵洞按单孔跨径或多孔跨径总长分类,如下表所示。

桥梁涵洞分类

桥涵分类	多孔跨径总长 L(m)	单孔跨径 L_k(m)
特大桥	$L>1000$	$L_k>150$
大桥	$100\leqslant L\leqslant 1000$	$40\leqslant L_k\leqslant 150$
中桥	$30<L<100$	$20\leqslant L_k<40$
小桥	$8\leqslant L\leqslant 30$	$5\leqslant L_k<20$
涵洞	—	$L_k<5$

注:1. 单孔跨径是指标准跨径。

2. 梁、板式桥的多孔跨径总长为多孔标准跨径的总长;拱式桥为两岸桥台内起拱线之间的距离;其他形式桥梁为桥面系行车道长度。

3. 管涵及箱涵不论管径或跨径大小、孔数多少,均称为涵洞。

4. 标准跨径:梁式桥、板式桥以两桥墩中线之间桥中心线长度或桥墩中线与桥台台背前缘线之间桥中心线长度为准;拱式桥和涵洞以净跨径为准。

2. ABCD

【**解析**】详见本章【单选】题 3 的解析。

3. BC

【**解析**】根据桥梁技术状况评定结果,《公路桥涵养护规范》(JTG 5120—2021)对各类桥梁要求采取相应的养护对策见下表。

技术状况等级	养护对策
1 类桥	正常养护或预防养护
2 类桥	修复养护、预防养护
3 类桥	修复养护、加固或更换较大缺陷构件;必要时交通管制
4 类桥	修复养护、加固或改造;及时交通管制、必要时封闭交通
5 类桥	及时封闭交通,改建或重建

4. ABC

【**解析**】依据 JTG 5120—2021,当出现以下情况时应做特殊检查:

(1)定期检查中难以判明构件损伤原因及程度的桥梁。

(2)拟通过加固手段提高荷载等级的桥梁。

(3)需要判明水中基础技术状况的桥梁。

(4)遭受洪水、流冰、滑坡、地震、风灾、火灾、撞击,因超重车辆通过或其他异常情况影响造成损伤的桥梁。

5. AB

【**解析**】根据评定标准,当桥梁出现下列情况之一时,整座桥应评定为 5 类桥:

(1)上部结构有落梁,或有梁、板断裂现象。

(2)梁式桥上部承重构件控制截面出现全截面开裂;或组合结构上部承重构件结合面开裂贯通,造成截面组合作用严重降低。

(3)梁式桥上部承重构件有严重的异常位移,存在失稳现象。

(4)结构出现明显的永久变形,变形大于规范值。

(5)关键部位混凝土出现压碎或杆件失稳倾向;或桥面板出现严重塌陷。

(6)拱式桥拱脚严重错台、位移、造成拱顶挠度大于限值;或拱圈严重变形。

(7)圬工拱桥拱圈大范围砌体断裂,脱落现象严重。

(8)腹拱、侧墙、立墙或立柱产生破坏造成桥面板严重塌落。

(9)系杆或吊杆出现严重锈蚀或断裂现象。

(10)悬索桥主缆或多根吊索出现严重锈蚀、断丝。

(11)斜拉桥拉索钢丝出现严重锈蚀、断丝,主梁出现严重变形。

(12)扩大基础冲刷深度大于设计值,冲空面积达 20% 以上。

(13)桥墩(桥台或基础)不稳定,出现严重滑动、下沉、位移、倾斜等现象。

(14)悬索桥、斜拉桥索塔基础出现严重沉降或位移;或悬索桥锚碇有水平位移或沉降。

选项 C 错误,按评分定等级时,当 $D_r < 40$ 分时方能判定桥梁为 5 类桥。选项 D 错误,桥梁扩大基础冲空面积未达到 20% 以上的单项控制指标。

直接评定为5类桥的控制指标属重要信息，需在理解的基础上加以记忆，灵活应用。

6. ABC

【解析】根据 JTG 5120—2021，桥梁检查应分为初始检查、日常巡查、经常检查、定期检查和特殊检查。2004 版养护规范中还有专门检查和应急检查，现行规范中合称为特殊检查。

7. BCD

8. ABCE

【解析】桥梁按上部结构形式可分为梁式桥、拱式桥、悬索桥、斜拉桥四大类。

9. AB

【解析】铰缝渗水，原因是铰缝开裂且桥面存在排水不畅、局部积水的现象，铰缝是空心板梁的横向联系，因此要对上部一般构件扣分；另外也应对桥梁的防排水系统扣分。

10. ABDE

【解析】侧墙变形、位移是拱上结构的评定指标。

11. ABD

12. ABC

13. ABCD

14. ACD

【解析】桥面铺装分为沥青混凝土铺装和水泥混凝土铺装。沥青混凝土铺装评定指标为：变形（车辙、拥包、高低不平等）、泛油、破损、裂缝（龟裂、块裂、纵向裂缝、横向裂缝等）；水泥混凝土铺装评定指标为：磨光、脱皮、露骨、错台、坑洞、剥落、拱起、接缝料损坏、裂缝（板角断裂、破碎板）。

15. BCD

【解析】详见本章【判断】题 20 的解析。

四、综合题

1.（1）A （2）B （3）D （4）C （5）B

【解析】（1）支座总数为 $2\times4\times4=32$，其中5个缺损的支座两个检测指标的扣分值分别为（注意由大到小排序）：$U_1=45$，$U_2=\dfrac{35}{100\sqrt{2}}\times(100-45)=13.61$

支座最低构件得分为：$PMCI_{支座min}=100-45-13.61=41.39$

支座平均得分：$\overline{PMCI}_{支座}=\dfrac{1}{32}(27\times100+5\times41.39)=90.84$

支座部件得分：$PCCI_{支座}=\overline{PMCI}_{支座}-(100-PMCI_{支座min})/t=79.78$

其中 t 按插值计算：$t=5.4+\dfrac{32-30}{40-30}\times(4.9-5.4)=5.30$

（2）上部承重构件最低得分为：$PMCI_{承重min}=100-35=65$

上部承重构件平均得分：$\overline{PMCI}_{承重}=\dfrac{1}{16}(4\times100+12\times65)=73.75$

上部承重部件得分($t=7.08$):$PCCI_{承重}=\overline{PMCI}_{承重}-(100-PMCI_{承重min})/t=68.81$

(3)上部一般构件(横隔板)最低得分为:$PMCI_{一般min}=100-25=75$

上部一般构件(横隔板)平均得分:$PMCI_{一般}=\frac{1}{20}(19\times100+1\times75)=98.75$

上部一般部件(横隔板)得分($t=6.60$):$PCCI_{一般}=\overline{PMCI}_{一般}-(100-PMCI_{一般min})/t=94.96$

(4)上部结构得分:$SPCI=\sum_{i=1}^{m}PCCI_i\times w_i=68.81\times0.70+94.96\times0.18+79.78\times0.12=74.83$

(5)全桥总体技术状况评分:

$D_r=BDCI\times w_D+SPCI\times w_{SP}+SBCI\times w_{SB}=79.68\times0.2+74.83\times0.4+96.65\times0.4=84.5$

2.(1)B　　(2)ABCD　　(3)AB　　(4)BD　　(5)AC

【解析】(1)根据JTG/T H21—2011,构件是组成桥梁结构的最小单元,如一片梁、一道湿接缝等,该桥上部承重构件是指空心板,空心板数量为$10\times3=30$片,一般构件是指湿接缝,每一跨有9道湿接缝,因此一般构件数量为$9\times3=27$道。

(2)根据桥梁各部件的重要程度,又分为主要部件和次要部件。选项A、B、C、D都属于主要部件。

(3)部件的评分根据该部件所有构件的平均评分、最低评分以及构件数量计算得到,因此选项A错误、选项C正确;选项B错误,技术状况评定中,只有各桥梁部件和各结构有各自的权重值,构件没有权重值。

(4)选项B、D正确,上部结构的技术状况评分为:

$SPCI=\sum_{i-1}^{m}PCCI_i\times w_i=55.00\times0.70+75.00\times0.18+65.00\times0.12=59.80$

根据桥梁总体及结构技术状况分类界限表,上部结构技术状况评定为4类。

(5)全桥总体技术状况评分为:

$D_r=BDCI\times w_D+SPCI\times w_{SP}+SBCI\times w_{SB}=80.00\times0.2+59.80\times0.4+75.00\times0.4=69.92$

3.(1)C　　(2)ABC　　(3)B　　(4)A　　(5)D

【解析】(1)题述现象为交通事故异常情况造成桥梁损伤,应进行特殊检查。

(2)特殊检查报告应包括下列主要内容:

①桥梁基本状况信息;

②特殊检查的总体情况概述,包括桥梁的基本情况、检测的组织、时间、背景、目的和工作过程等;

③现场调查、检测与试验项目及方法的说明;

④详细描述检测部位的损坏程度并分析原因;

⑤桥梁结构特殊检查评定结果;

⑥填写“桥梁特殊检查记录表”;

⑦提出结构部件和总体的维修、加固或改建的建议。

(3)将人行道的权重按其他部件的权重分配给其余各部件,桥面铺装调整后的权重为:

$$w = \frac{0.40}{1 - 0.10} = 0.44$$

(4)第二联桥梁全长80m,右侧护栏损坏长度超过20m,损坏长度超过10%,由下表可知评定标度应取4。栏杆、护栏属于次要部件,5类桥梁单项控制指标中不包含栏杆、护栏破损严重的情形。

栏杆、护栏撞坏、缺失评定标准

标　　度	评定标准	
	定性描述	定量描述
1	完好	—
2	局部受到车辆冲撞,不影响功能,或构件脱落、缺失	损坏长度≤3%
3	多处出现车辆冲撞引起的损坏,不影响功能,或构件脱落、缺失	3% <损坏长度≤10%
4	车道车辆冲撞,失去效用,或构件脱落、缺失	损坏长度>10%

(5)根据题述,主梁作为主要部件评定标度为5,并且影响到桥梁安全,依据《桥梁技术状况评定标准》(JTG/T H21—2011)第4.1.8条:当主要部件评分达到4类或5类且影响桥梁安全时,全桥总体技术状况可按主要部件最差的缺损状况评定,故选项D正确。

第六章　桥梁荷载试验

复习提示

考试大纲要求

检　测　师	助理检测师
1. 桥梁荷载试验测试参数及需要使用的各种专业仪器设备、相关原理及使用知识，桥梁荷载试验的目的、内容； 2. 桥梁荷载试验变形测量、构件应变测试、裂缝检测和结构振动测试各类仪器设备的技术指标、合理选择和使用方法； 3. 桥梁荷载试验方案的拟定，现场静动载试验的组织、实施内容，荷载试验测试数据处理和评价； 4. 静力荷载试验中如何确定试验荷载、加载效率计算、加卸载分级、终止试验条件等； 5. 静力荷载试验内容、方法、测点布置、仪器选配；挠度、应力(应变)、裂缝等数据处理； 6. 动力荷载试验内容、方法、测点布置、仪器选用；振型、频率和阻尼比三个动力特性参数的测试和分析方法； 7. 索力测量基本原理、方法和数据处理； 8. 动挠度、动应力(应变)的测试方法和数据处理	1. 桥梁荷载试验测试参数及需要使用的各种专业仪器设备、相关原理及使用知识，桥梁荷载试验的目的、内容； 2. 桥梁荷载试验变形测量、构件应变测试、裂缝检测和结构振动测试各类仪器设备的技术指标、合理选择和使用方法

桥梁荷载试验知识要点

知　识　点	相 关 要 点
一、基本概念	1. 适用：技术状况四和五类、需提高荷载等级、通行特殊重型车辆、遭受重大自然灾害和意外事故、其他。 2. 试验阶段：组织和准备、加载试验、数据处理。 3. 分静载/动载试验，静载为主；动载分动力特性/动力反应测定两方面。 4. 静测参数：应力(应变)、变位(挠度)、裂缝、索力等。 5. 动测参数：自振参数(频率、阻尼、振型)/动力响应参数(动挠度、动应变、振动、冲击系数)。 6. 属于实际承载力评定方法，另一种是基于技术状况检查的结构检算
二、电阻应变片测试技术	1. 原理：电阻应变效应，将应变转换为电阻，$\Delta R/R = k\varepsilon$。 2. 测量电桥：电阻到电压的转换，桥路组合，提高灵敏度。 3. 电桥特性：相对桥臂符号相同，相邻桥臂符号相反，$\varepsilon_{显值} = \varepsilon_1 - \varepsilon_2 + \varepsilon_3 - \varepsilon_4$。 4. 温度补偿：抵偿(消除)温度变化引起的误差，工作片互补/公用补偿两种方式。 5. 桥路组合：1/4 桥(无温度补偿)、半桥(结构应变测试)、全桥(传感器制作)。 6. 选用：混凝土表面 80mm、100mm 标距，内部钢筋 3 ~ 5mm 小标距；正应力：单轴应变片；主拉应力(平面应力、剪力)：应变花(可由多个单轴应变片组成)。 7. 应变片粘贴工艺过程。 8. 配套仪器：静态/动态应变仪。 9. 应力换算：实测获取应变，线性阶段 $\sigma = E\varepsilon$，E 为材料弹性模量

续上表

知识点	相关要点
三、其他应变传感器及选用	1. 应变片：温度影响大，适用荷载试验，不适用长期观测。 2. 弓形应变计：表面应变检测，适用短期试验。 3. 钢筋应力计：混凝土内部应变检测，长期观测效果不佳。 4. 振弦应变计：基于振弦振动频率与弦张力（与应变相关）相关性，表面/混凝土内部安装均可，适用施工长期监测及荷载试验。 5. 光纤传感器：应变、温度检测，适用桥梁运营监测。 6. 千分表引伸计：表面应变检测，应用少
四、变位（挠度）检测仪器	1. 电测位移计：应变式为主，精度较高，但需支架配合。 2. 精密水准仪（电子水准仪）：挠度检测，分辨率较高，大跨桥梁测距受限。 3. 全站仪：大跨桥梁大挠度、空间变位、结构线形检测。 4. 联通管：普通联通管只适用大挠度检测。 5. 光电式挠度检测仪：可测静动挠度和横向位移。 6. 挠度测点数量：整体结构每截面≥3 个，装配式逐梁布置
五、裂缝检测仪器	1. 读数显微镜（刻度放大镜）。 2. 数显式裂缝测宽仪。 3. 位移计跨缝布置：测量裂缝宽度增量。 4. 超声检测仪：表面裂缝深度检测，不可测缝宽
六、结构线形测量	1. 检测仪器：全站仪（精密水准仪）。 2. 测量要求：二等工程水准测量。 3. 测线布设：按跨径等分，设上、下游和桥轴线三条测线。 4. 断面布设：中小跨单跨≥4 等分（5 截面）；大跨单跨≥8 等分（9 截面）
七、测振传感器	1. 磁电式速度计：常用。基于电磁感应原理，输出电势与速度成正比，频率范围约 0.5～100Hz。 2. 压电式加速度计：常用。基于压电晶体的压电效应和惯性力原理（$F = ma$），输出电荷与加速度成正比，大质量型低频特性好。 3. 伺服式加速度计：即平衡式加速度计，低频特性最好
八、加载工况	1. 简支：跨中弯矩主要工况，支点附近剪力、$L/4$ 弯矩次要工况。 2. 连续：边跨最大正弯矩（不在跨中），主跨支点（非梁端支点）负弯矩、中跨跨中正弯矩主要工况，主跨支点剪力次要工况。 3. 其他桥型：参见规范
九、加载方法	1. 车道荷载（集中力和均布力组成）为控制，跨径≤5m 集中力取 270kN，跨径≥50m 集中力为 360kN，两者之间插值计算。 2. 荷载效率：$\eta_q = \dfrac{S_S}{S(1+\mu)}$，交（竣）工取 0.85～1.05，其他取 0.95～1.05。 3. 加载分级：3～5 级，大桥、旧（危）桥适当增加。 4. 其他：偏载控制，温度稳定时段加载，持荷规定时间，暂时终止试验条件

续上表

知识点	相关要点
十、静态数据处理和评价	1. 静应变(挠度):总值:$S_t = S_l - S_i$(加载值 - 初始值)。 弹性值:$S_e = S_l - S_u$(加载值 - 卸载值)。 残余值:$S_p = S_t - S_e = S_u - S_i$(卸载值 - 初始值)。 相对残余:$\Delta S_p = S_p / S_t \times 100\%$(残余值与总值之比)。 2. 评价指标:检验系数(弹性值与计算值之比),相对残余,裂缝。 3. 承载力不合格判定:(1)验校系数大于1;(2)相对残余超20%;(3)缝宽超限值,闭合宽度小于扩展宽度2/3;(4)基础有不稳定沉降变位
十一、动载试验	1. 动力特性试验方法:自由振动法、共振法、环境随机振动激励法(脉动)。 2. 动力反应试验:无障碍行车(必选)、有障碍行车、制动。 3. 采样定理:信号用于频域分析,采样频率≥2倍信号频率,防频率混叠
十二、动载数据处理和评定	1. 自振频率、阻尼:频域/时域分析均可。 2. 振型:频域分析法,涉及振幅和相位两参数,采用脉动法。 3. 实际冲击系数(动态增量):优先用动挠度计算,也可用动应变计算。 4. 评价:实测自振频率大于计算值,实际刚度大于计算刚度;实测冲击系数小于规范取值(荷载效率算式中的μ,与基频相关),结构偏安全
十三、索力测试	1. 方法:振动法(常用)、锚下安装测力计法。 2. 振动法原理:基于索自振频率与索力相关性。理想的弦索力算式为:$T = \frac{4WL^2f_n^2}{n^2}$。 3. 获取自振频率值及相应阶数,取用索长、索密度设计参数,计算索力。 4. 应用:索桥荷载试验和长期监测。索力超设计值±10%,查原因及复核计算

习　题

一、单项选择题

1. 桥梁荷载试验可划分为(　　)和加载试验实施及试验数据处理三个阶段。

A. 试验组织和准备　　B. 人员组织

C. 试验设计和结构计算　　D. 加载车辆准备

2. 桥梁荷载试验分静载试验和(　　)两大方面。

A. 耐久性测定试验　　B. 动载试验

C. 动力(自振)特性测定试验　　D. 动力反应(响应)测定试验

3. 桥梁静载试验,检测仪器的精度应不大于预估被测量的(　　)。

A. 5%　　B. 7.5%　　C. 10%　　D. 15%

4. 利用分辨力为 0.001mm 的千分表制成标距为 100mm 的引伸计测量构件应变，其分辨力为（　　）。

A. 1×10^{-6}　　B. 2×10^{-6}　　C. 5×10^{-6}　　D. 10×10^{-6}

5.（　　）适合用桥隧结构施工过程的应力（应变）监测。

A. 电阻应变计　　B. 振弦式应变计

C. 电测位移计　　D. 千分表

6. 用电阻应变片测量预应力混凝土桥梁的表面应变，应采用标距为（　　）的应变片。

A. 3 ~ 5mm　　B. 20 ~ 40mm　　C. 80 ~ 100mm　　D. 200 ~ 240mm

7. 利用电阻应变片测量桥梁的静应变，常用桥路组合方式是（　　）。

A. 1/4 桥　　B. 半桥　　C. 3/4 桥　　D. 全桥

8. 采用电阻应变片测定简支梁桥主梁支承截面的主拉应力，可采用（　　）布片方式。

A. 顺主拉应力方向粘贴单轴应变片

B. 与主拉应力方向相垂直粘贴单轴应变片

C. 在合适部位粘贴应变花

D. 单轴应变片与主拉应力方向成 45°夹角

9. 关于利用连通管测试桥梁结构挠度，表述错误的是（　　）。

A. 利用“水平平面上的静止液体的压强相同”的原理制成

B. 适用大跨径桥梁静挠度测量

C. 不适用桥梁动挠度测量

D. 普通连通管测试精度优于精密水准仪

10. 整体式结构桥梁静载试验，一个测试截面的挠度测点不应少于（　　）。

A. 1　　B. 2　　C. 3　　D. 5

11. 简支桥静载试验，实测 A、B 支点沉降量分别为 0.30mm 和 0.50mm，$L/4$ 截面（靠近 A 支点）实测竖向变位为 8.50mm，则 $L/4$ 截面的挠度为（　　）。

A. 8.20mm　　B. 8.10mm　　C. 8.15mm　　D. 8.05mm

12. 布设应变片的主要操作步骤及顺序是（　　）。

A. 定位→打磨→贴片→清洗→防潮封装

B. 定位→打磨→清洗→贴片→防潮封装

C. 定位→清洗→打磨→贴片→防潮封装

D. 定位→打磨→防潮封装→清洗→贴片

13. 交（竣）工验收荷载试验时，应以（　　）作为控制荷载。

A. 设计荷载　　B. 正常使用荷载

C. 极限状态荷载　　D. 等效荷载

14. 某新建桥梁静载试验，设计控制荷载计算时应考虑的因素不包括（　　）。

A. 恒载效应　　B. 车道荷载

C. 车道折减系数　　D. 冲击系数

15. 整体箱梁桥静载试验，某截面的设计活载弯矩为 1960kN · m（不考虑冲击），计算试验弯矩为 2160kN · m,冲击系数为 0.10,则该截面的静力荷载效率为(　　)。

A. 0.91　　B. 1.00　　C. 1.05　　D. 1.10

16. 桥梁静载试验中,与控制截面的设计内力值相等(相当)的试验荷载称为(　　)。

A. 简化荷载　　B. 迭代荷载

C. 分级荷载　　D. 等效荷载

17. 某跨径为 10m 的新建钢筋混凝土简支梁桥静载试验,以下做法正确的是(　　)。

A. 小跨径桥梁可不测试结构挠度

B. 为使结构进入正常工作状态,应进行充分的预载

C. 试验桥梁跨径较小,试验荷载可一次性施加

D. 加载期间跨中附近出现新裂缝,需终止加载试验

18. 连续梁桥静载试验的主要加载工况包括边跨最大正弯矩、墩顶最大负弯矩和(　　)。

A. 边跨最大轴力　　B. 中跨跨中正弯矩

C. 桥台处支点最大负弯矩　　D. 中跨跨中最大剪力

19. 简支梁桥静载试验的加载工况可包括支点附近截面最大剪力和(　　)。

A. 跨中最大剪力　　B. 跨中最大轴力

C. 跨中最大负弯矩　　D. 跨中最大正弯矩

20. 混凝土拱桥拱顶最大正弯矩加载,拱顶截面主要应变测点应布置在主拱圈的(　　)。

A. 上缘　　B. 下缘　　C. 侧面　　D. 轴线处

21. 某桥梁静载试验,跨中截面挠度初始值、最大荷载时测值、卸载测值分别为 0.2mm、10.7mm、0.7mm,计算挠度为 12.5mm,则挠度校验系数和相对残余挠度分别为(　　)。

A. 0.80 和 5.0%　　B. 0.80 和 4.8%　　C. 0.84 和 5.0%　　D. 0.84 和 4.8%

22. 试验荷载作用下,预应力混凝土桥梁的纵向裂缝宽度不得超过(　　)。

A. 0.10mm　　B. 0.20mm　　C. 0.25mm　　D. 0.30mm

23. 静载试验的实测应力校验系数处于 0.60 ~ 0.80 之间,说明桥梁(　　)。

A. 强度不足　　B. 刚度不足　　C. 结构强度有储备　　D. 结构刚度有储备

24. 测量大跨径桥梁结构纵向线形,单跨的测量截面不宜少于(　　)个。

A. 3　　B. 5　　C. 7　　D. 9

25. 测量桥跨结构纵向线形,应沿纵向在(　　)上布置测线,并按规定分断面布设测点。

A. 上、下游边缘线　　B. 桥轴线

C. 桥轴线和上、下缘边缘线　　D. 桥轴线和一侧边缘线

26. 某钢筋混凝土简支梁桥荷载试验,跨中截面主要应力(应变)测点的布设方法是(　　)。

A. 在下缘混凝土表面粘贴电阻应变片

B. 在受拉钢筋上粘贴电阻应变片

C. 在截面中性轴处混凝土表面粘贴电阻应变片

D. 在截面中性轴处钢筋上粘贴电阻应变片

27. 混凝土桥梁静载试验的评价指标不包括(　　)。

A. 荷载效率　　B. 结构校验系数

C. 相对残余　　D. 裂缝宽度

28. 桥梁动力特性测定试验的激励方法包括自由振动衰减法、共振法和(　　)。

A. 振动分析法　　B. 环境随机振动法

C. 测力分析法　　D. 随机平均法

29. 压电式测振传感器的输出电信号与(　　)成正比。

A. 加速度　　B. 速度　　C. 位移　　D. 频率

30. 磁电式测振传感器常用于桥梁振动测试,要求其可用频率范围达到(　　)。

A. 0 ~ 100Hz　　B. 0.5 ~ 100Hz　　C. 5 ~ 300Hz　　D. 10 ~ 500Hz

31. 测振传感器的可用频率范围是根据传感器的相频响应特性和(　　)确定的。

A. 量程　　B. 线性度　　C. 幅频响应特性　　D. 分辨力

32. 桥梁动载试验包括行车动力反应和(　　)两个方面的测定。

A. 冲击系数　　B. 动挠度　　C. 动力特性　　D. 动应变

33. 以下哪个参数属于结构动力特性参数(　　)。

A. 动应变　　B. 振型　　C. 动挠度　　D. 加速度

34. 桥梁动载试验,预计结构自振频率范围为 1 ~ 6Hz,采集的振动信号拟用于频谱分析,则采样频率应取(　　)。

A. 1Hz　　B. 5Hz　　C. 10Hz　　D. 20Hz

35. 振动法索力测试中,索力计算所需的参数不包括(　　)。

A. 索的横向自振频率　　B. 索的长度

C. 索单位长度的质量　　D. 索的材料强度

36. 桥梁索力测量结果较设计值偏差超过(　　)时应分析原因,确定其安全系数是否满足规范要求,并应在结构检算中加以考虑。

A. ±5%　　B. ±10%　　C. ±15%　　D. ±20%

37. 以下哪种传感器不适合进行桥梁动态参数测试(　　)。

A. 振弦式应变计　　B. 磁电式速度传感器

C. 压电式加速度计　　D. 电阻应变片

38. 桥梁结构的实际冲击系数可根据实测的(　　)时程曲线计算。

A. 振动加速度　　B. 振动速度　　C. 动挠度　　D. 振型

39. 关于桥梁结构动力(自振)特性的相关描述,错误的选项是(　　)。

A. 结构本身所固有的　　B. 与外荷载无关

C. 与结构的刚度、质量有关　　D. 一座桥梁只有一个振型

40. 30m 跨径预应力梁式桥静、动载试验,应配置以下哪些仪器(　　)。

①应变片和静态应变仪;②电测位移计或精密光学水准仪;③磁电式速度计或压电式加速度计;④裂缝宽度观测仪和卷尺;⑤基桩动测仪。

A. ①②　　B. ①②④　　C. ①②③④　　D. ①②④⑤

二、判断题

1. 桥梁静载试验与桥梁设计的结构分析计算内容是相同的。　　(　　)

2. 采用电阻应变片量测结构应变，测试结果对环境温度的变化不敏感。（　）

3. 振弦式应变计的实测频率增量越大，说明测试部位的拉应变增量越大。（　）

4. 中小跨径桥梁静载试验的挠度检测，高精度全站仪比精密电子水准仪的精度更高。（　）

5. 电阻钢筋应变计适合桥隧结构施工监测等的应力（应变）长期观测。（　）

6. 桥梁静载试验应变测试，不同截面的电阻应变片测点可共用同一温度补偿片。（　）

7. 电阻应变片不能直接测量结构应力。（　）

8. 某应变式电测位移计的灵敏度为100με/mm，量程为10mm，假定应变仪的分辨率为1με，则挠度测试分辨率为0.01mm。（　）

9. 桥梁静载试验中用于混凝土裂缝宽度检测的仪器，其分辨力应优于0.2mm。（　）

10. 振弦式应变计的工作原理基于应变与振弦振动频率之间存在相关性。（　）

11. 桥梁静力荷载试验应针对检算存在疑问的构件或断面的主要控制截面进行。（　）

12. 桥梁静载试验工况一般应包括中载和偏载试验工况。（　）

13. 为保证安全和便于观测，桥梁荷载试验一般选天气晴朗的白天进行加载试验。（　）

14. 桥梁静载试验的设计控制内力应计入冲击系数，依据JTG D60—2015，该系数是根据桥梁基频计算得到的。（　）

15. 桥梁静载试验的荷载等效计算中，加载车辆位置可以任意布置，只需保证控制截面的荷载效率满足规定。（　）

16. 新建公路桥梁静载试验，静力荷载效率应取0.85～1.05。（　）

17. 桥梁静载试验，为保证结构安全，不能选用可能产生最大挠度的加载工况。（　）

18. 某15m跨径桥梁，单车道设计，只需一台加载车就能满足静载试验荷载效率要求，因一台车无法分级，规范允许一次性加载到位。（　）

19. 拟提高荷载等级的桥梁，可通过荷载试验评定其当前的实际承载力。（　）

20. 桥梁静载试验的数据处理中，实测挠度值应扣除支点变形的影响。（　）

21. 桥梁静载试验控制测点的挠度校验系数为1.05～1.20，则可判定其承载力不满足要求。（　）

22. 桥梁静载试验，主要测点的实测相对残余应变（变位）不允许超过10%。（　）

23. 旧桥静载试验，钢筋混凝土结构主筋附近的竖向裂缝宽度不得超过0.25mm。（　）

24. 桥梁荷载试验是评价桥梁结构实际承载能力的唯一方法。（　）

25. 高精度全站仪可用于桥梁低频动挠度检测。（　）

26. 桥梁结构动力特性参数就是结构自振特性参数。（　）

27. 自由振动法测定桥梁自振特性，需对结构进行激励，使之处于强迫振动状态。（　）

28. 结构自振频率与结构刚度具有相关性，实测自振频率大于计算值，说明结构刚度小于计算刚度。（　）

29. 环境随机振动法是当前实桥振型测定常用和较为有效的方法。（　）

30. 振动法索力测定试验中，需准确测定索自振频率值，同时还需确定自振频率的阶数。（　）

三、多项选择题

1. 以下(　　)情形的桥梁,应进行荷载试验检测。

A. 桥梁技术状况为四、五类　　B. 需要提高桥梁荷载等级

C. 需要通行特殊重型车辆　　D. 遭受重大自然灾害和意外事故

2. 桥梁荷载试验方案设计应包括(　　)等内容。

A. 测试截面　　B. 试验工况　　C. 测试内容　　D. 测点布置

E. 试验荷载

3. 电阻应变仪是一种专用应变测量放大器,下列选项中对其功能描述正确的包括(　　)。

A. 为测量电桥提供电源

B. 内置有电桥补充电阻,以适用半桥测量

C. 能把微弱的电信号放大

D. 把放大后的信号变换显示出来或送给后续设备采集

E. 只能用于静应变测试

4. 电阻应变仪测量电桥的主要功能和作用包括(　　)。

A. 将微小的电阻变化转换成便于测量的电压信号

B. 通过合适的桥路接法满足不同测试需求

C. 通过合适的桥路组合达到温度补偿目的,以提高测试精度

D. 通过合适的桥路组合提高测试灵敏度

E. 扩展应变仪的量程

5. 桥梁静载试验,如最大挠度预估值为 10mm,应选用(　　)进行挠度测试。

A. 普通连通管　　B. 电测位移计　　C. 全站仪　　D. 精密水准仪

6. 关于振弦式应变计,以下表述正确的包括(　　)。

A. 通过测定振弦的振动频率来换算应变

B. 基于电阻应变原理制成

C. 广泛应用于桥梁应力(应变)的施工监测

D. 可测量混凝土的内部应力(应变)

7. 预应力混凝土桥梁静载试验,可用于混凝土表面应变测试的传感器包括(　　)。

A. 压电式传感器　　B. 振弦应力计　　C. 电阻应变计　　D. 弓形应变计

8. 跨径 20m 的钢结构简支桥静载试验,应选用(　　)等仪器。

A. 3mm 标距应变片和静态应变仪　　B. 卫星定位系统

C. 200mm 标距应变片和静态应变仪　　D. 电测位移计或电子水准仪

9. 采用以下哪些桥路方式,才有可能达到温度补偿效果(　　)。

A. 1/4 桥　　B. 1/2 桥　　C. 3/4 桥　　D. 全桥

10. 下列仪器中,可用于混凝土结构裂缝宽度测量的包括(　　)。

A. 分辨力为 1mm 的钢直尺　　B. 读数显微镜(刻度放大镜)

C. 超声波检测仪　　D. 数显式裂缝观测仪

11. 使用电阻应变片进行桥梁应变测试,现场采用的温度补偿方式有(　　)。

A. 单个温度片补偿多个工作片　　B. 多个温度片补偿单个工作片

C. 单个温度片补偿单个工作片　　D. 工作片互相补偿

12. 下列仪器设备中,可用于桥梁振动测量的包括(　　)。

A. 磁电式测振传感器　　B. 压电式测振传感器

C. 机械式百分表　　D. 伺服式测振传感器

13. 桥梁动载试验的测振传感器选用,应考虑的因素包括(　　)。

A. 量程　　B. 分辨率　　C. 频率响应特性　　D. 传感器自重

14. 混凝土桥梁静载试验的待测参数包括(　　)。

A. 应力(应变)　　B. 结构变位　　C. 阻尼　　D. 支点沉降

E. 裂缝

15. 连续梁桥静载试验的主要加载工况包括(　　)。

A. 边跨最大正弯矩　　B. 中跨跨中最大正弯矩

C. 梁端支点截面最大负弯矩　　D. 主跨支点截面最大负弯矩

16. 预应力混凝土简支 T 梁桥静载试验,为试验进行的结构计算应包括(　　)等内容。

A. 试验控制荷载　　B. T 梁截面特性

C. 控制截面内力　　D. 静力荷载效率

E. 试验荷载作用下,测试部位的应力、挠度增量

17. 桥梁荷载试验出现下列(　　)情形之一时,应停止试验,查明原因,采取措施后再确定是否继续试验。

A. 实测自振频率大于计算值

B. 控制测点的实测挠度、应变超过计算值

C. 试验加载过程中出现不明原因的异响

D. 试验荷载作用下,基础出现不稳定沉降变形

18. 混凝土桥梁静载试验,当出现下述(　　)情形时,可判定桥梁承载力不满足要求。

A. 主要测点结构校验系数大于 1

B. 主要测点的相对残余大于 15%

C. 主要测点的相对残余大于 20%

D. 静力荷载效率大于 1

19. 在用桥梁静载试验,荷载效率取值符合要求的是(　　)。

A. 0.90　　B. 0.95　　C. 1.00　　D. 1.05

20. 在用预应力混凝土桥梁静载试验,关于结构抗裂性能的要求,表述正确的有(　　)。

A. 不允许出现竖向裂缝　　B. 横向裂缝宽度不超过 0.10mm

C. 纵向裂缝宽度不超过 0.20mm　　D. 不允许出现横向裂缝

21. 混凝土桥梁静载试验的评价指标包括(　　)。

A. 结构校验系数　　B. 横向分布系数　　C. 裂缝宽度　　D. 相对残余

22.《公路桥梁荷载试验规程》(JTG/T J21-01—2015)规定,桥梁动力响应的测试指标包括(　　)。

A. 动挠度　　B. 动应变　　C. 自振频率　　D. 冲击系数

23. 根据《公路桥梁承载能力检测评定规程》(JTG/T J21—2011),斜拉桥静力荷载试验的主要控制截面有(　　)。

A. 主梁最大挠度　　B. 主梁最大弯矩

C. 主梁最大纵向位移　　D. 索塔塔顶水平变位

24. 桥梁自振频率的分析方法有(　　)。

A. 半功率带宽法　　B. 波形分析法

C. 频谱分析法　　D. 模态分析法

25. 桥梁行车动力反应(响应)测定试验的加载方法主要包括(　　)等。

A. 无障碍行车试验　　B. 弯道离心力测定试验

C. 有障碍行车试验　　D. 特征截面制动试验

26. 桥梁动载试验中,结构实际冲击系数可通过(　　)时程曲线求取。

A. 振动加速度　　B. 动应变　　C. 动挠度　　D. 横向分布系数

27. 关于桥梁振型测定试验,以下描述正确的有(　　)。

A. 环境随机振动法是振型测定的常用方法

B. 环境随机振动法需测定激励荷载的力值

C. 需设定一个用于和其他测点进行比较的参考点

D. 振型识别主要采用时域分析法

28. 桥梁结构振型识别涉及(　　)等信息的分析判断。

A. 振幅　　B. 时间　　C. 相位　　D. 振动速度

29. 索结构桥施工监测,索力测试可采用(　　)等方法。

A. 振动法　　B. 锚下安装测力传感器法

C. 回弹法　　D. 高分辨直流电法

30. 斜拉桥施工过程中斜拉索拉力可采用(　　)测试。

A. 千斤顶油压表读数　　B. 振动频率测试

C. 电阻应变片测量　　D. 力传感器

四、综合题

1. 预应力简支空心板单板跨中抗弯静载试验,该板标准跨径为 25.5m,计算跨径为 25.0m,跨中设计弯矩为 1200.0kN·m(不计冲击),冲击系数为 0.30,采用重物堆载方式在计算跨径范围进行均布加载,荷载集度为 20kN/m。请回答以下问题。

(1)试验梁跨中试验弯矩为(　　)kN·m。

A. 1625.6　　B. 1562.5　　C. 1560.0　　D. 1200.0

(2)跨中截面静力试验荷载效率为(　　)。

A. 1.04　　B. 1.00　　C. 0.96　　D. 0.77

(3)跨中截面的挠度初始值、加载测值、卸载测值分别为 0.05mm、10.05mm、1.05mm,挠度理论计算值为 15.00mm,则跨中的实测挠度校验系数和相对残余挠度分别为(　　)。

A. 0.67、11.1%　　B. 0.67、10.0%　　C. 0.60、10.0%　　D. 0.60、11.1%

(4)为检测跨中截面的应力(应变),可采用(　　)的方法。

A. 在混凝土表面安装振弦式应变计

B. 在混凝土表面粘贴电阻应变片

C. 在混凝土表面安装弓形应变计

D. 凿去混凝土保护层,在钢筋上粘贴电阻应变片

(5)试验加载过程中,如构件未出现开裂现象,且主要测点的实测应力校验系数为1.20,则以下结论正确的是(　　)。

A. 挠度校验系数小于1,结构刚度不满足要求

B. 应力校验系数大于1,结构强度满足要求

C. 结构承载力满足要求

D. 结构承载力不满足要求

2. 依据下图的测量电桥(惠斯顿电桥),采用电阻应变片测量一根轴向受拉钢筋的纵向应变,μ为钢筋的泊松比,试回答以下问题。

(1)电阻应变仪中测量电桥的功能和作用包括(　　)。

A. 将被测应变转换为电阻变化

B. 进行电压信号放大

C. 将电阻变化转换成便于测量的电压信号

D. 通过合适的桥路组合达到温度补偿目的

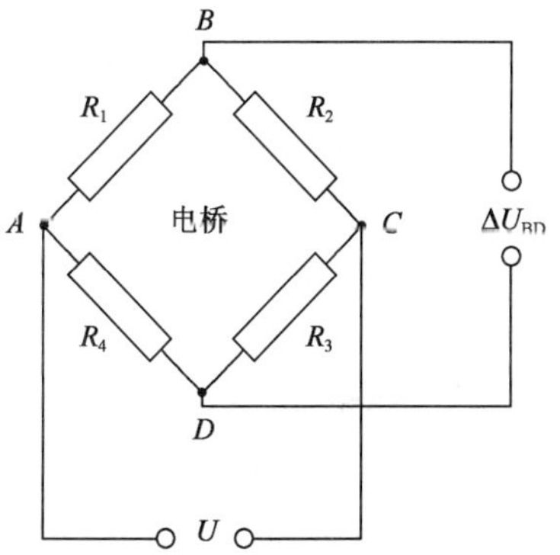

应变仪测量电桥

(2)用于钢筋应变检测,可选用(　　)传感器。

A. 标距3mm电阻应变片　　B. 弓形应变计

C. 百分表引伸计　　D. 振弦式应变计

(3)两个规格相同电阻应变片,按下图所示布片(两个应变片均纵向布置),采用半桥桥路接入应变仪,则应变示值为实际纵向应变的(　　)倍。

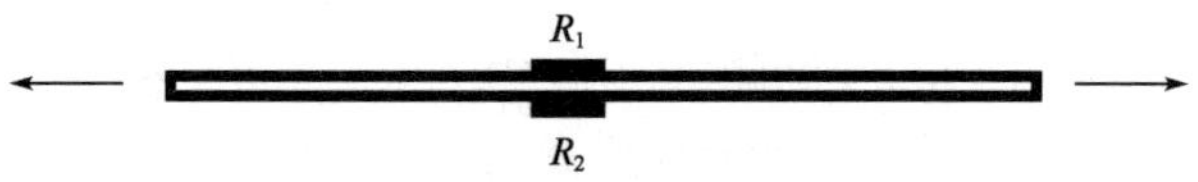

A. 1　　B. 2　　C. $1+\mu$　　D. 0

(4)将第(3)小题的 R_2 调整为横向布置,采用半桥桥路接入应变仪,则应变示值为纵向应变的(　　)倍。

A. 1　　B. 2　　C. $1+\mu$　　D. $1-\mu$

(5)已知钢筋的泊松比 $\mu=0.3$,采用第(4)小题组桥方式,测得的应变示值为 130×10^{-6},则钢筋实际纵向应变为(　　)。

A. 80×10^{-6}　　B. 100×10^{-6}　　C. 130×10^{-6}　　D. 169×10^{-6}

3. 某预应力混凝土桥梁静载试验,采用电阻应变片和静态应变仪检测结构应变,试完成下述相关试验操作。

(1)关于应变测试方法的相关表述,错误的有(　　)。

A. 电阻应变片稳定性好,适用各阶段的应变测试

B. 钢筋应力计与常规电阻应变片类似,不适用长期应变测试

C. 弓形应变计主要用于混凝土内部应变测试

D. 振弦式应变计不能用于混凝土表面应变测试

(2)关于应变片粘贴过程中的相关操作,正确的包括(　　)。

A. 测点定位准确,贴片部位平整干燥

B. 温度补偿片可粘贴在自备的钢筋上

C. 应变片的绝缘电阻应满足要求

D. 应变片粘贴完后应马上进行防护处理

(3)关于应变仪的操作和调试,表述正确的包括(　　)。

A. 采用1/4组桥方式

B. 应变仪灵敏系数设定值应与应变片灵敏系数出厂标定值相同,否则应加以修正

C. 试验前应进行应变数据稳定性观测

D. 调零结果的数据越接近零且越稳定,则测试效果越好

(4)以下哪些现象属异常情形(　　)。

A. 试验加载期间,斜拉索或吊索(杆)实测索力增量超过计算值

B. 荷载作用下,关键测点的计算应变值为 $120\mu\varepsilon$,而实测应变值为 $145\mu\varepsilon$

C. 桥梁在相同状态下,应变数据不稳定,波动大

D. 满载状态下,多次测试结果的数据很接近

(5)当应变数据出现不稳定,波动和漂移较大时,应从(　　)等方面检查原因。

A. 贴片质量不佳,可能存在应变片受潮、绝缘电阻偏低等现象

B. 应变片虚焊、应变仪与应变片连接不可靠

C. 更换计算机的操作系统,使之运行更加稳定

D. 地脉动造成的桥梁振动过大

4. 某 1×30m 预应力混凝土简支 T 梁桥,横向由 5 片 T 梁组成,设计荷载为公路—Ⅰ级。对该桥进行静、动载试验,试回答下列问题。

(1)跨中截面静载工况,试验设计和操作错误的包括(　　)。

A. 静力试验荷载效率取 1.10

B. 取用设计车辆荷载进行跨中弯矩等效计算,确定试验荷载

C. 取用设计车道荷载进行跨中弯矩等效计算,确定试验荷载

D. 取用设计车道荷载进行跨中剪力等效计算,确定试验荷载

(2)为测定该桥自振特性,可选用(　　)传感器。

A. 频率范围为0.5～50Hz的磁电式速度计

B. 频率范围为10～5000Hz的压电加速度计

C. 标距为80mm的电阻片

D. 轴向振动超声波换能器

(3)可选用的动应变测试传感器包括(　　)等。

A. 千分表引伸计　　B. 振弦应变计　　C. 电阻应变计　　D. 弓形应变计

(4)已知某片T梁的试验内力为2000kN·m,T梁惯性矩 $I=0.60\text{m}^4$,$Y_{下}=1.20\text{m}$,$Y_{上}=0.80\text{m}$,则该T梁梁底的混凝土应力增量计算值为(　　)MPa。

A. 2.67　　B. 4.00　　C. 26.67　　D. 40.00

(5)如(4)小题所指T梁梁底某测点的实测弹性应变为 100×10^{-6},混凝土的弹性模量 $E=3.45\times10^4\text{MPa}$,则该测点的应力校验系数为(　　)。

A. 1.29　　B. 1.16　　C. 0.86　　D. 0.67

5. 某5×30m在用预应力混凝土连续箱形梁桥,横断面为单箱单室构造,见下图。试验前经检查三个中跨的结构状况基本相同。现选其中两跨进行静、动载试验,试完成以下相关试验设计和相关操作。

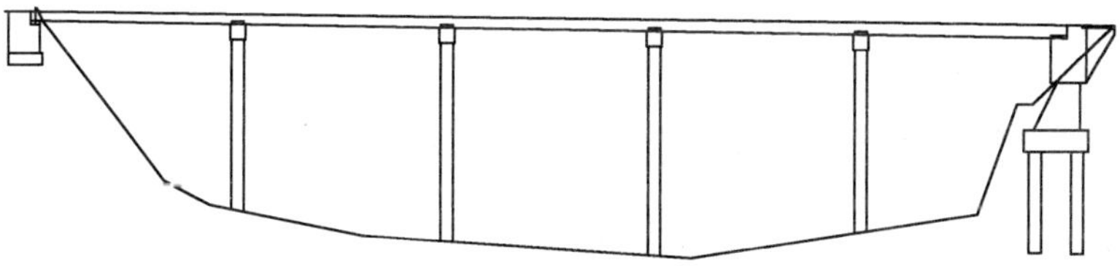

试验桥梁立面图

(1)关于静载试验的桥跨和测试截面选择,以下考虑正确的包括(　　)。

A. 选3个中跨作为试验加载桥跨

B. 选一边跨和相邻的一中跨作为试验加载桥跨

C. 主要应力测试截面设在边跨跨中、中跨跨中和墩顶截面

D. 主要应力测试截面设在边跨最大正弯矩截面、中跨跨中和墩顶截面

(2)关于静力试验加载,以下表述正确的有(　　)。

A. 为缩短加卸载时间,加载前和卸载后的车辆可停放在试验桥跨的相邻跨内

B. 用车道荷载计算设计控制荷载,同时荷载效率取0.95～1.05

C. 控制性加载工况为横向偏载工况

D. 试验荷载必须与设计所规定荷载图式完全相同

(3)关于动载试验,以下表述正确的有(　　)。

A. 通过实测振动加速度时程曲线计算得到动态增量(冲击系数)

B. 通过实测动挠度或动应变时程曲线计算得到动态增量(冲击系数)

C. 可通过应变片测点识别振型

D. 采用环境随机振动法测定自振频率和振型

(4)关于静载试验相关操作,以下表述正确的有(　　)。

A. 加载期间,分级荷载过程中可不必测读数据

B. 因测试对象为整体箱梁,每个截面在轴线上布置一个挠度测点即可

C. 一个工况的加载过程中,可对电阻应变仪进行反复调零操作

D. 发现应变数据漂移和波动较大,应查明原因排除故障后方可开始试验

(5)该桥第3阶竖向自振频率计算值为7.5Hz,关于动载试验相关操作,以下表述正确的有(　　)。

A. 为测定前3阶振型,每个桥跨需布置1个测振传感器

B. 采用环境随机振动法测定前3阶自振频率,采样频率可设为10Hz

C. 采用环境随机振动法测定前3阶自振频率,采样频率可设为50Hz

D. 某车速行车试验,应尽量保证车辆匀速通过桥梁

习题参考答案及解析

一、单项选择题

1. A

【解析】试验组织和准备包括前期准备和现场准备两方面,其中,前期准备包括资料收集、方案编制、结构分析计算、仪器准备等;现场准备包括荷载准备、测试平台准备、测点和测站布置、交通管制落实等工作。正确选项为A,其他选项均不完整。

2. B

【解析】桥梁荷载试验分静载试验和动载试验两大方面,其中以静载试验为主。动载试验又包括动力(自振)特性测定和动力反应(响应)测定。

3. A

【解析】《公路桥梁荷载试验规程》(JTG/T J21-01—2015)中对测试设备的指标要求包括:测试设备的精度应不大于预估测试值的5%,量程和动态范围应满足试验要求。需要指出的是,精度与分辨力不是相同的概念,如千分表的精度与分辨力有关,但还受到机械滞后、非线性误差、测试环境(如振动)等因素的影响。一般来说,分辨力越高(刻度值越小),仪器精度也往往越高。

4. D

【解析】分辨力(又称分辨率)为仪器能检测出的最小变化量。根据应变的定义:$\varepsilon = \Delta L/L$,L为测量标距,ΔL为标距范围内的变形,ΔL的最小值即为千分表的最小刻度值0.001mm,将其代入公式计算得到应变测试分辨力为10×10^{-6}(即$10\mu\varepsilon$),由于实际工程结构的应变量值普遍较小,一般10^{-6}也写为$\mu\varepsilon$,但应注意应变无量纲,$\mu\varepsilon$并不是单位。

适用于桥梁应变测试的传感器众多,其原理和适用性各有差异,包括电阻应变片、弓形应变计、振弦式应变计、钢筋应力计等。为便于选用和掌握各仪器的基本特性,作如下分类说明:

(1)电阻应变片[下图a)]:基于电阻应变效应将结构应变转换为电阻变化。应变片规格众多,长标距(80~100mm)可用于混凝土表面应变检测,短标距(3~5mm)可用于钢结构和混

凝土内部钢筋应变检测;此类仪器受温度变化影响较大,不适用桥隧施工监测等长期观测,也不能重复使用。电阻应变片电测的相关知识(应变片选用、组桥方式、布片方案、应变片粘贴、应变仪和测量电桥等)是历年考试的高频高点,应引起高度重视。

(2)弓形应变计[下图 b)]:在弓形弹性体上布置电阻应变片(多为全桥模式),通过弹性体应变与结构应变的标定关系获取结构应变。弓形应变计可重复使用,故也称工具式应变计,只能用于表面应变检测,此类传感器灵敏度高、稳定性相对较好。

(3)钢筋应力(应变)计:事先将电阻应变片粘贴在钢筋上再埋入混凝土进行内部应力(应变)检测,其原理和特性与电阻应变片类似,此类仪器同样易受温度变化的影响,不适合长期检测。

(4)振弦式应力(应变)计:传感器内有一根被张紧的钢丝,结构受力变形使得张丝的张力发生变化,而张力与振弦的自振频率相关,根据频率与应变的标定关系即可得结构的应变数据。此类传感器安装方式有混凝土内部预埋[下图 c)]和表面安装两种,稳定性较好,在桥隧施工监测等长期观测中应用十分广泛。要特别注意此类仪器动态响应较慢,不能用于动测。

(5)光纤传感器:基于光调制技术的传感器,规格众多,主要用于桥梁运营期间的应变和温度监测,可在混凝土表面安装,也可在混凝土内部预埋(混凝土或钢筋应变监测),稳定性较好,适于远距离信号传输。

(6)千分表引伸计[下图 d)]:在一定测试区域(标距 L)安装千分表测定结构变形(ΔL),计算得到应变值($\varepsilon=\Delta L/L$),该方法只能用于表面安装,大标距千分表引伸计可用于混凝土开裂后的应变检测。此类仪器分辨力较低,采用人工测读操作不便,实桥上应用较少。

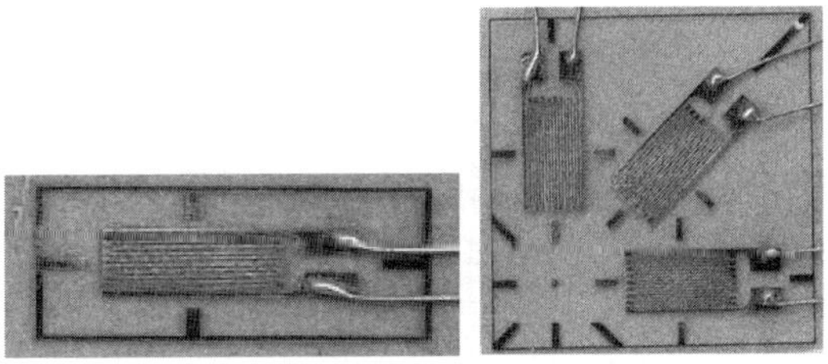

a)电阻应变片(单轴、应变花)

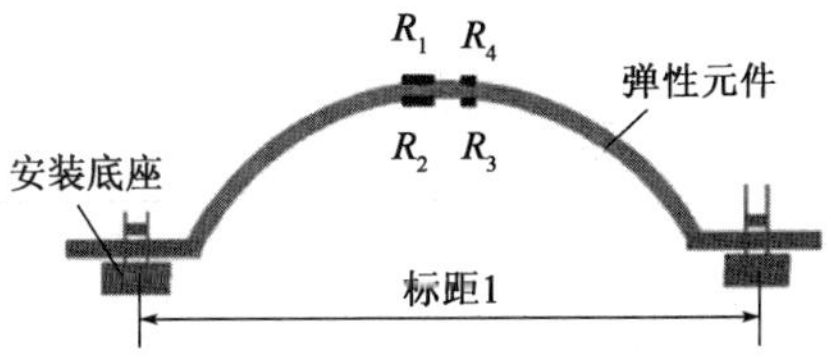

b)弓形应变计

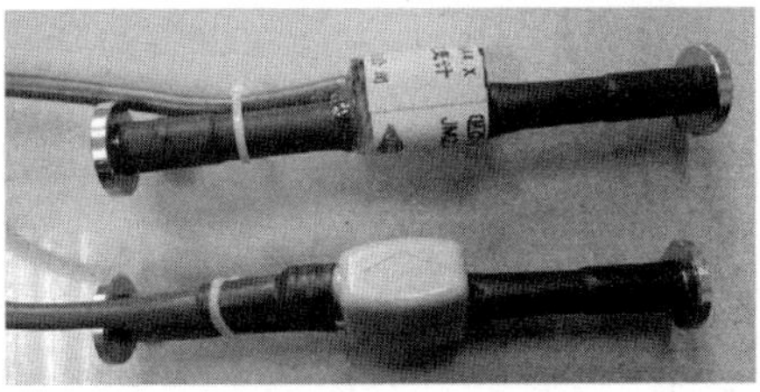

c)预埋式振弦应变计

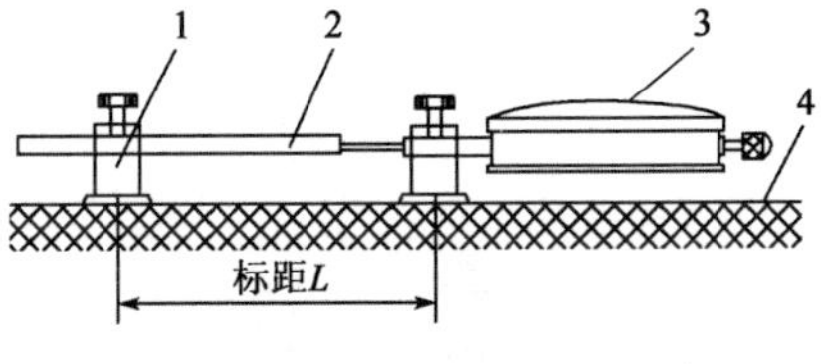

1-表座;2-测杆;3-千分表;4-构件

d)千分表引伸计

部分应变测试传感器

5. B

【解析】桥隧结构施工监测的观测周期长,且应变计大多埋设在混凝土内部上。因此,对应变计的长期可靠性、稳定性和抗干扰要求很高,以尽量保证数据的真实和连续。显然千分表、电测位移计无法满足其要求,选项 C、D 错误。电阻应变片难以克服由温度变化、潮湿环境等因素所引起的误差,对于长期监测,此缺点尤其明显,选项 A 错误。

振弦(钢弦)式应变计(应力计)在桥隧工程施工监测、桥梁荷载试验中应用十分广泛,应高度重视。

6. C

【解析】混凝土是非匀质材料，如采用小标距（标距是指应变片敏感丝栅的长度）应变片，受混凝土粗集料、气孔等随机分布的影响，难以保证测试结果准确。因此，对于混凝土等非匀质材料，应采用大标距应变片，其测试结果是标距范围内的平均应变。应变片标距的选用原则为：

(1)匀质材料或局部应力梯度较大时，应选用小标距应变计（如3～5mm）。

(2)非匀质材料，应选用大标距应变片。对于混凝土表面应变测量，要求标距 $L \geqslant 4 \sim 5$ 倍最大集料直径，通常选用80～100mm规格。

选项D错误，200～240mm标距应变片制作困难，市场上也无此类规格的产品。另外，应变片标距过大会大幅度增加贴片难度，从实用性角度看，也没必要采用如此大标距规格的应变片。

7. B

【解析】应变片的桥路组合方式有：1/4桥、半桥、全桥。1/4桥只有一个应变片，无法实现温度补偿（半桥和全桥则可以），很少采用；全桥接法用于应变式测力传感器、应变式位移计等制式设备的制作；选项C错误，无3/4桥这一应变片组桥方式。

在应变电测技术中，桥路组合、温度补偿是较为重要的概念，应加以重视。应变片电测中受温度影响较大，因此，应采用合适的温度补偿方法尽量消除（减少）其影响，利用测量电桥的输出特性，使得温度变化引起的误差相互抵偿，有效信号相互叠加。

8. C

【解析】常用的电阻应变片包括单轴应变片和应变花等类型。其中，单轴应变片适用于单向应力状态或主应力方向较明确部位的测试，如桁架杆件、墩柱、受弯梁跨中等；应变花适用于主应力方向未知、复杂受力部位的测试，如用于桥梁支承截面主拉应力（方向未知）、剪力的测试，应变花具有两个或两个以上不同轴向的敏感栅，可以测定几个方向的应变值，计算得到平面应力场中的主应变大小和方向。应变花用于支点附近平面应力测试的测点布设方法如下图所示。

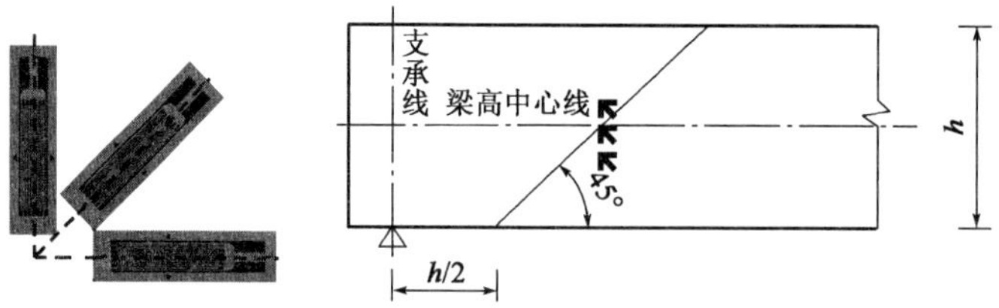

应变花用于支点附近平面应力测试

9. D

【解析】基于连通管原理的挠度测量仪器，采用毫米刻度钢卷尺人工测读，或采用液面传感器自动测读，得到桥梁受载前后的高程差。与其他光学水准仪相比，其分辨力（精度）较低，只适用大跨桥梁或挠度量值较大的场合。另外，连通管液体流动、液面调整较缓慢，其动态响应速度很慢，因此也不适于动挠度测量。

10. C

【解析】桥梁结构横断面形式多种多样，但总体可为分整体式结构和装配式结构两大类。桥梁静载试验中，挠度测点的横向布置应充分反映桥梁横向变形的分布特征，规范要求对整体式截面不宜少于3个（如果桥梁较宽，应增加必要测点），对多梁式（分离式）截面宜逐片梁布置，具体见下图。

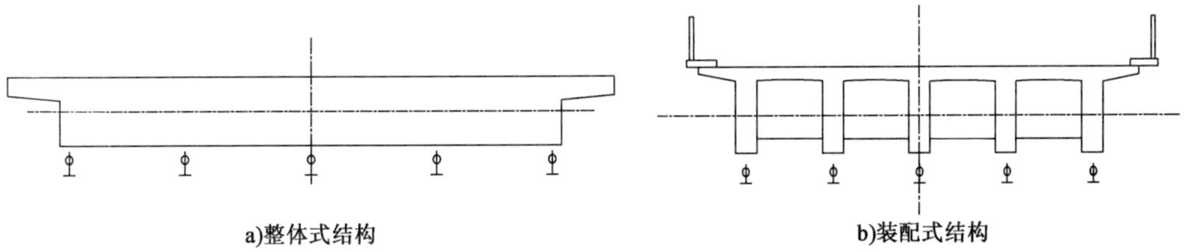

桥梁静载试验挠度测点横向布置示意图

11. C

【解析】静载试验如支点有沉降（包含支座压缩变形），应对竖向变位进行修正后得到挠度值，$L/4$ 截面的支点沉降修正量按《公路桥梁荷载试验规程》（JTG/T J21-01—2015）式（5.7.3）计算：

$$C=\frac{L-x}{L}\cdot a+\frac{x}{L}\cdot b=\frac{L-L/4}{L}\times 0.3+\frac{L/4}{L}\times 0.5=0.35(\mathrm{mm})$$

式中，C 为测点的支点沉降修正量，L 为计算跨径，x 为挠度测点到 A 支点的距离，a、b 分别为 A、B 支点的沉降量。

$L/4$ 截面修正后的挠度 $=8.50-0.35=8.15\mathrm{mm}$。

12. B

13. A

14. A

【解析】荷载试验是对已建成的桥梁加载测试、评定结构性能，此阶段结构恒载已经作用于桥梁上，荷载试验主要考虑在结构上等效施加设计活载所产生的效应。

需要补充说明的是，桥梁的恒载效应通常远大于活载效应，只基于活载增量进行评价的方法有很大局限性，这是荷载试验主要的不足之一。

静力荷载效率计算需要计算设计荷载效应和试验荷载效应，并使荷载效率满足相关规程的要求。计算中须考虑的因素应根据设计规范确定，对于新建桥梁，除题述 BCD 选项外，还须考虑人群荷载、跨径纵向折减等。

建议熟悉《公路桥涵设计通用规范》（JTG D60—2015）中的“4.3 可变作用”部分，掌握车道/车辆荷载、车道折减、冲击系数、荷载等级等基本概念，并区分该规范与旧版《公路桥涵设计通用规范》（JTG D60—2004）的差异性。这部分内容与荷载试验加载设计关系密切，报考检测师的考生尤其应注意。

15. B

【解析】根据桥梁静力荷载效率的定义：

$$\eta_q = \frac{S_S}{S(1+\mu)}$$

式中：S_S——静力试验荷载作用下，加载控制截面内力（或应力、变形）的计算效应值；

S——设计静荷载作用下，同一截面内力（或应力、变形）的最不利效应值；

μ——按规范取用的冲击系数值。

将题述的相关数据代入计算，正确选项为B。

《公路桥梁荷载试验规程》(JTG/T J21-01—2015)对静力荷载效率的规定为：交（竣）工验收应介于0.85～1.05，其他情形应介于0.95～1.05。

16. D

【解析】桥梁设计规范中的车道荷载图式，是为了便于计算，在调查及统计分析的基础上对各类社会车辆（及组合）进行的形式简化。桥梁静载试验中，将一定数量的荷载（一般为加载车辆）布置在适当位置，使得某控制截面的试验效应（如弯矩、轴力或变形等）与设计活载效应相当（二者的比值称为荷载效率，规范规定了荷载效率的取值范围），实际加载不必与设计规范的荷载图式完全相同，这称为荷载等效，是制定桥梁静力加载试验方案的关键环节。

结合下图来理解荷载等效概念。如某简支梁桥跨中加载（弯矩控制），首先计算设计车道荷载作用下跨中的弯矩，然后反复试算确定加载车辆（含数量、轴重、加载位置参数等）在跨中产生的弯矩，以保证静力荷载效率满足要求（新桥0.85～1.05，旧桥0.95～1.05）。荷载等效原则可参见JTG/T J21-01—2015第3.4.5条的规定。

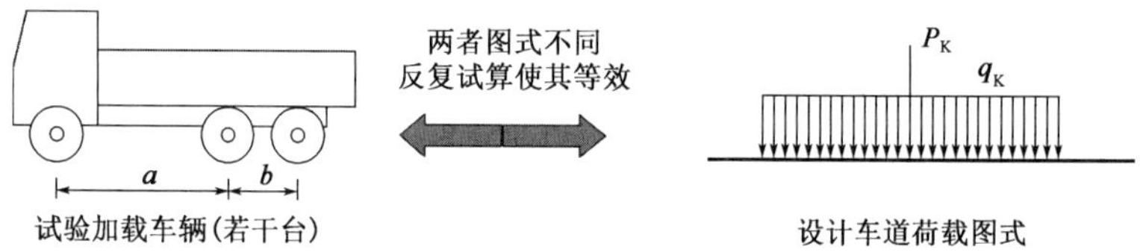

荷载等效示意图

17. B

【解析】(1)结构挠度是整体指标，是评价结构性能的主要依据，必须测量。

(2)预载目的包括消除新桥存在的支撑间隙、使结构进入正常工作状态、检验仪器设备及试验组织情况是否正常等。

(3)为保证加载安全及得到结构实测响应值与荷载的相关性数据，即便是小跨径桥梁，也须进行分级加载。小跨径桥梁所用的加载车辆数量较少，可采用按加载车数量、车辆位于影响线不同位置的组合方法进行分级加载。《公路桥梁荷载试验规程》(JTG/T J21-01—2015)建议的加载分级为3～5级，而《公路桥梁承载能力检测评定规程》(JTG/T J21—2011)建议的加载分级为4～5级。

(4)钢筋混凝土结构为允许带裂缝工作的构件，即便跨中出现新裂缝（这种情况较为常见，尤其是新桥），只要裂缝宽度不超过规范限值或只有少量超标裂缝，就可以继续正常加载；而对于全预应力和部分预应力A类构件桥梁，如出现横向或竖向受力裂缝，则属异常情况，需暂停试验查明原因。

18. B

【解析】根据连续梁桥受力特点，梁体轴力和桥台处支点弯矩理论上均为零，而中跨跨中剪力不控制设计,因此正确选项为 B。

有些重要细节需注意区分:墩顶最大负弯矩截面是指中墩墩顶截面,而非桥台处(或边墩)的支点截面;边跨最大正弯矩截面不位于边跨跨中,而是位于距梁端支点约 0.4 倍的计算跨径附近。其他桥型荷载试验的主要工况、次要工况详见 JTG/T J21-01—2015。

19. D

【解析】简支梁桥为受弯构件,跨中以正弯矩控制设计,不产生负弯矩,梁体轴力为零,正确选项为 D。JTG/T J21-01—2015 将跨中最大正弯矩作为简支梁桥的主要加载工况,将支点附近最大剪力、$L/4$ 截面最大正弯矩作为附加工况。

20. B

【解析】拱桥拱顶负弯矩较小,最大正弯矩是主要考察工况。正弯矩工况(下缘受拉、上缘受压,负弯矩则相反)作用下,主要应变测点应布置在拉应力最大的下缘处。混凝土桥梁荷载试验主要考察部位就是最大拉应力部位的受力。

荷载作用于不同位置,无铰拱桥的拱脚、$L/4$ 截面均可产生较大的正弯矩或负弯矩,因此应根据不同的加载工况,确定拱桥各测试截面的重点布片位置。如拱脚最大负弯矩工况(往往为设计最不利工况)应将主要测点布置在拱背上。

21. B

【解析】静载试验的每一个加载工况,位移或应变测试至少应包括 3 组数据:加载前初值 S_i、最大荷载测值 S_l、卸载测值 S_u,按以下公式进行数据处理:

总位移(或应变):$S_t = S_l - S_i$

弹性位移(或应变):$S_e = S_l - S_u$

残余位移(或应变):$S_p = S_u - S_i = S_t - S_e$

相对残余位移(或应变):$\Delta S_p = S_p / S_t \times 100\%$

应特别重视相对残余和校验系数指标的计算和评价方法:

(1)相对残余:实测残余值 S_p 与总值 S_t 之比,不允许大于 20%;实测相对残余超过 20%,说明桥梁在试验荷载作用下有较大的不可恢复变形,结构力学性能较差,可判定其实际承载力不满足要求。本题的相对残余挠度 = 实测残余挠度/实测挠度总值 = $(0.7-0.2)/(10.7-0.2)=4.8\%$。

(2)校验系数:弹性值 S_e 与理论计算值之比,主要测点的校验系数不允许超过 1.0;校验系数大于 1,说明实际安全储备小于设计要求,可判定其承载力不满足要求。本题的挠度校验系数 = 实测弹性挠度/计算挠度 = $(10.7-0.7)/12.5=0.80$。

下表是应变数据处理分析示例,挠度数据处理类同。

应变数据处理和评价指标计算

测点号	初始值	加载测值	卸载值	总值	弹性值	残余值	计算应变	应变校验系数	相对残余应变
C000	0	48	0	48	48	0	65	0.74	0.0%
C001	1	46	2	45	44	1	62	0.71	2.2%
C002	0	48	2	48	46	2	60	0.77	4.2%

续上表

测点号	初始值	加载测值	卸载值	总值	弹性值	残余值	计算应变	应变 校验系数	相对 残余应变
…	…	…	…	…	…	…	…	…	…
备注	(1)	(2)	(3)	(2)-(1)	(2)-(3)	(3)-(1)	(4)	[(2)-(3)]/(4)	[(3)-(1)]/[(2)-(1)]

22. B

【解析】裂缝是混凝土桥梁静载试验的主要检测指标之一,内容包括宽度、长度、走向、裂缝性质判断等,必要时还应进行深度(钻芯法、超声法)检测。设计规范和检测规程对不同类型桥梁构件的裂缝宽度有严格控制:新桥的裂缝宽度不得超过设计规范的限值,旧桥的裂缝宽度不得超过《公路桥梁承载能力检测评定规程》(JTG/T J21—2011)的限值,见下表。

JTG/T J21—2011 对旧桥的裂缝限值表(要点摘录)

结构类别	裂缝部位	允许最大裂缝宽度(mm)	其他要求
钢筋混凝土梁	主筋附近竖向裂缝	0.25	—
	腹板斜向裂缝	0.30	—
全预应力及A类预应力混凝土梁	梁体竖向、横向裂缝	0.00	—
	梁体纵向裂缝	0.20	—
B类预应力混凝土梁	梁体竖向、横向裂缝	0.15	—
	梁体纵向裂缝	0.20	—
砖、石、混凝土拱	拱圈横向	0.30	高度小于截面高的1/2
	拱圈纵向	0.50	裂缝长小于跨径的1/8
备注	表中所列裂缝限值适用于一般条件。对于潮湿和空气中含有较多腐蚀性气体等条件下的缝宽限制应要求得更严格一些		

23. C

【解析】检验系数是指试验荷载作用下,实测弹性值(加载测值 - 卸载值)与理论计算值的比值,规范要求主要测点的校验系数不得超过1,校验系数反映结构的安全储备。应力(应变)校验系数反映结构强度状况,结构变形校验系数反映结构刚度状况。

本题实测应力校验系数为0.60~0.80,表明荷载作用下实测应力小于计算应力,结构强度有储备。

24. D

【解析】桥梁线形通常采用全站仪或精密水准仪测量,通过实测数据与设计理想线形比较,可揭示桥梁是否存在因基础沉降、混凝土开裂、收缩徐变、预应力损失等因素所引起的结构异常变位。《公路桥梁承载能力检测评定规程》(JTG/T J21—2011)规定,桥梁纵向线形应按二等工程水准测量要求进行闭合水准测量,具体有以下要求:

(1)测点应按跨径等分布置,横断面设上、下游和桥轴线三条测线。

(2)中小跨径桥梁,单跨不宜小于5个截面(即4等分,两支点、$L/4$、$L/2$、$3L/4$)。

(3)大跨桥梁,单跨不宜小于9个截面(8等分)。

需补充说明的是,规范规定的测试截面数是最低限度要求,对于大跨拱桥、斜拉桥、吊桥等,为获取能反映结构工作状态的有效线形数据,截面数可能远多于规范要求的最低数量。

25. C

26. B

【解析】简支梁桥跨中截面主要承受正弯矩,主要应力(应变)测点位于截面下缘的混凝土受拉区。钢筋混凝土受弯构件承载时,允许带裂缝工作,受拉区混凝土因开裂退出工作后,混凝土应变测试结果会失真,钢筋应变测试结果较为可靠。钢筋混凝土结构受拉区应力(应变)的测试方法为:

(1)局部凿除受拉区混凝土保护层露出钢筋,将小标距应变片粘贴在下缘受拉主筋上;测试结束后及时修复混凝土保护层;

(2)采用大标距应变计(如千分表应变计或可加长工具式应变计,标距不宜小于50cm)布置在混凝土表面上,测定受拉区混凝土(含裂缝)的平均应变。

全预应力和部分预应力A类构件,正常情况下混凝土不应出现横向裂缝,则应将应变测点布置在混凝土表面上,而不得损伤梁体。

27. A

【解析】校验系数、相对残余、裂缝宽度是混凝土桥梁静载试验的主要评价指标。荷载效率是荷载试验行为有效性的标志,制定荷载试验方案时,必须保证其取值范围满足规范要求,但荷载效率不是试验结果的评价指标,故选项A错误。

28. B

【解析】桥梁动力试验的激振方式包括:自由振动衰减法(如跑车余振、跳车)、共振法(也称为强迫振动法,较少采用)以及环境随机振动法(也称为脉动法或不测力法)。环境随机振动法是实桥自振特性测定的常用激励方法,尤其适用于振型测定。

29. A

【解析】桥梁振动测试常用的测振传感器有:磁电式速度传感器、压电式加速度传感器和伺服式加速度传感器,其中前两种应用较为广泛,三种传感器的工作原理示意图见下图。磁电式速度传感器是利用可动线圈在磁场中运动产生感应电势的原理制成,传感器输出的电信号(电压)与振动速度成正比;压电式加速度传感器原理是基于压电晶体的压电效应(晶体受外力作用,晶体产生变形,内部出现极化现象,同时晶体两表面产生异号电荷)和牛顿第二定律($F=ma$),传感器输出的电信号(电荷)与振动加速度成正比。

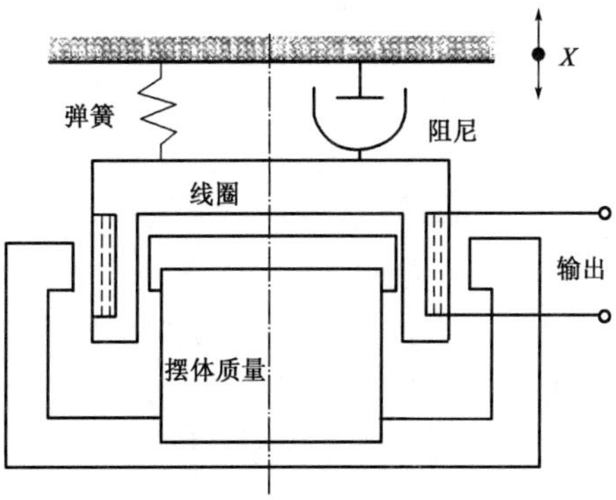

磁电式速度传感器原理图

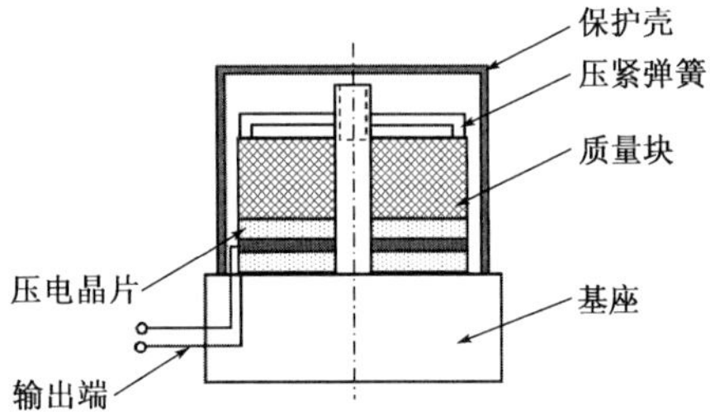

压电加速度传感器原理图

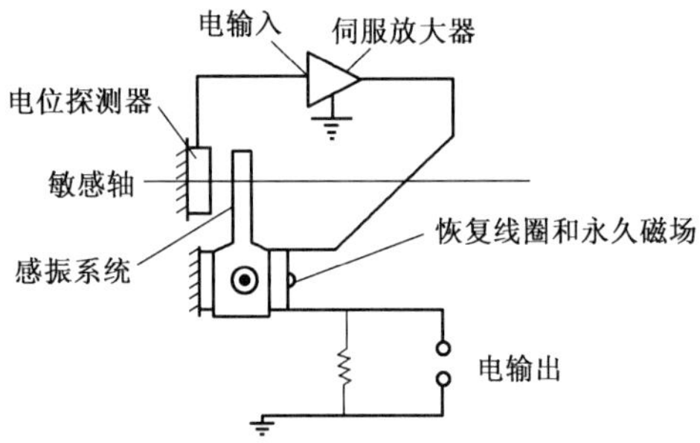

伺服式加速度传感器原理图

30. B

【解析】桥梁振动属于超低频振动(30～40m 中等跨径梁式桥的基频一般处于 3～5Hz 之间,大跨桥梁则更低),要求测振仪器具有足够的低频响应特性,显然选项 CD 的下限频率不能满足一般桥梁的振动测量要求。高灵敏的磁电式传感器是桥梁动载试验较理想的测振传感器,可用频率大致为 0.5～100Hz,特殊设计的磁电式传感器下限频率可达 0.2Hz,但限于惯性式测振传感器的转换原理,此类设备的下限频率不可能达到 0Hz,即无法测量静态信号和缓变信号,选项 A 错误。

31. C

【解析】测振仪器的频率响应包括幅频响应和相频响应。幅频响应是指仪器灵敏度随信号频率变化的特性,灵敏度为常量的区域为可用频率范围;相频响应是指仪器输出与输入的相位差随信号频率变化的特性。

下图是压电式加速度计幅频响应曲线,f_1～f_2 频率范围内灵敏度为常量,称为可用频率范围,即该传感器适用于测试频率在 f_1～f_2 范围内的结构,而当直流信号($f=0$)输入时,传感器的灵敏度为零,即传感器无响应输出。

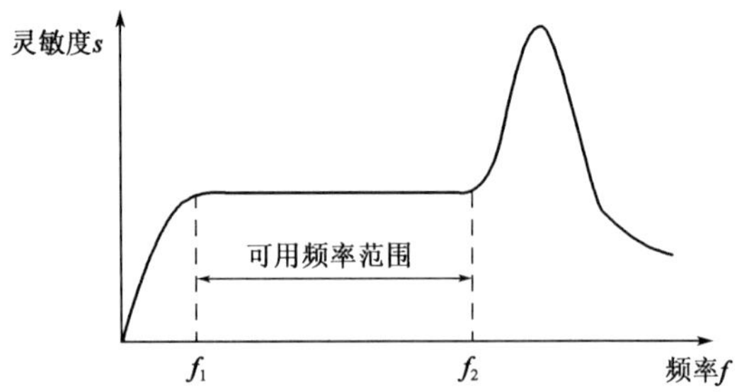

压电加速度传感器幅频响应曲线

桥梁振动为超低频振动(中小跨径大致为几赫兹至十几赫兹,大跨则更低),因此要求仪器有较好的低频响应特性。如可用频率范围为 10～5000Hz 的测振传感器,能较好满足机械振动的测试要求,但完全不适合实桥动载试验。对于中小跨径桥梁,测振传感器的频响下限在 1Hz 左右能较好地满足要求;对于斜拉桥、悬索桥等柔性、大跨径桥梁,测振传感器的频响下限要求延伸到 0.2Hz,甚至更低。

32. C

【解析】桥梁动载试验测试包括行车动力反应和结构动力特性测试两个方面：

(1) 动力特性：又称自振特性，它是结构本身固有的属性，与外荷载无关，包括频率、阻尼、振型 3 个参数；如下图所示单自由度振动模型，频率 $f_0 = \frac{1}{2\pi}\sqrt{\frac{K}{m}}$，取决于结构的质量和刚度；

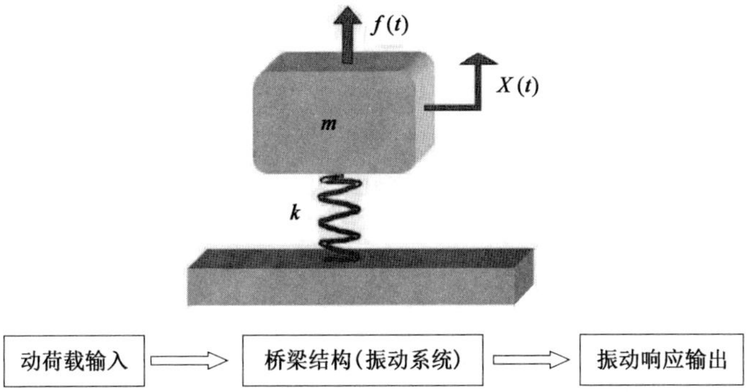

桥梁振动系统示意图

(2) 动力反应：又称动力响应，是指结构在动荷载作用下的各种振动输出响应，它不光与输入的动荷载特性(外部激励)有关，也与结构的自振特性相关。例如动挠度、动应变、加速度、冲击系数等响应，其中冲击系数通过动挠度(优先)或动应变时程曲线求取。

选项 ABD 均属于行车动力反应的相关测试参数。

33. B

【解析】自振频率、阻尼、振型属于结构动力特性参数；行车动应变、动挠度、振动加速度、冲击系数等属于动力反应(响应)参数。

34. D

【解析】根据采样定理，为了避免频率混叠，采样频率 f_s(单位时间采集的数据的点数)应不小于待测信号最高频率 f 的 2 倍($f_s \geq 2f$)。本题中待测信号的频率范围是 1 ~ 6Hz，故选项 D 正确。

动态信号的分析方法包括时域分析和频谱分析，如信号只用于频域分析，则采样频率满足采样定理即可($f_s \geq 2f$)；如采集的信号用于时域分析(如利用动挠度计算冲击系数)，一般要求设置更高的采样频率，不小于 25 倍信号频率。

以下对时域、频域分析概念作补充说明：

(1) 时域分析：如下图所示，横坐标为时间(t)，竖坐标为幅值。研究信号的幅值时间特性，如幅值、极值、均值等指标以及时间相关性等。

(2) 频域分析：如下图所示，横坐标为频率(f)，竖坐标为幅值(或相位)。研究信号的幅频特性(频率成分及各频率成分的能量)和相频特性(各频率成分相位)。

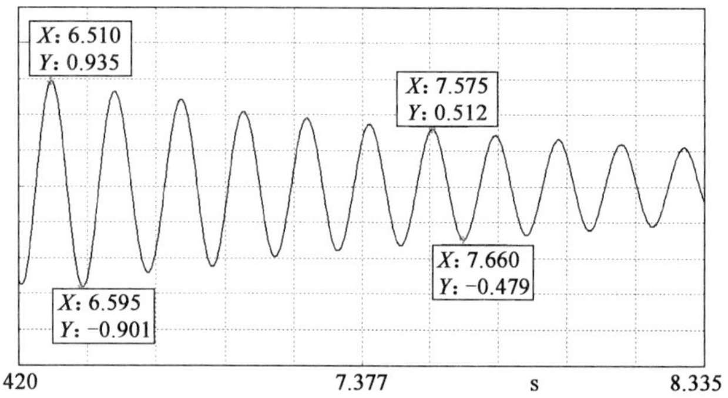

时域信号:时间历程曲线

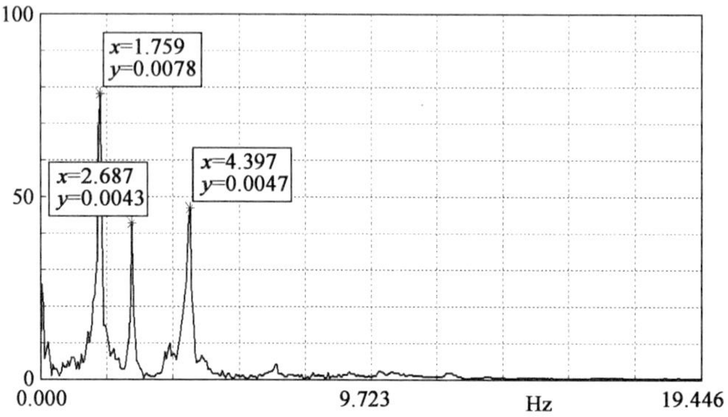

频域信号:幅值谱

35. D

【解析】拉索索力测试的方法众多,包括振动法、锚下安装测力传感器、千斤顶油压表、三点弯曲法等。索的锚下测力传感器(多为振弦式)成本高,一般情形只安装在少量索上,作为其他测试法的校准参照。振动法索力测量具有快速高效、成本低、精度较高等优点,应用十分广泛。振动法索力检测是利用索的张力与索自振频率的相关性,通过索的实测自振频率以及相关设计参数计算得到索力。在不考虑索的横向刚度时,索力计算公式为:

$$T=\frac{4WL^2f_n^2}{n^2}$$

式中:T——索张力(N);

W——索单位长度质量(kg/m);

f_n——索第 n 阶横向自振频率(Hz);

L——索计算长度(m);

n——自振频率阶数。

可知,索力计算时无须考虑索的强度指标这一参数。

36. B

37. A

【解析】(1)磁电式速度计、压电式加速度计、伺服式加速度计均可用于实桥动载试验的振动测试,前两者应用广泛,第三者价格昂贵,应用较少。

(2)电阻应变片与动态电阻应变仪配套常用于实桥动应变测量。

(3)振弦式应变计是静应变测试的常用仪器。该类传感器的原理是:在一定时间内通过测定弦的振动频率(测定时间一般为数百毫秒,因为要精确测定频率值,需要一定的脉冲计数时间),然后根据弦振动频率与张力的相关性换算应变值,因此响应速度较慢。常规桥型振动测试的采样频率通常取200~500Hz,振弦式应变计的动态响应速度远不能满足桥梁动应变测定的要求。

38. C

【解析】冲击系数属行车动力反应测试参数,其含义是"相同荷载下,控制部位最大动挠度相对最大静挠度的相对增量"。规范规定应优先采用动挠度时程曲线来计算冲击系数,现场条件受限无法测定动挠度时,可采用动应变时程曲线来计算冲击系数。

冲击系数 $\mu = \frac{f_{\mathrm{dmax}}}{f_{\mathrm{jmax}}} - 1 = \frac{f_{\mathrm{dmax}}}{(f_{\mathrm{dmax}} + f_{\mathrm{dmin}})/2} - 1$,计算示例如下图所示:

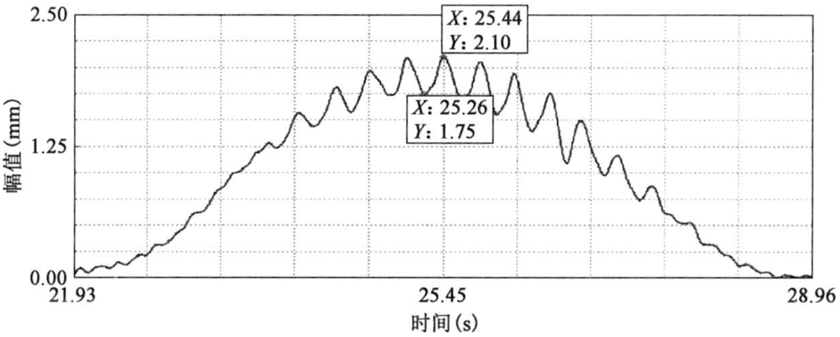

实测动挠度时程信号(图中:X为时间,Y为幅值)

本例中实测最大动挠度 $f_{\mathrm{dmax}} = 2.10\mathrm{mm}$,以时程曲线的波峰幅值和相邻波谷幅值的均值作为最大静挠度,即 $f_{\mathrm{jmax}} = (f_{\mathrm{dmax}} + f_{\mathrm{dmin}})/2 = (2.10 + 1.75)/2 = 1.925\mathrm{mm}$,实测冲击系数为 $\mu = 2.10/1.925 - 1 = 0.091$。

现行桥梁设计通用规范中的冲击系数依据结构基频来计算确定,用于计算结构内力、变形等效应;桥梁动载试验也需要实测冲击系数,通过实测冲击系数与规范取值的比较,评价桥梁设计计算的安全性,如果实测值小于规范取值,可认为规范取值是偏安全的。

39. D

【解析】桥梁结构的自振特性是结构本身所固有的,与结构体系、刚度、质量等有关,与外荷载无关。振动系统有多少个自由度,就有多少阶模态参数(频率、阻尼、振型),理论上桥梁有无穷多阶振型,D选项表述错误。

40. C

二、判断题

1. ×

【解析】为完成桥梁荷载试验所进行的结构分析计算,在计算内容和步骤上与桥梁设计均有较大差异。静载试验的结构计算主要包括控制截面设计活载内力(变形)、试验荷载等效、静力荷载效率、荷载作用下应力(应变)、挠度响应值等,一般不考虑恒载、施工阶段荷载,较桥梁设计的计算工作相对简单。

2. ×

【解析】电阻应变片是基于电阻应变效应制成的,即 $\Delta R/R = k\varepsilon$。传感器将结构应变转换为电阻变化,而环境温度同样也会引起电阻变化而带来不容忽视的测试误差,原因是应变片敏感丝栅为金属材料,存在温度效应,同时应变片敏感丝栅与构件的线膨胀系数有差异,上述两因素所引起的附加电阻变化为:$\Delta R_t = \Delta R_{t1} + \Delta R_{t2} = \alpha_{丝}\Delta tR + (\beta_{构} - \beta_{丝})\Delta tkR$,另外环境温度变化也会引起被测结构的变形。为此需采用温度补偿方法来尽量减少(很难完全消除)此误差因素。

3. √

【解析】振弦式应变计是根据振弦自振频率与振弦张力(张力与应变相关)的相关性制成的。传感器安装在结构上感知与结构相同的变形,拉应变增量越大,则张丝的张力越大,显然此时张丝的振动频率也越高。

4. ×

【解析】精密电子水准仪是电子技术与精密光学技术相结合的新型精密水准仪,分辨力可达0.01mm,测试精度较高。全站仪是通过测量被测对象的斜距、竖角、水平角来换算挠度的,受限于测试方法和诸多难以避免的误差因素(如测距精度、测角精度、照准精度、读数精度、系统误差等),即便是高精度全站仪(如0.5s级),对于绝对位移只有几毫米的中小跨径桥梁的挠度测量,仍存在较大的相对误差。全站仪的优势是测距远、便于进行空间变位测量等,因此一般用于大跨桥梁挠度、索塔偏位、主体结构线形等的测量。

5. ×

【解析】电阻钢筋应变计通常是将电阻应变片粘贴在钢筋上,再预埋到混凝土内部进行应力(应变)检测的传感器(也可直接在内部钢筋上粘贴)。此类仪器的特性与电阻应变片类似,同样存在温度稳定性差、长期监测数据连续性和可靠性不佳等问题,不适合结构的长期检测。振弦式应变计是桥隧结构施工监测等长期应力(应变)观测的常用设备,应用广泛。

6. ×

【解析】温度补偿是控制应变片电测误差非常重要的措施。现场应变测试时温度补偿方式有两种:

(1)工作片互补,如在结构同一部位粘贴一纵一横两个应变片,采用"一补一"的半桥接法来抵偿温度影响。

(2)公用补偿,利用专门制作的一个温度补偿片同时补偿截面、同环境条件的多个工作片,具体的补偿数量根据实际情况确定。补偿的工作片数量越多,公用补偿片通电测读的时间也越长,引起的温度变化会带来测试误差,因此需限制所补偿工作片的数量,另外要考虑不同截面的温度环境也有差异。实际操作中,不同截面不宜公用补偿片,一般不超过20个工作片公用一个温度补偿片较为合适。

7. √

【解析】应力为单位面积所承受的力,该指标目前尚难以直接测量,而是通过测量结构应变，再根据材料弹性模量换算得到应力（$\sigma = E\varepsilon$，E 为材料的弹性模量）。

8. √

【解析】根据仪器灵敏度、分辨率（分辨力）等基本概念，本题的表述正确。

9. ×

【解析】0.2mm 的分辨力远不能满足测试精度的要求。目前常用的读数显微镜（刻度放大镜）、智能裂缝测宽仪的分辨力大多为 0.01mm，这也是《公路桥梁荷载试验规程》（JTG/T J21-01—2015）对裂缝宽度检测的分辨率要求。

裂缝宽度是桥梁静载试验的主要检测参数。应重视规范对不同结构的缝宽限制要求，详情可参见 JTG/T J21—2011 的相关内容。

10. √

11. √

12. √

【解析】桥梁设计是由最不利工况控制的。最不利工况往往是偏载，考虑到桥梁运营荷载的随机性，为了反映一般情况下的桥梁受力特征，也要考虑中载试验工况。

试验加载工况：指针对某考察截面对结构进行针对性加载（包括空载、分级加载至控制荷载、卸载），并测量相关特征参数的试验加载过程。

13. ×

【解析】桥梁荷载试验效果受温度变化的影响较大，应选环境温度较稳定的气候条件进行加载试验。《公路桥梁荷载试验规程》（JTG/T J21-01—2015）规定，桥梁荷载试验应在气温平稳的时段进行，气温低于 5℃或高于 35℃时不宜进行荷载试验。

温度变化对荷载试验的影响主要体现在两个方面：一是拱桥等超静定结构的温度效应，会使结构的状态随温度发生变化；二是温度变化会使电阻应变片等传感器的数据产生漂移，当太阳直射传感器和导线时，这种误差可能会超出有效信号的量值。因此荷载试验一般应安排在夜间或温度较稳定的阴天进行，温度相对稳定，且外界干扰少、对交通影响小。

14. √

【解析】《公路桥涵设计通用规范》（JTG D60—2015）规定，汽车冲击系数根据结构基频（f）计算得到：

当 $f < 1.5$Hz 时，$\mu = 0.05$；

当 $1.5\text{Hz} \leqslant f \leqslant 14\text{Hz}$ 时，$\mu = 0.1767\ln f - 0.0157$；

当 $f > 14$Hz 时，$\mu = 0.45$。

需要注意的是，不同版本的桥规或不同行业的设计规范，对冲击系数的计算方法是有差异的，如已废止的《公路桥涵设计通用规范》（JTJ 021—89）的冲击系数是根据跨径或影响线区段长度进行计算的。

15. ×

【解析】除使荷载效率满足要求以外，还须保证加载位置的合理性，应考虑避免荷载过于集中对结构造成局部损伤，避免加载位置不合理使非控制截面超标等。下图所示为因荷载布置不合理使非控制截面大幅度超标的案例。

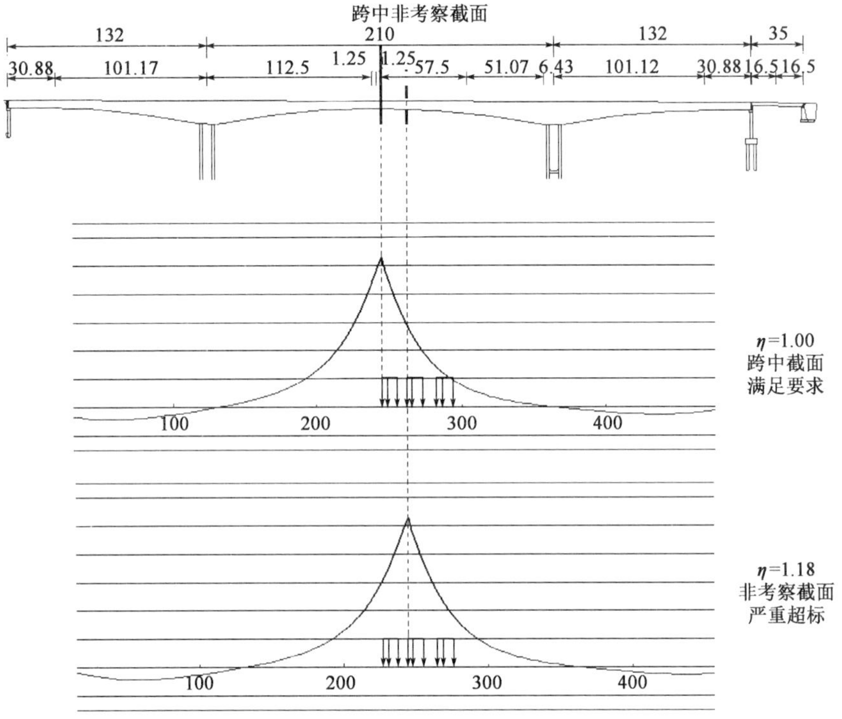

132m+230m+132m连续刚构桥中跨跨中最大弯矩加载

因荷载布置不合理使非控制截面大幅度超标的案例(尺寸单位:m)

16. √

【解析】根据现行规范,在用(旧桥)桥梁静力荷载效率取0.95~1.05,交(竣)工验收取0.85~1.05。静力荷载效率是加载设计的重要环节,需理解其含义以及计算方法。

17. ×

【解析】桥梁静载试验应根据结构受力特点进行最不利加载,可采用内力、变形(挠度)等效应作为加载控制指标。斜拉桥、悬索桥等桥型的中跨跨中最大挠度是此类桥梁最重要的试验加载工况。

18. ×

【解析】即便是一台加载车也可采用在影响线不同位置加载实现分级。

桥梁静载试验采用分级加载制度,其主要目的有两个方面,其一是通过加载分级逐次测定结构的应变、挠度值,以分析结构响应与荷载的相关性,如应变与内力呈线性关系,则说明结构处于正常弹性工作状态;保证结构安全是荷载分级的另一个重要目的,对于旧桥,特别是旧危桥和技术状况不明的桥梁,应增加荷载分级级数。

19. √

【解析】要提高桥梁的荷载等级,就需进实际承载力检测评定。根据相关规范规定,可通过以下两种途径进行旧桥实际承载力评定:

(1)荷载试验。

(2)基于技术状况检查的承载力检算评定,如检算得到的荷载效应与抗力效应的比值处于1.0~1.2时,则还需通过荷载试验确定承载力检算系数Z_2,重新进行检算评定。

20. √

【解析】试验荷载作用下,支座及墩台会产生竖向压缩变形,挠度测试数据是支点变位与结构真实挠度变形的叠加,应扣除支点变形的影响。

21. √

【解析】桥梁静载试验中,相关规程将控制测点的校验系数大于1作为桥梁承载力不满足要求的判定依据之一。关于校验系数的相关知识,作如下补充说明:

(1)指标判定:

当$\eta<1$时,说明结构工作性能较好,承载力有一定富余,有安全储备;

当$\eta=1$时,说明实测值与理论值完全相符;

当$\eta>1$时,说明结构工作性能不理想,可能存在设计强度不足等问题。

(2)通常桥梁设计计算和试验计算在参数取值和假定中都会偏于安全考虑,忽略一些次要因素,因此校验系数往往小于1。

(3)影响校验系数取值的因素是多方面的,与模型参数、计算假定等有密切相关。例如,对于某中等跨径的桥梁,如不考虑桥面铺装参与受力,则理论计算值会比考虑了桥面铺装参与受力的情形要大,相应的校验系数则要小一些,说明相同的桥梁,不同的计算原则,可能会得到不同的校验系数甚至评价结果。因此桥梁静载试验中,保证理论计算值的客观准确是十分重要的。

(4)有时会出现校验系数远小于常值的情况,不一定表示结构越安全,应仔细核查结构计算和现场测试两方面的原因。计算模型的仿真度,材料实际强度及弹性模量较计算取值高、忽略铺装层参与结构受力、拱上建筑联合作用等对结构受力的有利影响都可能造成理论计算结果偏大,另外试验时加载物称重误差、仪器的系统误差等造成测值偏小,也可能导致校验系数η异常偏小。

22. ×

【解析】相对残余为实测残余值与总值之比,要求不得超过20%,该指标主要反映结构的弹性工作性能。

23. √

24. ×

【解析】根据现行规范,桥梁结构实际承载力评定包括荷载试验和基于桥梁技术状况检查的结构检算两种。

25. ×

【解析】全站仪用于桥梁静态变位(挠度、索塔偏位、结构线形等)检测,即便是针对低频振动测试,高精度全站仪(包括电子水准仪)的测试速度也远远不能满足要求。

桥梁动挠度通常采用电测位移计或光电式桥梁挠度仪检测。

26. √

【解析】结构动力特性参数也称为结构自振特性参数。桥梁动载试验测试内容包括动力(自振)特性和动力响应,动力(自振)特性参数有自振频率、阻尼、振型,反映结构的固有特性,与外荷载大小无关;而动力响应是指结构在动荷载作用下的动挠度、动应变、振动加速度、冲击系数等响应参数,与外荷载及结构动力(自振)特性有关。

27. ×

【解析】自由振动法是通过适当的激励使结构产生自由振动,通过对自振信号的分析处理来识别自振参数的方法。而共振法则是采用强迫振动的激励方法,使结构处于受迫振动状态,通过获取共振曲线来识别自振参数。

28. ×

【解析】结构自振频率与结构刚度上存在相关性,结构刚度越大自振频率越高,可根据实测自振频率对结构刚度作分析判断。

29. √

【解析】振型属于结构自振特性参数。结构自振特性测定的激励方法包括自由振动衰减法、共振法(强迫振动法)和环境随机振动法,目前共振法已很少应用。环境随机振动法无须人工激励,具有宽频带、多点激励等特点,在桥梁振型测试中几乎是唯一可行的方法。

30. √

【解析】振动法的索力计算公式见本章【单选】35 题解析,索的单位长度质量、计算长度可根据设计文件确定,现场需测定的只有自振频率值以及确定自振频率阶数。对于理想的弦(等截面、横向刚度可忽略),相邻阶次频率的频差是相等的,如下图所示,据此可以方便地确定频率的阶数。因实际情况索与理想弦有差异,因此这种差频关系也不一定严格成立,但对于细长索则有很好的差频关系。

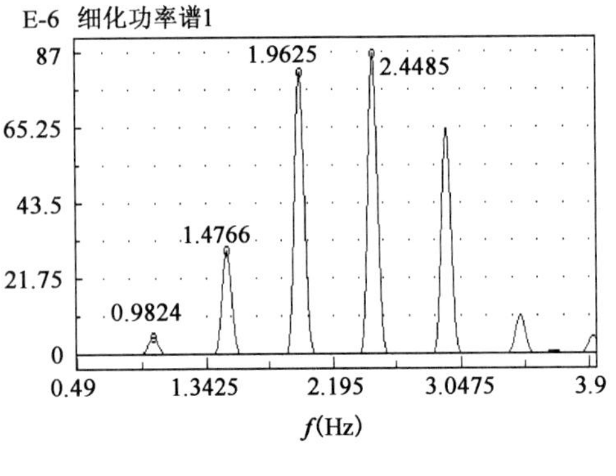

1)理想弦,各阶自振频率差值相等,即:$f_2=2f_1$,$f_3=3f_1$……

2)如左图,有:$f_1=1.4766-0.8924\approx1.9625-1.4766\approx2.4485-1.9625$

3)因此可判定:$f_2=0.9824\text{Hz}$

$f_3=1.4766\text{Hz}$

$f_4=1.9625\text{Hz}$……

索力测试中自振频率阶次判别

三、多项选择题

1. ABCD

【解析】《公路桥梁荷载试验规程》(JTG/T J21-01—2015)规定的桥梁荷载试验适用情形除选项 ABCD 外,还有一项为“通过其他方法难以准确确定其承载力的”。

2. ABCDE

【解析】荷载试验应在桥梁检查、结构分析计算的基础上制定,内容包括测试截面、试验工况、测试内容、测点布置、试验荷载(包括荷载效率)、试验过程控制、试验数据分析方法等。

3. ABCD

【解析】(1)应变仪为惠斯顿电桥(测量电桥)的AC两端提供工作电压,电桥才能将电阻变化转换为电压输出,一般采用直流供电。

(2)桥路组合方式:实桥结构应变片电测一般采用半桥接法,此时外接的两个应变片实际上是阻值变化的电阻,还需另外2个电阻(应变仪内置)才能构成完整的电桥;1/4桥接法由1个外接应变片及应变仪的3个内置电阻构成完整的电桥,因不具有温度补偿能力,实桥很少采用;全桥接法由外接的4个应变片来构成电桥,贴片的工作量较大,现场较少采用,常用于制作传感器。通过合适的桥路组合可实现温度补偿,提高测试灵敏度。

(3)信号放大是应变仪的基本功能。应变仪是一种调理放大器,可实现信号转换(电阻到电压)、信号放大和显示输出等一系列功能。

(4)按照测量对象的不同,应变仪分为静态电阻应变仪和动态电阻应变仪,有些应变仪同时具备静、动态测试功能,但通道数较少,价格也较高。

静、动态电阻应变仪的转换原理相同,两者的主要差异为:

①静态应变仪测点(通道)数较多,多测点共用一个A/D模块,采用"巡回"测读的方式分时采集,采集速度为几点/s至数十点/s,各个测点的量测有微小的时差;

②动态应变仪的通道数较少,且每通道有独立的A/D、放大模块,保证所有通道时间同步;

③动态应变仪对放大器和A/D转换有更高要求,其动态特性更好,采样频率更高。

4. ABCD

【解析】(1)测量电桥的主要功能就是将应变片输出的电阻变化转换为电压变化,以便后续仪器放大和采集。

(2)测量电桥提供了1/4桥、半桥、全桥三种接法,半桥主要用于结构应变测试,全桥主要用于传感器的制作。

(3)温度补偿就是利用测量电桥输出的抵偿性,将温度变化引起的误差相互抵偿,有效信号相互叠加。

(4)某些场合,通过合适的桥路组合,可提高测试灵敏度。如全桥接法的应变式传感器的灵敏度就高于半桥。

(5)测量电桥无法改变应变仪量程这一仪器固有特性,选项E错误。

另外需注意区分的是,被测应变(机械量)到电量(电阻变化)之间的转换是电阻应变片的主要作用,而非测量电桥的功能。

5. BD

【解析】普通连通管(毫米刻度)分辨率为1mm,测试精度无法满足要求;全站仪是通过测量被测对象的距离、角度来换算挠度,受限于测试方法和诸多难以避免的误差因素(如测距精度、测角精度、照准精度、读数精度、系统误差等),即便是高精度全站仪(如0.5s级)对于预估挠度只有 10mm 情形,仍存在较大的相对误差,也无法很好满足要求。全站仪的优势是测距远、便于进行空间变位测量等,因此一般用于大跨桥梁挠度、索塔偏位、主体结构线形等的测量。

电测位移计、精密光学水准仪(配测微器)或精密电子水准仪等的分辨率至少可以达到 0.1mm,适合中小跨径挠度测试。

需要提醒的是,电测位移计为相对式仪器,需要在桥下搭设支架作为固定参考点来安装电测位移计,因此对于跨越江河、桥下净空较高的桥梁适用性受限。

6. ACD

【解析】根据振弦式应变计的原理和特性,选项 ACD 正确。以下补充说明,供参考:

(1)振弦式应变计与应变片等相比,具有更好的抗干扰性能和长期稳定性,因此被广泛应用于长期应变监测等工程中,如桥梁、隧道施工监测。

(2)振弦式应变计分为预埋式和表面安装式等。

7. BCD

【解析】压电式传感器用于振动加速度测试。根据前述的相关内容,振弦式应力计、电阻应变计(80 ~ 100mm 标距)均可用于混凝土表面静应变测试。

弓形应变计是通过将结构变形转换为弓形弹性体的弯曲变形,利用粘贴在弹性体上的应变片测得应变值,再通过标定关系得到结构应变;弓形应变计属工具式传感器,可重复使用,且灵敏度高、稳定性好,应用日益广泛;该类传感器属应变电测技术的扩展应用,其配套仪器是静、动态电阻应变仪。弓形应变计原理如下图所示。

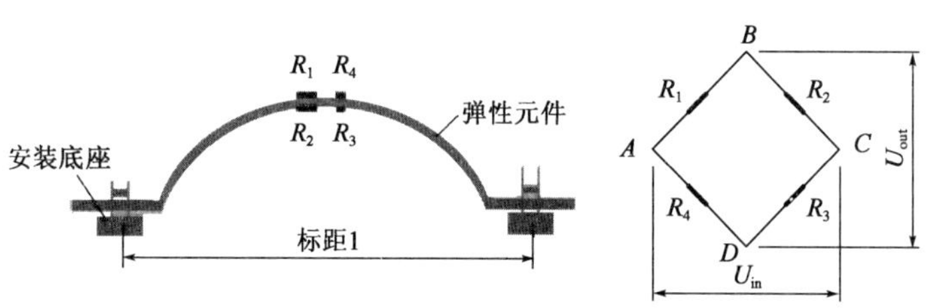

弓形应变计原理图

8. AD

【解析】对于钢材等匀质材料,应采用 3 ~ 5mm 的小标距应变片,200mm 标距应变片贴片难度大,况且市场上也无如此大标距规格的应变片,选项 C 错误;卫星定位系统可用于结构变位观测,但分辨力远远无法满足中小桥梁挠度检测的要求,选项 B 错误。

9. BD

【解析】应变测量电桥有 1/4 桥、半桥、全桥三种桥路方式,其中 1/4 桥只有一个外接应变片,无法实现温度补偿功能。

10. BD

【解析】相关检测规程规定,裂缝宽度测试分辨率应达到 0.01mm,C 选项不适用;超声法可用于混凝土裂缝深度的检测,但不能用于宽度的检测。

常用裂缝宽度检测仪器有刻度放大镜、智能裂缝测宽仪等,下面对几类裂缝宽度检测仪器作补充说明:

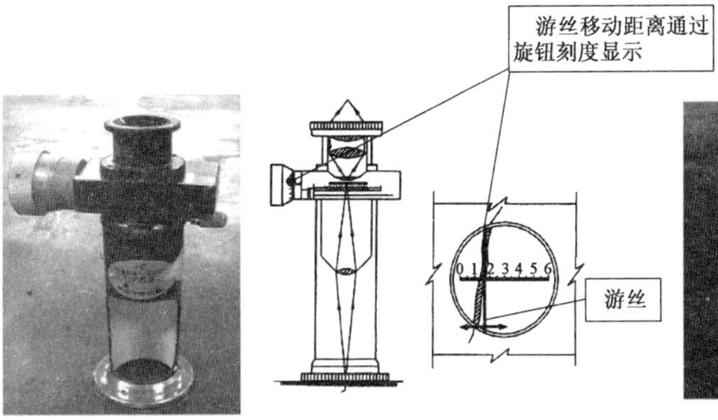

JC-10读数(刻度)放大镜及原理

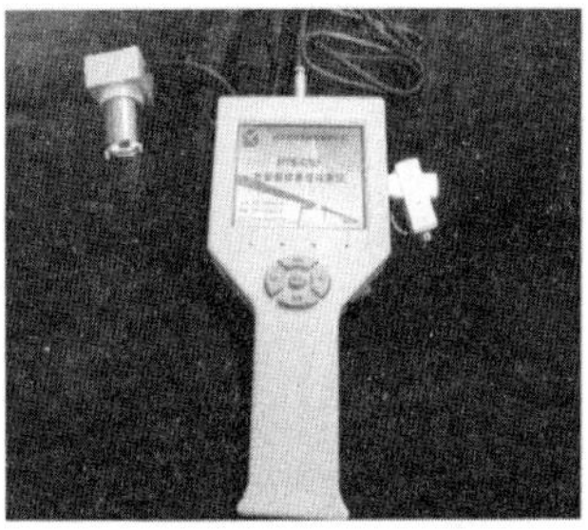

PTS-C10智能裂缝测宽仪

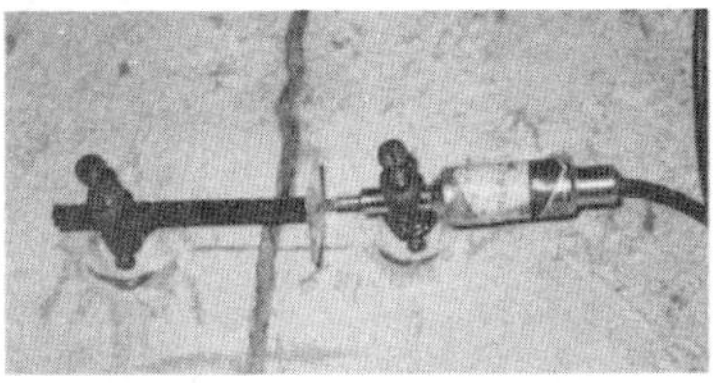

位移计跨缝检测裂缝宽度增量

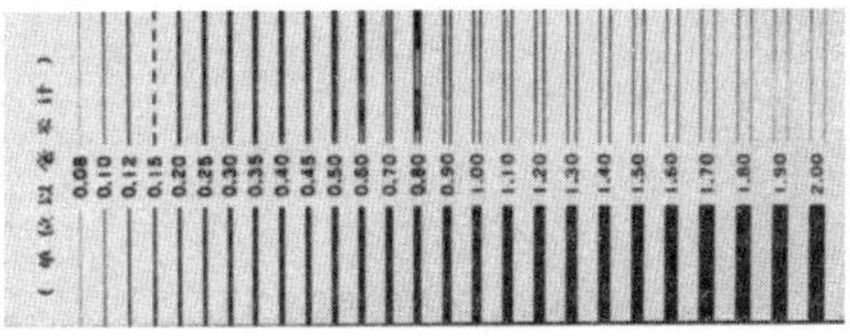

裂缝读数尺

(1)读数显微镜(也称刻度放大镜)主要由物镜、目镜、刻度分划板和测微机械装置等组成,是一种带刻度的光学放大装置,分辨率为0.01mm,量程为几毫米;

(2)数显式裂缝观测仪由探头和显示装置组成,分辨率为0.01~0.02mm,智能数显式裂缝观测仪还具有拍照、缝宽自动判读等功能;

(3)千分表等高分辨位移计采用跨缝安装可测定荷载作用下的裂缝宽度增量;

(4)裂缝尺(带系列宽度线条的纸片)采用比对的方式人工判读,随机误差大,分辨力低,目前已较少应用,也无法满足荷载试验等缝宽的精确测量要求。

11. ACD

【解析】详见本章【判断】6题解析。

12. ABD

【解析】选项C错误,机械式百分表只能用于静态信号测量,动挠度测试应选用机电百分表、电测位移计或光电挠度仪。

13. ABC

【解析】选用精度、量程、分辨率满足要求的仪器,对任何测试都是必须考虑的因素;桥梁动载试验针对的是超低频、小信号振动,因此应尽量选用灵敏度高的仪器,同时还须保证仪器的频率响应特性满足超低频信号测试的要求;动载试验测振仪器选用除考虑选项ABC所述的因素外,还需重视可靠性、稳定性和抗干扰能力等。

14. ABDE

【解析】显然AE选项是正确的。

关于变位,这里做一些补充说明:变位是整体指标,其内涵较为宽泛,包括挠度、纵横向位移、转角、支点变形（沉降）等，其中挠度是评价结构刚度的重要指标；支点变形（沉降）是为控制加载安全而设立的测试项目，同时还用于挠度实测结果的修正，因此选项BD也正确。

阻尼是动力特性参数，通过动载试验测定。

15. ABD

【解析】根据连续梁桥的受力特点和《公路桥梁荷载试验规程》（JTG/T J21-01—2015）的规定，选项ABD为主要加载工况，主跨支点截面最大剪力为附加工况。梁端支点截面不产生负弯矩，选项C错误。

下图为一联三跨混凝土连续梁桥，主要试验加载截面（工况）见图中标注的粗线段位置。

连续梁桥试验加载截面（工况）示意图

16. ABCDE

【解析】桥梁荷载试验的结构计算是多方面的，其中最重要的计算参数为静力荷载效率，根据设计控制内力（或变形）、试验控制内力（变形）及冲击系数计算得到，因此选项ACD正确。试验荷载作用下，测试部位的应力、挠度增量理论值是进行校验系数计算所必需的，T梁截面特性是计算应力增量所需的参数（$\sigma = My/I$），选项BE也正确。

17. BCD

【解析】自振频率与结构的整体刚度呈正相关性，实测自振频率大于计算值，表明实际刚度大于计算刚度，无须停止加载。规范规定桥梁荷载试验中途应停止加载试验的情形包括：

（1）控制测点应变值已达到或超过计算值；

（2）控制测点变位（或挠度）超过计算值；

（3）结构裂缝的长度、宽度、数量明显增加；

（4）实测变形分布规律异常；

（5）结构发生异常声响或其他异常情况；

（6）斜拉索或吊索（杆）实测索力增量超过计算值。

18. AC

【解析】《公路桥梁承载能力检测评定规程》（JTG/T J21—2011）规定，当出现以下情形之一时，应判定桥梁承载力不满足要求：

（1）主要测点静力荷载试验校验系数大于1；

(2)主要测点相对残余变位或相对残余应变超过20%；

(3)裂缝宽度超过规范限值，且卸载后裂缝闭合宽度小于扩展宽度的2/3；

(4)在试验荷载作用下，桥梁基础发生不稳定沉降变位。

选项D错误，静力试验荷载效率反映加载试验的有效性，取值必须满足规范的相关要求，但不作为结构性能的评价指标。

19. BCD

【解析】根据规范规定，桥梁交(竣)工验收静载试验，荷载效率取0.85～1.05，其他情形取0.95～1.05。

20. ACD

21. ACD

22. ABD

【解析】选项C错误，自振频率属于结构动力特性参数之一。

23. ABD

24. BCD

【解析】桥梁自振频率可采用波形分析法(也称时域分析法)、频谱分析法或模态分析法得到。选项A错误，半功率带宽法用于结构阻尼分析。

25. ACD

【解析】由于安全和其他原因，现场动力试验不进行弯道离心力测定试验。选项ACD中，无障碍行车试验最为重要，为必做项目。

26. BC

【解析】桥梁结构实际冲击系数应优先通过实测动挠度时程曲线求取，现场动挠度测定困难时，也可通过动应变时程曲线得到。

27. AC

【解析】(1)环境随机振动法属于不测力法，只需测定振动响应即可，选项B错误。

(2)选项C正确，参考点是用于与其他测点进行幅值和相位比较的基准。参考点位置的选择是进行振型测试的关键环节之一，参考点位置不合理很有可能使得模态很差甚至根本无法识别，应避开所关心振型的节点位置且保证信号有效。

(3)选项D错误，一般采用专用软件的模态分析法识别振型。

28. AC

【解析】目前振型测定通常采用环境随机激励法。要识别振型需应用专用的模态分析软件，是一项较为复杂的工作。

所谓振型是指对应某阶模态频率的结构振动形态，描述结构空间位置的振幅比例和相位关系。系统有 n 个自由度，就有 n 个振型。要识别振型，须进行幅值归一计算和相位分析。

下图为一连续刚构桥的一阶纵向弯曲振型，要识别该阶振型，首先需布设足够数量的纵向测点，将各测点的振幅与参考点比较并作归一化处理(振型图峰值为1)，除此之外还需进行相位分析，确定各测点间的相位关系(同相或反相)。

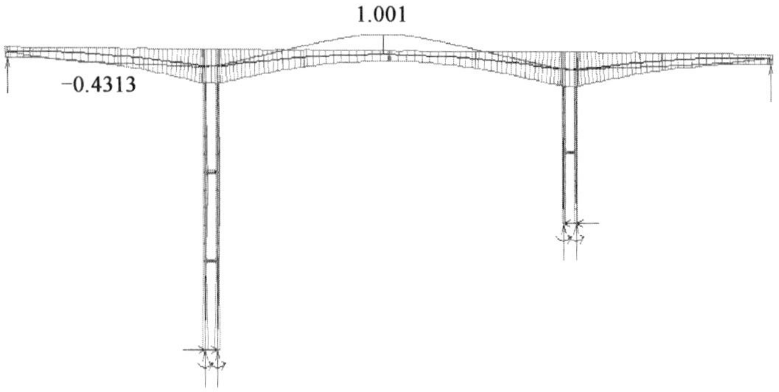

某连续刚构桥一阶弯曲振型

29. AB

【解析】选项AB是《公路桥梁承载能力检测评定规程》(JTG/T J21—2011)推荐的测试方法。

30. ABD

【解析】参考本章【单选】35题解析。电阻应变片因抗干扰能力、长期稳定性不良等，不适合长期的索力测试。另外，最为关键的是电阻应变片只能测试得到平衡状态之后的相对增量，即无法测得到拉索的绝对索力。因此，电阻应变测量的方法不适用于索力测试。

四、综合题

1.(1)B　(2)B　(3)C　(4)ABC　(5)D

【解析】(1)试验荷载在单板全跨长范围均布加载，则跨中试验弯矩：

$M_{试验}=ql^2/8=20\times25^2/8=1562.5\text{kN}\cdot\text{m}$。

(2)跨中抗弯静载试验的荷载效率：

η = 试验弯矩/[设计静力弯矩×$(1+\mu)$] = 1562.5/[1200×(1+0.3)] = 1.00。

(3)挠度总值 = 加载值 - 初始值 = 10.00mm，挠度弹性值 = 加载值 - 卸载值 = 9.00mm，挠度残余 = 卸载值 - 初始值 = 1.00mm，挠度校验系数 = 弹性值/计算挠度 = 9.00/15.00 = 0.60，相对残余 = 残余值/总值 = 1.00/10.00 = 10.0%。

(4)选项ABC均可行。预应力混凝土结构一般不允许破坏混凝土保护层，选项D错误。

(5)应力校验系数为1.20，结构强度不足，承载力不满足要求。《公路桥梁承载能力检测评定规程》(JTG/T J21—2011)规定，当荷载试验出现以下情形之一时，应判定桥梁承载力不满足要求：

①主要测点静力荷载试验校验系数大于1；

②主要测点相对残余变位或相对残余应变超过20%；

③裂缝宽度超过规范限值，且卸载后裂缝闭合宽度小于扩展宽度的2/3；

④在试验荷载作用下，桥梁基础发生不稳定沉降变位。

2.(1)CD　(2)A　(3)D　(4)C　(5)B

【解析】(1)被测应变(机械量)到电量(电阻变化)之间的转换是电阻应变片的作用，而测量电桥的主要作用是进行电阻变化到电压的转换，但不具备放大功能，选项 AB 错误。

(2)弓形应变计、振弦式应变计的标距、安装方式等适用于混凝土应变测试，传感器底座难以安装钢筋上，另外振弦式应变计本身具有一定刚度，参与钢筋受力后会导致试验结果的不真实，因此选项 BD 错误；百分表引伸计分辨率太低，无法满足要求。

(3)测量电桥的输出特性：

$$\Delta U_{BD}=\frac{1}{4}U\left(\frac{\Delta R_1}{R_1}-\frac{\Delta R_2}{R_2}+\frac{\Delta R_3}{R_3}-\frac{\Delta R_4}{R_4}\right)=\frac{1}{4}UK(\varepsilon_1-\varepsilon_2+\varepsilon_3-\varepsilon_4)$$

采用 1/4 桥、半桥、全桥的桥路方式，应变仪的示值均为 $\varepsilon_{示值}=\varepsilon_1-\varepsilon_2+\varepsilon_3-\varepsilon_4$。本题两个应变片为纵向布置，采用半桥接法，$\varepsilon_1=\varepsilon_2=\varepsilon_{实}$，$\varepsilon_3=\varepsilon_4=0$(应变仪内置固定电阻)，因此示值应变 $\varepsilon_{示值}=0$，即此种接法错误，无法测量应变。

(4)同上，应变仪的示值为：$\varepsilon_{示值}=\varepsilon_1-\varepsilon_2+\varepsilon_3-\varepsilon_4$。将 R_2 调整为横向布置，根据材料力学知识，纵、横向应变的关系为 $\frac{\varepsilon_{横}}{\varepsilon_{纵}}=\frac{\varepsilon_2}{\varepsilon_1}=-\mu$，即 $\varepsilon_2=-\mu\varepsilon_1$，$\varepsilon_3=\varepsilon_4=0$(应变仪内置固定电阻)，此时应变仪示值为 $\varepsilon_{示值}=\varepsilon_1-\varepsilon_2=(1+\mu)\varepsilon_1$，放大倍数 $(1+\mu)$ 称为此种桥路方式的桥臂系数。

类似地，如采用全桥接法，布片方式如下图所示(R_1、R_3 纵向布置，R_2、R_4 横向布置)，则应变仪示值为 $\varepsilon_{示}=\varepsilon_1-\varepsilon_2+\varepsilon_3-\varepsilon_4=2(1+\mu)\varepsilon_1$。

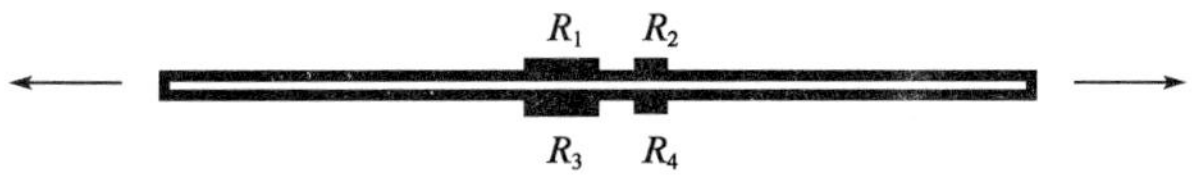

(5)钢筋纵向应变实测值 $\varepsilon_{实}=\varepsilon_{示}/(1+\mu)=100\times10^{-6}$。

3.(1)ACD　　(2)AC　　(3)BCD　　(4)ABC　　(5)AB

【解析】(1)电阻应变片受温度变化影响大，不适用施工和运营等长期测试；弓形应变计为工具式应变计，只能用于结构表面应变测试；振弦式应变计通过安装脚座可用于混凝土表面应变测试。

(2)选项 AC 均为保证应变片粘贴质量的措施。

温度补偿是为消除温度变化引起的测试误差，其原理是利用测量电桥输出特性的抵偿性，使工作片与温度补偿片因温度变化产生的电阻变化相互抵偿，要求在与被测结构材料相同的构件上粘贴补偿片，补偿片与工作片同规格、处于相同温度场。而对于预应力桥梁，应变片是粘贴在混凝土表面上的，此时将补偿片粘贴在钢筋上，显然不能达到良好的补偿效果。

现场应变片粘贴后，还需检查其外观、应变片电阻值以及是否短路或开路等贴片质量，方能进行防潮和防机械损伤等防护处理。

(3)桥梁应变测试大多采用半桥接法，采用 1/4 桥无法实现温度补偿，影响测试效果，选项 A 错误；应变仪的灵敏系数设定应与应变片出厂标定值相同，否则会产生系统误差，不过如事后能发现，则可对结果进行修正，选项 B 正确；如何保证应变测试数据的可靠、稳定是桥梁荷载试验的难题，贴片质量、温度变化、电磁干扰、绝缘电阻偏低等因素均会引起数据波动和零点漂移，为此 JTG/T J21-01—2015 规定，正式试验前应进行不少于 15min 的稳定性观测。

关于调零的概念，作以下补充说明，供参考。

应变仪电桥平衡条件为四个桥臂的电阻满足 $R_1R_3=R_2R_4$,此时电桥输出电压为零,应变示值也为零。但一个测点的初始状态难以满足严格意义上的平衡,即桥梁空载时应变示值一般是不等于零的。比如某测点的初始应变是 998 微应变,调零的目的就是将这个"998"初始应变调整到与空载状态相对应的零应变值上。调零的原理非常简单,其过程是先测读一次数据,将 998 的初始值存入内存,在以后的测量中显示值为测量绝对值减去 998 的初始值,得到数据为相对于 998 这个初始值的增量。电阻应变仪调零操作的目的主要有以下两点:

①稳定性检验:空载状态进行调零后,则随后的测量结果均为 998 - 998 = 0,这样便于观测设备的稳定性,如果调零值偏大,说明相同状态下(如空载)的实测应变值不相等,可能存在绝缘电阻偏低、接线不可靠、电磁干扰等问题,其结果是随机波动的数据。

②调零后所得结果便于结构状态的实时把握,原因是实测数据均为相对于"零"的增量,能直观反映应变量值与荷载的关系以及测点数据之间的关联性。

正常应变测点的调零和测试数据类似下表所示的结果。

应变仪调零及加载后的测试数据

测次	时间	工况	000	001	002	003	004	005	006	
										通道(测点)编号
1	20:01:10	调零值	264	338	265	1589	449	1058	1125	初始值
2	20:01:20	空载	0	0	0	1	0	1	0	较长时间内空载多次读数，数据稳定，仪器正常
3	20:06:23	空载	1	0	0	0	0	1	0	
4	20:11:50	空载	1	1	−2	1	0	−1	1	
5	20:18:48	空载	1	0	−1	1	2	−1	2	
6	20:20:19	调零值	264	340	267	1587	447	1055	1127	
7	20:21:20	空载初读	0	0	0	1	0	1	0	
8	20:21:55	空载初读	1	0	0	0	0	1	0	
9	20:22:12	空载初读	1	1	0	1	0	0	1	
10	20:31:25	4车加载	125	110	98	78	60	45	32	加载持荷后多次读数，数据稳定
11	20:31:55	4车加载	126	112	100	77	60	44	31	
12	20:32:24	4车加载	125	111	101	79	61	45	30	
13	20:37:35	卸载	2	2	−1	0	3	2	2	卸载后多次读数，数据稳定，残余较小，结构正常
14	20:37:55	卸载	3	1	0	0	4	1	1	
15	20:38:24	卸载	1	3	1	1	3	2	3	

(4)显然选项 ABC 属于异常情形;选项 D,相同状态下,多次测量结果数据很接近,说明零点稳定,仪器工作状态良好。

(5)应变片受潮、绝缘电阻偏低会影响数据的稳定性;测量回路中任何能产生电阻变化的因素均会引起数据波动,包括虚焊、线缆连接不可靠、风导致导线摆动等;应变测试结果与计算机操作系统没有必然的联系;地脉动输入能量非常微弱,只能使桥梁产生微幅振动,不是导致应变数据波动较大的原因。本小题正确选项为 AB。

4.(1)ABD　　(2)A　　(3)CD　　(4)B　　(5)C

【解析】(1)略。

(2)中等跨径混凝土简支梁桥的前三阶弯曲自振频率大约介于 3 ~ 20Hz。测振仪器的频率范围应覆盖被测信号的频率,根据题意,选项 A 正确;压电加速度计的规格众多,也是桥梁自振特性测定的常用设备，但其工作频率范围必须满足要求，频率范围为 10～5000Hz 的压电加速度可用于机械振动等测试，但不满足实桥动测试验要求，选项 B 错误；电阻应变片可检测荷载作用下的静动应变，但由于自由振动或环境随机振动激励的激振力较小，应变片难以获取足够大的有效动应变信号，不适用于自振特性的测试，选项 C 错误；超声波探头用于混凝土结构等的缺陷探测，不能用于桥梁动测。

(3)千分表引伸计为机械式应变测试仪器，采用人工读数，不能进行动应变测试；振弦式应变计是静应变测试的常用仪器，该类传感器的原理是：在一定时间内通过测定弦的振动频率(测定时间一般为数百毫秒，因为要精确测定频率值，需要一定的脉冲计数时间)，然后根据弦振动频率与张力的相关性换算应变值，因此响应速度慢，不能满足桥梁动应变测定的要求。

(4)由已知条件，梁底混凝土应力增量计算值为：

$\sigma = MY_{下}/I = 2000 \times 1.2/0.6 = 4000\text{kN/m}^2 = 4.00\text{MPa}(1\text{MPa} = 10^6\text{N/m}^2)$，这里的 $Y_{下}$ 为 T 梁中性轴到梁底的距离。同理，可算得 T 梁顶面的混凝土应力增量为 -2.67MPa(应力受拉为正，受压为负)。

(5)根据已知条件，梁底测点的实测弹性应力为 $\sigma = E\varepsilon = 3.45 \times 10^4 \times 100 \times 10^{-6} = 3.45$ (MPa)，应力校验系数为实测弹性值与理论计算值的比值。选项 C 正确。

5.(1)BD　　(2)BC　　(3)BD　　(4)D　　(5)CD

【解析】(1)根据等跨径连续梁桥受力特点，活载作用下边跨为最不利桥跨，因此至少选择一边跨进行试验，选项 A 错误；因三个中跨跨中的活载正弯矩基本相等，且三个中跨的结构状况基本相同，因此任选其中一跨均具有代表性，考虑到操作的方便性，一般选一边跨和相邻的一中跨作为试验桥跨，选项 B 正确；边跨的最大正弯矩截面不位于跨中，故排除选项 C；选项 D 正确。

(2)静力试验的测试数据为加载前、后的增量，由下图所示连续梁桥的弯矩影响线可知，如加载前和卸载后的车辆停放在试验桥跨的相邻跨，此时桥梁没有真正处于“空载”和“卸载”状态，将对测试结果造成影响；根据相关规范规定，选项 B 正确；桥梁结构大多是以偏载工况控制设计的，选项 C 正确；设计所规定的车道荷载图式是用于简化计算的荷载形式，实际并不存在，也难以模拟，静力试验荷载是与设计控制荷载等效的模拟荷载，无须与设计所规定的荷载图式完全相同，选项 D 错误。

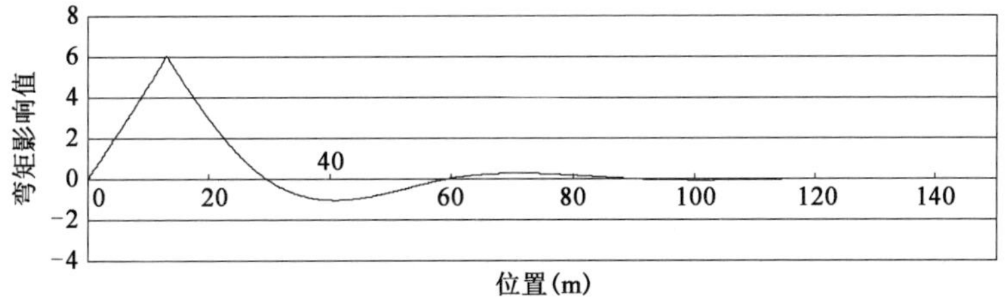

5×30m 连续梁桥边跨最大正弯矩截面弯矩影响线

(3)动态增量(冲击系数)通过实测动挠度或动应变时程曲线求取；振型测定往往采用环境随机激励方式，应变测点的信号量值太小，信噪比很低，难以保证振型识别精度；环境随机振动激励法是实桥振型识别的最常用方法。本题的正确选项为 BD。

(4)为保证加载安全和获取分级加载中结构响应与荷载的相关性数据，加载分级中也需采集数据；挠度为整体指标，须保证实测结果的准确性和代表性，故1个截面仅布置1个测点是不够的，更何况箱梁在偏载控制性工况作用下，偏载侧挠度会大于桥轴线处的挠度，因此也就无法保证代表性和控制性。JTG/T J21-01—2015 规定，对于整体箱梁，每个挠度测试截面的测点不宜少于3个；应变仪调零是在加载前进行的，一个工况加载过程一般不允许再进行调零操作，否则会影响数据连续性，也不便对信号量值进行实时分析。因此本题只有选项D正确。

(5)振型测定应根据拟识别的振型特征、振型阶数和识别精度布置测点，另外还需要布设参考点，每个桥跨只布置1个测点显然是远远不够的；根据采样定理，选项B错误，选项C正确；为了得到桥梁动力响应与车速的相关性，应选取具有代表性的若干个车速工况进行行车试验(也称跑车试验)，每个车速工况应尽量保证车辆匀速通过桥梁，选项D正确。

第七章　桥梁承载力评定

复习提示

考试大纲要求

检　测　师	助理检测师
1. 桥梁承载能力评定的基本方法； 2. 基于结构技术状况检查与检算的承载能力评定与计算； 3. 基于荷载试验的承载能力评定与计算	桥梁承载能力评定的基本方法

桥梁承载力评定知识要点

<table>
<tr><th>知识点</th><th colspan="5">相关要点</th></tr>
<tr><td>一、概述</td><td colspan="5">1. 以下情形桥梁应做承载能力检测评定：①技术状况为四、五类的；②拟通过加固手段提高荷载等级的；③需通行特殊重型车辆荷载的；④遭受自然灾害、意外事件的。
2. 承载力检测评定方法：①荷载试验，适用于新建桥梁及在用桥梁（旧桥），②技术状况检测基础上的承载力检算评定，适用于钢-混凝土组合结构以外的在用桥梁（旧桥）</td></tr>
<tr><td rowspan="3">二、分项检算系数</td><td>序号</td><td>分项检算系数</td><td>对应检测内容</td><td>适用桥梁材质</td><td>描述</td></tr>
<tr><td>1</td><td>承载力检算系数 Z_1 或 Z_2</td><td>Z_1 由缺损状况、材质强度、自振频率决定，权重分别为 0.4，0.3，0.3；
Z_2 由静载试验应力、挠度检验系数大者查表得到</td><td>钢筋混凝土桥、圬工桥、钢结构桥</td><td>修正结构抗力效应，桥梁整体状态越差，Z_1 或 Z_2 取值越小</td></tr>
<tr><td>2</td><td>承载能力恶化系数 ξ_e</td><td>缺损状况、混凝土强度、钢筋锈蚀、混凝土电阻率、混凝土碳化深度、钢筋保护层厚度、氯离子含量</td><td>钢筋混凝土桥</td><td>修正结构抗力效应，桥梁耐久性越差，ξ_e 取值越大</td></tr>
</table>

续上表

知识点	相关要点				
	序号	分项检算系数	对应检测内容	适用桥梁材质	描述
二、分项检算系数	3	截面折减系数 ξ_c	材料风化、碳化、物理与化学损伤	钢筋混凝土桥、圬工桥	修正结构抗力效应,结构截面削弱越多, ξ_c 取值越小
	4	钢筋截面折减系数 ξ_s	钢筋锈蚀状况	钢筋混凝土桥	修正结构抗力效应,钢筋截面削弱越多, ξ_s 取值越小
	5	活载影响修正系数 ξ_q	实际交通量、大吨位车辆混入率、轴荷分布情况	钢筋混凝土桥、圬工桥、钢结构桥	交通繁忙或重载车辆较多桥梁,修正汽车活载的作用效应。实际交通状况较设计增加越多,ξ_q取值越大
三、检算评定要点	1. 检算包括两类极限状态:承载力极限状态和正常使用极限状态。 2. 承载力检算系数评定标度 $D \geqslant 3$,两类极限状态都要检算,$D < 3$,只检算承载能力极限状态。 3. 承载力极限状态评定流程: (1)完成桥梁缺损状况、材质状况、状态参数等检测。 (2)根据检测结果量化各分项检算系数(在此过程中可计算出 D)。 (3)代入各分项检算系数,分别计算荷载效应 S 与抗力效应 R,按以下规则评定: ①$S/R < 1.0$:承载能力满足要求。 ②$S/R > 1.2$:承载能力不足要求。 ③$1.0 \leqslant S/R < 1.2$:承载能力不明确,通过荷载试验确定。由荷载试验获取 Z_2,代替 Z_1 重新检算抗力效应 R,如 $S/R < 1.05$,承载力满足要求;否则不满足				

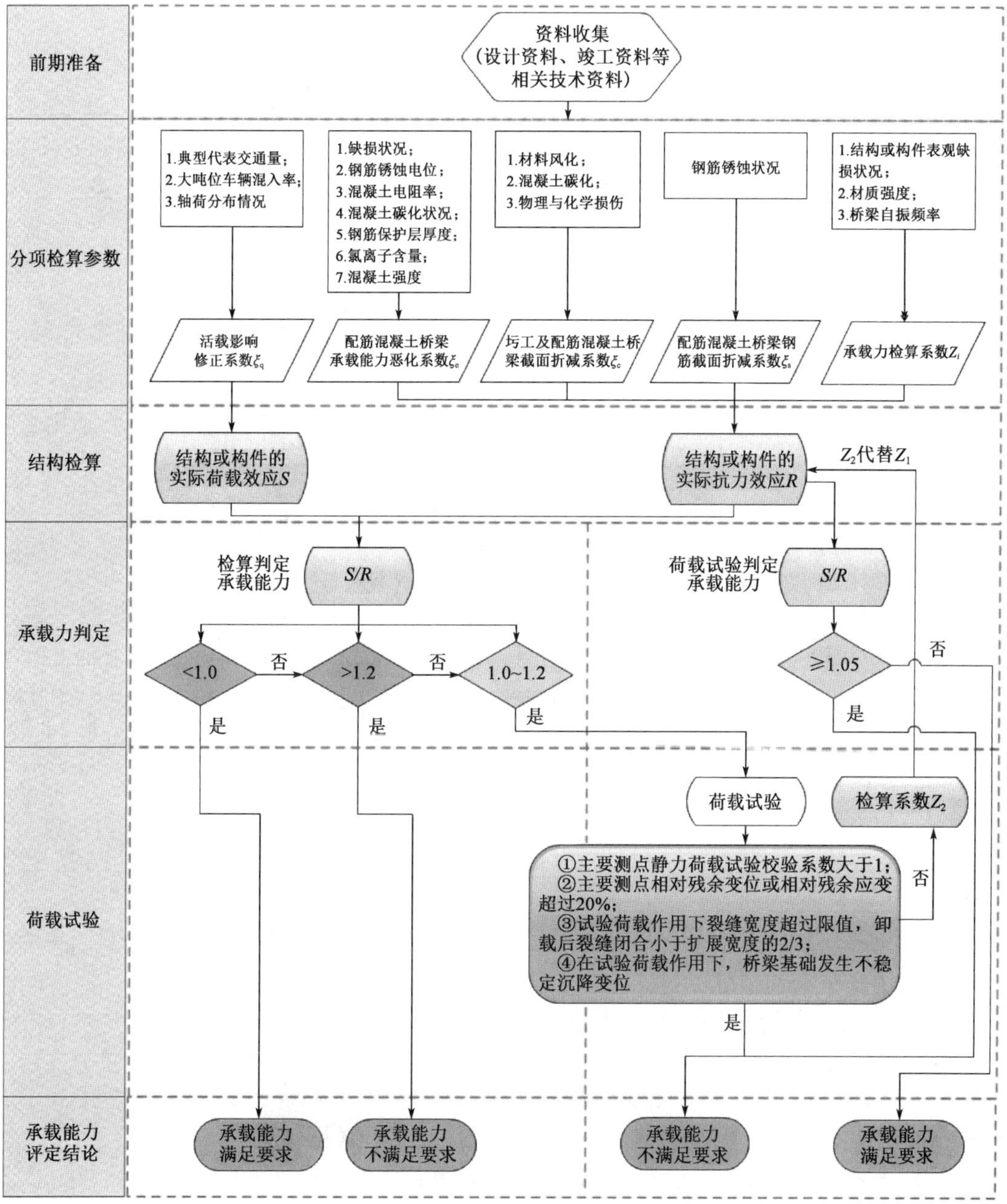

基于技术状况检测的承载力检算评定流程图

习　题

一、单项选择题

1. 桥梁结构实际承载力的评定方法包括荷载试验和(　　)两种形式。

A. 技术状况等级评定

B. 按设计图纸进行承载力检算

C. 在技术状况检测的基础上进行承载力检算

D. 定期检查

2. 对在用桥梁进行承载力评定,包括(　　)和正常使用极限状态检算。

A. 承载能力极限状态　　B. 线弹性工作状态

C. 容许应力　　D. 安全系数法

3. 当桥梁结构或构件的承载能力检算系数评定标度 $D \geq$(　　)时,应进行正常使用极限状态检算。

A. 1　　B. 2　　C. 3　　D. 4

4. 钢筋混凝土梁桥承载能力检算的内容不包括(　　)。

A. 跨中截面弯矩　　B. 支点截面剪力

C. 跨中截面轴力　　D. 连续梁墩顶负弯矩

5. 对桥梁进行承载能力检算评定时,当承载能力检算系数评定标度 D(　　),且作用效应与抗力效应的比值(　　)时,可评定该桥承载能力满足要求。

A. ≥3,在 1.0 ~ 1.2 之间　　B. <3, <1.0

C. <3, <1.05　　D. ≤3, <1.2

6. 桥梁承载力检测评定,对极限状态设计表达式的修正系数统称为(　　)。

A. 冲击系数　　B. 横向分布系数

C. 车道折减系数　　D. 分项检算系数

7. 桥梁承载能力检测评定,反映配筋混凝土桥梁的质量状况衰退,并与环境条件有关的指标是(　　)。

A. 构件截面损伤折减系数　　B. 钢筋截面损伤折减系数

C. 承载能力恶化系数　　D. 活载影响修正系数

8. 关于配筋混凝土桥梁承载力恶化系数,以下表述错误的是(　　)。

A. 结构或构件的恶化越轻微,恶化状况评定标度 E 值越小

B. 结构或构件恶化状况评定标度 E 值越大,承载力恶化系数取值也越小

C. 承载力恶化系数取值与桥梁所处的环境条件有关

D. 对圬工桥梁无须计入承载力恶化系数

9. 对于交通繁忙或重载车辆较多的桥梁,应根据实际运营荷载状况,通过活载影响修正系数 ξ_q 对(　　)进行修正计算。

A. 结构刚度　　B. 承载能力检算系数

C. 结构抗力效应　　D. 设计汽车荷载效应

10. 对混凝土梁桥进行承载能力检测评定,当混凝土桥面铺装与梁体结合较好且缺损状况评定标度(　　)时,在检算中可考虑混凝土桥面铺装扣除(　　)磨耗层后参与梁体共同受力。

A. 小于3,2cm　　B. 大于3,2cm　　C. 小于3,5mm　　D. 小于3,3cm

11. 桥梁承载能力检测评定时,测量桥跨结构的纵向线形,宜沿纵向测量(　　)。

A. 上、下游边缘两条线　　B. 桥轴线

C. 桥轴线和上、下游边缘　　D. 桥轴线和一侧边缘线

12. 对桥梁承载能力进行检测评定,当荷载效应与抗力效应的比值在(　　)时,应通过荷载试验进一步评定其承载能力。

A. 0.95 ~ 1.05　　B. 1.0 ~ 1.2　　C. 0.8 ~ 1.0　　D. 1.5 ~ 2.0

13. 桥梁承载能力检测评定,通过静荷载试验获取检算系数 Z_2 后,重新检算的荷载效应与抗力效应比值(　　)时,判定桥梁承载能力满足要求。

A. <1.05　　B. ≤1.05　　C. <1.20　　D. ≤1.2

14. 桥梁承载力检算系数 Z_2 通过静载试验结果得到,其取值是根据(　　)查表得到。

A. 主要测点的相对残余值

B. 主要测点应力(应变)校验系数和变位校验系数的较大者

C. 主要测点应力(应变)校验系数和变位校验系数的均值

D. 主要测点应力(应变)校验系数和变位校验系数的较小者

15. 在桥梁承载能力检测评定时,某在用桥梁的墩台与基础无异常变位,地基土久经压实,按规定地基承载能力可适当提高,最大提高系数不得超过(　　)。

A. 1.05　　B. 1.10　　C. 1.20　　D. 1.25

16. 圬工与配筋混凝土桥梁的承载能力检算系数 Z_1 根据结构或构件缺损状况、材质强度和(　　)的检测结果来确定。

A. 结构自振频率　　B. 钢筋锈蚀电位

C. 截面折减系数　　D. 荷载试验校验系数

17. 对于圬工或配筋混凝土桥梁,计算承载能力检算系数 Z_1 时,权重最大的检测指标是(　　)。

A. 自振频率　　B. 物理与化学损伤

C. 缺损状况　　D. 材质强度

18. 对于配筋混凝土桥梁,对承载能力恶化系数 ξ_e 影响最大的检测指标是(　　)。

A. 钢筋锈蚀电位　　B. 钢筋保护层厚度

C. 混凝土强度　　D. 缺损状况

19. 配筋混凝土桥梁承载能力检测评定,极限状态评定表达式为(　　)。

A. $\gamma_0 S \leqslant R(f_d, a_d)$　　B. $\gamma_0 S \leqslant R(f_d, \xi_c a_d) Z_1$

C. $\gamma_0 S \leqslant R(f_d, a_{dc}, a_{ds})$　　D. $\gamma_0 S \leqslant R(f_d, \xi_c a_{dc}, \xi_s a_{ds}) Z_1(1-\xi_e)$

20. 对在用钢结构桥梁进行承载力评定时,荷载作用下的变形应按(　　)评定。

A. $\gamma_0 S \leqslant R(f_d, a_d)$　　B. $\gamma_0 S \leqslant R(f_d, \xi_c a_d) Z_1$

C. $f_{d1} < Z_1[f]$　　　　D. $\gamma_0 S \leqslant R(f_d, \xi_c a_{dc}, \xi_s a_{ds}) Z_1 (1-\xi_e)$

21. 关于钢结构桥梁承载能力评定检算,下列表述中正确的是(　　)。

A. 检算系数 Z_1 根据承载能力检算系数评定标度 D 查表得到

B. 检算系数 Z_1 根据结构或构件的缺损状况评定标度查表得到

C. 钢结构抗力效应需引入承载力恶化系数进行修正

D. 无须考虑活载影响修正

22. 拉吊索的索力偏差率超过(　　)时应分析原因,检定其安全系数是否满足相关规范要求,并在结构承载力检算时加以考虑。

A. ±5%　　B. ±10%　　C. ±15%　　D. ±20%

23. 对圬工或配筋桥梁进行承载能力评定,需根据结构状况等确定分项检算系数,下列选项中,(　　)会影响截面折减系数 ξ_c 的取值。

A. 桥梁缺损状况评定标度　　B. 材质强度

C. 自振频率　　D. 物理与化学损伤

24. 普通钢筋混凝土梁桥静力荷载试验,主筋附近竖向裂缝宽度的规范限值为不得超过(　　)。

A. 0.50mm　　B. 0.40mm　　C. 0.30mm　　D. 0.25mm

25. 某桥梁静载试验,裂缝、校验系数等测试结果正常,获取检算系数 Z_2 后,代替 Z_1 重新进行桥梁承载能力检算,荷载效应与抗力效应的比值为 1.04,下列表述正确的是(　　)。

A. 荷载效应与抗力效应的比值在 1.0～1.2 之间,该桥承载能力不明确

B. 荷载效应与抗力效应的比值大于 1,该桥承载能力不满足要求

C. 该桥承载能力满足要求

D. 荷载效应与抗力效应的比值大于 1,应重新进行荷载试验确定

二、判断题

1. 根据《公路桥梁承载能力检测评定规程》(JTG/T J21—2011),对于多跨桥梁,应选择技术状况最好的桥跨进行承载能力检测评定。(　　)

2. 对于多跨或多孔桥梁的承载能力评定,应对所有桥跨或桥孔分别评定。(　　)

3. 桥梁结构检算应针对结构主要控制截面、薄弱部位和出现严重缺损部位。(　　)

4. 对在用桥梁进行承载能力检测评定,检算宜依据竣工资料或设计资料,并应根据实际调查和检测结果进行核对修正。(　　)

5. 对在用桥梁进行承载力检测评定,当结构或构件的承载能力检算系数评定标度 $D \leqslant 3$ 时,可以只进行承载能力极限状态评定计算。(　　)

6. 进行桥梁承载能力检测评定时,桥面系、上部和下部结构的技术状况等级即作为对应结构的缺损状况评定标度值。(　　)

7. 桥梁实际承载力的最终评定结果是取各部件实际承载力的平均值。(　　)

8. 对圬工桥梁进行承载力评定,其分项检算系数不包括承载能力恶化系数。(　　)

9. 对交通繁重和重型车辆较多的桥梁,需要引入活载影响修正系数来修正荷载效应。(　　)

10. 承载能力检算系数、恶化系数、截面折减系数以及活载影响修正系数都是对结构抗力效应的修正系数。（　）

11. 配筋混凝土桥梁承载能力评定时，混凝土强度的实测结果对承载力检算系数 Z_1 和承载力恶化系数 ξ_e 的取值都有影响。（　）

12. 对钢结构桥梁进行承载能力评定时，承载能力检算系数 Z_1 应按结构或构件的缺损状况、材质强度和结构自振频率的评定标度来确定。（　）

13. 桥梁的拉吊索承载能力评定，承载能力检算系数 Z_1 应根据表观缺损状况查表确定。

（　）

14. 桥梁承载能力评定时，结构或构件的总体技术状况越差，则承载能力检算系数 Z_1 的取值越小。（　）

15. 对某桥梁进行荷载试验检测，其主要挠度测点的相对残余变位大于25%，可直接判定该桥承载力不满足要求。（　）

16. 跨越干沟的钢筋混凝土桥梁，桥墩允许最大裂缝宽度为0.4mm。（　）

17. 对某钢筋混凝土拱桥进行荷载试验时，发现拱圈下缘有多条横向裂缝，荷载作用下裂缝宽度为0.35mm，卸载后裂缝宽度为0.30mm，可判定该桥承载力不满足要求。（　）

18. 规范规定，混凝土主拱圈横向裂缝宽度的限值为0.30mm，且裂缝高度应小于截面高度的1/3。（　）

19. 对某桥梁进行静力荷载试验，主要测点的校验系数小于1，应根据主要测点校验系数的平均值确定检算系数 Z_2，代替 Z_1 再进行承载力评定检算。（　）

20. 对某桥梁进行静力荷载试验，主要测点的校验系数大于1，应根据主要测点校验系数的较大值确定检算系数 Z_2，代替 Z_1 再进行承载力评定检算。（　）

21. 静力荷载试验主要测点的校验系数越大，则检算系数 Z_2 取值越小。（　）

22. 某桥梁的承载能力检算系数评定标度 $D<3$，荷载效应与抗力效应的比值为0.95，可判定该桥的承载能力满足要求。（　）

23. 某预应力混凝土连续梁桥，基于桥梁技术状况检测评定得到的检算系数 Z_1 为1.1，检算得到的荷载效应与抗力效应的比值为1.05。随后进行的荷载试验得到的检算系数 Z_2 为1.02，则重新检算的桥梁承载力满足要求。（　）

24. 某B类预应力混凝土梁桥，通过荷载试验取用 Z_2 重新检算得到的荷载效应与抗力效应的比值为1.02，梁体有最大宽度为0.10mm的竖向裂缝，除此以外，其他检测和检算结果均正常，则桥的承载力满足要求。（　）

25. 对某在用普通钢筋混凝土梁桥进行承载能力检算评定，跨中截面修正后的实际荷载效应为3000kN·m，设计抗力效应为3500kN·m，实测得到的承载力恶化系数为0.1，检算系数 Z_1 为0.9，其他修正系数均为1.0，则该桥的实际承载能力不满足要求。（　）

三、多项选择题

1. 规范规定，在用桥梁有下列（　）情况之一时，应进行承载能力检测评定。

A. 拟提高荷载等级的桥梁　　B. 遭受重大自然灾害或意外事件的桥梁

C. 日交通流量超过 5 万台车辆的桥梁　　D. 使用 10 年以上的桥梁

E. 技术状况等级为四、五类的桥梁

2. 在用桥梁承载能力检测评定,应从结构或构件的强度、(　　)等几个方面进行检算。

A. 刚度　　B. 自振频率　　C. 桥梁技术状况　　D. 抗裂性

E. 稳定性

3.《公路桥梁承载能力检测评定规程》(JTG/T J21—2011)不适用于对以下哪些桥梁的承载能力评定(　　)。

A. 在用钢结构桥梁　　B. 钢-混凝土组(混)合结构桥梁

C. 新建成的连续刚构桥　　D. 在用钢筋混凝土拱桥

E. 跨径超过 1000m 的在用悬索桥

4. 对桥梁进行了技术状况检测及承载力检算,当出现以下(　　)情况时,应通过荷载试验评定桥梁的承载能力。

A. 桥梁技术状况等级为三类

B. 承载能力检算系数评定标度 $D \geqslant 3$

C. 经检算,作用效应与抗力效应之比在 1.0 ~ 1.2 之间

D. 采用其他方法难以准确判断桥梁能否承受预定荷载

5. 在用桥梁的承载能力检算评定,为确定各分项检算系数,必须完成的工作有(　　)。

A. 材质状况检测　　B. 桥梁缺损状况检查评定

C. 结构状态参数检测　　D. 实际运营荷载状况调查

6. 桥梁承载能力检测评定工作中,测量桥跨结构纵向线形,以下叙述正确的是(　　)。

A. 按一等水准测量要求施测

B. 按二等水准测量要求施测

C. 中小跨径桥梁,单跨不少于 5 个测试截面

D. 大跨径桥梁,单跨不少于 9 个测试截面

7. 对配筋混凝土桥梁承载力进行正常使用极限状态评定,检算内容应包括(　　)。

A. 自振频率　　B. 限制应力　　C. 结构变形　　D. 稳定性

E. 裂缝宽度

8. 桥梁墩台承载能力检测评定,检算的内容至少应包括(　　)。

A. 截面强度　　B. 裂缝宽度　　C. 结构变形　　D. 总体稳定性

9. 配筋混凝土桥梁承载能力极限状态评定检算中,现场检测和调查中需要获取的数据资料和信息包括以下几个方面(　　)。

A. 承载能力恶化的相关数据和信息

B. 配筋混凝土结构的截面折减的相关数据和信息

C. 钢筋的截面折减的相关数据和信息

D. 用于活载影响修正的相关数据和信息

10. 关于全预应力混凝土梁桥裂缝限值的叙述,正确的是(　　)。

A. 梁体不允许出现横向裂缝

B. 梁体竖向裂缝宽度不得大于 0.2mm

C. 梁体纵向裂缝宽度不得大于0.2mm

D. 梁体不允许出现纵向裂缝

11. 配筋混凝土桥梁的承载能力恶化系数ξ_e,需根据(　　)检测指标确定。

A. 缺损状况、混凝土强度　　B. 材料风化

C. 混凝土碳化状况、钢筋保护层厚度　　D. 钢筋锈蚀电位、混凝土电阻率

E. 氯离子含量

12. 配筋混凝土桥梁的截面折减系数,是根据(　　)检测指标确定的。

A. 钢筋锈蚀电位　　B. 材料风化

C. 混凝土碳化　　D. 混凝土强度

E. 物理与化学损伤

13. 结构或构件的缺损状况是承载能力评定必不可少的检测指标之一,以下叙述中哪些是正确的(　　)。

A. 桥面系、上部和下部结构的缺损状况评定标度值即为对应部位的技术状况等级

B. 承载能力检算系数Z_1的取值与缺损状况评定标度值有关

C. 承载能力恶化系数ξ_e的取值与缺损状况评定标度值有关

D. 截面折减系数ξ_c的取值与缺损状况评定标度值有关

14. 为确定桥梁的活载影响修正系数ξ_q,需在桥梁现场实际调查(　　)。

A. 平均车速　　B. 大吨位车辆混入率

C. 轴荷载分布情况　　D. 典型代表交通量

15. 混凝土简支梁桥承载能力检测评定,除检算跨中截面正弯矩外,还应检算(　　)。

A. 1/4截面正弯矩　　B. 支点附近剪力

C. 1/4截面附近弯剪组合　　D. 支点附近负弯矩

16. 关于桥梁承载力检算系数Z_1(或Z_2),以下表述中错误的是(　　)。

A. 承载力检算系数Z_1通过荷载试验结果确定

B. 承载力检算系数Z_2通过荷载试验结果确定

C. 荷载试验的实测校验系数越大,承载力检算系数取值越大

D. 通过计算应变校验系数和挠度校验系数的均值,并以此计算结果查表得到检算系数

17. 对某桥梁进行基于技术状况检测的承载能力评定,根据检算结果荷载作用效应与抗力效应的比值为1.15,下列表述错误的是(　　)。

A. 荷载效应与抗力效应的比值大于1.0,该桥承载能力不满足要求

B. 该桥承载能力不明确,应进行荷载试验加以明确

C. 荷载效应与抗力效应的比值小于1.2,该桥承载能力满足要求

D. 应进行荷载试验确定检算系数Z_2,代替Z_1重新检算承载能力

E. 应进行荷载试验,如校验系数小于1可判定承载能力满足要求

18. 出现以下(　　)情形时,可判定桥梁承载能力不满足要求。

A. 荷载试验时,挠度测点的相对残余变形最大值达到15%

B. 荷载试验时,荷载作用下的结构受力裂缝超过规范限值,且卸载后未闭合

C. 检算的荷载效应与抗力效应的比值为 1.25

D. 荷载试验主要测点的校验系数大于 1

E. 通过荷载试验确定检算系数 Z_2 重新检算荷载效应与抗力效应的比值为 1.03

19. 符合以下(　　)条件时,可判定桥梁承载能力满足要求。

A. 根据荷载试验前的检算结果,荷载效应与抗力效应的比值小于 1

B. 桥梁技术状况评定为一类桥

C. 通过荷载试验确定检算系数 Z_2,重新检算荷载效应与抗力效应的比值小于 1.05

D. 荷载试验主要应变测点的相对残余未超过 20%

20. 对某桥梁进行承载能力检测评定,以下表述正确的包括(　　)。

A. 荷载效应与抗力效应的比值大于 1.0 时,判定承载能力不满足要求

B. 荷载效应与抗力效应的比值小于 1.0 时,判定承载能力满足要求

C. 荷载效应与抗力效应的比值大于 1.2 时,判定承载能力不满足要求

D. 荷载效应与抗力效应的比值为 1.0 ~ 1.2 时,应通过荷载试验确定其承载能力

四、综合题

1. 对某钢筋混凝土简支 T 梁桥进行承载能力检测评定,该桥计算跨径为 20.0m,桥面横向布置为:0.3m(栏杆)+9.0m(车行道)+0.3m(栏杆)=9.6m,无人行道,设计荷载等级为公路—Ⅱ级。根据前期检测结果得到的跨中截面正弯矩计算结果和各分项检算系数见下表。

跨中截面正弯矩计算结果及取值表

计算内容	设计抗力效应 R	修正后的实际荷载效应 $\xi_q\gamma_0 S$	
跨中截面抗弯能力(kN·m)	4900.0	4710.0	
各分项系数取值			
承载力检算系数评定标度 D	3.70	承载力检算系数 Z_1	0.93
承载能力恶化系数 ξ_e	0.05	混凝土截面折减系数 ξ_c	1.00
钢筋截面折减系数 ξ_s	1.00	活载影响修正系数 ξ_q	1.12

(1) 以下关于承载力检算的叙述中,错误的是(　　)。

A. 混凝土的物理与化学损伤对结构的不利影响体现在混凝土截面折减系数 ξ_c 中

B. 承载能力恶化系数 ξ_e 考虑了混凝土表面风化、剥落等对结构承载力的不利影响

C. 该桥的设计抗力效应大于实际荷载效应,可评定承载能力满足要求

D. 承载能力恶化系数 ξ_e、混凝土截面折减系数 ξ_c 均考虑了混凝土碳化的影响

(2) 依据规范的相关规定,以下关于承载力检算的叙述正确的有(　　)。

A. 承载力检算系数评定标度 $D<4$,可不进行正常使用极限状态评定计算

B. 承载力检算系数评定标度 $D \geqslant 3$,应进行正常使用极限状态评定计算

C. 承载力检算系数评定标度 $D \geqslant 3$,可判定该桥承载能力不满足要求

D. 正常使用极限状态评定计算应包括:限制应力、结构变形和裂缝宽度

(3) 根据表中数据,跨中截面正弯矩实际抗力效应 R 的计算结果应为(　　)。

A. 4848.6kN·m　　B. 5103.8kN·m　　C. 4329.2kN·m　　D. 843.0kN·m

(4)根据表中数据,跨中截面正弯矩实际荷载效应与实际抗力效应的比值为(　　)。

A.0.97　　B.1.09　　C.0.92　　D.1.04

(5)根据现阶段检算结果,以下结论错误的是(　　)。

A.跨中正弯矩实际荷载效应小于实际抗力效应,承载能力满足要求

B.跨中正弯矩实际荷载效应大于实际抗力效应,承载能力不满足要求

C.跨中正弯矩实际荷载效应与实际抗力效应的比值在1.0~1.2之间,承载能力不明确

D.跨中正弯矩实际荷载效应与实际抗力效应的比值小于1.05,承载能力满足要求

2.某在用圬工拱桥,位于厂区主干道,交通繁忙且重车较多,受业主委托,需对进行桥梁承载能力的检测评定,试完成以下相关分析和检测评定。

(1)为获取承载能力检算所需的各分项检算系数,以下(　　)工作是必须完成的。

A.桥梁缺损状况检查评定　　B.钢筋锈蚀状况检测

C.实际运营荷载状况调查　　D.材质状况检测

(2)对该桥进行承载能力检算,需确定的分项检算系数除截面折减系数外,还应包括(　　)。

A.承载能力检算系数 Z_1 或 Z_2　　B.活载影响系数

C.钢筋截面折减系数　　D.承载能力恶化系数

(3)为确定该桥的截面折减系数,需检测的技术指标包括(　　)。

A.混凝土弹性模量　　B.材料风化

C.碳化状况　　D.物理与化学损伤

(4)该桥承载能力检算系数评定标度 $D=2.3$,经各分项检算系数修正后拱顶截面正弯矩的实际抗力效应为5600kN·m,实际荷载作用效应为5800kN·m,则现阶段可得出的推论有(　　)。

A.拱顶正弯矩实际荷载效应大于实际抗力效应,承载能力满足要求

B.拱顶正弯矩实际荷载效应大于实际抗力效应,承载能力不满足要求

C.拱顶正弯矩的实际荷载效应与实际抗力效应的比值为1.0~1.2,承载能力不明确

D.检算系数评定标度 $D<3$,按规范可不进行正常使用极限状态检算评定

(5)检算后对该桥进行荷载试验,荷载作用下拱圈下缘横向最大缝宽为0.25mm,卸载后缝宽0.05mm,拱顶截面上游、下游两个测点的挠度校验系数分别为1.08、1.16,其他测试数据均正常,则以下叙述正确的是(　　)。

A.拱圈横向裂缝缝宽未超过规范限值,且卸载后闭合情况较好,该桥承载能力满足要求

B.拱圈横向裂缝缝宽超过规范限值

C.应根据荷载试验确定检算系数 Z_2 后,重新评定该桥承载能力

D.主要挠度测点的校验系数大于1,该桥承载能力不满足要求

习题参考答案及解析

一、单项选择题

1. C

【解析】桥梁实际承载能力的检测评定方法,包括荷载试验和在技术状况检测的基础上进行承载力检算评定两种形式,前者适用于在用桥梁和新建桥梁,后者适用于在用桥梁。

选项 A、D 错误,一般在完成定期检查后可评定桥梁的技术状况等级,该等级主要反映的是桥梁的总体表观现状,承载能力是综合更多因素的内在性能指标,与技术状况等级有关,但并直接等同,例如实际交通量较少或重车率较低的桥梁,轻度使用多年后技术状况良好,但实际承载能力有可能不满足设计荷载等级要求。选项 B 错误,采用检算的方式评价桥梁的实际承载能力,必须是详细调查了桥梁的实际病害、缺损状况、实际交通状况等情况,并以此为基础得到检算系数后进行的检算。

2. A

【解析】见《公路桥梁承载能力检测评定规程》(JTG/T J21—2011)第 1.0.4 条的相关规定。

建筑结构必须满足安全性、适用性和耐久性的要求。当满足预定的各项功能时,结构处于有效状态;反之,则处于失效状态。有效状态和失效状态的分界称为极限状态,是结构开始失效的标志。极限状态可分为承载能力极限状态和正常使用极限状态两类,其中承载能力极限状态是结构或构件达到最大承载能力或者达到不适于继续承载的变形状态,它是结构安全性功能极限状态,如:结构失衡、失稳、超过材料强度而破坏、过度塑性变形等,超过承载能力极限状态后,结构或构件就不能满足安全性的要求,将导致结构破坏、人身伤亡和经济损失,设计时应采取措施使出现承载能力极限状态的概率处于极低的水平;正常使用极限状态,是指对应于结构或构件达到正常使用或耐久性的某项限值的状态,它是结构的适用性和耐久性功能极限状态,如:结构或构件出现影响正常使用的过大变形、过宽裂缝、局部损坏和振动等,当结构超过正常使用极限状态时,虽然它已不能满足适用性和耐久性功能要求,但结构并没有破坏,不至于导致人身伤亡。出现正常使用极限状态的概率允许大于出现承载能力极限状态的概率。

桥梁承载力评定就是以基于上述概率理论的极限状态设计方法为基础,采用引入分项检算系数修正极限状态设计表达式的方法,依据试验检测、检查的结果,分别检算桥梁的安全性、适用性和耐久性,对桥梁承载能力进行评定。其中承载能力极限状态主要检算的是结构或构件的截面强度和稳定性(即考察结构或构件的安全性),正常使用极限状态主要检算的是结构或构件的刚度和抗裂性(即考察结构或构件的适用性和耐久性)。

3. C

【解析】承载能力检算系数评定标度 D 反映结构或构件的总体技术状况,根据桥梁缺损状况、材质强度、自振频率的检测结果,通过加权计算得到。当 $D<3$ 时,表明结构或构件总体技术状况较好,按规范可只做承载能力极限状态检算,不做正常使用极限状态检算;当 $D\geqslant3$ 时,说明桥梁存在较严重缺损或材质状况较差或结构实际刚度小于设计计算刚度,桥梁的总体

状况不容乐观,需要进行正常使用极限状态评定检算,通过采用引入检算系数 Z_1 或 Z_2 的方式检算限制应力、结构变形和裂缝宽度。

4. C

【解析】公路桥梁承载能力检测评定,规范中的原则性要求是"桥梁结构检算应针对结构主要控制截面、薄弱部位和出现严重缺损部位",对于混凝土梁桥的检算内容是:跨中正弯矩、支点附近最不利剪力、跨径 $L/4$ 截面附近最不利弯剪组合效应、连续梁墩顶负弯矩和桥面局部强度,选项 C 错误,轴力不是梁桥主梁的主导内力。

5. B

【解析】桥梁承载力评定流程、评判等内容相对复杂,建议对照本章【复习要点提示】的承载力检算评定流程图,结合规范和考试用书算例理解学习。

6. D

【解析】根据《公路桥梁承载能力检测评定规程》(JTG/T J21—2011)的规定,在技术状况检测的基础上进行桥梁承载力检算评定的方法,基于极限状态设计理论,根据桥梁实际的技术状况、健康状况定量引入多个分项检算系数,修正计算结构抗力效应和荷载效应后,通过比较二者的大小,评定桥梁的实际承载能力。准确量化分项检算系数是检算工作的核心。

用于桥梁承载能力检算评定的分项检算系数共有 5 个:

①承载力检算系数 Z_1 或 Z_2;

②结构有效截面折减系数 ξ_c;

③钢筋有效截面折减系数 ξ_s;

④考虑结构耐久性影响因素的承载能力恶化系数 ξ_e;

⑤反映实际通行汽车荷载变异的活载影响修正系数 ξ_q。

其中系数①~④为修正结构的抗力效应,系数⑤为修正结构的荷载效应。

需要注意的是,不同材质的桥梁所引入的分项检算系数不相同:配筋混凝土桥梁需计入①~⑤全部系数;圬工结构桥梁计入系数①、②、⑤;钢结构桥梁计入系数①、⑤。

7. C

【解析】选项 C 正确,承载能力恶化系数主要反映了配筋混凝土桥梁结构的质量状况衰退对结构耐久性的影响。根据对缺损状况、钢筋锈蚀、混凝土电阻率、混凝土碳化、钢筋保护层厚度、氯离子含量、混凝土强度等指标的检测结果,并按桥梁所处的环境条件查表确定承载能力恶化系数。选项 AB 反映的是因材料风化、碳化及物理与化学损伤、钢筋锈蚀所引起的有效面积损失。选项 D 活载影响修正系数则是根据典型代表交通量、大吨位车辆混入率和轴荷分布情况对设计汽车荷载效应的修正系数。

8. B

【解析】选项 ACD 的表述正确。对配筋混凝土桥梁结构,承载力恶化系数是以 $(1-\xi_e)$ 的形式修正抗力效应,结构或构件恶化状况越差,评定标度 E 值越大,则根据查表 ξ_e 的取值也越大,对结构抗力效应的折减也就越大。需要注意的是,配筋混凝土桥梁检算才计入承载力恶化系数,钢结构桥和圬工桥梁不需计入。

9. D

【解析】活载影响修正系数 ξ_q,是考虑桥梁实际承受汽车荷载与设计汽车荷载之间的差异,对结构荷载效应的修正系数,其值为不小于1的系数。规范要求,对于交通繁忙或重载车辆较多的桥梁,应通过调查典型代表交通量、大吨位车辆(质量超过30t)混入率和轴荷分布情况(轴重超过14t的车辆比例),量化为活载影响修正系数 ξ_q,对设计汽车荷载效应进行修正计算。

10. A

【解析】见《公路桥梁承载能力检测评定规程》(JTG/T J21—2011)第6.4.5条的相关规定。

11. C

12. B

【解析】参考本章【复习要点提示】的承载力检算评定流程图。桥梁承载能力检算评定,以荷载效应 S(修正后)与抗力效应 R(修正后)之比(S/R)为主要判据:比值小于1时评定承载能力满足要求,比值远大于1时评定承载能力不足,这是具有理论和经验依据的。但要注意,检算所采用的力学模型以及材质参数等一般都作了偏于安全、保守的简化和取值,理论计算的结构抗力往往小于结构的真实抗力,因此对于荷载效应略大于计算抗力效应的情况,直接评定承载力不足有可能使实际可用的桥梁提前退役,造成社会公共资源的极大浪费,但如评定桥梁承载力满足要求则缺少理论依据,且存在较大风险,所以规范规定,当荷载效应 S 与抗力效应 R 的比值为1.0~1.2时,还应通过荷载试验进一步明确桥梁的承载能力,由荷载试验得到的校验系数确定检算系数 Z_2,代替 Z_1 重新检算,如重新检算荷载效应 S 与抗力效应 R 的比值小于1.05,则判定桥梁承载能力满足要求,否则为不满足。

13. A

【解析】根据静载试验获取检算系数 Z_2,代替 Z_1 重新进行桥梁承载能力检算,荷载效应与抗力效应的比值小于1.05时,评定桥梁承载能力满足要求,否则为不满足要求。

14. B

【解析】《公路桥梁承载能力检测评定规程》(JTG/T J21—2011)第8.3节规定,桥梁承载力检算系数 Z_2 通过静载试验得到,根据主要测点应力(应变)校验系数和变位校验系数的较大者,查表获取。荷载试验的校验系数越小,说明结构相对安全储备越大,则 Z_2 值取值也越大。

15. D

【解析】见《公路桥梁承载能力检测评定规程》(JTG/T J21—2011)第7.6.1条的相关规定。

16. A

【解析】承载能力检算系数 Z_1 体现桥梁的总体技术状况对结构承载力的影响,根据结构或构件缺损状况、材质强度和结构自振频率三项整体性参数的检测结果确定 Z_1,其中结构自振频率变化不仅能够反映结构损伤情况,还能够反映结构整体性能和受力体系的改变。

17. C

【解析】对圬工与配筋混凝土桥梁,承载能力检算系数应根据桥梁缺损状况、材质强度和自振频率的检测结果计算确定,这三项检测指标的权重分别为0.4、0.3、0.3。

18. D

【解析】承载能力恶化系数 ξ_e 是根据缺损状况、钢筋锈蚀电位、混凝土电阻率、混凝土碳化状况、钢筋保护层厚度、氯离子含量及混凝土强度共计 7 项指标的检测结果以及桥梁所处的环境条件来确定的，其中缺损状况所占权重最大，为 0.32。

19. D

【解析】配筋混凝土桥梁的承载能力极限状态评定，根据桥梁检测结果引入承载力检算系数 Z_1 或 Z_2、混凝土截面折减系数 ξ_c、钢筋截面折减系数 ξ_s 和承载能力恶化系数 ξ_e 修正结构抗力效应，并与修正后的荷载效应对比，评定结构或构件的承载能力。公式中，γ_0 表示结构重要性系数，S 表示荷载效应函数，R 表示结构抗力函数，f_d 表示材料强度设计值，a_{dc}表示构件混凝土几何参数，a_{ds}表示构件钢筋几何参数。

桥梁的材质不同，所引入的分项检算系数也不同。圬工结构桥梁由于无配筋、不考虑钢筋锈蚀等造成的质量状况衰退，所以不需要引入承载能力恶化系数 ξ_e 和钢筋截面折减系数 ξ_s，其余参数及计算方式与配筋混凝土桥梁相同，其承载能力极限状态评定表达式为：$\gamma_0 S \leqslant R(f_d, \xi_c a_d) Z_1$。

20. C

【解析】对于钢结构桥梁，引入承载力检算系数 Z_1 或 Z_2 修正容许应力和容许变形，根据修正后的相应限值，进行承载能力评定。公式中，f_{dl}表示计入活载影响修正系数的荷载变形计算值，$[f]$表示容许变形值。

21. B

【解析】与圬工或配筋混凝土桥梁确定检算系数 Z_1 的方式不同，钢结构桥梁根据缺损状况评定标度查表来确定 Z_1，并且由于钢结构材质稳定、不易老化，也无须计入承载力恶化系数，因此选项 AC 错误。选项 D 错误，计算荷载效应时需计入活载影响修正系数。

22. B

【解析】详见《公路桥梁承载能力检测评定规程》(JTG/T J21—2011)第 5.10.3 条的相关规定。

23. D

【解析】配筋桥梁的构件截面折减系数 ξ_c 根据材料风化、碳化、物理与化学损伤的检查结果确定，其中物理与化学损伤所占权重最大，为 0.55，材料风化、碳化权重分别为 0.10、0.35；圬工桥梁的截面折减系数只考虑材料风化和物理与化学损伤两项，权重分别为 0.20 和 0.80。

24. D

【解析】桥梁结构或构件在持久状况下的裂缝宽度限值详见《公路桥梁承载能力检测评定规程》(JTG/T J21—2011)第 7.3.4 条。对于普通钢筋混凝土梁桥裂缝限值的规定还包括：腹板斜向裂缝宽度不得超过 0.30mm，组合梁结合面裂缝宽度不超过 0.50mm，横隔板和梁端裂缝宽度不超过 0.30mm，腹板斜向裂缝宽度不得超过 0.30mm。试验荷载卸除后，裂缝闭合宽度不得小于加载时扩展宽度的 2/3，当裂缝宽度和卸载后的闭合宽度同时超标时，可以判定承载力不满足要求。

25. C

【解析】参考本章【复习要点提示】的承载力检算评定流程图。

二、判断题

1. ×

【解析】对于多跨或多孔桥梁，在选择承载能力检测评定对象时，在结构形式上应体现代表性原则，在技术状况和结构受力上应体现最不利原则。

2. ×

【解析】多跨或多孔桥梁，对所有桥跨或桥孔进行承载力评定是不经济和不必要的。对相同结构形式、类似技术状况的桥跨可选择具有代表性的桥跨进行评定，对不同结构形式或不同技术状况的桥跨应选择最不利的桥跨进行评定。

3. √

4. √

5. ×

【解析】依据规范，当 $D<3$ 时可以只进行承载能力极限状态评定计算。

6. √

【解析】桥面系、上部和下部结构的技术状况等级，即为缺损状况评定标度值。

7. ×

【解析】桥梁实际承载力是通过现场对桥梁各部分（分上部结构、下部结构和桥面系）的缺损状况、材质状况及技术参数进行检测评定，然后引入分项系数进行桥梁极限状态计算，最终以承载能力最低的部分作为全桥能通行的荷载标准。

8. √

【解析】承载能力恶化系数主要是反映结构缺损、钢筋锈蚀等造成的质量状况衰退和结构耐久性降低。圬工桥梁是指以砖、石、混凝土（素混凝土，无配筋）等圬工材料作为主要建造材料的桥梁，不存在钢筋锈蚀等造成的不利影响，只考虑截面损伤、风化造成的有效截面折减，因此其分项检算系数包括承载力检算系数、截面折减系数和活载影响修正系数，而不计承载能力恶化系数和钢筋截面折减系数。

9. √

【解析】桥梁的实际交通状况可能与设计荷载的要求有差异（如交通流量超设计规定、重车比例、轴重分配等较设计荷载更加不利等），为使承载力检测评定结果更适应实际交通状况，《公路桥梁承载能力检测评定规程》（JTG/T J21—2011）规定对于交通繁忙和重型车辆较多的桥梁，需引入活载影响修正系数 ξ_q 以修正设计汽车荷载效应。通过对典型代表交通量、大吨位车辆混入率修正及轴荷分布情况三个方面的调查，可计算确定 ξ_q。

10. ×

【解析】5 个分项检算系数中，活载影响修正系数 ξ_q 修正结构荷载效应，其余 4 个系数修正结构抗力效应。

11. √

【解析】混凝土强度对桥梁结构的总体性能和耐久性都有影响，因此配筋混凝土桥梁

的承载力检算系数 Z_1(反映结构的总体性能)和承载力恶化系数 ξ_e(反映结构的耐久性),都与混凝土强度检测结果有关。

12. ×

【解析】由于圬工、配筋混凝土桥梁与钢结构桥梁在结构、材料上的差异,前者通过结构或构件的缺损状况、材质强度和结构自振频率三项检测指标来确定 Z_1,而钢结构桥梁根据表观缺损状况查表确定 Z_1,重点关注构件焊接、栓接、锈蚀等表观缺损状况。

13. √

【解析】桥梁拉吊索的承载能力检算系数 Z_1 根据表观缺损状况查表确定。

14. √

【解析】桥梁承载能力检算系数 Z_1 是对结构抗力效应的修正系数,结构或构件的总体技术状况越差,查表得到的 Z_1 越小,最终检算得到的桥梁实际抗力效应也越小。

15. √

【解析】规范规定,荷载试验中主要挠度测点的相对残余变位不得大于20%,否则认为结构在试验荷载作用下有较大的不可恢复变位,可直接依据试验结果评定其承载能力不能满足要求。

16. √

【解析】桥梁结构或构件在持久状况下的裂缝宽度限值属高频考点,详见《公路桥梁承载能力检测评定规程》(JTG/T J21—2011)第7.3.4条或考试用书关于结构裂缝宽度限值的内容。

17. √

【解析】钢筋混凝土拱桥允许带裂缝工作,其横向裂缝宽度的限值为0.30mm,本题中多条横向裂缝宽度超过限值,且卸载后裂缝闭合状况不良,依据规范可判定该桥承载能力不满足要求。

18. ×

【解析】砖、石、混凝土主拱圈横向裂缝宽度的限值为0.3mm,且裂缝高度应小于截面高度的1/2。

19. ×

【解析】静力荷载试验的校验系数,是指试验荷载作用下实测应变或变形值与计算值的比值。校验系数小于1,表明该测试部位(截面)实际状况要好于理论状态,校验系数越大,说明该测试部位(截面)的实际状况越差,则 Z_2 取值越小。规范规定根据主要测点校验系数的较大值来确定检算系数 Z_2,体现了以结构的较差部位(状况)为基准评定桥梁承载能力的理念。

20. ×

【解析】荷载试验主要测点的校验系数大于1,表明桥梁的实际工作状态要差于理论状态,依据规范可直接判定桥梁承载能力不满足要求,可不必用 Z_2 代替 Z_1 再做承载力评定检算。

21. √

【解析】Z_2 是对结构实际抗力效应的修正系数,校验系数越大,说明结构相对安全储备越小(甚至不足),则根据校验系数查表获取的 Z_2 也越小。

22. √

23. ×

【解析】检算系数 Z_1 是对结构抗力效应的修正系数。根据题意,代入 Z_2 重新检算得到修正后荷载效应与抗力效应的比值应为 $1.05\times1.1/1.02=1.13$。规范规定荷载效应与抗力效应的比值小于1.05时,承载力满足要求,因此题述错误。

24. √

【解析】根据题述,通过荷载试验取用 Z_2 重新检算得到的荷载效应与抗力效应的比值为1.02,小于1.05的规范限定值,裂缝宽度未超过规范限值(B类预应力混凝土梁桥竖向裂缝限值为0.15mm),且其他检测和检算结果均正常,因此题述正确。

25. ×

【解析】根据题述,跨中截面的实际抗力效应为 $3500\times0.9\times(1-0.1)=2835(\text{kN}\cdot\text{m})$,小于荷载效应3000kN·m,但该桥荷载效应与抗力效应的比值为1.06(小于1.20),根据规范该桥的实际承载力需要通过荷载试验加以确认。

三、多项选择题

1. ABE

【解析】依据规范,对于以下情形的桥梁,应进行承载能力检测评定:①技术状况为四、五类的桥梁;②拟通过加固手段提高荷载等级的桥梁;③需通行特殊重型车辆荷载的桥梁;④遭受自然灾害、意外事件的桥梁。

2. ADE

【解析】详见本章【单选】题2解析。承载能力极限状态的检算内容主要是结构或构件的截面强度和稳定性(即考察结构或构件的安全性),正常使用极限状态的检算内容主要是结构或构件的刚度和抗裂性(即考察结构或构件的适用性和耐久性)。

3. BC

【解析】《公路桥梁承载能力检测评定规程》(JTG/T J21—2011)适用于除钢-混凝土组(混)合结构桥梁外的在用公路桥梁承载能力检测评定。

4. CD

5. ABCD

【解析】承载能力检算评定的关键是准确、合理地量化各分项检算系数,包括通过桥梁缺损状况检查、材质状况与状态参数检测确定承载力检算系数 Z_1、承载能力恶化系数 ξ_e、混凝土截面折减系数 ξ_c 和钢筋截面折减系数 ξ_s,通过实际运营荷载状况调查确定活载影响修正系数 ξ_q。

6. BCD

【解析】见《公路桥梁承载能力检测评定规程》(JTG/T J21—2011)第5.1节桥梁几何形态参数检测评定的相关要求。

7. BCE

【解析】配筋混凝土桥梁正常使用极限状态的检算内容为限制应力、荷载作用下的变形和裂缝宽度。选项 D 稳定性是承载能力极限状态的检算内容。

8. AD

【解析】桥梁墩台受力明确、一般变性较小,使用中主要关注的是其安全性,因此进行墩台承载能力评定时检算内容为截面强度和总体稳定性。除此以外,规范要求对墩台有环形裂缝的截面,还应检算抗倾覆和抗滑动稳定性。选项 BC 均为正常使用极限状态的检算内容,用于考察结构的适用性和耐久性。

9. ABCD

【解析】根据配筋混凝土桥梁的特点,题述中的 ABC 均为正确选项。承载能力恶化系数主要考虑钢筋锈蚀、氯离子含量、钢筋保护层厚度等影响结构耐久性的因素;截面折减系数是考虑材料风化、碳化、物理与化学损伤对结构截面的削弱作用;钢筋的截面折减系数是考虑钢筋锈蚀导致有效面积削弱对结构受力的影响作用。而选项 D 则是针交通繁忙和重车较多桥梁所引入的修正系数,适用于所有桥型。

10. AC

【解析】详见《公路桥梁承载能力检测评定规程》(JTG/T J21—2011)第 7.3.4 条关于结构裂缝宽度限值的内容。预应力混凝土构件分为全预应力和部分预应力构件(又分为 A 类和 B 类):在荷载作用下正截面受拉边缘不出现拉应力的称为全预应力构件;允许出现拉应力但不得超过限值的(一般为不超过混凝土的抗拉强度)称为部分预应力 A 类构件;允许拉应力超过限值,但对裂缝宽度加以限定的称为部分预应力 B 类构件。根据其受力特点,规范规定全预应力和 A 类预应力构件均不允许出现横向或竖向裂缝,B 类预应力构件横向或竖向裂缝的宽度不得超过 0.15mm,相对而言纵向裂缝对结构受力、安全性的影响稍小,故三种类型预应力构件纵向裂缝的宽度限值均为 0.20mm。

11. ACDE

【解析】承载能力恶化系数 ξ_e 主要反映桥梁结构的质量状况衰退恶化,是综合考虑了对结构耐久性影响的不利因素,并按桥梁所处环境条件确定的一个分项检算系数。为确定承载能力恶化系数 ξ_e 需完成的检测内容共有 7 项:缺损状况、混凝土强度、钢筋锈蚀电位、混凝土电阻率、混凝土碳化深度、氯离子含量和钢筋保护层厚度,其中后 5 项指标主要与钢筋锈蚀相关。当钢筋锈蚀电位标度 ≥3 时,应进行混凝土碳化深度、氯离子含量及混凝土电阻率检测,否则这 3 项指标可以不做检测,其评定标度值取 1。选项 B 材料风化是对结构有效截面的削弱,其影响因素计入截面折减系数 ξ_c 中。

12. BCE

【解析】对配筋混凝土桥梁,由于材料风化、碳化、物理与化学损伤引起的结构或构件有效截面损失,以及钢筋锈蚀剥落造成的钢筋有效面积损失,对结构的抗力效应会产生不利影响,在检算时分别引入截面折减系数 ξ_c 和钢筋截面折减系数 ξ_s 修正这一影响。其中混凝土碳化除减弱混凝土对钢筋的保护作用外,还会降低混凝土的抗折强度及降低延性,故将其视为对有效截面的削弱。

13. ABC

【解析】选项 A 正确,根据规范相关规定,桥面系、上部和下部结构的技术状况等级为 1、2、3、4、5,则对应的缺损状况评定标度值即为 1、2、3、4、5;选项 BC 正确,承载能力检算系数

Z_1、承载能力恶化系数 ξ_e 的取值均与缺损状况评定标度值有关。选项 D 中截面折减系数所涉及的自然原因引起的风化、碳化、物理与化学损伤虽然广义上也属于表观破损，但与缺损状况评定中的缺损有所区别。对哪种病害计入哪个系数中应注意加以理解，并明确区分。

14. BCD

15. BC

【解析】见《公路桥梁承载能力检测评定规程》(JTG/T J21—2011)第 6.4.1 条。桥梁结构检算应针对结构主要控制截面、薄弱部位和出现严重缺损部位。根据受力特点，简支梁桥的检算内容应为跨中截面正弯矩、支点附近剪力和 1/4 截面附近弯剪组合，正确选项为 BC。选项 A 错误，1/4 截面正弯矩显然小于跨中截面正弯矩，一般来说简支梁跨中截面与 1/4 截面采用相同尺寸，如跨中截面的承载力满足要求，则 1/4 截面也满足；选项 D 错误，简支梁支点弯矩为零，无须检算其抗弯能力。

16. ACD

【解析】桥梁承载力检算系数 Z_1 根据桥梁技术状况、材质强度及自振频率的检测评定结果确定，Z_2 根据荷载试验的校验系数确定；荷载试验的检验系数越大，结构的状况相对越差，检算系数 Z_2 取值越小，修正后结构的实际抗力效应也越小；基于安全和相对保守的考虑，《公路桥梁技术状况评定标准》(JTG/T H21—2011)规定，取用应变校验系数和挠度校验系数中的较大者，查表得到检算系数 Z_2。

17. ACE

【解析】详见本章【单选】题 12 解析。选项 E，如根据荷载试验主要测点的校验系数大于 1 可判定桥梁承载能力不足，但如校验系数小于 1，根据评定流程还需根据实测的校验系数确定检算系数 Z_2，代替 Z_1 重新检算后，才能判定桥梁的承载能力是否满足。

18. BCD

19. AC

【解析】根据规范的相关规定，对于选项 AC 的两种情形，应判定桥梁承载力满足要求；选项 B，桥梁技术状况等级主要反映的是桥梁的总体表观现状，承载能力是综合更多因素的性能指标，与桥梁技术状况等级有关，但并不能由技术状况等级直接判断桥梁承载能力是否满足要求，例如实际交通量或重车率远低于设计荷载的桥梁，使用多年后可能技术状况很好，但实际承载能力有可能不满足设计要求。

荷载试验出现以下 4 种情况之一时，判定桥梁承载能力不满足要求：①主要测点静力荷载试验校验系数大于 1；②主要测点相对残余变位或相对残余应变超过 20%；③试验荷载作用下裂缝宽度超过限值，且卸载后裂缝闭合宽度小于扩展宽度的 2/3；④在试验荷载作用下，桥梁基础发生不稳定沉降变位。判定逻辑为“一票否决、全票通过”，即判定承载能力不满足要求的几个判据均具有“一票否决权”，而所有判据需全部符合规定时才能判定桥梁承载能力满足要求，例如由主要测点的相对残余变位或相对残余应变超过 20% 可判定桥梁承载力不满足要求，反之却不能仅凭某测点的相对残余小于 20%，就判定桥梁承载力满足要求，因此选项 D 错误。

20. BCD

【解析】经检算荷载效应与抗力效应的比值小于 1.0 时判定承载力满足，比值大于 1.2

时判定承载力不满足，比值介于1.0～1.2的桥梁，应通过荷载试验确定检算系数Z_2（根据挠度、应力校验系数的大者查表），代替Z_1重新检算，重新检算的荷载效应与抗力效应比值小于1.05，判定承载能力满足要求，否则不满足。

四、综合题

1.(1)BC　　(2)BD　　(3)C　　(4)B　　(5)ABD

【解析】(1)混凝土表面风化、碳化及物理与化学损伤视为对截面的削弱，其影响体现在混凝土截面折减系数ξ_c中，因此选项A叙述正确，选项B叙述错误；选项C叙述错误，桥梁的设计抗力效应和设计荷载效应均需引入分项检算系数进行修正，比较修正后的结果才能评定承载能力；选项D叙述正确。

(2)对在用桥梁，当结构或构件的承载能力检算系数评定标度$D<3$时，可认为结构或构件总体技术状况较好，可不进行正常使用极限状态评定计算，否则应引入检算系数Z_1或Z_2对限制应力、结构变形和裂缝宽度，进行正常使用极限状态评定计算。

(3)实际抗力效应$R=4900\times0.93\times(1-0.05)=4329.2$(kN·m)。

配筋混凝土桥梁承载能力极限状态评定表达式为：

$$\gamma_0 S\leqslant R(f_d,\xi_c a_{dc},\xi_s a_{ds})Z_1(1-\xi_e)$$

式中：γ_0——结构重要性系数；

S——荷载效应函数；

R——结构抗力函数；

f_d——材料强度设计值；

a_{dc}——构件混凝土几何参数；

a_{ds}——构件钢筋几何参数。

配筋混凝土桥梁的实际抗力效应计算，引入的检算系数包括承载力检算系数Z_1或Z_2、混凝土截面折减系数ξ_c、钢筋截面折减系数ξ_s和承载能力恶化系数ξ_e修正结构抗力效应。注意活载影响修正系数ξ_q是针对设计汽车荷载效应的修正。

(4)实际荷载效应/实际抗力效应＝4710.0/4329.2＝1.09。

(5)根据承载力极限状态检算，实际荷载效应与实际抗力效应的比值在1.0～1.2之间，承载能力不明确，应进行荷载试验进一步明确。本题中承载能力检算系数评定标度$D\geqslant3$，除进行承载力极限状态检算外，还应进行正常使用极限状态检算。

2.(1)ACD　　(2)AB　　(3)BCD　　(4)CD　　(5)D

【解析】(1)选项B错误，圬工桥梁无须进行钢筋锈蚀状况检测。

(2)详见本章【单选】题6及【判断】题9解析。题述中专门描述“该桥位于厂区主干道，交通繁忙且重车较多”，按规范应进行实际运营荷载状况调查，引入活载影响系数修正设计荷载效应。

(3)略。

(4)拱顶截面正弯矩的实际荷载效应与实际抗力效应的比值在1.0～1.2之间，承载能力不明确，需进行荷载试验进一步判定；该桥的检算系数评定标度$D<3$，按规范可不进行正常使用极限状态检算评定。

(5)选项AB错误,该桥裂缝宽度未超标,但不能仅凭此一项合格就判断桥梁承载力满足要求(未达到"全票通过"的条件);选项D,对于拱桥,拱顶截面挠度当然是主要控制测点,根据题述,拱顶截面上游、下游两个测点的挠度校验系数较接近且均大于1,可排除测试误差等可能因素,根据相关规定,可直接判定该桥承载能力不满足要求,而不需要用 Z_2 代替 Z_1 再做承载力评定检算,故选项C错误,选项D正确。

附　桥梁监测

复习提示

考试大纲要求

检　测　师	助理检测师
1. 桥梁施工监控及健康监测的目的及意义； 2. 桥梁监测的主要工作内容及基本方法； 3. 桥梁施工监控的主要流程； 4. 桥梁健康监测的主要流程	无

习　题

一、单项选择题

1. 桥梁结构监测包括施工期间监测和(　　)。
   A. 交通违章监测　　B. 养护维修监测
   C. 施工进场材料监测　　D. 使用期间监测
2. 桥梁施工期间监测的主要目的是(　　)。
   A. 督促施工人员遵守劳动安全法规　　B. 评价桥梁承载能力
   C. 保障施工安全、控制施工过程　　D. 保障施工进度
3. 桥梁施工期间的监测报告包括(　　)和总结性报告。
   A. 阶段性报告　　B. 分项工程报告
   C. 分部工程报告　　D. 单位工程报告
4. 桥梁使用期间的监测报告包括监测系统报告和(　　)。
   A. 阶段性报告　　B. 总结性报告
   C. 监测报表　　D. 分部工程报告

二、判断题

1. 桥梁监测应设定监测预警值，监测预警值应满足工程设计及被监测对象的控制要求。
(　　)

2. 桥梁施工期间监测所安装的监测设备不可再用于使用期间监测。（　）
3. 桥梁监测设备投入使用前应进行校准。（　）
4. 桥梁施工方案可根据施工期间的监测数据进行适当调整。（　）

三、多项选择题

1. 关于桥梁施工监测频次的要求,以下叙述正确的是(　　)。
   A. 每一个阶段施工过程至少应进行一次监测
   B. 施工期间,每5天至少应进行一次监测
   C. 应根据结构应力或变形实时调整监测频次
   D. 停工时和复工时应分别进行一次监测
2. 对某斜拉桥进行施工期间监测,应监测项包括(　　)。
   A. 基础沉降监测　　B. 变形监测
   C. 应变监测　　D. 温度监测
3. 对某拱桥进行使用期间监测,应监测项包括(　　)。
   A. 基础沉降监测　　B. 变形监测
   C. 应变监测　　D. 车辆荷载监测
4. 桥梁监测所用的应变传感器可选用(　　)。
   A. 电阻应变传感器　　B. 光纤光栅应变传感器
   C. 振弦式应变传感器　　D. 千分表

习题参考答案及解析

一、单项选择题

1. D

【解析】桥梁结构监测分为施工期间监测(又称施工监控)和使用期间监测(又称健康监测)。《建筑工程施工过程结构分析与监测技术规范》(JGJ/T 302—2013)规定,对于大跨径、结构特殊、环境特殊、形式复杂、受力复杂等桥梁,应进行施工期间监测,在桥梁投入运营后宜进行使用期间监测。桥梁监测工作一般委托第三方检测机构承担,通过由传感器、采集仪及监测软件所组成的监测系统,对桥梁结构状况、重要指标进行频繁、连续地监测。施工期间监测应以施工安全或工程质量控制为基准,使用期间监测应以结构正常使用极限状态或结构适用性为基准。

2. C

【解析】施工期间监测的目的是为保障施工安全,控制结构施工过程,优化施工工艺及实现结构设计要求提供技术支持,监测内容包括:基础沉降、变形、应变、环境及效应监测等。

使用期间监测的目的是为结构在使用期间的安全使用性、结构设计验证、结构模型校验及修正、结构损伤识别、结构养护与维修以及新方法新技术的发展与应用提供技术支持,

监测内容包括:基础沉降、变形、应变、环境及效应、车辆荷载、动力响应、支座反应和位移监测等。

3. A

【解析】桥梁施工期间的监测报告包括阶段性报告和总结性报告。其中,阶段性报告应在施工监测期间定期提交,总结性报告在监测工作完成后提交。报告应为施工期间工程结构性能的评价提供真实、可靠、有效的监测数据和结论。

4. C

【解析】桥梁使用期间的监测报告包括监测系统报告和监测报表。其中,监测系统报告在监测系统完成时提交,应包括项目概况、施工过程、监测方法和依据、监测项目及监测系统操作指南;监测报表在监测期间定期由监测系统自动生成,应为使用期间结构性能的评价提供真实、可靠、有效的检测数据和结论。

二、判断题

1. √

【解析】桥梁监测工作中,监测预警是预防工程事故、确保结构及周边环境安全的重要措施,是监测期间对结构正常、异常和危险不同状态进行判断的重要依据,因此,桥梁结构监测必须确定监测预警值,宜按"分区、分级、分阶段"的原则确定。

2. ×

【解析】桥梁施工期间监测和使用期间监测的仪器设备可统筹考虑,两个阶段有部分监测项目是相同的,施工期间监测的仪器设备可根据实际情况选择性地用于使用期间监测,这样可以节约成本、简化安装调试工作;另外,使用期间的监测数据还可与施工期间的监测数据校核。

3. √

【解析】监测设备使用前应进行必要的标定、校准或自校。

4. √

三、多项选择题

1. ACD

【解析】根据桥梁施工监测的目的及规范要求,选项ACD正确,选项A中提及的阶段施工包括:桥梁体系转换、新增浇筑节段、整体浇筑或吊装等。

2. ABCD

【解析】桥梁监测项目包括应检测项、宜监测项和可监测项。《建筑工程施工过程结构分析与监测技术规范》(JGJ/T 302—2013)规定,桥梁施工期间监测的应监测项包括基础沉降监测、变形监测、应变监测、温度监测,对于斜拉桥和悬索桥还包括环境风监测。

3. BCD

【解析】《建筑工程施工过程结构分析与监测技术规范》(JGJ/T 302—2013)规定,桥梁使用期间监测的应监测项包括变形监测、应变监测、温湿度监测和车辆荷载监测,对于斜拉桥和悬索桥还包括环境风监测。

4. ABC

【解析】桥梁监测的实施周期较长、环境复杂多变，传感器选型应充分考虑传感器精度、量程、动态频响特性、环境适应性、耐久性、长期稳定性及经济性等因素。

第三篇 隧道

第八章 基础知识

复习提示

考试大纲要求

检测师	助理检测师
1. 公路隧道的类型、结构组成和特点，围岩分级与工程特性，运营通风、照明基本要求； 2. 公路隧道常见的质量问题； 3. 公路隧道土建工程设计及施工，运营及养护，通风及照明设计与施工等相关技术规范	公路隧道的类型、结构组成和特点，围岩分级与工程特性，运营通风、照明基本要求

隧道基础知识知识要点

知识点	相关要点
一、隧道分类	1. 按位置：山岭、城市、水下。 2. 按穿越底层：岩石、土质。 3. 按修建方式：明挖、暗挖、沉管。 4. 按掘进方式：钻爆法（公路隧道常用）、盾构法、掘进机法、破碎机法。 5. 按布置方式：分离、小净距、连拱、分岔。 6. 按车道数：一般跨度（两车道）、中等跨度（三车道）、大跨度（四车道及四车道以上）。 7. 按长度：≤500m 短隧道，500m < L ≤ 1000m 中隧道，1000m < L ≤ 3000m 长隧道，L > 3000m 特长隧道
二、结构组成和特点	1. 结构组成：围岩、喷锚支护、二次衬砌、仰拱衬砌、仰拱填充、路面结构、排水盲管、水沟边沟、电缆沟和盖板等。 2. 特点：断面大、形状扁平、围岩复杂、结构受力不明确、不可预见因素多、施工环境差、隐蔽工程多、防水要求高、需要照明和通风。 3. 隧道结构设计采用工程类比为主、计算分析为辅的动态设计方法

续上表

知识点	相关要点
三、围岩分级	1. 根据围岩坚硬程度、完整性、基本质量指标(*BQ*)划分等级。*BQ* 修正因素包括地下水、软结构面影响、高初始应力。 2. 等级划分:6 级(Ⅰ~Ⅵ),数字越小,岩性越好
四、常见质量问题	渗漏水,衬砌开裂,衬砌厚度不足,衬砌背后空洞及不密实,混凝土劣化及强度不足,路面隆起、下沉、开裂,照明不足,悬挂件锈蚀脱落等、附属设施损坏
五、竣(交)工验收	1. 每座隧道为一个单位工程;特长、长隧道分多个合同段,每合同段为一个单位工程。 2. 衬砌、总体、路面为分部工程。 3. 熟悉和掌握隧道外观检查内容及扣分标准

习　题

一、单项选择题

1.《公路工程质量检验评定标准　第一册　土建工程》(JTG F80/1—2017)适用于(　　)施工的隧道。

A. 盾构机法　　B. 掘进机法　　C. 破碎机法　　D. 钻爆法

2. 高速公路隧道竣工检查时发现洞内有不符合要求的渗漏水现象,依据《公路工程竣(交)工验收实施细则》(交公路发〔2010〕65 号),应扣(　　)分。

A. 2 ~ 5　　B. 5 ~ 10　　C. 10 ~ 15　　D. 15 ~ 20

3. 进行特长隧道实体质量鉴定抽查时,对于衬砌强度应抽查不少于(　　)测区。

A. 10　　B. 20　　C. 50　　D. 100

4. 根据《公路工程竣(交)工验收实施细则》(交公路发〔2010〕65 号),以下表述错误的是(　　)。

A. 隧道以每座作为一个单位工程

B. 特长隧道、长隧道分为多个合同段施工的,每个合同段为一单位工程

C. 隧道衬砌、总体、路面分别为一个分部工程

D. 隧道初期支护为一个分部工程

5. 混凝土衬砌外观检查时,蜂窝、麻面面积不应超过该面总面积的(　　)。

A. 0.2%　　B. 0.5%　　C. 1.0%　　D. 2.0%

6. 两车道布置的公路隧道应划归为(　　)。

A. 小跨度隧道　　B. 一般跨度隧道　　C. 中等跨度隧道　　D. 大跨度隧道

7. 两隧道并行布置,两洞结构之间彼此不产生有害影响的隧道,称为(　　)。

A. 分离隧道　　B. 小净距隧道　　C. 连拱隧道　　D. 分叉隧道

8. 关于公路隧道特点的描述,不正确的选项是(　　)。

A. 结构受力明确　　B. 断面大、形状扁平

C. 围岩条件复杂　　D. 不可预见因素多

二、判断题

1. 公路隧道围岩等级分为 6 级,其中Ⅰ级围岩的岩性最差。（　）

2. 隧道的防水施工在喷锚支护之前进行。（　）

3. 公路隧道结构设计采用工程类比为主、计算分析为辅的动态设计方法。（　）

4. 长度为 3000m 的隧道为长隧道。（　）

5. 并行布置的两隧道,人工结构连接在一起,称为分叉隧道。（　）

6. 根据车道数分类时,中等跨度公路隧道是指 3 车道隧道。（　）

7. 公路隧道质量检验评定时,多个中、短隧道可合并为一个单项工程。（　）

8. 公路隧道质量检验评定时,对于采用模板台车的混凝土衬砌宜按照台车长度的倍数划分分项工程。（　）

三、多项选择题

1. 公路隧道可以按照以下(　　)等进行分类。

A. 隧道所处的位置　　B. 隧道修建方式

C. 隧道的开挖掘进方式　　D. 隧道布置方式

2. 公路隧道检测技术涉及面广、内容多,其中包括(　　)等。

A. 开挖断面检测　　B. 衬砌结构强度检测

C. 施工监控量测　　D. 超前地质预报

E. 承载力检算评定

3. 影响隧道围岩稳定的因素包括(　　)等。

A. 围岩的完整性　　B. 围岩的性质

C. 地下水的影响　　D. 开挖方式、支护结构等施工因素

4. 隧道围岩依据围岩的(　　)等进行等级划分。

A. 坚硬程度　　B. 完整性　　C. 成色　　D. 基本质量指标

5. 公路隧道常见的质量问题和病害现象包括(　　)。

A. 混凝土强度不足　　B. 渗漏水　　C. 照明亮度不足　　D. 路面开裂

6. 隧道衬砌结构的主要病害包括 (　　)等。

A. 衬砌开裂　　B. 衬砌厚度不足

C. 衬砌背后空洞　　D. 衬砌背后不密实

7. 根据《公路工程质量检验评定标准　第一册　土建工程》(JTG F80/1—2017)规定,隧道混凝土衬砌外观质量应符合(　　)等要求。

A. 钢筋混凝土结构裂缝宽度不得超过 0.2mm

B. 混凝土结构裂缝宽度不得超过 0.4mm

C. 蜂窝麻面面积不得超过总面积的 0.5%,深度不得超过 10mm

D. 蜂窝麻面面积不得超过总面积的0.5%，深度不得超过20mm

8. 根据《公路工程竣(交)工验收办法实施细则》(交公路发〔2010〕65号)，对隧道主体结构质量外观抽查的分部工程包括(　　)。

A. 衬砌　　B. 洞门　　C. 路面　　D. 机电设施

习题参考答案及解析

一、单项选择题

1. D

【解析】隧道的开挖掘进方式有：钻爆法、盾构机法、掘进机法、破碎机法。开挖掘进方式应根据围岩级别、隧道长度、断面大小、支护结构、工期要求、机械设备配置、出渣条件等因素综合确定，其中钻爆法是目前我国公路隧道最常用的开挖掘进方式。《公路工程质量检验评定标准　第一册　土建工程》(JTG F80/1—2017)适用于钻爆法施工隧道的质量检验。

2. B

【解析】根据《公路工程竣(交)工验收实施细则》(交公路发〔2010〕65号)，在隧道竣工检查时，当洞内有渗漏水现象，不符合要求时，高速公路、一级公路扣5~10分，其他公路隧道扣1~5分，冻融地区存在渗漏水现象时扣分取高限。

3. B

【解析】根据《公路工程竣(交)工验收实施细则》(交公路发〔2010〕65号)，对隧道实体进行抽查时，中、短隧道衬砌强度抽查不少于10测区，特长、长隧道抽查不少于20测区。

4. D

【解析】隧道竣(交)工验收时，将隧道的衬砌、总体、路面分别作为一个分部工程。初期支护属于隧道衬砌(分部工程)的一个分项工程，初期支护为隐蔽工程，其质量检验评定工作应随施工进度同期完成。

5. B

【解析】《公路工程质量检验评定标准　第一册　土建工程》(JTG F80/1—2017)规定，蜂窝、麻面面积不应超过总面积0.5%，深度不应超过10mm。另外还应注意规范对衬砌裂缝宽度的限值规定，钢筋混凝土结构缝宽不得超过0.2mm，混凝土结构缝宽不得超过0.4mm。

6. B

【解析】公路隧道按照跨度或车道数分类时，将两车道隧道划分为一般跨度隧道，三车道为中等跨度隧道，四车道及其以上为大跨度隧道。

7. A

【解析】隧道的布置方式分以下四种。

(1)分离式隧道：两隧道并行布置，且两洞结构之间彼此不产生有害影响的隧道。

(2)小净距隧道：并行布置的两隧道之间的净距较小，两洞结构之间彼此产生有害影响的隧道。

(3)连拱隧道:并行布置的两隧道的人工结构连接在一起的隧道。

(4)分叉隧道:双向行驶的大跨隧道或连拱隧道,由小净距逐渐过渡到分离式双洞隧道的隧道。

8. A

【解析】公路隧道是特殊的道路结构物,具有断面大、形状扁平、围岩条件复杂、结构受力不明确、不可预见因素多、施工环境差、隐蔽工程多、防水要求高、运营照明和通风要求高等特点。

二、判断题

1. ×

【解析】Ⅰ级围岩为坚硬岩,岩体完整,巨块状或巨厚层状整体结构,为岩性最好的围岩。Ⅵ级为岩性最差的围岩。

2. ×

【解析】在完成初期支护,并经监控量测或观测,确认围岩初期支护基本稳定后才能铺设防水层。

3. √

【解析】公路隧道所穿越的围岩岩性多种多样,不同岩性围岩具有不同的物理力学特性,不同围岩的地质条件其应力场分布和大小也有很大差异。隧道开挖后形成的临空面,围岩应力分布和力学参数均会发生变化。另外,隧道结构的受力还与开挖方式、支护时间、支护刚度等诸多因素有关。因此隧道结构的受力是不明确的,设计时采用工程类比为主、计算分析为辅,实行动态调整的方法。

4. √

【解析】按长度不同进行隧道规模划分时,应特别注意其界限划定的相关细节。《公路隧道设计规范　第一册　土建工程》(JTG 3370.1—2018)中按隧道长度的不同,将隧道分为短隧道($L \leq 500$m)、中隧道($500\text{m} < L \leq 1000$m)、长隧道($1000\text{m} < L \leq 3000$m)、特长隧道($L > 3000$m)四类。

5. ×

【解析】见本章【单选】题7解析。

6. √

7. ×

【解析】根据《公路工程质量检验评定标准　第一册　土建工程》(JTG F80/1—2017)进行公路隧道质量检验评定时,多个中、短隧道可合并为一个单位工程。

8. ×

【解析】根据《公路工程质量检验评定标准　第一册　土建工程》(JTG F80/1—2017)进行公路隧道质量检验评定,当混凝土衬砌采用模板台车施工时,宜按照台车长度的倍数划分分项工程。

三、多项选择题

1. ABCD

【解析】除按上述 ABCD 选项四种方式分类外,还可按照隧道穿越地层、隧道跨度或车道数、隧道长度等方式进行分类。

2. ABCD

【解析】公路隧道检测技术主要内容包括材料检测、开挖断面检测、初期支护检测(包括辅助措施检查、临时支撑检测)、衬砌结构强度检测、结构几何尺寸检测、外观质量检测、衬砌背后的空洞及密实检测、防排水检测、围岩松动检测、围岩预加固检测、施工监控量测、超前地质预报、施工环境检测等。

3. ABCD

4. ABD

【解析】隧道围岩根据围岩坚硬程度、岩体完整性、岩体基本质量指标(BQ)进行等级划分,具体方法如下:

(1)初步分级:根据岩石坚硬程度和完整性特征,再结合岩体基本质量定量指标(BQ)确定。

(2)详细分级:考虑对基本质量指标(BQ)的修正因素,结合岩体定性特征综合评判,确定围岩的细分等级。BQ 值的影响因数包括地下水、围岩稳定性受软弱结构面的影响、存在的初始高应力三方面。

5. ABCD

【解析】公路隧道常见的质量问题和病害包括隧道渗漏水,衬砌开裂,衬砌厚度不足,衬砌背后空洞及不密实,混凝土劣化及强度不足,路面隆起、下沉、开裂,照明不足,附属设施损坏,悬挂件锈蚀脱落等。

6. ABCD

7. ABC

【解析】见本章【单选】题 5 解析。

8. AC

【解析】根据《公路工程竣(交)工验收办法实施细则》(交公路发〔2010〕65 号),对隧道主体结构质量外观抽查的分部工程包括衬砌、总体和路面。洞门属于分项工程,B 选项错误;机电设施不属于主体结构,D 选项错误。

第九章　洞身开挖质量检测

复习提示

考试大纲要求

检　测　师	助理检测师
1. 常用开挖方法及工序； 2. 超欠挖技术要求及测量方法； 3. 拱墙、仰拱开挖轮廓检测方法，全站仪、水准仪、激光断面仪工作原理、操作方法、步骤，数据处理方法； 4. 开挖质量评定内容及标准	1. 常用开挖方法及工序； 2. 拱墙、仰拱开挖轮廓检测方法，全站仪、激光断面仪工作原理、操作方法、步骤

洞身开挖质量检测知识要点

知　识　点	相 关 要 点
一、围岩分级标准	1. 围岩分级：Ⅰ(硬)~Ⅵ(软)6 个等级。 2. 分级依据：围岩特征、岩体完整性、岩体基本质量指标 BQ 或岩体修正质量指标[BQ]等
二、常用开挖方法及工序	1. 主要开挖方法：全断面法、台阶法、弧形导坑留核心土法、中隔壁(CD)法或交叉中隔壁(CRD)法、双侧壁导坑法。 2. 施工工序：开挖、支护、二次衬砌。 3. 适用条件：围岩等级、隧道跨度、浅埋、地表沉降要求
三、超欠挖的测定方法	1. 直接量测方法：以内模为参照物直接测量法、使用激光束的方法、使用投影机的方法。 2. 非接触观测法：极坐标法(断面仪法)
四、开挖轮廓检测方法，全站仪、水准仪、激光断面仪工作原理、操作方法、步骤	1. 激光断面仪工作原理：极坐标法，由测距仪、角度测量仪及分析软件组成。 2. 全站仪工作原理：球坐标法，由激光测距仪、经纬仪(水平角和倾角)及软件组成。 3. 水准仪工作原理：利用水准仪提供的一条水平视线，测出两地面点之间的高差，然后根据已知点的高程和高差，推算出另一个点的高程。 4. 测量方法：手动检测法、定点检测法、自动量测法。 5. 操作步骤：检测前准备(20m 一个断面、确定断面仪站点、放点要求)、断面检测(仪器安放、定向、测量)、数据处理(编辑标准断面、导入测量曲线、数据处理、输出结果)。 6. 超欠挖确定：实测断面曲线与标准断面比较、判断超挖、欠挖

续上表

知　识　点	相 关 要 点
五、开挖质量评定内容及标准	1. 基本要求：①开挖断面尺寸符合设计要求；②严格控制欠挖；③尽量减少超挖；④开挖轮廓应按设计要求预留变形量；⑤仰拱超挖部分必须回填密实。 2. 隧道允许超挖值： 拱部：Ⅴ、Ⅵ级围岩，平均 100mm，最大 150mm；Ⅱ、Ⅲ、Ⅳ级围岩，平均 150mm，最大 250mm；Ⅰ级围岩，平均 100mm，最大 200mm。 边墙：每侧 +100mm，0mm；全宽 +200mm，0mm。 仰拱：平均 100mm，最大 250mm。 3. 爆破效果要求：开挖轮廓圆顺、开挖面平整；周边炮眼痕迹保存率要求：硬岩≥80%，中硬岩≥70%，软岩≥50%；两茬炮衔接台阶形误差不得大于 150mm（炮眼深度 >3m 的例外）

习　题

一、单项选择题

1. 采用钻爆法开挖隧道，硬岩的炮眼痕迹保存率不得低于（　　）。

A. 90%　　B. 80%　　C. 70%　　D. 50%

2. 隧道开挖断面检测方法中，属于非接触量测的方法是（　　）。

A. 以内模为参照物直接测量法　　B. 使用激光束的方法

C. 极坐标法　　D. 使用投影机的方法

3. 用激光断面仪或带有断面检测功能的全站仪对隧道拱部和边墙进行超欠挖检测，每（　　）检查一个断面。

A. 5m　　B. 10m　　C. 20m　　D. 50m

4. 某隧道施工时，开挖部位为Ⅲ级围岩，则拱部超挖的允许偏差为（　　）。

A. 平均值 100mm，最大值 200mm

B. 平均值 100mm，最大值 150mm

C. 平均值 150mm，最大值 200mm

D. 平均值 150mm，最大值 250mm

5. 激光断面仪方位角为 0°时，是指仪器的测头指向（　　）。

A. 水平向左　　B. 铅垂向上　　C. 水平向右　　D. 铅垂向下

6. 隧道采用台阶法开挖时，台阶开挖高度宜为（　　）m。

A. 1 ~2　　B. 2 ~3　　C. 2.5 ~3.5　　D. ≤2 ~3.5

7. 激光断面仪进行隧道断面检测，其基本原理是（　　）。

A. 小角度法　　B. 直角坐标法　　C. 极坐标法　　D. 后方交会法

8. 用激光断面法进行隧道净空断面检测时，激光断面仪（　　）。

A. 必须在隧道设计高程点上　　B. 应在隧道中心线上

C. 必须在隧道行车中心线上　　D. 可以在隧道任意位置

二、判断题

1. 开挖轮廓应预留支撑沉落量及变形量,并根据量测反馈信息及时调整。　(　)

2. 隧道开挖应严格控制欠挖,但当石质坚硬完整且岩石抗压强度大于 20MPa 并确认不影响衬砌结构稳定和强度时,岩石个别部分允许凸入衬砌断面。　(　)

3. 隧道激光断面仪是检测开挖质量的常用设备,它是利用激光射线在开挖面上定出基点,并通过该基点测量开挖轮廓线的方法。　(　)

4. 隧道开挖的断面尺寸应满足设计要求,并严格控制欠挖,拱脚、墙脚以上 0.5m 范围内严禁欠挖。　(　)

5. 由于采用激光断面仪进行隧道断面检测,多采用等角自动检测,为了使测点之间距离大致相等,应尽量在隧道中点附近设置测站。　(　)

6. 隧道开挖爆破作业应在上一循环喷射混凝土终凝 1h 后进行。　(　)

7. 明洞两侧回填高度差不应大于 500mm。　(　)

8. 连拱隧道爆破开挖时,可以利用中导洞为临空面。　(　)

三、多项选择题

1. 对隧道开挖质量的基本要求是(　　)。

A. 开挖断面尺寸符合设计要求　　B. 严格控制欠挖

C. 尽量减少超挖　　D. 隧道开挖轮廓应按设计要求预留变形量

E. 仰拱超挖部分必须回填密实

2. 采用钻爆法进行隧道开挖时,开挖方法包括(　　)等。

A. 全断面法　　B. 台阶法　　C. 双侧壁导坑法　　D. 破碎机法

3. 关于隧道激光断面仪的操作、应用的相关表述,正确的有(　　)。

A. 条件许可时仪器应布置在隧道轴线上

B. 被测断面须与隧道轴线垂直

C. 二次衬砌检测断面通常为 50m 一个

D. 初期支护检测断面通常为 10m 一个

4. 隧道开挖时,通常Ⅴ级围岩、浅埋、大跨度隧道的开挖可采用(　　)开挖。

A. 全断面法　　B. 中隔壁法　　C. 台阶法　　D. 双侧壁导坑

5. 采用激光断面仪测量隧道开挖断面,可以获得的成果有(　　)。

A. 隧道的设计开挖轮廓线　　B. 隧道的实际开挖轮廓线

C. 隧道的实际开挖量　　D. 隧道的超挖量

E. 隧道的欠挖量

6. 采用钻爆法开挖隧道时,其爆破效果应符合下列规定(　　)。

A. 开挖轮廓圆顺,开挖面平整

B. 炮眼深度不大于 3m,两茬炮衔接时,出现的台阶形误差不得大于 150mm

C. 硬岩的周边眼炮痕保存率应不低于 70%

D. 软岩的周边眼炮痕保存率应不低于50%

7. 当公路隧道跨度大且对地表沉降有严格要求时,通常采用的开挖方法有(　　)。

A. 全断面法　　B. 中隔壁法　　C. 交叉中隔壁法　　D. 双侧壁导坑法

习题参考答案及解析

一、单项选择题

1. B

【解析】对于不同性质的岩体,周边炮孔痕迹保存率应满足:硬岩不得低于80%,中硬岩不得低于70%,软岩不得低于50%,松散软岩很难残留炮痕,主要以开挖轮廓是否平整圆顺来认定是否合格。

周边眼炮孔痕迹保存率的计算方法如下式:

$$周边炮孔痕迹保存率\ \xi = \frac{残留有痕迹的炮孔数}{周边孔总数} \times 100\%$$

2. C

【解析】极坐标法即采用激光断面仪测量的方法,该方法通过设立在隧道中点附近的激光断面仪向围岩发射激光束,接收到反射回来的信息测量围岩到镜头的距离,结合镜头的角度信息得到围岩断面的形状,所以是非接触的测量方法。其余三种方法都需要人工用尺量测围岩的尺寸,所以都是直接测量的方法。

3. C

【解析】用激光断面仪或带有断面检测功能的全站仪进行超欠挖检测,每20m检查一个断面,每个断面自拱顶起每2m测1点。

4. D

【解析】隧道洞身开挖实测项目应符合下表的规定。

洞身开挖实测项目

项次	检查项目		规定值或允许偏差	检查方法和频率
1△	拱部超挖(mm)	Ⅰ级围岩(硬岩)	平均100,最大200	全站仪或激光断面仪检查:每20m检查1个断面,每个断面自拱顶起每2m测1点
		Ⅱ、Ⅲ、Ⅳ级围岩(中硬岩、软岩)	平均150,最大250	
		Ⅴ、Ⅵ级围岩(破碎岩、土)	平均100,最大150	
2	边墙超挖(mm)	每侧	+100,0	
		全宽	+200,0	
3	仰拱、隧底超挖(mm)		平均100,最大250	水准仪:每20m检查3处

5. D

【解析】激光断面仪以测头铅垂向下时为0°。一般激光断面仪的方位角范围:30°~330°(自动定点测量时),60°~300°(连续测量时),0°~350°(手动测量时)。

6. C

【解析】《公路隧道施工技术规范》(JTG/T 3660—2020)规定,台阶法开挖时台阶数量和台阶高度应综合考虑隧道断面高度、机械设备及围岩稳定性因素等确定。台阶开挖高度宜为2.5~3.5m。台阶数量可采用二台阶或三台阶,不宜大于三台阶。

7. C

8. D

二、判断题

1. √

【解析】隧道洞身开挖应符合下列基本要求:

(1)当隧道自稳能力差时,开挖前应做好预加固、预支护。

(2)当隧道地质出现变化或接近围岩分界线时,应采用地质雷达、超前小导坑、超前探孔等方法探明工程地质和水文地质状况,方可进行开挖。

(3)开挖轮廓应预留支撑沉落量及变形量,并根据量测反馈信息及时调整。

(4)应采用控制爆破技术减少开挖对围岩的扰动。

(5)应严格控制欠挖,拱脚、墙脚以上1m范围内严禁欠挖;当石质坚硬完整且岩石抗压强度大于30MPa并确认不影响衬砌结构稳定和强度时,岩石个别凸出部分(每$1m^2$不大于$0.1m^2$)可凸入衬砌断面,对于喷锚支护不得大于30mm,对于衬砌,欠挖值不得大于50mm。

(6)洞身开挖在清除浮石后应及时进行初喷支护。

2. ×

【解析】隧道开挖应严格控制欠挖,拱脚、墙脚以上1m范围内及净空图折角对应位置严禁欠挖;当岩层完整、岩石抗压强度大于30MPa并确认不影响衬砌结构稳定和强度时,每$1m^2$内欠挖面积不宜大于$0.1m^2$,欠挖隆起量不得大于50mm。

3. ×

【解析】隧道激光断面仪采用极坐标法进行测量,仪器按设定的转角步长,依次测量仪器旋转中心与开挖轮廓线交点的矢径及该矢径与水平方向的夹角,经数据处理得到开挖轮廓线。题述的测量方法为激光束法。

4. ×

【解析】软弱围岩隧道多采用台阶法或部分开挖法施工。在施工过程中拱脚、墙脚部位对结构的稳定性起着至关重要的作用。工程实践中曾大量出现隧道拱脚、墙脚下沉,甚至发生塌方事故,因此规定拱脚、墙脚以上1m范围内严禁欠挖。隧道开挖过程中,应严格控制欠挖,尽量减少超挖。

5. √

【解析】激光断面仪检测隧道断面时,在采用等角自动检测时,相邻两测点的间距约等于激光断面仪的转角增量与测头旋转中心到测点距离的乘积,断面仪安放在隧道中点可使测头到各测点的距离相当,从而各测点的间距较为均匀。

6. ×

【解析】隧道开挖爆破作业应在上一循环喷射混凝土终凝3h后进行。

7. √

【解析】《公路隧道施工技术规范》(JTG/T 3660—2020)规定,明洞土石回填应对称分层夯实,分层厚度不宜大于0.3m,两侧回填高差不应大于0.5m,回填到拱顶以上1.0m后,方可采用机械碾压。

8. ×

【解析】《公路隧道施工技术规范》(JTG/T 3660—2020)规定,主洞爆破设计和实施时,应注意保护中墙。不得以中导洞作为爆破临空面。

三、多项选择题

1. ABCDE

2. ABC

【解析】隧道开挖方法应根据围岩级别、隧道长度、隧道跨度、工期要求、机械设备等诸多因素确定,钻爆法(挖掘、爆破)是常用的方法。采用钻爆法时,开挖方式包括全断面法、台阶法、双侧壁导坑法、中隔壁法、弧形导坑预留核心土法等。破碎机法采用硬岩破碎机进行开挖,不属于钻爆法。

3. ABD

【解析】为保证精度和便于数据处理,条件许可时仪器应布置在隧道轴线上;根据检测目的,被测断面须与隧道轴线相垂直;通常情况下,开挖断面、二次衬砌每20m检查一个断面,初期支护每10m检查一个断面。

4. BD

【解析】对于Ⅴ级围岩、浅埋、大跨、地表沉降需严格控制的隧道开挖,可采用双侧壁导坑法、中隔壁法(CD法)或交叉中隔壁法(CRD);台阶法适用于Ⅲ~Ⅳ级围岩两车道及以下跨度的隧道;全断面法主要适用Ⅰ~Ⅲ级围岩双车道及以下跨度隧道的开挖;此外还有弧形导坑留核心土法可用于Ⅴ~Ⅵ级围岩两车道及以下跨度的隧道、Ⅲ~Ⅳ级围岩三车道隧道或一般土质隧道。

5. BCDE

【解析】激光断面仪的测量原理是极坐标法,即通过测量直接获得围岩上各测点到断面仪测头的距离和角度信息,亦即获得了以断面仪测头旋转中心为极点的极坐标系中各测点的坐标值(矢径和角坐标),将这些点连接起来就是隧道的实际开挖轮廓线,计算实际开挖轮廓线的面积可以得到实际开挖量,将实际开挖轮廓线与设计轮廓线进行对比则可以得到超欠挖量。以上的工作都是通过专用数据处理软件来实施的,为了准确判断隧道的超欠挖量,必须确保实际开挖轮廓线与设计轮廓线是在相同的坐标系中进行对比的。

6. ABD

【解析】硬岩的周边眼炮痕保存率应不低于80%,中硬岩的周边眼炮痕保存率应不低于70%。

7. BCD

【解析】钻爆法开挖时,主要开挖方法有全断面法、台阶法、弧形导坑留核心土法、双侧壁导坑法、中隔壁法及交叉中隔壁法等,不同开挖方式的适用性包括:

(1)全断面法可用于Ⅰ～Ⅲ级围岩双车道及以下跨度的隧道开挖。Ⅳ级围岩的两车道隧道和Ⅲ级围岩三车道及以上的大跨度隧道在有机械设备保证和良好的施工管理时,也可采用。

(2)台阶法可用于Ⅲ～Ⅳ级围岩双车道及以下跨度的隧道开挖。Ⅴ级围岩的两车道及以下跨度的隧道在采用了有效的预加固措施后,也可采用。

(3)弧形导坑留核心土法可用于Ⅴ～Ⅵ级围岩两车道及以下跨度的隧道、Ⅲ～Ⅳ级围岩三车道隧道或一般土质隧道。

(4)中隔壁法或交叉中隔壁法适用于Ⅴ级围岩、浅埋、大跨、地表沉降需严格控制的情况。

第十章　喷锚衬砌施工质量检测

复习提示

考试大纲要求

检　测　师	助理检测师
1. 喷锚衬砌构成、作用原理及基本要求； 2. 喷射混凝土、锚杆、钢筋网、钢架的作用、施工工艺及影响其质量的主要因素； 3. 锚杆、钢筋网和钢架加工与安装质量检测的内容及方法； 4. 锚杆拉拔力的测试方法、锚杆注浆饱满度和长度检测原理及方法； 5. 喷射混凝土质量检测内容及方法； 6. 初期支护内轮廓断面形状、尺寸检测方法； 7. 初期支护质量评定内容及标准	1. 喷锚衬砌构成； 2. 喷射混凝土、锚杆、钢筋网和钢架加工与安装质量检测的内容及方法； 3. 初期支护内轮廓断面形状、尺寸检测方法

喷锚衬砌施工质量检测知识要点

知　识　点	相 关 要 点
一、喷锚衬砌构成	1. 衬砌形式：喷锚衬砌、整体式衬砌、复合式衬砌。 2. 喷锚衬砌构成：喷射混凝土、锚杆、钢筋网、钢架（可单独采用某种支护，也可多种组合支护）。 3. 喷锚衬砌的作用：加固围岩、控制围岩变形、发挥围岩自承能力
二、喷射混凝土、锚杆、钢筋网、钢架的作用	1. 锚杆的作用：将分割的岩块串为整体、改善围岩的力学性能、约束围岩内部和周边变形、调整围岩受力状态、维护围岩稳定。 2. 喷射混凝土的作用：封闭岩面、防止围岩风化松动、填充坑凹及裂隙、维护和提高围岩的整体性、调整围岩应力分布、控制围岩变形、防止掉块、坍塌。 3. 钢筋网的作用：提高喷射混凝土抗剪和抗弯强度，提高喷射混凝土的整体性。 4. 钢架的作用：由于自身刚度较大，可提高喷射混凝土层的刚度和强度
三、施工工艺及影响其质量的主要因素	1. 锚杆施工工艺：在围岩钻孔，插入锚杆体、采用机械或锚固剂方法将锚杆体与围岩锚固在一起。 2. 喷射混凝土施工工艺：用高压将掺有速凝剂的混凝土拌合料通过喷射机直接喷射到隧道开挖面上。分为干喷、潮喷、湿喷三种，隧道施工应采用湿喷工艺，不允许干喷。 3. 钢架施工工艺：格栅钢架由两种或两种以上直径的钢筋焊接而成；型钢钢架采用型钢在施工现场或工厂用弯曲机冷弯加工形成。 4. 影响因素：原材料、施工作业

续上表

知　识　点	相 关 要 点
四、锚杆、钢筋网和钢架加工与安装质量检测内容及方法	1. 锚杆检测内容及方法：满足基本要求；锚杆数量：≥设计值（目测）；抗拔力：28d 拉拔力平均值≥设计值，最小拉拔力≥0.9 设计值（拉拔仪，抽查 1% 且≥3）；孔位：±150mm（尺量，抽查 10%）；孔深：±50mm（尺量，抽查 10%）；孔径：>锚杆杆体直径 ±15mm（尺量，抽查 10%）。 2. 钢筋网检测内容及方法：保护层厚度：≥20mm（凿孔法，每 10m 测 5 点）；网格尺寸：±10mm（尺量，每 $100m^2$ 检查 3 个网眼）；搭接长度：≥50mm（尺量，每 20m 测 3 点）。 3. 钢架检测内容及方法：榀数：≥设计值（目测或地质雷达法，逐榀检查）；间距：±50mm（尺量或地质雷达法，逐榀检查）；保护层厚度：外侧≥40mm，内侧（临空侧）≥20mm（凿孔法，每 20m 测 5 点）；倾斜度：±2°（铅锤法，逐榀检查）；拼装偏差：±3mm（尺量，逐榀检查）；安装偏差：横向 ±50mm，竖向≥设计值（尺和水准仪，逐榀检查）；连接钢筋：数量≥设计值（目测，逐榀检查），间距 ±50mm（尺量，每榀检查 3 处）
五、锚杆拉拔力测试方法、锚杆注浆饱满度及长度检测原理及方法	1. 锚杆拉拔力检测方法：连接加长套筒，强度≥锚杆极限拉力；锚口磨平或加楔形垫板，使千斤顶与锚杆在同一轴线；安装千斤顶；加载读数，获取抗拔力和拉力-位移曲线。 2. 锚杆注浆饱满度和长度检测原理：声波反射原理。 3. 锚杆注浆饱满度和长度检测方法：在杆体外端发射声波脉冲，声波通过杆体传播，遇界面反射；锚固密实：反射波能量小；锚固不密实：反射波能量大
六、喷射混凝土质量检测内容及方法	1. 强度：试件组数≥10，均值≥设计值，任一组抗压强度≥0.85 设计值；试件组数<10，均值≥1.05 设计值，任一组抗压强度≥0.90 设计值（喷大板法制取 100mm×100mm×100mm 立方体试件，按规定确定试件组数，用标准方法测得极限抗压强度，乘以 0.95）。 2. 厚度：均值≥设计值；60% 测点厚度≥设计值；最小值≥0.60 设计值（凿孔法：每 10m 检查 1 个断面，从拱顶起每 3m 测 1 点；地质雷达法：沿纵向在拱顶、两侧拱腰、两侧边墙测 5 条测线；每 10m 检查 1 断面，每断面 5 点）。 3. 喷层与围岩接触状态（背后空洞、与围岩黏结强度）（方法同 2）
七、初期支护质量评定内容及标准	1. 基本要求：施工前初期支护背部存在空洞、断面严重侵限时应及时处理、空隙应回填注浆。 2. 混凝土强度：按规定确定试件组数、合格判定。 3. 衬砌厚度：90% 测点厚度≥设计值；最小值≥0.50 设计值（尺量：每 20m 检查 1 个断面，每断面测 5 点；地质雷达法：沿纵向在拱顶、两侧拱腰、两侧边墙测 5 条测线；每 20m 检查 1 断面，每断面 5 点）。 4. 墙面平整度：施工缝、变形缝处≤20mm，其他部位≤5mm（2m 尺，每 20m 每侧连续检查 5 尺）。 5. 衬砌背部密实状况：无空洞、无杂物（地质雷达法：沿纵向在拱顶、两侧拱腰、两侧边墙测 5 条测线）

习　题

一、单项选择题

1. 在检查隧道锚杆安装尺寸时，钻孔直径应满足(　　)。

A. >杆体直径 +15mm　　B. >杆体直径 +10mm

C. ≥杆体直径 +15mm　　D. ≥杆体直径 +10mm

2. 锚杆杆体长度必须与设计相符，用直尺测量，锚杆长度不得小于设计长度的(　　)。

A. 90%　　B. 95%　　C. 100%　　D. 105%

3. 隧道施工的喷射混凝土应由两侧拱脚向上对称喷射，并将钢架覆盖，钢架临空一侧的喷射混凝土保护层厚度不应小于(　　)。

A. 10mm　　B. 20mm　　C. 40mm　　D. 50mm

4. 砂浆锚杆的灌浆强度应不低于(　　)。

A. 设计值的 80%　　B. 设计值的 90%　　C. 设计值的 95%　　D. 设计值的 100%

5. 隧道施工规范规定，水泥砂浆锚杆的钻孔深度允许偏差为(　　)。

A. ±10mm　　B. ±20mm　　C. ±50mm　　D. ±100mm

6. 隧道喷射混凝土抗压强度测定试验，其试件制作方法包括(　　)等。

A. 喷大板切割法、凿方切割法　　B. 喷大板切割法、成型试验法

C. 凿方切割法、成型试验法　　D. 成型试验法、直接拉拔法

7. 单洞两车道或三车道隧道，喷射混凝土抗压强度试件应每(　　)延米，至少在拱部和边墙各取 1 组(3 个)。

A. 10　　B. 20　　C. 30　　D. 50

8. 当喷射混凝土同批抗压强度试件组数 $n \geq 10$ 时，试件抗压强度平均值不低于设计值，任一组试件抗压强度不低于(　　)倍设计值，则其强度为合格。

A. 1.05　　B. 0.90　　C. 0.85　　D. 0.80

9. 初期支护钢筋网网格尺寸允许偏差、搭接长度要求为(　　)。

A. ±10mm、≥50mm　　B. ±10mm、≥30mm

C. ±5mm、≥50mm　　D. ±5mm、≥30mm

10. 喷射混凝土回弹率应予以控制，其中拱部和边墙应分别不大于(　　)。

A. 25%、15%　　B. 20%、15%　　C. 20%、10%　　D. 10%、5%

二、判断题

1. 锚杆材质需具有一定的延展性，对于杆体材料为钢材的锚杆，其断后伸长率不应小于 16%。(　　)

2. 在实际工程中，容易出现钢架喷射混凝土层与围岩脱离现象，形成空洞，因此实际操作中允许出现少量空洞和不密实现象。(　　)

3. 喷大板切割法检测隧道喷射混凝土抗压强度，应切割制取 150mm × 150mm × 150mm 的立方体试件，在标准条件下养护至 28d，采用标准试验方法测得的极限抗压强度作为其检测结果。（　　）

4. 隧道喷射混凝土回弹率是指施工过程中，由隧道岩壁跌落到地面的回弹物与全部喷射混凝土的质量之比。（　　）

5. 钢架安装基底高程不足时，不得用石块、碎石砌垫，应设置钢板或采用强度等级不低于 C20 的混凝土垫块。（　　）

6. 采用凿孔法检查喷射混凝土喷层与围岩的接触状况时，应每 10m 检查 1 个断面，每个断面从拱顶中线起每 5m 测 1 点。（　　）

7. 喷射混凝土的施工工艺有干喷、潮喷和湿喷，隧道施工中宜采用湿喷工艺。（　　）

8. 锚杆拔力合格指标为：28d 拔力平均值≥设计值、最小拔力≥0.9 倍设计值。（　　）

9. 喷射混凝土强度包括抗压强度、抗拉强度、抗剪强度、疲劳强度、黏结强度等指标。在一般试验检测中，可通过检测喷射混凝土的抗压强度判断混凝土的其他强度。（　　）

10. 喷射混凝土分层作业时，后一层喷射混凝土应在前一层喷射混凝土终凝前进行。（　　）

三、多项选择题

1. 锚杆实测项目的内容包括（　　）。

A. 锚杆位置　　B. 锚杆数量　　C. 钻孔深度　　D. 孔径

E. 锚杆拔力

2. 影响喷射混凝土厚度的因素主要有（　　）。

A. 爆破效果　　B. 回弹率　　C. 施工管理　　D. 喷射参数

3.《公路工程质量检验评定标准　第一册　土建工程》（JTG F80/1—2017）的规定，隧道喷射混凝土的关键实测项目包括（　　）。

A. 混凝土强度　　B. 回弹率

C. 喷层厚度　　D. 喷层与围岩接触状况

4. 初期支护钢筋网的实测项目为（　　）。

A. 钢筋抗拉强度　　B. 网格尺寸　　C. 保护层厚度　　D. 搭接长度

5. 钢架的实测项目为（　　）。

A. 榀数　　B. 间距

C. 保护层厚度　　D. 倾斜度

E. 拼装偏差

6. 喷锚衬砌断面尺寸检测可采用（　　）。

A. 全站仪　　B. 激光束　　C. 激光断面仪　　D. 投影机

7. 以下属于锚喷支护类型的有（　　）。

A. 喷射混凝土支护

B. 喷射混凝土 + 锚杆支护 + 钢筋网 + 钢架支护

C. 喷射混凝土 + 锚杆支护

D. 喷射混凝土 + 锚杆支护 + 钢筋网支护

四、综合题

1. 某两车道隧道开挖后采用喷射混凝土支护,某检测单位对该隧道初期支护的质量进行检测。请回答下列问题。

(1)隧道锚杆拉拔力测试,以下叙述错误的有(　　)。

A. 砂浆锚杆应在锚固砂浆强度达到 90% 以上进行

B. 应逐级加载,达到设计拉拔力的 120% 停止加载

C. 锚杆拉拔力测试不应少于同类锚杆总数的 5%,且不少于 3 根

D. 应使千斤顶与锚杆同心,避免偏心受拉

(2)关于喷射混凝土试件的制取的相关表述,正确的包括(　　)。

A. 在板件上喷射混凝土,切割制取边长 100mm 的立方体试件,在标准条件下养护 28d

B. 在板件上喷射混凝土,切割制取边长 150mm 的立方体试件,在标准条件下养护 28d

C. 每 20 延米在拱部、边墙各取 1 组(3 个)试件

D. 每 10 延米在拱部、边墙各取 1 组(3 个)试件

(3)对 2 批喷射混凝土试件采用标准试验方法测得 28d 极限抗压强度如下表所示,第 1 批有 12 组试件,第 2 批有 9 组试件,设计强度均为 25MPa,检查结论正确的是(　　)。

喷射混凝土强度检测结果

试件组	1	2	3	4	5	6	7	8	9	10	11	12
第 1 批强度(MPa)	29.2	28.6	30.3	29.7	29.2	29.0	31.7	32.6	33.1	22.6	29.6	24.8
第 2 批强度(MPa)	29.5	26.8	34.2	29.6	33.5	30.9	30.2	22.6	26.6	—	—	—

A. 第 1 批合格,第 2 批合格　　B. 第 1 批不合格,第 2 批合格

C. 第 1 批合格,第 2 批不合格　　D. 第 1 批不合格,第 2 批不合格

(4)依据《公路工程质量检验评定标准　第一册　土建工程》(JTG F80/1—2017),对喷射混凝土厚度进行检测,下列表述符合规范要求的包括(　　)。

A. 平均厚度≥设计厚度　　B. 60% 的测点厚度≥设计厚度

C. 80% 的测点厚度≥设计厚度　　D. 最小厚度≥0.6 倍设计厚度

(5)对喷射混凝土喷层与围岩接触状况检测,可采用的方法为(　　)。

A. 超声法　　B. 地质雷达法

C. 凿孔法　　D. 射线法

习题参考答案及解析

一、单项选择题

1. C

【解析】锚杆实测项目应符合下表的规定。其中锚杆数量、锚杆拔力为关键检测项目。

锚杆实测项目

项　次	检查项目	规定值或允许偏差	检查方法和频率
1△	数量(根)	不少于设计值	目测:现场逐根清点
2△	锚杆拔力(kN)	28d 拔力平均值≥设计值,最小拔力≥0.9 倍设计值	拉拔仪:抽查 1%,且不少于 3 根
3	孔位(mm)	±150	尺量:抽查 10%
4	孔深(mm)	±50	尺量:抽查 10%
5	孔径(mm)	≥锚杆杆体直径 +15	尺量:抽查 10%

2. C

【解析】锚杆长度应不小于设计长度,锚杆插入孔内的长度不得短于设计长度的 95%。

3. B

【解析】钢架的喷射混凝土保护层厚度应满足:外侧(钢架与围岩之间)≥40mm,内侧(临空一侧)≥20mm。

4. D

【解析】检评标准规定:砂浆锚杆和注浆锚杆的灌浆强度应不小于设计值和规范要求,锚杆孔内灌浆密实饱满。

5. C

6. A

【解析】喷射混凝土抗压强度试验试件的制作方法有:喷大板切割法、凿方切割法、喷模法、钻芯法。试块应在喷射现场随机制取。

7. A

【解析】单洞两车道或三车道隧道,喷射混凝土抗压强度试件应每 10 延米至少在拱部和边墙各取 1 组(3 个)。其他工程,每喷射 50 ~ 100m^3 混合料或小于 50m^3 混合料的独立工程,不得少于 1 组。材料或配合比变更时应制取新试件。

8. C

【解析】喷射混凝土抗压强度合格标准为:

(1)当同批试件组数 n≥10 时,试件抗压强度平均值不低于设计值,任一组试件抗压强度不低于 0.85 倍设计值。

(2)当同批试件组数 <10 时,试件抗压强度平均值不低于 1.05 倍设计值,任一组试件抗压强度不低于 0.90 倍设计值。

9. A

【解析】钢筋网实测项目应符合下表的规定。其中网格尺寸为关键检测项目。

钢筋网实测项目

项次	检查项目	规定值或允许偏差	检查方法和频率
1	钢筋网喷射混凝土保护层厚度(mm)	≥20	凿孔法:每 10m 测 5 点
2△	网格尺寸(mm)	±10	尺量:每 100m^2 检查 3 个网眼
3	搭接长度(mm)	≥50	尺量:每 20m 测 3 点

10. A

【解析】《岩土锚杆与喷射混凝土支护工程技术规范》(GB 50086—2015)规定，回弹率应予以控制，拱部不应大于25%，边墙不应大于15%。应尽量采用经过验证的新技术，减少回弹率。回弹物已经发生水化作用，混凝土已凝固，是不可逆的，不得重新用作喷射混凝土材料。

二、判断题

1. √

【解析】锚杆是在隧道围岩发生变形后发挥作用，这就要求锚杆材质具有一定的延展性，对于杆体材料为钢材的锚杆，其断后伸长率不应小于16%。

2. ×

【解析】喷射混凝土衬砌与围岩之间存在空洞时，喷射混凝土层局部形成孤立的薄壳结构，承载能力和稳定性大为降低；同时喷射混凝土衬砌没有形成对围岩的有效约束，围岩也失去了喷射混凝土衬砌的支护，可能进一步松弛，并可能导致塌方；围岩压力进一步增大后，会导致衬砌开裂，影响隧道使用安全。因此，喷射混凝土背后不允许出现空洞和不密实现象。

3. ×

【解析】喷射混凝土的试件是边长为100mm的立方体试件，而非边长为150mm的标准立方体试件。由于压力试验机承压板的摩阻力的影响，试件尺寸越小，其破坏荷载越大，因此，应将通过标准试验方法测得的极限抗压强度乘以0.95作为喷射混凝土的抗压强度检测结果。

4. ×

【解析】喷射混凝土回弹率是指施工过程中，由隧道岩壁跌落到地面的回弹物与全部喷射混凝土的体积之比。回弹率过高会造成原材料的极大浪费、施工作业时间延长、增加施工成本，并使施工现场空气中粉尘含量过高，造成施工环境不达标。回弹率测定方法是：按标准操作喷射0.5～1m^3的混凝土，在长度3m的侧壁或拱部喷10cm厚的喷层，用铺在地面上的彩条塑料布或钢板收集回弹物，称重后换算为体积，其与全部喷出混凝土体积的比值即为回弹率。

5. √

【解析】钢架安装基本要求如下：

(1)钢架之间应采用纵向钢筋连接，安装基础应牢固。

(2)钢架安装基底高程不足时，不得用石块、碎石砌垫，应设置钢板或采用强度等级不低于C20的混凝土垫块。

(3)钢架应紧靠初喷面。

(4)连接钢板与钢架应焊接牢固，焊缝饱满密实；钢架节段之间通过钢板应用螺栓连接或焊接牢固。

6. ×

【解析】凿孔法检查喷射混凝土喷层与围岩的接触状况，应每10m检查1个断面，每个断面从拱顶中线起每3m测1点。当采用地质雷达法检查时，沿隧道纵向分别在拱顶、两侧拱腰、两侧边墙连续测试共5条测线，每10m检查一个断面，每个断面测5点。

7. √

【解析】喷射混凝土工艺主要有三种：干喷、潮喷、湿喷。干喷作业时回弹多、粉尘大，对作业环境造成不良影响，喷射手工艺技术要求较高，隧道内不允许采用。潮喷作业可以降低上料、拌和和喷射时的粉尘，粉尘有所减少，喷射混凝土质量相对较好。湿喷作业，能显著减少粉尘、提高喷射混凝土的密实度，喷射质量容易得到控制，作用效率高，喷射过程中的粉尘和回弹量少，但对喷射机械要求高、湿喷机体积较大。

8. √

【解析】参见本章【单选】题1解析，抽查频率要求为：抽查1%，且不少于3根。

9. √

【解析】喷射混凝土抗压强度是喷射混凝土的主要性能指标。喷射混凝土强度包括抗压强度、抗拉强度、抗剪强度、疲劳强度、黏结强度等。由于这些指标之间存在一定的内在联系，在一般试验检测中，只检测喷射混凝土的抗压强度，并由此推测混凝土的其他强度。

10. ×

【解析】喷射混凝土应分段、分片、分层由下而上顺序进行，拱部喷射混凝土应对称作业。初喷混凝土厚度宜控制在20～50mm，复喷最小厚度不宜小于50mm。后一层喷射混凝土应在前一层喷射混凝土终凝后进行，若终凝后初喷混凝土已有粉尘时，应在后一层喷混作业前将受喷面冲洗干净。

三、多项选择题

1. ABCDE

2. ABCD

3. AD

【解析】隧道喷射混凝土的质量检测内容除对原材料进行检测外，还包括混凝土强度、处喷厚度和总厚度、外观及表面平整度、喷层与围岩接触状况（空洞、黏结强度）、混凝土回弹率等。

其中选项AD为《公路工程质量检验评定标准　第一册　土建工程》（JTG F80/1—2017）规定的关键实测项目，相关要求见下表。

喷射混凝土实测项目

项次	检查项目	规定值或允许偏差	检查方法和频率
1△	喷射混凝土强度（MPa）	当同批试件组数≥10时，试件抗压强度平均值≥设计值，任一组试件抗压强度≥0.85倍设计值；当同批试件组数＜10时，试件抗压强度平均值≥1.05倍设计值，任一组试件抗压强度≥0.90倍设计值	在板件上喷射混凝土，切割制取边长100mm的立方体试件，在标准条件下养护28d；采用标准试验方法测得混凝土极限抗压强度乘以0.95

续上表

项　次	检查项目	规定值或允许偏差	检查方法和频率
2	喷层厚度 (mm)	平均厚度≥设计厚度;60%的测点厚度≥设计厚度;最小厚度≥0.6 倍设计厚度	凿孔法:每 10m 检查一个断面,每个断面从拱顶中线起每 3m 测 1 点; 地质雷达法:沿隧道纵向分别在拱顶、两侧拱腰、两侧边墙连续测试共 5 条测线,每 10m 检查一个断面,每个断面测 5 点
3△	喷层与围岩接触状况	无空洞,无杂物	

4. BCD

【解析】检评标准规定的钢筋网实测项目为 3 项:保护层厚度、网格尺寸、搭接长度。

5. ABCDE

【解析】检评标准规定的钢架实测项目为 7 项:榀数、间距、保护层厚度、倾斜度、拼装偏差、安装偏差、连接钢筋。

6. ABCD

【解析】由于原理相同,所以均可按照隧道开挖断面检测方法进行检测,此外,还可以二次模筑混凝土衬砌内模为参照物进行直接测量。

7. ABCD

【解析】题设选项是锚喷支护的统称。

四、综合题

1.(1)AB　(2)AD　(3)C　(4)ABD　(5)BC

【解析】(1)选项 A 错误,砂浆锚杆应在锚固砂浆强度达到 100% 后进行拉拔力测试;选项 B 错误,除非有特殊要求,锚杆拉拔力测试一般不做破坏性试验,拉拔力达到设计值即可停止加载。

(2)在板件上喷射混凝土,切割制取边长 100mm 的立方体试件,在标准条件下养护 28d。单洞两车道或三车道隧道每 10 延米应至少在拱部、边墙各取 1 组(3 个)试件。其他工程,每喷射 50 ~ 100m^3 混合料或小于 50m^3 混合料的独立工程,至少应制取一组试件。材料或配合比变更时,应制取新试件。

(3)由于试件为边长 100mm 的立方体试件,采用标准试验方法测得的混凝土极限抗压强度应乘以 0.95 的系数进行换算。第 1 批试件有 12 组试件,当同批试件组数大于或等于 10 时,试件抗压强度平均值应不低于设计值,任一组试件抗压强度(即同批抗压强度最小值)应不低于 0.85 倍设计值。其实测均值为:

$$29.20 \times 0.95 = 27.74\text{MPa} > 25.00\text{MPa} \quad (\text{合格})$$

强度最小值为:

$$22.60 \times 0.95 = 21.47\text{MPa} > 21.25\text{MPa}(0.85\text{ 倍设计强度}) \quad (\text{合格})$$

第 2 批试件有 9 组试件,当同批试件组数小于 10 时,试件抗压强度平均值应不低于 1.05 倍设计值,任一组试件抗压强度应不低于 0.90 倍设计值。其实测均值为:

$$29.32 \times 0.95 = 27.86\text{MPa} > 26.25\text{MPa}$$(1.05 倍设计强度)　(合格)

强度最小值为:

$$22.60 \times 0.95 = 21.47\text{MPa} < 22.50\text{MPa}$$(0.90 倍设计强度)　(不合格)

(4)依据《公路工程质量检验评定标准　第一册　土建工程》(JTG F80/1—2017),喷射混凝土厚度的实测结果需满足:平均厚度≥设计厚度、60%的测点厚度≥设计厚度、最小厚度≥0.6 倍设计厚度这三项规定。

(5)略。

第十一章　混凝土衬砌施工质量检测

复习提示

考试大纲要求

检　测　师	助理检测师
1. 模筑混凝土衬砌施工工艺;模板技术要求;混凝土及泵送混凝土技术要求; 2. 模筑混凝土衬砌施工及质量检测内容及标准要求; 3. 模筑混凝土衬砌内轮廓断面形状、尺寸检测方法; 4. 衬砌裂缝、背后空洞、仰拱及仰拱填充检测方法	1. 模筑混凝土衬砌施工及质量检测内容及标准要求; 2. 模筑混凝土衬砌内轮廓断面形状、尺寸检测方法; 3. 衬砌裂缝、背后空洞、仰拱及仰拱填充检测方法

混凝土衬砌施工质量检测知识要点

知　识　点	相 关 要 点
一、混凝土衬砌施工检查	1. 模板检查:模板安装质量要求。 2. 衬砌钢筋:钢筋绑扎、连接施工工艺;钢筋实测项目及要求。 3. 拱墙衬砌混凝土:衬砌混凝土施工实测项目及要求。 4. 仰拱衬砌、填充:仰拱实测项目及要求、仰拱填充实测项目及要求。 5. 明洞:明洞浇筑实测项目及要求、明洞回填实测项目及要求。 6. 洞门:洞门墙混凝土实测项目及要求。 7. 拆模板检查:拆模强度要求。 8. 养护要求:养护时间、湿度、温度等要求
二、模筑混凝土衬砌质量检测	1. 检测指标包含内容及各检测指标试验方法、量化指标。 2. 厚度检测:各试验方法优缺点及适用情况。 3. 衬砌整体检测:隧道总体实测项目及要求

习　题

一、单项选择题

1. 以下检测方法不属于隧道内混凝土衬砌厚度检测方法的是(　　)。

A. 凿芯法　　B. 回弹法　　C. 地质雷达法　　D. 激光断面仪法

2.《公路工程质量检验评定标准　第一册　土建工程》(JTG F80/1—2017)对混凝土衬砌

背后空洞的要求是(　　)。

A. 无空洞、无杂物

B. 空洞累计长度不应大于隧道总长的3%

C. 空洞累计长度不应大于隧道总长的5%

D. 空洞累计长度不应大于隧道总长的10%

3. 采用地质雷达法检测混凝土衬砌厚度,检查方法和频率为(　　)。

A. 纵向3条测线,每20m检查1个断面,每个断面3点

B. 纵向3条测线,每10m检查1个断面,每个断面3点

C. 纵向5条测线,每20m检查1个断面,每个断面5点

D. 纵向5条测线,每10m检查1个断面,每个断面5点

4. 衬砌混凝土厚度检查的合格标准为(　　)。

A. 90%的检查点的厚度≥设计值,且最小厚度≥0.5倍设计值

B. 95%的检查点的厚度≥设计值,且最小厚度≥0.5倍设计值

C. 90%的检查点的厚度≥设计值,且最小厚度≥0.6倍设计值

D. 95%的检查点的厚度≥设计值,且最小厚度≥0.6倍设计值

5. 混凝土衬砌墙面平整度的检查方法和频率是(　　)。

A. 2m直尺;每20m每侧连续检查3尺,每尺测量最大间隙

B. 2m直尺;每20m每侧连续检查5尺,每尺测量最大间隙

C. 2m直尺;每50m每侧连续检查3尺,每尺测量最大间隙

D. 2m直尺;每50m每侧连续检查5尺,每尺测量最大间隙

6. 隧道仰拱厚度的合格标准是(　　)。

A. 平均厚度不小于0.9倍设计厚度　　B. 平均厚度不小于0.95倍设计厚度

C. 最小厚度大于或等于0.5倍设计厚度　　D. 实测厚度不小于设计值

7. 明洞浇筑实测项目包括混凝土强度、混凝土厚度及(　　)。

A. 衬砌与围岩接触情况　　B. 墙面平整度

C. 钢筋保护层厚度　　D. 钢筋间距

8. 拱架、支架和模板拆除时,不承受外荷载的拱、墙混凝土强度应达到(　　)MPa。

A. 3　　B. 5　　C. 8　　D. 10

9.《公路工程竣(交)工验收办法实施细则》(交公路发〔2010〕65号)规定,空洞累计长度不应大于隧道总长的(　　),单个空洞面积不应大于(　　)m^2。

A. 1%,1　　B. 2%,2　　C. 3%,3　　D. 5%,5

二、判断题

1. 隧道衬砌混凝土浇筑时可采用先拱后墙的方式进行。(　　)

2. 隧道衬砌混凝土施工完成后还应对隧道总体情况进行检测,其中内轮廓宽度的允许偏差为±10mm。(　　)

3. 在一般情况下,二次衬砌可以在围岩和初期支护变形基本稳定前施作。(　　)

4. 仰拱不属于混凝土衬砌。(　　)

5. 衬砌混凝土强度试验可采用标准试件法和凿芯法。 (　　)

6. 隧道衬砌模板安装质量要求拱顶处的高程偏差不超过 ±10mm。 (　　)

7. 相邻环向受力筋搭接位置应错开,错开距离应不小于 1000mm。 (　　)

8. 拱墙混凝土衬砌墙面平整度检测施工缝位置要求不大于 20mm。 (　　)

9. 隧道衬砌混凝土在隧道内空气湿度 >90% 时,可不进行洒水养护。 (　　)

三、多项选择题

1. 隧道混凝土衬砌实测项目包括(　　)。

A. 混凝土强度　　B. 整体几何尺寸　　C. 衬砌背后空洞　　D. 衬砌厚度

E. 墙面平整度

2. 隧道施工时,模筑混凝土衬砌拆模后应立即进行养护,养护时需符合(　　)等相关规定。

A. 普通混凝土养护时间不得少于 14d,掺外加剂时不得少于 28d

B. 隧道内空气湿度 >90% 时,可不进行洒水养护

C. 明洞衬砌应采用覆盖或洒水养护

D. 寒冷地区应做好衬砌保温工作,混凝土内部温度与环境温度差不得超过 20℃

3. 隧道混凝土衬砌背后空洞的检测方法有(　　)。

A. 冲击钻打孔量测法　　B. 钻孔取芯量测法

C. 激光断面仪法　　D. 地质雷达法

E. 超声法

4. 进行隧道工程质量检验评定时,混凝土衬砌外观质量应符合下列要求(　　)。

A. 每 100 延米,混凝土表面露筋不超过 2 处

B. 蜂窝麻面面积不得超过检查总面积的 0.5%,深度不得超过 20mm

C. 钢筋混凝土衬砌裂缝宽度不得超过 0.2mm

D. 素混凝土衬砌裂缝宽度不得超过 0.4mm

5. 隧道混凝土衬砌钢筋实测项目包括(　　)。

A. 主筋间距　　B. 两层钢筋间距

C. 箍筋间距　　D. 钢筋长度

E. 钢筋保护层厚度

6. 隧道仰拱实测项目包括(　　)。

A. 混凝土厚度　　B. 混凝土强度

C. 底面高程　　D. 钢筋保护层厚度

7. 仰拱质量检验评定基本要求包含(　　)。

A. 仰拱基地承载力应满足设计要求

B. 仰拱超挖后严禁回填虚土、虚渣

C. 仰拱浇筑前应无积水、杂物、虚渣

D. 仰拱曲率、仰拱与边墙连接应满足设计要求,并符合施工技术规范规定

习题参考答案及解析

一、单项选择题

1. B

【解析】衬砌厚度的检测方法有凿芯法、冲击钻打孔量测法、激光断面仪检测法、直接测量法和地质雷达法。凿芯法和冲击钻打孔量测法是现场检测的主要方法，是目前最直接、最可靠和最准确的检测方法；不足之处在于具有破坏性，并且实测的为个别“点”的厚度，不能全面反映厚度情况。激光断面仪法使用必须满足如下条件：有初期支护内轮廓线实测结果；衬砌背后不存在空洞或间隙；初期支护与二次衬砌测量使用同一坐标系的同一断面。直接量测法是以二次模筑混凝土衬砌内模为参照物进行直接量测。地质雷达法可在衬砌表面连续测量，具有效率高、无损等特点。选项 B，回弹法则是混凝土强度的无损检测方法。

2. A

【解析】《公路工程竣（交）工验收办法实施细则》（交公路〔2010〕65 号）规定，混凝土衬砌背后空洞累计长度不应大于隧道总长的 3%，单个空洞面积不大于 $3m^2$；而《公路工程质量检验评定标准　第一册　土建工程》（JTG F80/1—2017）对于锚喷衬砌和混凝土衬砌背部密实状况要求均为无空洞、无杂物。这里以最新规范为准，衬砌背部不允许出现空洞、杂物。

3. C

【解析】采用地质雷达法检测混凝土衬砌厚度，应沿隧道纵向分别在拱顶、两侧拱腰、两侧边墙连续测试共 5 条测线，每 20m 检查一个断面，每个断面测 5 点。当采用直接测量的方法检查时，每 20m 检查一个断面，每个断面测 5 点。

4. A

【解析】《公路工程质量检验评定标准　第一册　土建工程》（JTG F80/1—2017）规定，隧道衬砌混凝土实测项目包括混凝土强度（关键项目）、衬砌厚度、墙面平整度、衬砌背部密实状况（关键项目），其中对衬砌厚度的允许偏差为：90% 的检查点的厚度不小于设计厚度，且最小厚度不小于 0.5 倍设计厚度。这里还需要注意的是，对于喷射混凝土，无须检测墙面平整度。

5. B

【解析】混凝土衬砌墙面平整度的检查方法为：采用 2m 直尺，每 20m 每侧连续检查 5 尺，每尺测量最大间隙。混凝土衬砌墙面平整度的合格标准是：施工缝、变形缝处≤20mm，其他部位≤5mm。

6. D

【解析】这里应注意与混凝土衬砌厚度合格标准进行区分，仰拱混凝土实测厚度应不小于设计值，采用尺量，每 20m 检查 1 个断面，每个断面测 5 点；而混凝土衬砌厚度合格标准为 90% 的检查点的厚度≥设计值，且最小厚度≥0.5 倍设计值，采用尺量或地质雷达检测。仰拱实测项目如下表所示。

仰拱实测项目

项次	检查项目	规定值或允许偏差	检查方法和频率
1△	混凝土强度(MPa)	在合格标准内	按标准试验方法检查
2△	厚度(mm)	不小于设计值	尺量:每20m检查1个断面,每个断面测5点
3	钢筋保护层厚度(mm)	+10,-5	尺量:每20m测5点
4	底面高程(mm)	±15	水准仪:每20m测5点

7. B

【解析】明洞浇筑实测项目如下表所示。

明洞浇筑实测项目

项次	检查项目	规定值或允许偏差	检查方法和频率
1△	混凝土强度(MPa)	在合格标准内	按标准试验方法检查
2△	混凝土厚度(mm)	不小于设计值	尺量或采用地质雷达进行检查:每10m检查1个断面,每个断面测拱顶、两侧拱腰和两侧边墙共5点
3	墙面平整度(mm)	施工缝、变形缝处20	2m直尺:每10m每侧连续检查2尺,测最大间隙
		其他部位5	

此处需要考生注意的是,明洞浇筑实测项目和混凝土衬砌实测项目的差异,混凝土衬砌实测项目增设衬砌背部密实状况。对于墙面平整度检查,明洞浇筑和混凝土衬砌的检查方法和合格判定标准是相同的,参见本章【单选】题5解析。

8. B

【解析】拱架、支架和模板拆除时,不承受外荷载的拱、墙混凝土强度应达到5MPa;承受围岩压力的拱、墙以及封顶和封口的混凝土强度应达到设计要求;围岩和初期支护变形未稳定、或在塌方地段浇筑的衬砌混凝土应达到设计强度要求。

9. C

【解析】《公路工程竣(交)工验收办法实施细则》(交公路发〔2010〕65号)规定,空洞累计长度不应大于隧道总长的3%,单个空洞面积不应大于3m^2。

二、判断题

1. ×

【解析】《公路隧道施工技术规范》(JTG/T 3660—2020)规定,拱、墙混凝土应一次连续浇筑,不得采用先拱后墙浇筑。不得先浇矮边墙。

2. ×

【解析】隧道衬砌混凝土完成后还应对隧道整体情况进行检测,包括隧道中线、路线中线、衬砌偏位、隧道净高、净宽、车道宽度等。主要实测项目及检测控制指标如下表所示。

隧道总体实测项目及要求

项次	检查项目	规定值或允许偏差	检查方法和频率
1	行车道宽度(mm)	±10	尺量或激光断面仪法:曲线每20m、直线每40m检查1个断面
2	内轮廓宽度(mm)	不小于设计值	
3	内轮廓高度(mm)	不小于设计值	激光测距仪或激光断面仪法:曲线每20m、直线每40m检查1个断面,每个断面测拱顶和两侧拱腰共3点
4	隧道偏位(mm)	20	全站仪:曲线每20m、直线每40m测1处
5	边坡或仰坡坡度	不大于设计值	尺量:每洞口检查10处

3. ×

【解析】二次衬砌必须在围岩和初期支护变形基本稳定后施作。

4. ×

【解析】地质条件较差地段应设置仰拱和二次衬砌混凝土形成闭环共同受力,设有仰拱的隧道,仰拱衬砌是混凝土衬砌的一部分。

5. √

【解析】衬砌混凝土强度可采用标准试件法和凿芯法等,标准试件法的试件尺寸为150mm×150mm×150mm,在标准养护条件下养护28d,按照标准试验方法测定混凝土强度。而喷射混凝土强度试验中的喷大板切割法和凿方切割法,所采用的试件尺寸为100mm×100mm×100mm,为非标准试件,试验结果需乘以0.95的系数。

6. √

【解析】衬砌模板安装质量应符合下表的规定。

隧道衬砌模板安装质量要求

项次	检查项目	规定值或允许偏差	检查方法和频率
1	平面位置及高程(mm)	±15	尺量:全部
2	起拱线高程(mm)	±10	水准仪测量:全部
3	拱顶高程(mm)	±10	水准仪测量:全部
4	模板平整度(mm)	5	2m靠尺和塞尺:每3m测5点
5	相邻浇注段表面错台(mm)	±10	尺量:全部

7. √

【解析】衬砌钢筋连接应符合下列规定:环向受力筋与纵向分布筋每个节点应进行绑扎或焊接;环向受力筋的搭接应采用焊接或机械连接;相邻环向受力筋搭接位置应错开,错开距离应不小于1m;同一受力钢筋的两个搭接距离应不小于1.5m;箍筋连接点应在环向受力筋和纵向分布筋的交叉连接处,并应进行绑扎或焊接;内外层受力筋之间的限位钢筋应与环向受力筋进行焊接;仰拱衬砌钢筋或预埋连接钢筋应与拱墙环向受力筋焊接或机械连接。

8. √

【解析】混凝土衬砌实测项目应符合下表规定。

混凝土衬砌实测项目

项次	检 查 项 目	规定值或允许偏差	检查方法和频率
1△	混凝土强度(MPa)	在合格标准内	按标准试验方法检查
2	衬砌厚度(mm)	不小于设计值	尺量或采用地质雷达进行检查:每 20m 检查 1 个断面,每个断面测拱顶、两侧拱腰和两侧边墙共 5 点
3	墙面平整度(mm)	施工缝、变形缝处≤20	2m 直尺:每 20m 每侧连续检查 5 尺,测最大间隙
		其他部位≤5	
4	衬砌背部密实状况	无空洞、无杂物	地质雷达进行检查:沿隧道拱顶、两侧拱腰和两侧边墙连续测试共 5 条测线

9. √

【解析】混凝土养护要求如下:

(1)混凝土拆模后应立即进行养护。普通混凝土养护时间不得少于 7d,掺外加剂时不得少于 14d。采用硅酸盐水泥、普通硅酸盐水泥或矿渣硅酸盐水泥拌制的混凝土养护时间不得少于 7d,有抗渗要求的混凝土养护时间不得少于 14d。

(2)隧道内空气湿度大于 90% 时,可不进行洒水养护。

(3)明洞衬砌应采用覆盖或洒水养护。

(4)在寒冷地区,应做好衬砌保温工作。混凝土内部温度与环境温差不得超过 20℃;混凝土的降温速率最大不应超过 3℃/d。

三、多项选择题

1. ACDE

【解析】混凝土衬砌的实测项目有:混凝土强度、衬砌厚度、墙面平整度、衬砌背部密实状况(有无空洞和杂物)。

2. BCD

【解析】选项 A 错误,模筑混凝土衬砌拆模后应立即进行养护,普通混凝土养护时间不得少于 7d,掺外加剂时不得少于 14d。

3. ABD

【解析】选项 CE 错误,激光断面仪的工作原理决定了其不可对衬砌背后的状况进行判断,超声法检测混凝土内的空洞采用的是非金属超声仪,通常需要两个测面分别放置发射和接收换能器,隧道的衬砌只有一个测试面,所以不适合采用超声法。

4. CD

【解析】《公路工程质量检验评定标准 第一册 土建工程》(JTG F80/1—2017)第 10.14 节规定,隧道外观质量应进行全面检查,并满足规定要求,否则该检验项目为不合格。其中隧道混凝土衬砌外观质量应符合下列规定:

(1)蜂窝麻面面积不得超过该面总面积的 0.5%,深度不得超过 10mm。

(2)隧道衬砌钢筋混凝土结构裂缝宽度不得超过 0.2mm,混凝土结构裂缝宽度不得超过 0.4mm。

5. ABCDE

【解析】这里应注意初期支护钢筋网实测项目和混凝土衬砌钢筋实测项目的差别，初期支护钢筋网实测项目为钢筋网喷射混凝土保护层厚度、网格尺寸和搭接长度三项，其中网格尺寸为关键项目，而混凝土衬砌钢筋实测项目共计5项，其中主筋间距为关键项目，衬砌钢筋实测项目如下表所示。

隧道衬砌钢筋实测项目

项次	检 查 项 目	规定值或允许偏差	检查方法和频率
1△	主筋间距(mm)	±10	尺量或按检评标准附录R检查：每模板测3点
2	两层钢筋间距(mm)	±5	尺量：每模板测3点
3	箍筋间距(mm)	±20	尺量：每模板测3点
4	钢筋长度(mm)	满足设计要求	尺量：每模板检查2根
5	钢筋保护层厚度(mm)	+10，-5	尺量：每模板测3点

6. ABCD

【解析】仰拱实测项目包括混凝土强度、混凝土厚度、钢筋保护层厚度及底面高程，其中混凝土强度及厚度为关键项目。

7. ABCD

【解析】根据《公路工程质量检验评定标准　第一册　土建工程》(JTG F80/1—2017)规定，仰拱质量检验应符合要求包含所有选项，另外仰拱外观质量要求为混凝土表面应无露筋。仰拱实测项目包含混凝土强度、混凝土厚度、钢筋保护层厚度及底面高程，其中混凝土强度和厚度为关键项目。

第十二章 隧道防排水检测

复习提示

考试大纲要求

检测师	助理检测师
1. 隧道防排水系统构成及基本要求； 2. 隧道防水、排水常用措施、基本构造；常用防排水材料、施工工艺； 3. 防排水施工质量检测内容、方法，质量评定内容及标准	1. 隧道防排水系统构成和基本要求； 2. 防排水施工质量检测内容和方法

隧道防排水检测知识要点

知识点	相关要点
一、概述	1. 隧道防排水遵循"放、排、截、堵结合，因地制宜，综合治理"的原则。 2. 各等级公路隧道防排水的基本要求。 3. 防排水类型：复合式衬砌防排水、明洞防排水、连拱隧道中强防排水
二、防水层施工质量检测	1. 防水层铺设基面要求，防水卷材的焊接。 2. 防水层外观检查、充气检查，焊缝拉伸强度不得小于防水板强度的70%，焊缝抗剥离强度不小于70N/cm。 3. 施工缝止水带类型，中埋式止水带施工检查
三、排水系统施工质量检查	1. 排水系统包括排水盲管、横向导水管、路侧边沟、深埋水沟、防寒泄水洞等。 2. 排水系统各组成部分的基本要求、检查方法、允许偏差

习 题

一、单项选择题

1. 隧道二次衬砌应满足抗渗要求，有冻害及最冷月份平均气温低于 $-15℃$ 的地区，混凝土的抗渗等级不低于(　　)。

A. P4　　B. P6　　C. P8　　D. P10

2. 防水卷材铺挂时应适当松弛，松弛系数宜为(　　)。

A. 0.9 ~ 1.0　　B. 1.0 ~ 1.1　　C. 1.1 ~ 1.2　　D. 1.2 ~ 1.3

3. 隧道复合式衬砌防水卷材的搭接长度应不小于(　　)。

A. 50mm　　B. 100mm　　C. 150mm　　D. 200mm

4. 根据止水带材质和止水部位可采用不同的接头方法,对于橡胶止水带,其接头形式应采用(　　)。

A. 搭接或对接　　B. 搭接或复合接　　C. 复合接或对接　　D. 以上均不能采用

5. 隧道用止水带出现转角时应做成圆弧形,对于钢边止水带转角半径不得小于(　　)。

A. 100mm　　B. 150mm　　C. 200mm　　D. 300mm

6. 关于隧道初期支护背后回填注浆的描述,正确的是(　　)。

A. 初期支护背后回填注浆孔深不应小于 0.3m

B. 钻孔注浆顺序应由水多处向水少处进行

C. 注浆材料宜以水泥类浆液为主,可采用快凝早强水泥

D. 注浆终压宜大于 1.5MPa

二、判断题

1. 止水带的纵向偏离应在 ±50mm 以内。　　(　　)

2. 防水板焊缝拉伸强度不得小于防水板强度的 80%,焊缝抗剥离强度不小于 70N/cm。　　(　　)

3. 采用充气法检查防水板焊缝密实性的压力下降允许值为 10%。　　(　　)

4. 隧道防排水应遵循“防、排、截、渗、堵结合,因地制宜,综合治理”的原则。　　(　　)

5. 隧道内深埋水沟检查井井底高程偏差应在 ±20mm 以内。　　(　　)

三、多项选择题

1. 高速公路、一级公路和二级公路隧道防排水应满足(　　)等要求。

A. 拱部、边墙、路面、设备箱洞不渗水

B. 拱部、边墙不滴水,路面不积水,设备箱洞不渗水

C. 有冻害地段隧道衬砌背后不积水,排水沟不冻结

D. 车行横通道、人行横通道等服务通道拱部不滴水,边墙不淌水

2. 隧道排水系统组成包括(　　)。

A. 环向排水管　　B. 防水板　　C. 横向导水管　　D. 深埋水沟

3. 防水层外观检查要求,正确的包括(　　)。

A. 防水层表面评审,无褶皱、无气泡、无破损

B. 防水层与洞壁密贴、紧绷

C. 焊接应无脱焊、漏焊、假焊、焊焦、焊穿

D. 粘接应无脱粘、漏粘

4. 明洞防水层实测项目主要有(　　)。

A. 搭接长度　　B. 卷材向基底的横向延伸长度

C. 缝宽　　D. 焊缝密实性

5. 下列关于预制混凝土圆管深埋水沟铺设检查描述正确的是(　　)。

A. 管节铺设有透水孔的一面朝下、安放平稳

B. 管节接头无错位、接头处流水面高差不得大于5mm

C. 管节间接缝和管壁透水孔用无纺布包裹

D. 横向导水管出口接入圆管

四、综合题

1. 针对隧道工程防水层施工质量检测,请回答下列问题。

(1)对隧道内防水层铺设基面的相关要求,正确的包括(　　)。

A. 喷射混凝土基面应平整

B. 基面不得有钢筋、凸出的构件等尖锐突出物

C. 隧道断面变化或转弯处的阴角应抹成半径不小于3cm的圆弧

D. 防水层施工时,基面不得有明水

(2)下列关于防水板的铺设,描述正确的是(　　)。

A. 塑料垫片应沿拱顶中线向两侧按梅花形固定

B. 铺设时应使防水卷材中线与隧道中线垂直

C. 应从两侧开始向拱顶铺设

D. 铺设防水卷材应为下一环预留不小于50cm的搭接余量

(3)防水卷材缺陷修补片宜裁剪成(　　)。

A. 圆角形　　B. 正方形　　C. 长方形　　D. 三角形

(4)防水板焊缝密实性采用充气法检查,当压力表达到(　　)时,充气时间保持(　　),压力下降在规定范围内,焊缝质量合格。

A. 0.25MPa,15min　　B. 0.25MPa,10min　　C. 0.50MPa,10min　　D. 0.50MPa,15min

(5)复合式衬砌防水层实测项目主要有(　　)。

A. 搭接宽度　　B. 缝宽　　C. 固定点间距　　D. 焊缝密实性

习题参考答案及解析

一、单项选择题

1. C

【解析】二次衬砌是隧道防水的最后一道防线,二次衬砌混凝土对自身的防水性能也有一定要求。《公路隧道设计规范　第一册　土建工程》(JTG 3370.1—2018)规定,二次衬砌混凝土的抗渗等级,在有冻害及最冷月份平均气温低于$-15℃$的地区不低于P8,其余地区不低于P6。

2. C

【解析】防水卷材铺挂时松弛适当(松弛系数为1.1~1.2),以保证防水层在浇筑衬砌混凝土时与初期支护表面密贴,不产生弦绷和褶皱现象。

3. B

【解析】在隧道复合式衬砌中，初期支护与二次衬砌之间的防水板，应采用易于焊接的防水卷材，其搭接长度不小于100mm。

4. B

【解析】根据止水带材质和止水部位可采用不同的接头方法。每环中的接头不宜多于1处，且不得设在结构转弯处。对于橡胶止水带，其接头形式应采用搭接或复合接；对于塑料止水带，其接头形式应采用搭接或对接。

5. D

【解析】隧道用止水带出现转角时应做成圆弧形，对于橡胶止水带转角半径不小于200mm，对于钢边止水带转角半径不小于300mm。

6. C

【解析】初期支护后出现大面积渗漏水时，应进行注浆防水，径向注浆或初期支护背后回填注浆应符合下列规定：

(1)径向注浆孔深应符合设计要求；

(2)初期支护背后回填注浆孔深不应小于0.5m；

(3)钻孔注浆顺序应由水少处向水多处进行；

(4)注浆材料宜以水泥类浆液为主，可采用快凝早强水泥；

(5)注浆终压宜为0.5～1.0MPa。

二、判断题

1. √

2. ×

【解析】防水板焊缝拉伸强度不得小于防水板强度的70%，焊缝抗剥离强度不小于70N/cm。

3. √

4. ×

【解析】隧道防排水应遵循“防、排、截、堵结合，因地制宜，综合治理”的原则。隧道防排水设计应对地下水妥善处理，洞内外应形成一个完整畅通的防排水系统。

5. √

三、多项选择题

1. ACD

【解析】B项是三级公路、四级公路公路隧道防排水应满足的要求。其余三项是高速公路、一级公路和二级公路隧道防排水应满足的要求。

2. ACD

【解析】隧道工程的排水系统组成包括环向排水管、纵向排水管、横向导水管、深埋水沟、路侧边沟；初期支护与二次衬砌之间铺设的防水层属于防水系统。

3. ACD

【解析】防水层外观检查采用肉眼观察，防水层表面评审，无褶皱、无气泡、无破损，与洞壁密贴，松弛适度，无紧绷现象。焊接应无脱焊、漏焊、假焊、焊焦、焊穿，粘接应无脱粘、漏粘。明洞防水层施工前，明洞混凝土外部应平整圆顺，不得有钢筋露出和其他尖锐物。

4. ABCD

【解析】明洞防水层实测项目主要有搭接长度、卷材向隧道暗洞延伸长度、卷材向基底的横向延伸长度、缝宽、焊缝密实性。

5. BC

【解析】深埋水沟根据断面形状不同分为圆形和矩形，预制混凝土圆管深埋水沟铺设检查需注意。

(1)管节铺设有透水孔的一面朝上、安放平稳，接头无错位、接头处流水面高差不得大于5mm，管底坡度不得出现反坡；

(2)管内不得有泥土、碎石等杂物；

(3)管节间接缝和管壁透水孔用无纺布包裹；

(4)透水碎石回填密实，不得使管节移位；

(5)横向导水管出口接入碎石层。

四、综合题

1.(1)ABD　(2)AD　(3)A　(4)A　(5)ABCD

【解析】(1)隧道开挖并进行初期支护后，喷射混凝土基面仍相当粗糙，局部凹凸不平，并可能有锚杆外露现象。若直接铺设防水卷材，其防水质量难以保证。因此，在防水板铺设前，要对基面进行认真的检查和处理。

①喷射混凝土要求表面平顺，无凹凸不平现象，基面平整度应满足规范要求。

②基面不得有钢筋、凸出的构件等尖锐突出物。若待铺设卷材基面有尖锐突出物，则必须进行割除，并在割除的部位用砂浆抹平顺，以免刺破防水层。

③隧道断面变化或转弯处的阴角应抹成 $R \geqslant 5$cm 的圆弧。

④防水层施工时，基面不得有明水；如有明水，应采取施堵或引排。

(2)防水卷材铺设时应使防水卷材中线与隧道中线重合，从拱顶开始向两侧下垂铺设。

(3)防水卷材修补片材料与防水板相同，修补片尺寸要求大于破坏边缘70mm，修补片宜裁剪成圆角，不宜裁剪成有正方形、长方形、三角形等的尖角。

(4)采用双缝焊接的焊缝可用充气法检查防水板焊缝。将5号注射针与压力表相接，用打气筒充气，当压力表达到0.25MPa时，保持15min，压力下降在10%以内，焊缝质量合格。

(5)复合式衬砌防水层实测项目主要有搭接宽度、缝宽、固定点间距、焊缝密实性。其中搭接宽度是全部搭接均要检查，每个搭接检查3处；缝宽为每个搭接检查5处；固定点间距检查频率为总数的10%；焊缝密实性为每20m抽查2处焊缝，不足20m时抽查1处。

第十三章　辅助工程施工质量检查

复习提示

考试大纲要求

检　测　师	助理检测师
1. 常用的辅助工程措施、施工方法； 2. 超前支护施工质量检测的主要内容； 3. 注浆材料性能试验方法； 4. 注浆效果检查方法	1. 超前支护施工质量检测的主要内容； 2. 注浆材料性能试验方法； 3. 注浆效果检查方法

辅助工程施工质量检查知识要点

知　识　点	相 关 要 点
一、围岩稳定、涌水处理措施	1. 常用的围岩稳定措施、施工工艺及其适用条件，各围岩稳定措施间的差异性。 2. 常用的涌水处理措施、施工工艺及其适用条件
二、注浆材料性能试验	1. 隧道用注浆材料的基本要求，理想注浆材料应满足浆液黏度低、流动性好、渗透能力强、凝结时间可按要求控制等要求。 2. 常用注浆材料的分类，单液浆和化学浆的适用范围。 3. 注浆材料的渗透能力，对于悬浊液，渗透能力取决于颗粒大小；对于溶液，渗透能力则取决于黏度
三、施工质量检查	1. 超前支护施工质量检测的基本要求、实测项目及允许偏差。 2. 注浆效果检查包括分析法、检查孔法、物探无损检测法

习　题

一、单项选择题

1. 采用超前小导管进行围岩稳定处治时，注浆孔一般呈(　　)布置。

A. 正方形　B. 圆形　C. 梅花形　D. 不规则

2. 采用超前管棚进行围岩稳定处治时，纵向两组管棚间水平搭接长度应不小于(　　)。

A. 1m　B. 2m　C. 2.5m　D. 3m

3. 隧道超前锚杆的充填砂浆多为早强砂浆，其强度等级不应低于（　　）。

A. M7.5　　B. M10　　C. M15　　D. M20

4. 超前小导管施工质量检查中，孔位允许偏差为（　　）。

A. ±10mm　　B. ±20mm　　C. ±50mm　　D. ±100mm

5. 采用超前钻孔预注浆进行围岩稳定处治时，注浆钻孔孔径一般不小于（　　）。

A. 50mm　　B. 75mm　　C. 100mm　　D. 150mm

6. 隧道注浆材料按浆液的分散体系划分，以颗粒直径（　　）为界，大者为悬浊液，如水泥浆；小者为溶液，如化学浆。

A. 0.05μm　　B. 0.10μm　　C. 0.5μm　　D. 1.0μm

7. 化学浆液黏度测定的恒温水的温控要求为（　　）。

A. 20℃ ±1℃　　B. 25℃ ±1℃　　C. 20℃ ±2℃　　D. 25℃ ±2℃

二、判断题

1. 隧道注浆材料的渗透能力取决于浆液颗粒大小。（　　）

2. 超前小导管直径应按设计要求选用和加工，长度应满足设计要求，纵向搭接长度应不小于1m。（　　）

3. 超前锚杆进行隧道围岩稳定的作用原理与超前小导管相同，且其对围岩稳定作用的能力强于超前小导管。（　　）

4. 超前管棚施工质量检查中孔位允许偏差为±50mm。（　　）

5. 隧道注浆应根据使用目的选择适宜的注浆材料，以堵水为目的的注浆宜采用强度较高、凝固时间短的双液浆或其他化学浆液。（　　）

6. 注浆材料的渗透系数是指浆液固化后结石体透水性的高低，或表示结石体抗渗性的强弱。（　　）

7. 围岩径向注浆适用于隧道开挖后围岩稳定时间短，变形较大的地段。（　　）

三、多项选择题

1. 隧道施工应根据岩层及地质条件选择不同的围岩稳定措施，超前水平旋喷桩的适用条件为（　　）。

A. 饱和软土地段　　B. 淤泥质黏土地段　　C. 黏性土地段　　D. 粉土地段

E. 砂性土地段

2. 根据岩层及地质条件不同选择不同的辅助工程进行涌水处置，井点降水适用于（　　）。

A. 均质砂土

B. 亚黏土地段

C. 浅埋地段

D. 地下水丰富且排水时夹带泥沙引起开挖面失稳

3. 以下隧道注浆材料中属于化学浆的是（　　）。

A. 水玻璃浆　　B. 水泥-水玻璃双液浆

C. 聚氨酯类浆　　D. 丙烯酸盐浆

4. 下列属于隧道辅助工程施工质量检查内容的是(　　)。

A. 浆液注浆量　　B. 管棚搭接长度

C. 排水盲管平面位置　　D. 超前锚杆砂浆灌注饱满度

5. 下列属于超前小导管实测项目的有(　　)。

A. 长度　　B. 孔位　　C. 孔深　　D. 孔径

四、综合题

1. 某隧道在施工过程中遇大面积淋水,需采用注浆堵水措施进行围岩加固,确保隧道安全掘进。请回答下列问题。

(1)隧道注浆工程采用的注浆材料,应满足(　　)等要求。

A. 浆液无毒无臭,对人体无害,不污染环境

B. 浆液黏度高

C. 浆液固化体稳定性好

D. 浆液对注浆设备、管道及混凝土结构物无腐蚀性

(2)注浆材料的主要性能指标有(　　)。

A. 黏度　　B. 凝胶时间　　C. 渗透系数　　D. 抗拉强度

(3)黏度是表示浆液流动时,因分子间相互作用而产生的阻碍运动的内摩擦力,黏度大小影响(　　)等参数的确定。

A. 浆液扩散半径　　B. 注浆压力　　C. 流量　　D. 注浆凝胶时间

(4)为能使浆液注入,砂性土孔隙直径必须大于浆液颗粒直径的(　　)以上。

A. 1 倍　　B. 2 倍　　C. 2.5 倍　　D. 3 倍

(5)注浆效果检查的方法有(　　)。

A. 分析法　　B. 数理统计法　　C. 检查孔法　　D. 物探无损检测法

习题参考答案及解析

一、单项选择题

1. C

【解析】超前小导管是沿隧道开挖轮廓线环向设置,向纵向前方外倾 5°～12°打设的密排无缝钢管,钢管直径、间距、长度应满足设计要求。小导管杆体的注浆孔孔径宜为 6～8mm,间距宜为 150～250mm,呈梅花形布置。

2. D

【解析】超前管棚(也称超前大管棚)是在隧道开挖前,沿隧道开挖轮廓线外顺隧道轴线方向打设多根钢管,排列成钢管棚。采用超前管棚进行围岩稳定处治时,超前管棚支护的长度和钢管外径应满足设计要求,纵向搭接长度应不小于 3.0m。

3. D

【解析】采用超前锚杆进行隧道围岩稳定,充填砂浆多为早强砂浆,强度等级不应低于 M20。

4. C

【解析】超前小导管施工质量检查实测项目包括长度、孔位、钻孔深度、孔径。其中孔位允许偏差为 ±50mm。

5. B

【解析】采用超前钻孔预注浆进行围岩稳定处治时,注浆钻孔孔径一般不小于 75mm,注浆材料、注浆压力、注浆范围、注浆方式等具体参数应根据前方地质条件、工程要求等进行具体设计。

6. B

【解析】注浆材料通常划归为两大类,即水泥浆和化学浆。按浆液的分散体系划分,以颗粒直径为 0.10μm 为界,大者为悬浊液,如水泥浆;小者为溶液,如化学浆。

7. B

【解析】化学浆液黏度测定的恒温水的温控精度要求为 25℃ ±1℃。

二、判断题

1. ×

【解析】隧道注浆材料的渗透能力即渗透性,指浆液注入岩层的难易程度。对于悬浊液,渗透能力取决于颗粒大小;对于溶液,渗透能力则取决于黏度。

2. √

3. ×

【解析】超前锚杆进行隧道围岩稳定的作用原理与超前小导管相同,但其对围岩稳定作用的能力较超前小导管弱。另外超前小导管具有管棚的作用,比管棚简单易行,灵活经济,但支护能力较管棚弱。

4. √

【解析】超前管棚、超前锚杆及超前小导管的孔位允许偏差均为 ±50mm。

5. √

【解析】隧道注浆应根据使用目的、用途、所在地质环境、地下水环境和造价综合考虑,选择适宜的注浆材料。以围岩为目的的注浆宜采用强度高、耐久性好的单液浆,以堵水为目的的注浆宜采用凝固时间短、强度较高的双液浆或其他化学浆液。

6. √

7. ×

【解析】围岩径向注浆适用于隧道开挖后围岩稳定时间长,变形较大的地段。

三、多项选择题

1. ABCDE

【解析】超前水平旋喷桩适用于饱和软土、淤泥质黏土、黏性土、粉土、砂性土地段的围岩稳定。

2. ABC

【解析】井点降水适用于均质砂土、亚黏土地段、浅埋地段；地下水丰富且排水时夹带泥沙引起开挖面失稳应采用超前围岩预注浆堵水。

3. ACD

【解析】注浆材料通常划归两大类，即水泥浆和化学浆。水泥-水玻璃双液浆属于水泥浆。

4. ABD

【解析】《公路工程质量检验评定标准　第一册　土建工程》(JTG F80/1—2017)中，对隧道辅助工程超前管棚、超前小导管、超前锚杆等实体工程提出了明确的施工质量检查标准，包括浆液注浆量、管棚搭接长度、超前锚杆砂浆灌注饱满度等。排水盲管平面位置属于隧道防排水检测的内容。

5. ABC

【解析】超前小导管实测项目为长度、数量、孔位、孔深。

四、综合题

1.(1)ACD　　(2)ABC　　(3)ABC　　(4)D　　(5)ACD

【解析】(1)隧道注浆工程采用的注浆材料，应满足以下要求：

①浆液应无毒无臭，对人体无害，不污染环境；

②浆液黏度低、流动性好、渗透力强、凝结时间可按要求控制；

③浆液固化体稳定性好，能满足注浆工程的使用寿命要求；

④浆液应对注浆设备、管道及混凝土结构物无腐蚀性，易于清洗。

因此，B选项错误。

(2)注浆材料的主要性能指标包括黏度、渗透能力、凝胶时间、渗透系数和抗压强度。

①黏度是表示浆液流动时，因分子间互相作用而产生的阻碍运动的内摩擦力。一般情况下，黏度是指浆液配成时的初始黏度。黏度大小影响浆液扩散半径、注浆压力、流量等参数的确定。

②渗透能力即渗透性，指浆液注入岩层的难易程度。对于悬浊液，渗透能力取决于颗粒大小；对于溶液，渗透能力则取决于黏度。

③凝胶时间是指参加反应的全部成分从混合时起，直到凝胶发生，浆液不再流动为止的一段时间。其测定方法是：凝胶时间长的，用维卡仪；一般浆液，通常采用手持玻璃棒搅拌浆液，以手感觉不再流动或拉不出丝为止，从而测定凝胶时间。

④渗透系数是指浆液固化后结石体透水性的高低，或表示结石体抗渗性的强弱。

⑤注浆材料自身抗压强度的大小决定了材料的使用范围，大者可用以加固地层，小者则仅能堵水。在松散砂层中，浆液与介质凝结体强度对于在流沙层中修建隧道或凿井至关重要。

(3)黏度大小影响浆液扩散半径、注浆压力、流量等参数的确定。

(4)渗透能力指浆液注入岩层的难易程度，根据试验，砂性土孔隙直径必须大于浆液颗粒

直径的3倍以上,浆液才能注入。即:

$$K = \frac{D}{d} \geqslant 3$$

式中:K——注入系数;

D——砂性土空隙直径;

d——浆液颗粒直径。

据此,国内标准水泥粒径为0.085mm,只能注入0.255mm的空隙或粗砂中。凡水泥不能渗入的中、细、粉砂土地层,只能用化学浆液。

(5)注浆效果检查的方法通常有以下3种:

①分析法。分析注浆记录,查看每个孔的注浆压力、注浆量是否达到设计要求以及注浆过程中漏浆、跑浆情况,从而以浆液注入量估算浆液扩散半径,分析是否与设计相符。

②检查孔法。用地质钻机按设计孔位和角度钻检查孔,提取岩芯进行鉴定。同时测定检查孔的吸水量(漏水量),单孔时应小于1L/(min·m),全段应小于20L/(min·m)。

③物探无损检测法。用地质雷达、声波探测仪等物探仪器对注浆前后岩体声速、波速、振幅及衰减系数等进行无损探测,以判断注浆效果。

注浆效果如未达到设计要求,应补充钻孔再注浆。

第十四章　施工监控量测

复习提示

考试大纲要求

检　测　师	助理检测师
1. 监控量测的目的和意义； 2. 必测项目与选测项目的内容、量测方法；常用量测仪器、传感器的工作原理； 3. 常用量测仪器的使用方法、测点布置原则、测点及传感器埋设要求和方法、量测频率要求，量测数据的分析处理及应用	1. 监控量测必测项目与选测项目的内容、测点布置等； 2. 常用量测仪器的使用方法、测点及传感器埋设要求和方法、量测频率

施工监控量测知识要点

知　识　点	相　关　要　点
一、概述	1. 监控量测目的及意义：确保安全、指导施工、修正设计、积累资料。 2. 围岩分级：可采取定量划分和定性划分。定量划分依据岩体基本质量 *BQ* 或修正的岩体基本质量指标[*BQ*]，共划分为5级；定性划分依据围岩岩体或土体主要特征，共划分为6级
二、必测项目	必测项目5项，关注监测设备、断面选择、测点布置、监测频率等（见考试用书）。 1. 洞内外观察：开挖及初期支护后。 2. 周边位移：根据测点距开挖面的距离及位移速率确定监测频率。 3. 拱顶下沉：根据测点距开挖面的距离及位移速率确定监测频率。 4. 地表下沉：洞口段、浅埋段。 5. 拱脚下沉：富水软弱破碎围岩、流沙等不良地质和特殊性岩土段
三、选测项目	选测项目12项，内容及量测仪器、方法（见考试用书）、断面选择、测点布置要求
四、量测数据处理及应用	1. 数据处理内容及方法、位移管理等级。 2. 回归函数预测指标判定围岩状态。 3. 量测数据应用：根据位移速率和位移时态曲线判定围岩状态

习 题

一、单项选择题

1. 隧道围岩与初期支护之间接触压力测量的常用传感器是（ ）。
A. 钢弦式压力盒 B. 钢弦式钢筋应力计
C. 电阻应变片 D. 应变砖

2. 隧道监控量项目中的地表沉降测点横向间距宜为（ ），在隧道中线附近测点应适当加密。
A. 1 ~ 2m B. 10 ~ 20m C. 5 ~ 10m D. 2 ~ 5m

3. 隧道开挖时，在隧道埋深小于开挖宽度的区段，地表下沉监测断面的纵向间距应为（ ）。
A. 3 ~ 5m B. 5 ~ 10m C. 10 ~ 20m D. 20 ~ 50m

4. 全断面法开挖的隧道，周边位移宜设置（ ）条水平测线。
A. 1 B. 2 C. 3 D. 5

5. 监控量测必测项目按开挖面距离控制量测频率时，当监测断面距离开挖面距离为1 ~ 2倍隧道开挖宽度时，监控量测频率宜为（ ）。
A. 2次/d B. 1次/d C. 1次/(2 ~ 3d) D. 1次/7d

6. 监控量测必测项目按位移变化速率控制量测频率时，当位移速度≥5mm/d时，监控量测频率宜为（ ）。
A. 2 ~ 3次/d B. 1次/d C. 1次/(2 ~ 3d) D. 1次/7d

7. 隧道监控量测测点及测桩应牢固可靠、不松动、不移位，测桩锚固深度不小于（ ）。
A. 5cm B. 10cm C. 20cm D. 30cm

8. 某隧道围岩为页岩，测试岩体弹性纵波波速为3400m/s，岩石弹性纵波波速为3800m/s，则该隧道围岩岩体完整性指数为（ ）。
A. 1.12 B. 1.25 C. 0.89 D. 0.80

9. 为了判断开挖后围岩的松动区、强度下降区以及弹性区的范围，确定围岩位移随深度变化的关系和判断锚杆长度是否适宜，以便确定合理的锚杆长度，有必要对（ ）进行监控量测。
A. 围岩压力 B. 围岩内部位移 C. 围岩弹性波速 D. 爆破振动

10. 在隧道监控量测作业中，各项量测作业均应持续到变形稳定后（ ）结束。
A. 7 ~ 15d B. 15 ~ 20d C. 20 ~ 30d D. 30 ~ 60d

11. 根据隧道监控量测数据，当围岩位移速率保持不变时，应（ ）。
A. 正常施工 B. 加强支护
C. 适当减弱支护 D. 停止掘进、采取应急措施

12. 隧道钢架应力量测，当需要量测受力敏感位置时，测量仪器布置应避开钢架节段的接头位置，距接头距离应大于（ ）mm。
A. 100 B. 200 C. 300 D. 500

13. 隧道初期支护承受的应力、应变实测值与允许值之比大于或等于(　　)时,表明围岩不稳定,应加强初期支护。

A. 0.6　　B. 0.7　　C. 0.8　　D. 0.9

14. 根据位移速率判定速率大于(　　)时,围岩处于急剧变形状态,应加强初期支护。

A. 0.2mm/d　　B. 0.5mm/d　　C. 2mm/d　　D. 1mm/d

15. 下列不属于隧道监控量测选测项目的是(　　)。

A. 洞内围岩内部位移　　B. 拱顶下沉

C. 锚杆轴力　　D. 衬砌内部应力

E. 围岩压力

16. 量测隧道衬砌内部应力(应变),应选用(　　)传感器。

A. 钢弦式压力盒　　B. 钢弦式应变计　　C. 电阻应变片　　D. 工具式应变计

17. 关于隧道监控量测中锚杆轴力检测,表述正确的是(　　)。

A. 锚杆轴力属必测项目　　B. 常采用钢弦式测力计进行测量

C. 拱腰上测孔应水平方向钻孔布置　　D. 每根测力锚杆上布置 1 个测点

18. 关于隧道围岩声波测试的相关表述,不正确的选项是(　　)。

A. 可测定围岩内部位移　　B. 可获取岩体完整性参数

C. 可提供围岩分类参数　　D. 可测定围岩松动圈范围

19. 某隧道 K0 +230 断面实测拱顶下沉累计位移值为 18mm,预留变形量为 30mm,根据位移值进行隧道施工管理时,应采取的措施为(　　)。

A. 可正常施工　　B. 应加强支护　　C. 应采取特殊措施　　D. 应关闭隧道

20. 隧道监控量测洞内必测项目的测点应及时埋设,初读数应在开挖后(　　)内、下一循环开挖前取得,最迟不得超过(　　)。

A. 24h,48h　　B. 12h,24h　　C. 6h,12h　　D. 12h,48h

二、判断题

1. 锚杆拉拔力属于隧道监控量测选测项目。(　　)

2. 隧道施工过程中应进行洞内外观察,洞内观察包括开挖工作面观察和已支护地段观察。(　　)

3. 隧道施工监控量测的必测项目不包含拱脚下沉监测。(　　)

4. 锚杆轴力量测仪是通过测量不同深度锚杆的变形,来了解锚杆的轴力及分布。(　　)

5. 隧道施工监控量测的周边位移、拱顶下沉、地表下沉宜布置在同一断面。(　　)

6. 隧道监控量测项目地表沉降一般采用普通水准仪测量。(　　)

7. 采用振弦式钢筋计或应变计进行型钢拱架应力量测时,应把传感器焊接在型钢横截面的形心位置。(　　)

8. 隧道围岩级别根据围岩岩体或土体主要特征进行定性判定时共划分为 4 个等级。(　　)

9. 钢弦式应变计、钢弦式压力盒在隧道监控量测中应用广泛,此类传感器可在现场直接读取应变(应力)或压力值。(　　)

10. 岩石饱和单轴抗压强度测试为 20MPa，则该岩石为软岩。（　　）

11. 必测项目量测频率一般根据测点距开挖面的距离及位移速度分别确定，取两者中的频次较低者作为实际量测频率。（　　）

12. 监控量测信息反馈应以位移反馈为主，主要依据时态曲线的形态对围岩稳定性、支护结构的工作状态、对周围环境的影响程度进行判定，验证和优化设计参数，指导施工。（　　）

13. 隧道监控量测选测项目中锚杆轴力的测试精度要求为 0.01MPa。（　　）

14. 隧道衬砌应力量测时要求量测元件材质的弹性模量应与混凝土层的弹性模量差异较大，以便清晰反映出混凝土层的应力。（　　）

15. 在当前国内外的围岩分类中，常引用岩体横波波速以及岩体与岩块波速比的平方作为围岩分类的基本判据。（　　）

16. 隧道监控量测的必测项目一般只针对特殊地段、危险地段或有代表性的地段。（　　）

17. 隧道周边位移通常采用杆式多点位移计进行测量。（　　）

18. 钢弦式应变计是衬砌内部应力量测的常用仪器，应变计埋设时要保证传感器受力方向与隧道开挖轮廓线相切。（　　）

19. 爆破振动监测测点应多点布置，位置应设在监测对象振速最大、结构最薄弱、距离振源最近等部位。（　　）

20. 隧道监控量测必测项目各测点可直接焊接在钢架上，外露部分应有保护装置。（　　）

三、多项选择题

1. 监控量测应达到以下目的（　　）。

A. 确保安全　　B. 指导施工　　C. 修正设计　　D. 积累资料

2. 影响隧道周边位移和拱顶下沉量测频率的主要因素有（　　）。

A. 位移速率　　B. 量测断面距开挖面距离

C. 测点埋设时间　　D. 监测断面数量

3. 一般情况下，二次衬砌的施作应在满足下列要求时进行（　　）。

A. 隧道周边位移速度及拱顶或底板垂直位移速度明显下降

B. 隧道位移相对值已达到总相对位移量的 90% 以上

C. 拱顶下沉、净空收敛速率小于 0.5mm/d

D. 对浅埋、软弱围岩等特殊地段，应视具体情况确定二次衬砌施作时间

4. 监控量测数据的分析应包括以下主要内容（　　）。

A. 根据量测值绘制时态曲线

B. 选择回归曲线，预测最终值，并与控制基准进行比较

C. 对支护及围岩状态、工法、工序进行评价

D. 及时反馈评价结论，并提出相应工程对策建议

5. 隧道开挖后支护段观察内容包括（　　）。

A. 对喷锚表面的观察以及裂缝状况描述和记录

B. 有无锚杆损坏或垫块陷入围岩内部的现象

C. 喷混凝土是否产生裂缝、剥离，是否发生剪切破坏

D. 有无锚杆、喷混凝土施工质量问题

6. 监控量测中数据出现异常时,可采取的工程对策有(　　)。

A. 稳定工作面　　B. 调整开挖方法

C. 调整初期支护强度和刚度并及时支护　　D. 降低爆破振动影响

E. 围岩与支护间回填注浆

7. 隧道围岩基本质量指标 BQ 由(　　)确定。

A. 地下水　　B. 岩石饱和单轴抗压强度

C. 岩体完整性指数　　D. 结构面产状

8. 根据位移变化速率判断围岩稳定性的说法,正确的是(　　)。

A. 速率大于 1mm/d 时,围岩处于急剧变形状态,应加强初期支护

B. 速率变化在 0.2 ~ 1.0mm/d 时,应加强观测,做好加固的准备

C. 速率小于 0.2mm/d 时,围岩达到基本稳定

D. 在高地应力、岩溶地层和挤压地层等不良地质中,应根据具体情况制定判断标准

9. 根据位移速率变化趋势判断围岩稳定性的说法,正确的是(　　)。

A. $\frac{d^2u}{dt^2}<0$,表明围岩处于稳定状态

B. $\frac{d^2u}{dt^2}<0$,表明围岩向不稳定状态发展,需发出警告,加强支护系统

C. $\frac{d^2u}{dt^2}>0$,表明围岩进入危险状态,必须立即停止施工,采取有效手段,控制其变形

D. $\frac{d^2u}{dt^2}>0$,表明围岩向不稳定状态发展,需发出警告,加强支护系统

E. $\frac{d^2u}{dt^2}=0$,表明围岩向不稳定状态发展,需发出警告,加强支护系统

10. 隧道衬砌混凝土应力量测的目的是(　　)。

A. 了解混凝土的变形特性以及混凝土的应力状态

B. 掌握喷层所受应力的大小,判断喷层稳定状况

C. 判断支护结构长期使用的可靠性以及安全程度

D. 检验二次衬砌设计的合理性

E. 积累资料

11. 隧道周边位移和拱顶下沉监控断面的位置宜相同,断面埋设和数据测读应满足(　　)等要求。

A. 每 5 ~ 100m 设一个断面

B. 围岩级别为Ⅰ ~ Ⅱ级的,量测断面的间距为 50 ~ 100m

C. 围岩级别为Ⅴ ~ Ⅵ级的,量测断面的间距为 5 ~ 10m

D. 开挖后 24h 内读取初始读数

12. 关于隧道拱顶下沉监控量测的相关操作,表述正确的有(　　)。

A. 三车道及以上隧道每个断面布设 2 ~ 3 个测点

B. 单车道、双车道隧道每个断面布设 1 ~ 2 个测点

C. 后视基点稳定，通视条件好

D. 可采用精密水准仪进行量测

13. 采用杆式多点位移计量测洞内围岩内部位移，表述正确的有（　　）。

A. 每代表性地段布置 1 ~ 2 个检测断面

B. 双车道隧道每断面布置 3 ~ 5 个测孔

C. 位移计可用药包锚固剂锚固

D. 每个测点连续测量 3 次

E. 多点位移计量测待锚固材料强度达到 80% 以后才能测取初始读数

14. 隧道监控量测中获取的位移数据通过分析处理，可用于围岩稳定和支护效果的判断，判断所依据的资料、数据包括（　　）。

A. 位移速率　B. 位移柱状图　C. 位移频谱图　D. 位移时态曲线

15. 围岩声波测试，一般用波速、波幅、频谱等参数进行表征。关于围岩声波测试，以下说法正确的是（　　）。

A. 围岩风化、破碎、结构面发育，则波速高、衰减快，频谱复杂

B. 围岩风化、破碎、结构面发育，则波速低、衰减快，频谱复杂

C. 围岩充水或应力增加，则波速增高、衰减减小，频谱简化

D. 围岩充水或应力增加，则波速降低、衰减加快，频谱简化

四、综合题

1. 某双车道公路隧道采用全断面法开挖掘进，对该隧道进行施工监控量测，请回答以下问题。

（1）下列属于监控量测的选测项目的有（　　）。

A. 洞内外观察　B. 爆破振动　C. 锚杆轴力　D. 水量

（2）关于隧道周边位移的量测，表述正确的有（　　）。

A. 采用收敛计量测时，测点采用焊接或钻孔预埋

B. 周边位移布设断面宜与拱顶沉降布设断面一致

C. 可用钢卷尺测量

D. 测点埋设后 1 ~ 15d 内，每天应观测 1 ~ 2 次

（3）关于洞内围岩内部位移量测，表述正确的有（　　）。

A. 该项目属于必测项目　B. 两车道隧道布置 3 ~ 5 个测孔

C. 选用杆式多点位移计进行量测　D. 测试结果可反映围岩松弛区的大概范围

（4）钢弦式传感器可用于以下（　　）项目的测量。

A. 锚杆轴力　B. 钢架应力　C. 围岩接触压力　D. 衬砌内部应力

（5）对监控量测数据进行必要处理和回归分析后，可对隧道的围岩稳定性和支护效果进行判断。在分析判断时，以下表述正确的有（　　）。

A. 通常采用理论计算法进行信息反馈

B. 以位移量测结果作为主要判断依据

C. 当位移速率小于 0.5mm/d 时，可判断围岩已基本稳定

D. 当位移时态曲线很快平缓，表明围岩稳定性好

2. 某隧道施工过程中开展了监控量测，该隧道洞内温度变化较大。其中 1 号断面拱顶下沉采用精密水准仪测量，前视标尺为吊挂在拱顶测点的铟钢挂尺，后视标尺为放置在稳定衬砌上工作基点上的铟钢尺；采用数显收敛计进行周边位移量测，每次测量读取 3 次读数。对 1 号测试断面的前两次测量结果见下表。试根据上述结果回答下列问题。

测量部位	测量批次	拱顶下沉测值(mm)		周边位移测值(mm)		
		后视	前视	读数 1	读数 2	读数 3
1 号断面	首次测量	1079.45	4120.55	10388.26	10388.30	10388.28
	第二次测量	1081.11	4118.56	10387.99	10388.12	10388.07

(1)第二次测量时 1 号测试断面的拱顶测点位移量为(　　)。

A. +0.33mm　B. −0.33mm　C. +3.65mm　D. −3.65mm

(2)若不考虑温度影响，第二次测量时 1 号测试断面的周边位移量为(　　)。

A. +0.22mm　B. +0.11mm　C. −0.22mm　D. −0.11mm

(3)下列仪器中，常用于测量隧道周边位移的有(　　)。

A. 水准仪　B. 全站仪　C. 激光断面仪　D. 收敛计

(4)下列关于隧道拱顶下沉、周边位移量测的描述，正确的是(　　)。

A. 拱顶下沉测点与周边位移测点不能布置在同一断面

B. 拱顶下沉、周边位移测试仪器的精度要求为 0.5mm

C. Ⅳ级围岩布设间距为 5 ~ 10m

D. 台阶法开挖的隧道，每个台阶宜布置一条水平测线进行周边位移量测

(5)下列说法中正确的是(　　)。

A. 周边位移量测以水平测线量测为主，必要时可设置斜测线

B. 位移速度在 0.2 ~ 0.5mm/d 时，监控量测频率应为 1 次/3d

C. 周边位移测点埋设时可将测桩焊在钢拱架上

D. 采用收敛计测量周边位移时只需将每次测取的 3 组读数计算平均值作为本次的净空值，不需要进行修正

习题参考答案及解析

一、单项选择题

1. A

【解析】围岩压力量测传感器有液压式测力计和钢弦式压力盒，后者应用广泛。钢弦式(又称振弦式)传感器在隧道监控量测中应用十分广泛，现做相关补充说明：

(1)钢弦式钢筋应力计可用于锚杆轴力和钢架应力测量；

(2)钢弦式表面应变计可用于型钢钢架应力测量；

(3)钢弦式压力盒(大多采用双模式)可用于围岩接触压力测量；

(4)钢弦式应变计(混凝土内部预埋式)可用于衬砌内部应力测量。

钢弦式应变计称谓较多,也不统一,但其基本原理相同,都是通过对钢弦振动频率的测量来换算应变值,再得到应力或压力等被测物理量,只是在结构形式、安装方式、量测对象上有差异。

2. D

【解析】地表沉降测点横向间距宜为 2 ~5m,在隧道中线附近测点应适当加密。

3. B

【解析】隧道洞口段、浅埋段($h \leq 2.5b$,h 为埋深,b 为开挖宽度)或有特殊要求的应进行地表下沉量测。《公路隧道施工技术规范》(JTG/T 3660—2020)规定:$h > 2.5b$ 时视情况布设量测断面,$b < h \leq 2.5b$ 时断面纵向间距 10 ~20m,$h \leq b$ 时断面纵向间距 5 ~10m。地表下沉的量测宜与洞内周边位移和拱顶下沉在同一断面。

4. A

【解析】《公路隧道施工技术规范》(JTG/T 3660—2020)对于周边位移测点布置的相关要求包括:全断面法开挖宜设置 1 条水平测线,台阶法开挖每个台阶宜设置 1 条水平测线,中隔壁法或交叉中隔壁法等分部开挖的,每开挖分布设置 1 条水平测线,偏压隧道或小净距隧道可设置斜向测线。

5. B

【解析】监控量测必测项目的量测频率,应根据测点距开挖面的距离及位移速率分别按下表确定。由测点距开挖面的距离决定的监控量测频率和由位移速度决定的监控量测频率二者之间,原则上采用较高的频率值。出现异常情况或不良地质时,应增大监控量测频率。

周边位移和拱顶下沉的量测频率(按距开挖面距离)

监控量测断面距开挖面距离(m)	监控量测频率	监控量测断面距开挖面距离(m)	监控量测频率
(0 ~1)b	2 次/d	(2 ~5)b	1 次/(2 ~3d)
(1 ~2)b	1 次/d	>5b	1 次/(3 ~7d)

注:b 为隧道开挖宽度。

周边位移和拱顶下沉的量测频率(按位移速率)

位移速率(mm/d)	监控量测频率	位移速率(mm/d)	监控量测频率
≥5	2 ~3 次/d	0.2 ~0.5	1 次/3d
1 ~5	1 次/d	<0.2	1 次/(3 ~7d)
0.5 ~1	1 次/(2 ~3d)	—	—

6. A

【解析】见本章【单选】题 5 解析。

7. C

【解析】隧道监控量测过程中测点及测桩、传感器导线保护完好是连续采集量测数据的基本保障,必须严格保护。

(1)测点及测桩埋设不要过多地暴露在喷射混凝土外,能进行正常测试即可。应尽可能加保护套,防止爆破飞石、机械设备损坏。一旦发现测点损坏,要尽快重新埋设,并读取补埋后初始读数。

(2)测点及测桩应牢固可靠、不松动、不移位,测桩锚固深度不小于20cm。

(3)测点及测桩不得悬挂任何物体,不得触碰和敲击,不得随意撤换,遭破坏后应及时恢复。

(4)测点周边应有红油漆或警示标识牌,易于识别。

(5)传感器线缆埋入衬砌部分应穿管保护,防止喷射混凝土或混凝土施工过程损坏。

(6)传感器导线末端端头应装入预留保护盒内。

(7)支护结构施工时要注意保护测点。

8.D

【解析】岩体完整性指数 K_v 计算方式如下:$K_v=(v_{pm}/v_{pr})^2$,v_{pm} 为岩体弹性纵波速度;v_{pr} 为岩石弹性纵波速度。K_v 与岩体完整程度的对应关系如下表:

K_v 与岩体完整程度的对应关系表

K_v	>0.75	0.75~0.55	0.55~0.35	0.35~0.15	≤0.15
完整程度	完整	较完整	较破碎	破碎	极破碎

9.B

10.B

【解析】各项监控量测作业均应持续到变形基本稳定后15~20d结束,对于膨胀性和挤压性围岩,位移没有减小趋势时,应延长量测时间。

11.A

【解析】围岩稳定性判断的方法很多,根据位移速率的变化趋势来判断是其中一种。当围岩位移速率不断下降时,围岩处于稳定状态;当围岩位移速率保持不变时,围岩尚不稳定,应加强支护;当围岩位移速率上升时,围岩处于危险状态,必须立即停止掘进、采取应急措施。

12.D

【解析】在锚喷衬砌设有钢架的地段,根据需要可对钢架的受力进行量测,以掌握钢架受力变化和实际工作状态。钢架分为格栅钢架和型钢钢架。型钢钢架应力量测可采用钢弦式表面应变计和钢弦式钢筋应力计,格栅钢架应力量测一般采用钢弦式钢筋应力计。在选定的量测断面,在隧道拱顶、拱腰和边墙布设测点,一般每断面设置3~7个测点。也可根据围岩情况布置在受力敏感位置,但应避开钢架节段的接头位置,距接头距离应大于500mm。

13.C

【解析】初期支护承受的应力、应变、压力实测值与允许值之比大于或等于0.8时,围岩不稳定,应加强支护;初期支护承受的应力、应变、压力实测值与允许值之比小于0.8时,围岩处于稳定状态。

14.D

【解析】根据位移速率判定:速率大于1mm/d时,围岩处于急剧变形状态,应加强初期支护;速率变化在0.2~1.0mm/d时,应加强观测,做好加固的准备;速率小于0.2mm/d时,围岩达到基本稳定。在高地应力、岩溶地层和挤压地层等不良地质中,应根据具体情况制定判断标准。

15.B

【解析】隧道监控量测的选测项目有12项,包括:钢架内力及外力、围岩内部位移(洞内设点)、围岩内部位移(地表设点)、围岩压力、两层支护间压力、锚杆轴力、支护衬砌内应力、围岩弹性波速度、爆破振动、渗水压力及水流量、地表下沉(特殊要求段落)、地表水平位移。选项B拱顶下沉属于必测项目。

16. B

【解析】隧道衬砌内部应力量测大多采用钢弦式应变计,也可采用应变砖,但应用很少;电阻应变片和工具式应变计主要用于桥梁结构应变测量。电阻应变片可用于测量锚杆轴力,但由于其绝缘电阻低,敏感栅通电流后的温度效应,黏结固化不充分等原因,很难保证量测的可靠性和精确性,因此在隧道工程现场测试中很少使用。

17. B

【解析】锚杆轴力属选测项目,拱腰上的测孔应沿隧道开挖轮廓线的径向钻孔,每根测力锚杆应布置3~4个测点,测力计采用与锚杆分段串联(串接)的安装方式。

18. A

【解析】地下工程岩体中采用声波测试的内容很多,主要有以下几个方面:

(1)地下工程位置的地质剖面检测(声波测井),用以划分岩层,了解岩层破碎情况和风化程度等。

(2)岩体力学参数如弹性模量、抗压强度等的测定。

(3)围岩稳定状态的分析,如测定围岩松动圈大小等。

(4)判断围岩的分级,如测定岩体波速和完整性系数等。

19. B

【解析】根据《公路隧道施工技术规范》(JTG/T 3660—2020),依据围岩位移值进行隧道施工管理时,实测位移值不应大于隧道的极限位移。一般情况下,宜将隧道设计的预留变形量作为极限位移,而设计变形量应根据监测结果不断修正。

位移管理等级

管理等级	管理位移(mm)	施工状态
Ⅲ	$U < U_0/3$	可正常施工
Ⅱ	$U_0/3 \leq U \leq 2U_0/3$	应加强支护
Ⅰ	$2U_0/3 < U$	应采取特殊措施

注:U为实测位移值;U_0为设计极限位移值。

20. B

【解析】隧道开挖初期围岩变形发展较快,而围岩开挖初始阶段的变形动态数据又十分重要,因此,规范要求各测点宜在靠近掌子面、不受爆破影响范围内尽快安设,初读数应在开挖后12h内、下一循环开挖前取得,最迟不得超过24h。

二、判断题

1. ×

【解析】锚杆轴力监测为监控量测的选测项目,锚杆拉拔力属于施工质量检查项目。

2. √

3. ×

【解析】《公路隧道施工技术规范》(JTG/T 3660—2020)要求,对于富水软弱破碎围岩、流沙、软岩大变形、含水黄土、膨胀岩土等不良地质和特殊性岩土段,拱脚下沉作为必测项目。注意这是较旧版规范增加的必测项目。

4. √

5. √

6. ×

【解析】地表沉降可采用精密水准仪、铟钢尺或全站仪进行测量,要求精度 0.5mm。一般常用精密水准仪,因为其精度更高;当在变形较大的软弱围岩条件下,量测仪器精度对量测结果影响较小或现场条件受限时,也可采用全站仪进行洞外地表沉降、拱顶下沉、周边位移的观测。

7. ×

【解析】采用振弦式钢筋计或应变计进行型钢应力或应变量测时,应把传感器焊接在钢架翼缘(上翼缘在内侧、下翼缘在外侧),钢筋计的中段不要与钢架接触,当中段与钢架接触时,可在两端加钢垫块;采用振弦式钢筋计或应变计进行格栅拱架应力量测时,应将格栅主筋截断并把钢筋计对焊在截断部位,钢筋计直径应与格栅钢架主筋直径相同。连接时,为保证钢筋计与钢筋同心,一般要求采用丝口连接,防止钢筋计偏心或受扭而影响元件的使用和读数的准确性。

8. ×

【解析】隧道围岩分级可采取定量划分和定性划分两种。定量划分依据岩体基本质量 BQ 或修正的围岩基本质量指标[BQ]进行,共划分为 5 级;定性划分依据围岩岩体或土体主要特征进行,共划分为 6 级。当采取两种方法划分级别不一致时应通过对定性划分和定量指标的综合分析,确定岩体基本质量级别。当两者的级别划分相差达 1 级及以上时,应进一步补充测试。

9. ×

【解析】结构受力变形时,振弦式传感器内部钢弦(张丝)的张力发生变化而引起振动频率改变。现场采用配套的频率读数仪读取振弦式传感器的数据,为钢弦的振动频率,需要利用出厂标定的系数(或关系曲线)换算为应变(应力)或压力值。

10. ×

【解析】隧道围岩按照岩石坚硬程度划分为 5 类,岩石坚硬程度和对应的岩石饱和单轴抗压强度关系表如下:

岩石坚硬程度与岩石饱和单轴抗压强度关系表

R_c(MPa)	>60	60~30	30~15	15~5	≤5
坚硬程度	硬质岩		软质岩		
	坚硬岩	较坚硬岩	较软岩	软岩	极软岩

11. ×

【解析】由测点距开挖面的距离决定的监控量测频率和由位移速度决定的监控量测频率二者之间,原则上应采用较高的频率值。出现异常情况或不良地质时,应增大监控量测频率。

12. √

13. √

【解析】隧道监控量测必测项目中,周边位移和拱顶下沉的测试精度要求为0.5mm(预留变形量不大于30mm)或1mm(预留变形量大于30mm),地表下沉和拱脚下沉的测试精度要求为0.5mm;选测项目中,围岩内部位移的测试精度要求为0.1mm,围岩压力、两层支护间压力、锚杆轴力、支护衬砌间应力、渗水压力的测试精度要求为0.01MPa。

14. ×

【解析】衬砌应力量测包括初期支护喷射混凝土应力量测和二次衬砌模筑混凝土应力量测,量测传感器主要有钢弦式应变计和应变砖。采用钢弦式应变计量测衬砌应力时,是将量测元件直接安装于喷射混凝土内和二次衬砌模筑混凝土中。为了使量测数据能直接反映混凝土层的变形状态和受力的大小,要求量测元件材质的弹性模量应与混凝土层的弹性模量相近,不致引起混凝土层应力的异常分布、影响评价效果。将钢弦式应变计埋入混凝土内,混凝土结构受力后,带动钢弦式应变计钢丝受力发生改变,引起钢丝振动频率变化,用频率仪测出振动频率,根据事先标定出的频率-应变曲线求出作用在混凝土的应变,再根据混凝土弹性模量计算出混凝土应力。目前钢弦式应变计在隧道现场测试中应用较多。

15. ×

【解析】在当前国内外的围岩分类中,常引用岩体纵波波速以及岩体与岩块波速比的平方作为围岩分类的基本判据。通常,岩体的波速越高,表明岩体越坚硬,弹性性能越强,结构越完整,所含较弱的结构面减少。但有时波速并不能反映岩体完整性好坏,如有些破碎硬岩的波速高于完整性较好的软岩,因此还要采用岩体完整性系数$K_v=(v_{mp}/v_{rp})^2$来反映岩体的完整性,v_{mp}为岩体纵波速度,v_{rp}为岩块纵波速度。K_v越接近于1,表示岩体越完整。

16. ×

【解析】隧道监控量测的必测项目为经常性检测项目,方法简单、可靠性高、检测断面多,如拱顶下沉、周边位移要求每隔5～100m设一个检测断面,洞内外观测则要求在每个开挖循环时都进行观测。

17. ×

【解析】隧道周边位移可采用收敛计、全站仪或其他非接触量测仪器进行测量,而杆式多点位移计用于围岩内部位移测量。

18. √

【解析】利用钢弦式应变计测量衬砌应力,埋设时应将应变计受力方向顺隧道开挖轮廓线的切线方向,用钢筋或借助钢筋网、铅丝,将混凝土应变计固定在喷射混凝土或模筑混凝土衬砌中间,导线穿管引至保护盒。

19. √

20. ×

【解析】监控量测测点应牢固、可靠、易于识别,应能真实反映围岩、支护的动态变化信息。洞内必测项目各测点应埋入围岩中，深度不应小于0.2m，不应焊接在钢架上，外露部分应有保护装置。

三、多项选择题

1. ABCD

【解析】隧道施工监控量测是指在隧道施工过程中使用各种类型的仪表和工具，对围岩和支护衬砌变形、受力状态的监测。通过施工监控量测可达到确保安全、指导施工、修正设计和积累资料的目的。

2. ABC

【解析】隧道周边位移和拱顶下沉量测频率除应满足基本要求外，还应根据围岩位移变化速度和量测断面距开挖面距离要求进行，并应采用较高的量测频率值。出现异常情况或不良地质时，应增大监控量测频率。

3. ABD

【解析】一般情况下，二次衬砌的施作应在满足下列要求时进行：隧道水平净空变化速度及拱顶或底板垂直位移速度明显下降；隧道位移相对值已达到总相对位移量的90%以上；对浅埋、软弱围岩等特殊地段，应视具体情况确定二次衬砌施作时间。当位移速率小于0.2mm/d时，表明围岩已达到基本稳定，可以进行二次衬砌作业。

4. ABCD

5. ABCD

【解析】洞内外观察包括掌子面观察、支护状态及施工状态观察、洞外观察，其中支护状态及施工状态观察包含：①开挖方法，台阶长度、高度、宽度；②初期支护、二次衬砌、仰拱衬砌施作时机、一次开挖长度、距开挖面的距离；③初期支护、二次衬砌开裂及渗水情况（位置、状态、水量等）；④钢拱架有无悬空及悬空长度、钢拱压曲、歪斜；⑤仰拱衬砌底鼓、开裂、渗水现象；⑥施工中存在的其他缺陷。

6. ABCDE

【解析】监控量测中数据出现异常时，可采取的工程对策除题目中的对策外，还可采用辅助施工措施，例如地层注浆加固、降水、冻结，进行超前锚杆、管棚、超前插板、水平高压旋喷法、预切槽法等。

7. BC

【解析】隧道围岩级别主要依据BQ或[BQ]进行定量划分。

$$BQ = 100 + 3R_c + 250K_v$$

式中：R_c——岩石饱和单轴抗压强度；

K_v——岩体完整性指数。

8. ABCD

【解析】根据位移速率判定：速率大于1mm/d时，围岩处于急剧变形状态，应加强初期支护；速率变化在0.2～1.0mm/d时，应加强观测，做好加固的准备；速率小于0.2mm/d时，围岩达到基本稳定。在高地应力、岩溶地层和挤压地层等不良地质中，应根据具体情况制定判断标准。

根据位移速率变化趋势判断：当围岩位移速率不断下降时，围岩处于稳定状态；当围岩位移速率变化保持不变时，围岩尚不稳定，应加强支护；当围岩位移速率变化上升时，围岩处于危险状态，必须立即停止掘进，采取应急措施。

9. ACE

【解析】由于岩体的流变特性，根据位移速率变化趋势判断围岩稳定性时，可将岩体破坏前变形时程曲线分为 3 个阶段。

(1)基本稳定区：主要标志为位移速率逐渐下降，即$\frac{d^2u}{dt^2}<0$，表明围岩处于稳定状态。

(2)过渡区：位移速率保持不变，即$\frac{d^2u}{dt^2}=0$，表明围岩向不稳定状态发展，需发出警告，加强支护系统。

(3)破坏区：位移速率逐渐增大，即$\frac{d^2u}{dt^2}>0$，表明围岩进入危险状态，必须立即停止施工，采取有效手段，控制其变形。

10. ABCDE

【解析】混凝土应力量测包括喷射混凝土和二次衬砌模筑混凝土应力量测。其目的是了解混凝土层的变形特性以及混凝土的应力状态；掌握喷层所受应力的大小，判断喷射混凝土层的稳定状况；判断支护结构长期使用的可靠性以及安全程度；检验二次衬砌设计的合理性；积累资料。

11. ABCD

【解析】隧道周边位移和拱顶下沉量测断面布置间距应符合下表规定。

周边位移和拱顶下沉量测断面布置间距

围岩级别	断面间距(m)	围岩级别	断面间距(m)
Ⅴ～Ⅵ	5～10	Ⅲ	20～50
Ⅳ	10～20	Ⅰ～Ⅱ	50～100

12. ABCD

13. ABD

【解析】CE 选项错误，位移计安装宜采用灌注水泥砂浆进行锚固，不得采用药包锚固剂锚固。多点位移计量测待锚固材料强度达到 70% 以后，即可测取初始读数。

14. AD

【解析】隧道监控量测获取数据经整理和回归分析后，根据经验方法实现反馈，通常采用位移时态曲线和位移速率作为判据，对围岩稳定和支护效果进行分析判断。

15. BC

【解析】在岩体中，波的传播速度与岩体的密度及弹性常数有关，受岩体结构构造、地下水、应力状态的影响，一般说来有如下规律：①岩体风化、破碎、结构面发育，则波速低衰减快，频谱复杂；②岩体充水或应力增加，则波速增高，衰减减少，频谱简化；③岩体不均匀性和各向异性使波速与频谱的变化也相应地表现出不均一性和各向异性。

四、综合题

1.(1)BCD　　(2)ABD　　(3)BCD　　(4)ABCD　　(5)BD

【解析】(1)选测项目包含钢架内力及外力、围岩内部位移(洞内设点)、围岩内部位移(地表设点)、围岩压力、两层支护间压力、锚杆轴力、支护衬砌内应力、围岩弹性波速度、爆破振动、渗水压力及水流量、地表下沉(特殊要求段落)、地表水平位移。选项A属于必测项目。

(2)选项C错误。隧道周边位移通常采用收敛计进行测量,在变形较大的软弱围岩条件下,量测仪器精度对量测结果影响较小或现场条件受限时,可采用全站仪或其他非接触量测仪器进行测量。

(3)围岩内部位移属于选测项目,选项A错误;对每一量测断面,测点位置一般布置在拱顶、拱腰和边墙,两车道隧道布置3~5个测孔,三车道隧道布置5~7个测孔,每个测孔应布置3~5个位移测点,常用仪器为杆式多点位移计,选项BC正确;选项D为该量测项目的基本目的。

(4)钢弦式传感器种类众多,在隧道监控量测中应用十分广泛。钢弦式钢筋应力计可用于锚杆轴力和钢架应力测量;钢弦式表面应变计可用于型钢钢架应力测量;钢弦式压力盒(大多采用双模式)可用于围岩接触压力测量;钢弦式应变计(混凝土内部预埋式)可用于衬砌内部应力测量。钢弦式应变计称谓较多,也不统一,但其基本原理相同,都是通过对钢弦振动频率的测量来换算应变,再得到应力或压力,只是在结构形式、安装方式、量测对象上有差异。

(5)隧道监控量测结果广泛采用经验方法进行信息反馈;拱顶下沉、周边位移等必测项目的测试断面多、结果可靠性较高,其量测结果作为围岩稳定性判断的主要依据。速率大于1mm/d时,围岩处于急剧变形状态,应加强初期支护;速率变化在0.2~1.0mm/d时,应加强观测,做好加固的准备;速率小于0.2mm/d时,围岩达到基本稳定。

2.(1)B　　(2)C　　(3)BD　　(4)BD　　(5)AB

【解析】(1)注意题目中测量标尺的放置方式是正立还是倒立,考生做此类题目时可作简图辅助分析,可直观判断拱顶高程的计算方法。

初次测量拱顶测点高程:$A = 4120.55 + 1079.45 = 5200.00$mm;二次测量拱顶测点高程:$B = 4118.56 + 1081.11 = 5199.67$mm;拱顶测点位移值为本次测量高程减去上次测量高程:$C = B - A = 5199.67 - 5200.00 = -0.33$mm。当$C<0$,拱顶测点下沉;当$C>0$,拱顶测点上移。

(2)单次周边位移变化值为本次测值(3组读数的平均值)与上次测值之差,差值为负,表明围岩收缩;差值为正,表明围岩扩张。

(3)隧道周边位移量测可采用收敛计、全站仪或其他非接触量测仪器。隧道激光断面仪也可用于隧道周边位移量测,通过固定测量基点及固定测量点可实现,但其精度相对于全站仪和收敛计较低,且操作烦琐,故并不常用。

(4)选项BD正确,选项C错误,Ⅳ级围岩布设间距为10~20m。

(5)选项AB正确,偏压隧道或小净距隧道可加设斜向测线;选项C错误,不能将测桩焊在钢拱架上,应在初期支护上进行钻孔埋设测桩;选项D错误,题中已经说明隧道内温度变化较大,对钢尺、收敛计的读数应进行温度修正。温度修正按照下式计算:

$$\varepsilon_t = \alpha(T_0 - T)L$$

式中：ε_t——温度修正值；

α——钢尺线膨胀系数；

T_0——鉴定钢尺的标准温度，$T_0 = 20℃$，也可是洞内常温下的鉴定钢尺温度；

T——每次量测时的平均气温；

L——钢尺长度。

第十五章　超前地质预报

复习提示

考试大纲要求

检　测　师	助理检测师
1. 隧道施工超前地质预报的目的;隧道不良地质类型、特点和危害; 2. 隧道施工超前地质预报的地质调查法、超前钻探法、地震波反射法、电磁法(地质雷达、瞬变电磁法)、直流电法(激发极化法、高密度电法)、超前导坑预报法的原理及使用条件; 3. 地震波反射法、地质雷达探测法、瞬变电磁法的原理、方法、资料分析与判释	1. 隧道施工超前地质预报种类; 2. 地质调查法、地震波反射法、地质雷达等超前地质预报探测方法

超前地质预报知识要点

知　识　点	相　关　要　点
一、概述	1. 超前地质预报目的。 2. 超前地质预报内容
二、超前地质预报方法	1. 地质调查法:包含地表补充调查及隧道内地质素描内容。 2. 超前钻探法:适用条件、冲击钻及回转取芯钻适用情况、超前地质钻探孔要求、加深炮孔探测钻孔要求。 3. 物探法包含的检测方法。 4. 地震波反射法、电磁波反射法、瞬变电磁法:探测原理、使用设备、测线布置、探测方法、适用条件、预报距离、数据处理。 5. 高分辨直流电、红外探测法:探测原理、使用设备、适用条件、预报距离。 6. 超前导坑法:原理、分类及预报内容
三、不良地质体的预报	断层、岩溶、煤层瓦斯的预报方法

习　题

一、单项选择题

1. 通过小药量爆破,根据所产生的信号在隧道开挖工作面前方不同岩层中传播、反射的情况,预报前方地质情况的方法属于(　　)。

A. 弹性波反射法　　B. 电磁波反射法　　C. 瞬变电磁法　　D. 红外探测法

2. 隧道施工中进行煤层瓦斯预报时，接近煤层前，必须对煤层位置进行超前钻探，标定各煤层准确位置，掌握其赋存情况及瓦斯状况。在距初探煤层 10m(垂距)处的开挖工作面上应钻(　　)个超前钻孔。

A. 1　　B. 2　　C. 3　　D. 4

3. 采用超前钻探法对岩溶发育区进行隧道超前地质预报时，每循环宜钻(　　)个孔。

A. 1 ~2　　B. 2 ~3　　C. 3 ~5　　D. 4 ~6

4. 隧道超前地质预报，高分辨直流电法的有效预报距离不宜超过(　　)。

A. 30m　　B. 50m　　C. 80m　　D. 200m

5. 隧道超前地质预报，地质雷达法在一般地段预报距离宜控制在(　　)以内。

A. 30m　　B. 40m　　C. 50m　　D. 60m

6. 隧道超前地质预报，瞬变电磁法连续预报时前后两次重叠长度宜在(　　)以上。

A. 10m　　B. 15m　　C. 20m　　D. 30m

7. 隧道超前地质预报，红外探测法有效预报距离宜在(　　)以内。

A. 30m　　B. 50m　　C. 80m　　D. 200m

8. 隧道超前地质预报，超前钻探法中加深炮孔探测应较爆破孔(或循环进尺)深(　　)以上。

A. 3　　B. 5　　C. 10　　D. 20

9. 隧道超前地质预报，下列超前地质预报的物探方法中可用于长距离预报的是(　　)。

A. 地质雷达法　　B. 高分辨直流电法　　C. 红外探测法　　D. 地震波反射法

10. 富水岩溶发育区超前钻探应终孔于隧道开挖轮廓线以外(　　)。

A. 1 ~3m　　B. 3 ~5m　　C. 5 ~8m　　D. 8 ~10m

11. 采用超前钻探法进行隧道超前地质预报时，断层、节理密集带或其他破碎富水地层每循环至少钻(　　)个孔。

A. 1　　B. 2　　C. 3　　D. 4

12. 隧道地质调查包括隧道地表补充调查和(　　)两大方面。

A. 超前导坑观测　　B. 超前钻探

C. 隧道内地质素描　　D. 隧道内支护状态观测

13. 物探法在隧道超前地质预报中应用广泛，以下不属于物探法的是(　　)。

A. 弹性反射波法　　B. 超声脉冲法　　C. 地质雷达法　　D. 瞬变电磁法

14. 采用地质雷达法进行隧道超前地质预报，雷达的工作天线的频率应选择(　　)。

A. 4MHz　　B. 40MHz　　C. 400MHz　　D. 4GHz

15. 隧道超前地质预报，对于断层、岩溶以及(　　)等不良地质体，应采用两种或两种以上的方法进行综合预报。

A. 含水结构　　B. 不均匀体　　C. 空洞　　D. 煤层瓦斯

二、判断题

1. 隧道岩溶预报应以地质调查法为基础，以弹性波反射法为主，结合多种物探手段进行综

合超前地质预报，并应采用宏观预报指导微观预报、长距离预报指导中短距离预报的方法。（　）

2. 超前地质钻探是利用钻机在隧道开挖工作面进行钻探，获取地质信息的一种超前地质预报方法，预报时一般采用冲击钻。（　）

3. 采用超前地质钻探进行隧道地质预报，当需要连续钻探时，前后两循环钻孔应重叠 3～5m。（　）

4. 采用地震波反射法进行隧道超前地质预报，在软弱破碎地层或岩溶发育区，每次预报距离宜为150m以内。（　）

5. 地质雷达进行隧道超前地质预报时，掌子面宜布置两条测线，必要时可布置成"井"字形或其他网格形式。（　）

6. 地震波反射法进行超前地质预报时，记录中坏道数不应大于总道数的30%，且不应出现连续坏道。（　）

7. 富水区隧道地质超前钻探时，发现岩壁松软、片帮或钻孔中的水压、水量突然增大，以及有顶钻等异常情况时，应加快钻进速度，及早通过不良地质。（　）

8. 隧道超前导坑预报法是以超前导坑中揭示的地质情况，通过地质理论和作图法预报正洞地质条件的方法。（　）

9. 地质调查法是一种传统、实用和基本的隧道超前地质预报方法，具有综合和指导其他预报方法的作用。（　）

10. 隧道超前地质预报，地质雷达探测主要用于岩溶探测，不可用于断层破碎带、软弱夹层等不均匀地质体的探测。（　）

11. 按岩体基本质量指标 BQ 值可将隧道围岩分为6级。（　）

12. 隧道设有平行导坑或为线间距较小的两座隧道时，应利用平行超前导坑、先行施工的隧道开展隧道超前地质预报工作。（　）

13. 地质雷达法是利用电磁波在开挖面前方的传播和反射特性，根据传播速度、反射走时、波形特征进行隧道超前地质预报的方法。（　）

14. 隧道超前地质预报，红外探测法是基于红外辐射的原理，可定量探测隧道前方出水量大小。（　）

15. 隧道超前地质预报，对煤层瓦斯应采用以地质调查法为基础，红外探测法为主的综合超前预报。（　）

三、多项选择题

1. 隧道超前地质预报中超前钻探法包括（　）。

A. 超前地质钻探　B. 加深炮孔探测　C. 超前导坑　D. 孔内摄影

2. 超前地质预报按预报长度划分为（　）。

A. 特长距离预报：预报长度200m以上　B. 长距离预报：预报长度100m以上

C. 中长距离预报：预报长度30～100m　D. 短距离预报：预报长度30m以内

3. 隧道超前地质预报中地质调查法包括（　）。

A. 地表补充地质调查　B. 隧道外地质素描

C. 隧道内地质素描　　D. 周边建筑物调查

4. 隧道超前地质预报中弹性波反射法适用于(　　)。

A. 划分地层界线　　B. 查找地质构造

C. 探测不良地质体的厚度和范围　　D. 地下水情况

5. 隧道前方临近断层破碎带的可能前兆主要有(　　)。

A. 节理组数急剧增加　　B. 岩层牵引褶曲的出现

C. 岩石强度的明显降低　　D. 压碎岩、破碎岩、断层角砾岩等的出现

E. 临近富水断层前断层下盘泥岩、页岩等隔水岩层明显湿化、软化,或出现淋水和其他涌突水现象

6. 物探法进行隧道超前地质预报时,下列表述正确的是(　　)。

A. 探测对象与相邻介质应存在一定的物性差异,并具有可被探测的规模

B. 物探探测时周边环境对其影响较小

C. 对于地质条件复杂的隧道采用综合物探

D. 物探资料只有在物性资料和地质资料齐全的基础上进行定量解释,才能获得准确的解释参数

7. 采用地震波法进行隧道超前地质预报时,下列表述正确的是(　　)。

A. 采集图像具有较好的异常重复性和波形相似性

B. 随着预测距离的增大,地质异常体的位置和宽度误差也在增大,预报距离需在合理的范围以内

C. 钻孔应平直顺畅,并能确保耦合剂、套管或炸药放置在孔中间

D. 数据采集前应进行背景噪声检查,采取压制干扰的措施,尽可能减少仪器本身及环境产生的背景噪声干扰

E. 激发雷管需采用瞬发电雷管

8. 隧道超前地质预报的探测预报内容包括(　　)。

A. 地层岩性　　B. 地质构造　　C. 围岩内部位移　　D. 不良地质体

E. 地下水发育情况

9. 隧道超前地质预报用于地下水探测预报的方法有(　　)。

A. 高分辨直流电法　B. 地震波反射法　　C. 红外探测法　　D. 瞬变电磁法

10. 隧道地质调查中的隧道内地质素描主要包括(　　)等几个方面。

A. 围岩分级　　B. 工程地质

C. 水文地质　　D. 围岩稳定性和支护情况

11. 关于隧道超前地质预报中地质雷达法的相关描述,表述正确的有(　　)。

A. 利用电磁波的传播和反射特性进行探测预报

B. 适用浅部地层、空洞、不均匀体的预报

C. 应采用高频工作天线(如 900MHz),以提高探测的分辨率

D. 探测距离一般控制在 30m 以内

12. 关于隧道超前地质预报中瞬变电磁法的相关描述,表述正确的有(　　)。

A. 瞬变电磁法的检测设备也称为地质雷达

B. 可预测前方地质体的含水、围岩破碎、地质构造情况

C. 探测时应将开挖台车、喷浆机等金属物体向掌子面后移 20m 以上

D. 探测距离宜为 80m

四、综合题

1. 某公路隧道穿越两条断层地带，围岩级别为Ⅱ～Ⅲ级，地下水不发育。试根据上述问题，回答下列问题。

(1)通过隧道超前地质预报应达到下列(　　)目的。

A. 进一步查清隧道开挖工作面前方的工程地质与水文地质条件，指导工程施工

B. 降低地质灾害发生的概率和危害程度

C. 为优化工程设计提供地质依据

D. 为编制竣工文件提供地质资料

(2)根据该隧道的地质条件，超前地质预报中宜采用的物探法有(　　)。

A. 高分辨直流电法　B. 电磁波反射法　C. 弹性波反射法　D. 瞬变电磁法

E. 红外探测法

(3)若采用电磁波法(地质雷达法)进行超前地质预报可选取的天线频率为(　　)。

A. 900MHz　B. 400MHz　C. 100MHz　D. 40MHz

(4)若采用瞬变电磁法进行超前地质预报，下列数据解释正确的是(　　)。

A. 一般情况下，视电阻率较高，曲线比较规则，表明围岩完整性较好，含水率低

B. 一般情况下，视电阻率较高，曲线不规则，表明围岩完整性较差，含水率低

C. 一般情况下，视电阻率较低，曲线不规则，表明围岩完整性较差，含水率高

D. 一般情况下，视电阻率较低，曲线比较规则，表明围岩完整性较好，含水率低

(5)关于采用地震波反射法进行超前地质预报，下列表述正确的是(　　)。

A. 采用炸药爆破激发地震波，炸药药量越大，探测效果越好

B. 激发前，炮孔应用水或其他介质填充

C. 所有炮点应同时激发，时间差不得超过 1s

D. 可用于地质构造、不良地质体范围的探测预报

2. 关于采用地质雷达法进行隧道超前地质预报，请回答以下问题。

(1)关于地质雷达法超前地质预报的相关特性描述，正确的有(　　)。

A. 利用电磁波传播及反射特性，依据传播速度和反射走时及波形特征进行预报

B. 属于物探法的一种类型

C. 具有快速、无损、连续检测、实时显示等特点

D. 可进行超长距离探测预报

(2)地质雷达法适用于(　　)等的探测和超前预报。

A. 浅部地层　B. 煤层瓦斯　C. 空洞　D. 前方有无水体

(3)地质雷达的设备组成包括(　　)。

A. 发射单元和接收单元　B. 工作天线

C. 超声换能器　D. 主控器

(4)关于地质雷达法的预报距离的相关描述,正确的有(　　)。

A. 预报距离不宜超过 30m,重叠距离不应小于 5m

B. 预报距离不宜超过 80m,重叠距离不应小于 10m

C. 工作天线的频率相对越高,探测距离越长

D. 工作天线的频率相对越低,探测距离越长

(5)以下叙述正确的是(　　)。

A. 当多个频率的天线均能符合探距要求时,选择频率较高的天线

B. 施工现场的金属物不影响探测结果

C. 通常采用单点探测,也可结合连续探测进行比对

D. 测线宜沿掌子面边缘呈环形布置

习题参考答案及解析

一、单项选择题

1. A

【解析】弹性波反射法是利用人工激发的地震波、声波在不均匀地质体中所产生的反射波特性预报隧道开挖工作面前方地质情况的一种物探方法,包括地震波反射法、水平声波剖面法、负视速度法和极小偏移距高频反射连续剖面法,其中最常用的是地震波反射法。

2. C

【解析】煤层瓦斯预报应以地质调查法为基础,以超前钻探法为主,结合多种物探手段进行综合超前地质预报。接近煤层前,必须对煤层位置进行超前钻探,标定各煤层准确位置,掌握其赋存情况及瓦斯状况。在距初探煤层 15 ~ 20m(垂距)处的开挖工作面上应钻 1 个超前钻孔,初探煤层位置;在距初探煤层 10m(垂距)处的开挖工作面上应钻 3 个超前钻孔,分别探测开挖工作面前方上部及左右部位煤层位置,并采取煤样和气样进行物理、化学分析和煤层瓦斯参数测定,在现场进行瓦斯及天然气含量、涌出量、压力等测试工作。按各孔见煤、出煤点计算煤层厚度、倾角、走向及与隧道的关系,并分析煤层顶、底板岩性。掌握并收集钻孔过程中的瓦斯动力现象。

3. C

【解析】采用超前地质钻探对隧道前方地质体进行预报时,断层、节理密集带或其他破碎富水地层每循环可只钻一孔;富水岩溶发育区每循环宜钻 3 ~ 5 个孔,揭示岩溶时,应适当增加,以满足安全施工和溶洞处理所需资料为原则。

4. C

【解析】高分辨直流电法有效预报距离不宜超过 80m,连续探测时前后两次应重叠 10m 以上。

5. A

【解析】地质雷达法为短距离超前地质预报法,在一般地段预报距离宜控制在 30m 以内,连续预报时前后两次重叠长度宜在 5m 以上。

6. D

【解析】瞬变电磁法每次有效预报距离宜为100m左右，且由于采用该方法进行探测时会存在20m以上的盲区，因此连续预报时前后两次重叠长度宜在30m以上。此处应注意瞬变电磁法连续预报时重叠长度是所有超前地质预报物探法最长的，地质雷达、红外探测连续预报时重叠长度宜为5m以上，地震波法、高分辨直流电法连续预报时重叠长度宜为10m以上。

7. A

【解析】红外探测法有效预报距离宜在30m以内，连续探测时前后两次重叠长度宜在5m以上。

8. A

【解析】加深炮孔探测是利用局部炮孔加深凿孔过程获取地质信息的一种方法。

(1)探测炮孔孔深较设计爆破孔(或循环进尺)深3m以上。

(2)孔数、孔位应根据开挖面大小和地质复杂程度确定。

(3)钻到溶洞和岩溶水及其他不良地质时，应视情况采用超期地质钻探和其他探测手段继续探测。

9. D

【解析】超前地质预报距离在100m以上时为长距离预报，可采用地质调查法、地震波反射法及100m以上的超前钻探等；预报长度在30～100m为中长距离预报，可采用地质调查法、地震波反射法、高分辨直流电法、瞬变电磁法及30～100m的超前钻探等；预报长度30m以内为短距离预报，可采用地质调查法、地震波反射法、电磁波反射法、红外探测及小于30m的超前钻探等。地震波反射法在软弱破碎地层或岩溶发育区，一般每次预报距离应为100m左右；在岩体完整的硬质岩地层预报距离宜为150m内；隧道位于曲线上时，应根据曲线半径大小，按上述原则合理确定预报距离。地质雷达法在一般地段预报距离宜控制在30m以内，在岩溶发育地段的有效预报长度则应根据雷达波形判定。高分辨直流电法有效预报距离不宜超过80m。红外探测法有效预报距离宜在30m以内。瞬变电磁法每次有效预报距离宜为100m左右。

10. C

【解析】富水岩溶发育区超前钻探应终孔于隧道开挖轮廓线以外5～8m。

11. A

【解析】答案见本章【单选】题3解析。

12. C

13. B

【解析】超声脉冲法不适用于隧道超前地质预报。除了ACD选项外，物探法还有高分辨直流电法、红外探测法。弹性反射波法包含多种不同的探测预报方法，其中以地震波反射法应用最为广泛。

14. B

【解析】地质雷达是一种多用途设备，其工作天线的频率应根据检测对象和目的不同以及探测距离进行选择。天线频率越高，探测分辨率越高，有效探距越短；反之天线频率越低，则分辨率越低，探距越长。400MHz天线可用于隧道衬砌结构探测，目前尚无4MHz、4GHz规格的雷达天线。B 选项正确,40MHz 天线预报距离大约为 20～30m。

15. D

【解析】对于断层、岩溶、煤层瓦斯等各种不良地质条件,宜综合运用两种或两种以上超前地质预报方法进行预报,综合分析,以达到长短结合、取长补短、相互印证、提高预报准确性的目的。

二、判断题

1. ×

【解析】岩溶预报应以地质调查法为基础,以超前钻探法为主,结合多种物探手段进行综合超前地质预报,并应采用宏观预报指导微观预报、长距离预报指导中短距离预报的方法。所有不良地质体的预报均以地质调查法为基础,其中断层预报以弹性波反射法探测为主,岩溶、煤层瓦斯、涌水、突泥预报以超前钻探法为主,结合多种物探手段进行综合超前地质预报。超前钻探法可以真实揭露隧道前方水文地质情况,相对物探法其准确度更高,受干扰较小。

2. √

【解析】超期地质钻探可采用冲击钻和回转取芯钻,二者应视不同地质情况合理搭配使用,提高预报准确率和钻探速度,减少占用开挖工作面的时间。

(1)一般地段采用冲击钻。冲击钻不能取芯,但可通过冲击器的响声、钻速及其变化、岩粉、卡钻情况、钻杆振动情况、冲洗液的颜色及流量变化等粗略探明岩性、岩石强度、岩体完整程度、溶洞、暗河及地下水发育情况等。

(2)复杂地质地段采用回转取芯钻。回转取芯钻岩芯鉴定准确可靠,地层变化里程可准确确定,一般只在特殊地层、特殊目的地段、需要精确判定的情况下使用,比如煤层取芯及试验、溶洞及断层破碎带物质成分的鉴定、岩土强度试验取芯等。

3. ×

【解析】采用超前地质钻探进行预报,一般每循环可钻 30～50m,富水岩溶发育区每循环宜钻 3～5 个孔,揭示岩溶时,应适当增加,以满足安全施工和溶洞处理所需资料的原则。当需要连续钻探时,前后两循环钻孔应重叠 5～8m。

4. ×

【解析】地震波反射法在软弱破碎地层或岩溶发育区,一般每次预报距离应为 100m 左右;在岩体完整的硬质岩地层预报距离宜为 150m 以内;隧道位于曲线上时,应根据曲线半径大小,按上述原则合理确定预报距离。

5. √

【解析】地质雷达探测的数据采集应符合下列要求:

(1)通过试验选择雷达天线的工作频率、确定介电常数。当探测对象情况复杂时,宜选择两种及以上不同频率的天线。当多个频率的天线均能符合探测深度要求时,宜选择频率相对较高的天线,一般宜采用 100MHz 屏蔽天线。

(2)测网密度、天线间距和天线移动速度应适当探测对象的异常反应,掌子面上宜布置两条测线,必要时可布置成“井”字形或其他网格形式。

(3)选择合适的时间窗口和采样间隔,并根据数据采集过程中的干扰变化和图像效果及时调整工作参数。

(4)宜采用连续测量的方式,不能连续测量的地段可采用点测。连续测量时天线应匀速移动,并与仪器的扫描率相匹配;点测时应在天线静止状态采样,测点距不大于0.2m。

(5)隧址区内不应有较强的电磁波干扰;现场测试时应清除或避开附近的金属物等电磁干扰物;当不能清除或避开时应在记录中注明,并标出位置。

(6)支撑天线的器材应选用绝缘材料,天线操作人员应与工作天线保持相对固定的位置。

(7)测线上天线经过的表面相对平整,无障碍,且天线易于移动;测试过程中,应保持工作天线的平面与探测面基本平行,距离相对一致。

(8)现场记录应注明观测到的不良地质体与地下水体的位置与规模等。

(9)重点异常区应重复观测,重复性较差时宜进行多次观测并查明原因。

6. ×

【解析】依据《公路工程物探规程》(JTG/T 3222—2020)地震波的反射波法数据采集应符合下列规定:

(1)观测方式应采用单炮激发、多道接收方式。

(2)震源应采用孔内爆炸激震。

(3)波形记录应无溢出,初至清晰、无明显延迟和高频振荡。

(4)检波器与隧道围岩应紧密接触、耦合良好。

(5)记录中坏道数不应大于总道数的20%,且不应出现连续坏道。

(6)应采取措施压制声波干扰。

7. ×

【解析】富水区隧道地质超前钻探时,发现岩壁松软、片帮或钻孔中的水压、水量突然增大,以及有顶钻等异常情况时,必须停止钻进,立即上报有关部门,并派人监测水情。如发现情况紧急时,必须立即撤出所有受水威胁地区的人员,然后采取必要措施。

8. √

【解析】超前导坑预报法是以超前导坑中揭示的地质情况,通过地质理论和作图法预报正洞地质条件的方法。超前导坑法可分为平行超前导坑法和正洞超前导坑法。线间距较小的两座隧道可互为平行导坑,以先行开挖的隧道预报后开挖的隧道地质条件。

9. √

【解析】对于断层、岩溶、煤层瓦斯等各种不良地质条件的预报,均应以地质调查法为基础,综合运用两种或两种以上方法进行预报,综合分析,以达到长短结合、取长补短、相互印证、提高预报准确性的目的。

10. ×

【解析】地质雷达探测主要用于岩溶探测,亦可用于断层破碎带、软弱夹层等不均匀地质体的探测,只是断层破碎带、软弱夹层等不均匀地质体更多地采用探测距离较长的弹性波反射法来探测。

11. ×

【解析】隧道围岩分级可采取定量划分和定性划分两种。定量划分依据岩体基本质量 BQ 或修正的围岩基本质量指标[BQ]进行,共划分为5级;定性划分依据围岩岩体或土体主要特征进行,共划分为6级。当采取两种方法划分级别不一致时应通过对定性划分和定量指标的综合分析,确定岩体基本质量级别。当两者的级别划分相差达1级及以上时,应进一步补充测试。

12. √

【解析】见本章【判断】题8解析。

13. √

【解析】地质雷达探测是利用电磁波在开挖面前方岩体的传播和反射,根据传播速度、反射走时、波形特征进行隧道超前地质预报的一种物探方法。地质雷达探测主要用于岩溶探测,亦可用于断层破碎带、软弱夹层等不均匀地质体的探测。

14. ×

【解析】红外探测法是利用红外辐射原理,通过探测和分析局部地温异常变化等现象,判断前方是否存在水体及水体的方位,但不能定量提供出水量大小等数据。

15. ×

【解析】对煤层瓦斯的预报应采用地质调查法为基础,以超前钻探法为主,结合多种物探手段进行综合超前地质预报。

三、多项选择题

1. AB

【解析】超前钻探法包括超前地质钻探和加深炮孔探测。

2. BCD

【解析】《铁路隧道超前地质预报技术规程》(Q/CR 9217—2015)及《公路隧道施工技术规范》(JTG/T 3660—2020)规定,超前地质预报按预报长度划分为:长距离预报(100m以上)、中长距离预报(30~100m)及短距离预报(小于30m)。

3. AC

【解析】地质调查法包括地表补充地质调查和隧道内地质素描。

4. ABC

【解析】弹性波反射法适用于划分地层界线、查找地质构造、探测不良地质体的厚度和范围,并应符合下列要求:探测对象与相邻介质应存在较明显的波阻抗差异并具有可被探测的规模;断层或岩性界面的倾角应大于35°,构造走向与隧道轴向的夹角应大于45°。地下水情况的探测主要采用高分辨直流电法、瞬变电磁法和红外探测。

5. ABCDE

6. ACD

【解析】物探法中应注意各种电、磁、振动等外界干扰,探测对象的异常应从干扰背景中区分出来,且现场探测时应尽量避免外界干扰。

探测对象具有多种物理性质,根据与相邻介质的不同物性差异选择两种或两种以上有效的物探方法,通过综合物探可利用探测对象的多种物性特征研究其空间形态,相互补充、相互印证,可以减少物探的多解性,取得好的物探效果。因此对于地质条件复杂的隧道采用综合物探,并结合其他探测资料综合分析。

7. ABDE

【解析】地震波法进行超前地质预报时孔身应平直顺畅，能确保耦合剂、套管或炸药放置到位(孔底)。探测前应进行噪声检查，噪声峰值应小于 –78dB。

8. ABDE

【解析】超前地质预报的主要内容包括：

(1)地层岩性预报，包括对地层岩性、软弱夹层、破碎地层、煤层及特殊岩土体等的预测预报。

(2)地质构造预报，包括对断层、节理密集带、褶皱等影响岩体完整性的构造等的预测预报。

(3)不良地质条件预报，包括对岩溶、采空区、人工洞室、瓦斯等的预测预报。

(4)地下水状况，特别是对岩溶管道水及断层、裂隙水等发育情况进行预测预报。

(5)对围岩级别变化的判断。

超前地质预报无法预报围岩内部位移变化情况。预报围岩内部位移通常采用多点杆式位移计检测。

9. ACD

【解析】根据各种超前地质预报的方法原理，ACD 选项可用于隧道地下水发育情况的探测预报，而地震波反射法主要用于预报地层界线、地质构造、不良地质体范围等。

10. ABCD

【解析】除 ABCD 选项以外，还包括隧道内重要的和具代表性地质现象的影像资料。

11. ABD

【解析】工作天线的频率为 900MHz 时，地质雷达的探测距离大致为 0.5m 左右，不满足超前预报的基本目的和要求。

12. BC

【解析】瞬变电磁法是一种时间域的电磁探测方法，通过布设在掌子面的波形电流发射线圈，接收磁场的变化进行测量。金属对磁场有影响，故测量时应该外移。瞬变电磁法主要用于测定前方地质体的含水情况，每次有效预报距离宜为 100m，连续探测时宜重叠 30m 以上。

四、综合题

1. (1)ABCD　(2)BCD　(3)CD　(4)AC　(5)BD

【解析】(1)选项 ABCD 均为隧道超前地质预报目的。

(2)该隧道地下水贫乏，高分辨直流电法和红外探测法主要用于探水，此处不适合用于超前地质预报。

(3)地质雷达是一种多用途设备，其工作天线的频率应根据检测对象和目的不同以及探测距离进行选择。天线频率越高，探测分辨率越高，有效探距越短；反之天线频率越低，则分辨率越低，探距越长。隧道超前地质预报隧道中一般选择小于 100MHz 天线。900MHz 天线和 400MHz 天线检测距离均在 10m 以内，不适合超前地质预报。

(4)一般情况下，视电阻率较高，曲线比较规则，表明围岩完整性较好，含水率低；视电阻率较低，曲线不规则，表明围岩完整性较差，含水率高。

(5)地震波反射法采用小药量爆破激发地震波，药量大小根据直达波信号强弱进行调整。炮点激发按序进行，一次激发一个炮点。

2.(1)ABC　(2)AC　(3)ABD　(4)AD　(5)AC

【解析】(1)采用地质雷达进行超前地质预报时，在完整灰岩地段预报距离宜在30m以内，在岩溶发育地段的有效探测长度则应根据雷达波形判定。

(2)地质雷达法主要适用浅部地层、岩溶、空洞、不均匀体的探测预报。

(3)超声换能器不属于地质雷达组成部件。

(4)地质雷达法预报距离一般不超过30m；工作天线的频率相对越高，探测距离越短。

(5)选项A正确，当多个频率的天线均能符合探距要求时，频率较高天线具有更好的探测分辨率；选项B错误，根据其测试原理，探测区内不能有较强的电磁干扰，应尽量清除或避开金属物或电磁干扰物；选项C正确；选项D错误，掌子面上的测线宜采用十字形，必要时可布置成“井”字形或其他网格形式。

第十六章　隧道施工环境检测

复习提示

考试大纲要求

检　测　师	助理检测师
1. 隧道施工环境监测内容及卫生安全标准； 2. 隧道粉尘浓度检测原理及方法； 3. 隧道瓦斯、一氧化碳、硫化氢、氡气浓度检测原理及方法； 4. 隧道核辐射检测方法	隧道粉尘浓度、瓦斯浓度、一氧化碳浓度、硫化氢浓度、氡气浓度、核辐射的检测方法

隧道施工环境检测知识要点

知　识　点	相 关 要 点
一、隧道施工环境检测目的及内容	1. 检测目的：检测施工环境是否达到了规定的标准，评价作业环境，修正通风方案。 2. 检测内容：粉尘浓度、一氧化碳浓度、硫化氢浓度、氡气浓度、洞内温度、核辐射
二、粉尘浓度测定	1. 测试方法和原理：(1)方法：滤膜测尘法；(2)原理：质量法。 2. 总粉尘浓度检测： (1)滤膜：粉尘浓度≤50mg/m^{3}时，用37mm或40mm的滤膜；粉尘浓度>50mg/m^{3}时，用75mm滤膜； (2)分析天平：感量0.1mg或0.01mg； (3)滤膜准备：干燥、称量、除静电； (4)采样：采样器高度距地面1.3～1.5m；作业开始30min后开始采样，持续时间15min为宜。 3. 呼吸性粉尘浓度检测。 4. 快速粉尘浓度测定方法
三、瓦斯检测	1. 安全标准：瓦斯隧道装药爆破时，爆破地点20m内风流中瓦斯浓度必须小于1.0%；开挖断面瓦斯浓度大于1.5%时，所有人必须撤至安全地点。 2. 测试基本方法：人工监测与自动监测相结合。 (1)催化型瓦斯测量仪； (2)光干涉瓦斯检定器。 3. 测点布置： (1)测点布设位置； (2)评价方法：五点法，取最大值

续上表

知　识　点	相 关 要 点
四、一氧化碳检测	检测基本方法： (1)早期：检知管法，分为比色式和比长式； (2)目前：3点点位的电化学原电池传感器，主要有：电化学法、电气法(热导式和半岛式)、色谱法(层析法)、光学吸收法(红外吸收法和紫外吸收法)等
五、硫化氢检测	1. 安全标准：硫化氢爆炸极限范围4.3%～46%，威胁生命健康浓度142mg/m^3；工作场所空气中硫化氢容许浓度10mg/m^3。 2. 硫化氢检测的基本方法：国家、行业规定的测点方法为亚甲基蓝比色法，现场常用的方法有检知管法、醋酸铅试纸法和硫化氢传感器法
六、氡气检测	1. 安全标准：200Bq/m^3。 2. 检测方法：瞬时采样、连续采样、累计采样
七、核辐射检测	1. 测量方式：即时测量和连续测量。 2. 检测方法

习　题

一、单项选择题

1. 滤膜测尘法检测隧道内空气中粉尘浓度的原理是基于(　　)。

A. 密度法　　B. 质量法　　C. 浓度法　　D. 光电法

2. 采用滤膜测尘法检测隧道内呼吸性粉尘浓度后，在称量滤膜重量前，应将滤膜置于干燥器内(　　)以上。

A. 1h　　B. 2h　　C. 12h　　D. 24h

3. 采用直径为37mm的滤膜检测隧道内空气中总粉尘浓度时，滤膜上总粉尘增量不得大于(　　)。

A. 5mg　　B. 10mg　　C. 15mg　　D. 20mg

4.《公路隧道施工技术规范》(JTG/T 3660—2020)规定：瓦斯隧道装药爆破时，爆破地点20m内风流中瓦斯浓度必须小于(　　)。

A. 3.0%　　B. 2.0%　　C. 1.5%　　D. 1.0%

5. 施工隧道因故障停止通风，恢复通风前，必须检测风机及其开关地点附近(　　)以内甲烷浓度。

A. 5m　　B. 10m　　C. 20m　　D. 50m

6. 采用五点法检测隧道内某工作面的瓦斯浓度，取(　　)值作为该断面处的瓦斯浓度。

A. 平均　　B. 最小　　C. 最大　　D. 中间

7. 海拔为2500m的隧道，施工期间CO最高容许浓度为(　　)。

A. $10mg/m^3$　B. $15mg/m^3$　C. $20mg/m^3$　D. $30mg/m^3$

8. 施工隧道内空气中硫化氢气体的容许浓度为(　　)。

A. $5mg/m^3$　B. $7.5mg/m^3$　C. $10mg/m^3$　D. $15mg/m^3$

9. 采用固定式硫化氢检测仪检测隧道内空气中硫化氢气体浓度时,检测仪的探头一般安装在离现场硫化氢气体易泄漏或聚积地点(　　)范围内。

A. 5m　B. 3m　C. 2m　D. 1m

10. 在对隧道进行核辐射检测时,在正常岩性地段,测点距离一般取(　　)。

A. 1 ~ 2m　B. 2 ~ 3m　C. 3 ~ 5m　D. 5 ~ 10m

二、判断题

1. 采用滤膜法检测隧道内粉尘浓度时,在对采样后的滤膜进行称量前,必须对滤膜进行除静电操作。(　　)

2. 呼吸性粉尘是指施工隧道内可进入人体整个呼吸道(鼻、咽和喉、胸腔支气管、细支气管和肺泡)的粉尘。(　　)

3. 采用滤膜测尘法检测隧道内空气中粉尘浓度时,当滤膜的增量(Δ_m) ≤1mg 时,应用感量为 0.01mg 的分析天平称量滤膜质量。(　　)

4. 当前用于施工隧道内瓦斯浓度检测仪器主要是红外线气体传感器。(　　)

5. 采用光干涉瓦斯检定器检测隧道内瓦斯浓度时,应采用一定的手段消除水蒸气对测试精度的影响。(　　)

6. 瓦斯隧道恢复瓦斯工区通风后,瓦斯浓度检测值不允许超过 1.0%。(　　)

7. 采用检知管法检测施工隧道内的一氧化碳浓度时,检知管可以重复使用。(　　)

8. 瓦斯隧道爆破施工前,应检测放炮地点附近 50m 以内风流中甲烷浓度。(　　)

9. 国家、行业标准规定的施工隧道内硫化氢气体浓度的测定方法是亚甲基蓝比色法。(　　)

10. 电离室法检测隧道内空气中氡气浓度的采样方法为瞬时采样法。(　　)

三、多项选择题

1. 隧道施工境检测的内容包括(　　)。

A. 粉尘浓度检测　B. 一氧化碳浓度检测

C. 硫化氢浓度检测　D. 氡气检测

E. 洞内温度检测

2. 在对隧道内瓦斯浓度检测时,测点应布置在(　　)。

A. 瓦斯可能产生积聚的地点　B. 可能产生火源的地点

C. 瓦斯可能渗出的地点　D. 水平钻孔附近

E. 电气焊接作业地点

3. 可用于施工隧道内空气中瓦斯浓度检测的设备包括(　　)。

A. 催化型瓦斯测量仪　B. 光干涉检定器

C. 检知管　　D. 红外线传感器

E. 滤膜

4. 施工隧道一氧化碳浓度检测，主要采用(　　)等分析方法。

A. 电化学法　　B. 电气法(热导式和半导式)

C. 色谱法(层析法)　　D. 红外线吸收法

E. 紫外线吸收法

5. 隧道中关于一氧化碳检测正确的是(　　)。

A. 比色式检知管检测精度低，无法检知一氧化碳浓度

B. 每支检知管只能使用一次

C. 红外线吸收式一氧化碳检测原理在于气体浓度与吸收红外光能量相关

D. 电化学气体传感器检测原理是在检测电极表面发生氧化还原反应

6. 可用于施工隧道内硫化氢气体浓度的检测方法有(　　)。

A. 滤膜法　　B. 检知管法

C. 醋酸铅试纸法　　D. 硫化氢传感器法

E. 光干涉法

7. 施工隧道内的空气中包含多种有害气体，其中可利用检知管法检测的有害气体包括(　　)。

A. 粉尘　　B. 瓦斯　　C. 一氧化碳　　D. 硫化氢

E. 氡气

四、综合题

1. 采用滤膜测尘法检测隧道内空气中总粉尘浓度，试完成下列试验操作和数据处理。

(1) 若预估隧道内的粉尘浓度≤50mg/m^3，则应选择滤膜直径为(　　)。

A. 37mm　　B. 40mm　　C. 50mm　　D. 75mm

(2) 关于采样夹滤膜直径大小与采用过程中估算滤膜上总粉尘增量的关系，表述错误的是(　　)。

A. 使用直径≤37mm 的滤膜时，采样增量不得大于 5mg

B. 使用直径为 40mm 的滤膜时，采样增量不得大于 5mg

C. 使用直径为 40mm 的滤膜时，采样增量不得大于 15mg

D. 使用直径为 75mm 的滤膜时，采样增量不限

(3) 对于正在施工的隧道，应在隧道内粉尘浓度稳定后(　　)min 后开始采样。

A. 30　　B. 20　　C. 10　　D. 5

(4) 除滤膜外，检测所需的其他仪器设备还包括(　　)。

A. 秒表　　B. 分析天平　　C. 干燥器　　D. 除静电器

(5) 若现场采样前后滤膜的增量为 0.3mg，采样时间为 15min，采样流量为 20L/min，则测点处空气中总粉尘浓度为(　　)。

A. 1mg/m^3　　B. 0.1mg/m^3　　C. 0.01mg/m^3　　D. 0.001mg/m^3

习题参考答案及解析

一、单项选择题

1. B

【解析】滤膜测尘法是根据测试前后滤膜质量增量确定隧道内某位置处空气中总粉尘浓度,属于质量法。

2. B

【解析】采用滤膜测尘法检测隧道内呼吸性粉尘浓度后,在称量滤膜重量前,应将滤膜置于干燥器内2h以上,除去静电后,在分析天平上称量,此时称量应使用与采样前同一台天平,不得更换。

3. A

【解析】采用滤膜测尘法检测隧道内空气中总粉尘浓度时,要根据现场空气中粉尘的浓度、使用采样夹的大小、采样流量和采样时间,估算滤膜上总粉尘增量,使用直径小于或等于37mm的滤膜时,滤膜上总粉尘增量不得大于5mg;直径为40mm的滤膜时,滤膜上总粉尘增量不得大于10mg;直径为75mm的滤膜时,滤膜上总粉尘增量不限。

4. D

【解析】《公路隧道施工技术规范》(JTG/T 3660—2020)规定,瓦斯隧道装药爆破时,爆破地点20m内风流中瓦斯浓度必须小于1.0%。

5. B

【解析】《公路隧道施工技术规范》(JTG/T 3660—2020)规定,施工期间应连续通风,因故障停风时,必须立即撤出人员、切断电源。恢复通风前,必须检测风机及其开关地点附近10m以内甲烷浓度,符合规定后方可启动风机。

6. C

【解析】隧道内各工作面(掌子面开挖、掌子面初期支护、仰拱开挖、仰拱混凝土施工、防水板挂设、二次衬砌立模、二次衬砌混凝土灌注、隧道防水治理等),每个断面宜采用五点法检测瓦斯浓度,取最大值作为该断面的瓦斯浓度,这样做的目的是能最大程度保障施工安全。

7. C

【解析】《公路隧道施工技术规范》(JTG/T 3660—2020)对一氧化碳容许浓度规定如下表所示。

工作场所空气中有毒物质容许浓度(mg/m^3)

名称			MAC	PC-TWA	PC-STEL
一氧化碳	非高原		—	20	30
	高原	海拔2000～3000m	20	—	—
		海拔＞3000m	15	—	—
二氧化碳			—	9000	18000

续上表

名称	MAC	PC-TWA	PC-STEL
氮氧化物(一氧化氮和二氧化氮)	—	5	10
氨	—	20	30
二氧化硫	—	5	10
硫化氢	10	—	—
丙烯醛	0.3	—	—

注:1. MAC:最高容许浓度,指在一个工作日内任何时间都不应超过的浓度。

2. PC-STEL:短时间接触容许浓度,在遵守 PC-TWA 前提下容许短时间(15min)接触的浓度。

8. C

【解析】《公路隧道施工技术规范》(JTG/T 3660—2020)对硫化氢容许浓度的规定值为 $10mg/m^3$。

9. D

【解析】采用固定式硫化氢检测仪检测隧道内空气中硫化氢气体浓度时,检测仪的探头一般安装在离现场硫化氢气体易泄漏或聚积地点1m范围内,当硫化氢气体泄漏时,检测仪探头可快速检测到硫化氢气体,并将检测数据快速传送到控制室,并发出警报信息。

10. A

【解析】在对隧道进行核辐射检测时,在正常岩性地段,沿侧壁和底板测点距离一般取1~2m,当遇到有断裂构造或其他情况时可加密测点。

二、判断题

1. √

【解析】测尘滤膜通常带有静电,影响称量的准确性,因此在每次称量前应将采样后的滤膜置于干燥器内2h以上,除去静电后,在分析天平上准确称量。

2. ×

【解析】《公路隧道施工技术规范》(JTG/T 3660—2020)对总粉尘和呼吸性粉尘的规定如下:

总粉尘:可进入整个呼吸道(鼻、咽和喉、胸腔支气管、细支气管和肺泡)的粉尘,简称"总尘"。技术上是指用总粉尘采样器按标准方法在呼吸带测得的所有粉尘。

呼吸性粉尘:按呼吸性粉尘标准测定方法所采集的可进入肺泡的粉尘粒子,其空气动力学直径均在7.07μm以下,空气动力学直径5μm粉尘粒子的采样效率为50%,简称"呼尘"。

3. √

【解析】采用滤膜测尘法检测隧道内空气中粉尘浓度时,为减小样品称量引起的测试误差,当滤膜的增量(Δ_m)>1mg时,应用感量为0.1mg的分析天平称量滤膜重量;当滤膜的增量(Δ_m)≤1mg时,应用感量为0.01mg的分析天平称量滤膜重量,同时注意在采样前后,滤膜称量应使用同一台分析天平。

4. ×

【解析】目前用于施工隧道内瓦斯浓度检测的仪器分为催化型瓦斯测量仪和光干涉瓦斯检定器。红外线气体传感器的原理是根据气体吸收特定波长的红外光(吸收红外光能力的大小与浓度成比例),由吸收的强弱可测得气体浓度,但该方法目前主要用于一氧化碳浓度检测。

5. √

【解析】采用光干涉瓦斯检测器检测隧道内空气中瓦斯浓度时,采用装有钠石灰的吸收管来吸收二氧化碳,用装有氯化钙的吸收管来吸收水蒸气,主要是为了避免隧道内二氧化碳和水蒸气对测量精度产生影响。

6. √

【解析】开挖断面瓦斯浓度大于1.5%时,所有人必须撤至安全地点。瓦斯隧道恢复瓦斯工区通风前,应先启动洞外风机,经瓦斯检测浓度不超过1.0%,且洞内通风机及其开关附近10m以内风流中的瓦斯浓度小于0.5%时,方可人工启动洞内通风机,恢复作业。当通风后经瓦斯检测浓度仍超过1.0%,应制定并采取排放瓦斯的安全措施。

7. ×

【解析】检知管的检测原理:CO气体缓慢而稳定的流过检知管时,与管中的试剂发生化学反应,呈现一定的颜色(比色式)或变色长度(比长式),通过与标准比色板进行比对,测得CO浓度。无论采用比色式还是比长式,当CO气体与检知管内的化学试剂发生反应后,此化学过程不可逆,故每支检知管都只能使用一次。

8. ×

【解析】瓦斯隧道爆破施工前,应检测放炮地点附近20m以内风流中甲烷浓度,微瓦斯不超过0.25%、低瓦斯不超过0.5%、高瓦斯不超过1.0%。

9. √

10. √

【解析】氡气的检测方法很多,其采样方式主要分为瞬时采样、连续采样和累积采样,属于瞬时采样的方法有电离室法、闪烁室法、双滤膜法和气球法;属于连续采样的方法有闪烁室连续监测仪法、自动双滤膜法、扩散静电法和流气式电离室法;属于累积采样的方法有固体径迹探测器法、热释光剂量计法、活性炭被动吸附法和驻极体测氡法。

三、多项选择题

1. ABCDE

2. ABCDE

【解析】除ABCDE选项外,隧道内被特批允许的洞内内燃机具、电气开关、电机附近20m范围内,都应作为瓦斯浓度的测点。

3. AB

【解析】选项AB均为瓦斯浓度的现场检测设备;检知管用于一氧化碳气体浓度和硫化氢气体浓度检测;红外线传感器用于一氧化碳气体浓度检测;滤膜用于空气中粉尘浓度检测。

4. ABCDE

【解析】一氧化碳早期检测方法是检知管法,该方法检测结果准确度较低,已不能满足现代高精度测试的要求。目前用于CO浓度检测的传感器主要采用的是3点定电位的电化学原电池传感器。此类传感器按敏感元件电解质性质的不同，主要分为胶体电解质CO敏感元件、固体电解质CO敏感元件和液体电解质CO敏感元件。利用此类传感器检测空气中CO浓度时，根据对检测结果分析方法的不同将一氧化碳浓度检测方法分为电化学法、电气法(热导式和半导式)、色谱法(层析法)、光学吸收法(红外线吸收法和紫外线吸收法)等分析方法。

5. BCD

【解析】CO气体缓慢而稳定的流过检知管时，与管中的试剂发生化学反应，呈现一定的颜色(比色式)或变色长度(比长式)，通过对比测得CO浓度。

6. BCD

【解析】国家、行业标准规定的硫化氢测定方法是亚甲基蓝比色法，该方法的原理是用碱性锌氨络合盐溶液吸收一定体积的气体，使其中的硫化氢形成稳定络合物，然后在硫酸溶液中硫化氢与对氨基-N，N-二甲基苯胺溶液和三氯化铁溶液作用，生成亚甲基蓝，根据颜色深浅进行分光光度测定，该方法所用设备器材较多，测定时间较长，也不能立即显示测定结果。目前现场检测的方法还有检知管法、醋酸铅试纸法、硫化氢传感器法。

用检知管法测定硫化氢气体浓度的方法原理是将吸附醋酸铅和氯化钡的硅胶装入细玻璃管内，抽取100mL含硫化氢的气体，在60s内注入，形成褐色硫化铅，根据硅胶柱变色的长度与标准尺比较，求得硫化氢体积分数。此方法具有简便、快捷、便于携带和灵敏度高等特点。

醋酸铅试纸法检测硫化氢气体浓度的方法原理是通过醋酸铅试纸与硫化氢反应生成褐色硫化铅，然后与标准比色板对比求得硫化氢体积分数。此法适用于大体积硫化氢测量，是一种定性和半定量方法。

滤膜法用于检测隧道内空气中粉尘浓度，光干涉法用于瓦斯浓度检测，均不能用于检测硫化氢气体浓度。故本题满足题意的选项为BCD选项。

7. CD

【解析】检知管法工作原理：当气体缓慢而稳定的通过检知管时，待测有害气体与管中的试剂发生化学反应，呈现一定的颜色(比色式)或变色长度(比长式)，通过与标准样本对比确定有害气体浓度。该方法可用于检测一氧化碳和硫化氢气体浓度。

四、综合题

1. (1)AB　(2)BC　(3)A　(4)ABCD　(5)A

【解析】(1)隧道内空气中总粉尘浓度检测可采用37mm、40mm或75mm的滤膜，空气中粉尘浓度≤50mg/m^{3}时应采用直径为37mm或40mm的滤膜；当空气中粉尘浓度>50mg/m^{3}时应采用直径为75mm的滤膜。

(2)现场检测时，应根据施工隧道现场空气中粉尘浓度、使用采样夹大小、采样流量和采样时间，估算滤膜上总粉尘增量。若采用直径≤37mm的滤膜时，总粉尘增量不大于5mg；若采用直径为40mm的滤膜时，总粉尘增量不大于10mg；若采用直径为75mm的滤膜时，总粉尘增量不限。采样过程中，应根据经验判断滤膜上粉尘增量，及时更换采样夹，避免采样过载。

(3)对于正在施工的隧道，总粉尘测试的采样时机应在隧道内空气中总粉尘浓度稳定后进行，一般在作业开始30min后进行采样，采样持续时间以15min为宜。若隧道内空气中粉尘浓度未达到稳定，会导致测试结果偏差。

(4)秒表用于采样计时；分析天平用于样品称量，使用时应合理选择分析天平的感量；在称量前应将滤膜放置在干燥器内干燥2h以上；滤膜通常带有静电，影响称量的准确性，因此在每次称量前均应使用除静电器除去滤膜上的静电。

(5)采用滤膜测尘法计算空气中总粉尘浓度的公式为：

$$C = \frac{1000\ \Delta_m}{Qt}$$

式中：Δ_m——滤膜在测量前后质量增量(mg)；

Q——采样流量(L/min)；

t——采样时间(min)。

将题干中相关数据代入，计算得到粉尘浓度为1mg/m^3。

第十七章　隧道运营环境检测

复习提示

考试大纲要求

检　测　师	助理检测师
1. 运营隧道通风、照明分类及方式； 2. 运营隧道一氧化碳浓度、烟雾浓度、风压、风速检测方法及标准要求； 3. 运营隧道照明检测概念，照度、亮度、眩光、光强、色度检测原理、检测方法	1. 运营隧道通风、照明分类及方式； 2. 运营隧道一氧化碳浓度、烟雾浓度、风压、风速检测方法； 3. 运营隧道照明检测概念，照度、亮度、眩光、光强、色度检测原理、检测方法

隧道运营环境检测知识要点

知　识　点	相 关 要 点
一、运营通风方式	通风方式：自然通风和机械通风。 机械通风方式主要有纵向式、半横向式和全横向式
二、运营照明方式	1. 照明的基本方式：入口段照明、过渡段照明、中间段照明和出口段照明。 2. 单向交通且以设计速度通过隧道的行车时间超过 135s 时，隧道中间段宜分为两个照明段。 3. 行人与车辆混合通行的隧道，中间段亮度≥2.0cd/m^2。 4. 单向交通隧道出口段照明宜分为两个照明段，每段长度宜取 30m；双向交通隧道可不设出口照明段
三、运营隧道通风检测	1. 检测主要内容：一氧化碳检测、烟雾浓度检测、隧道内风压检测和隧道内风速检测。 2. 一氧化碳浓度检测标准： (1) 正常交通时，当隧道长度 $L \leq 1000$m 时，隧道内 CO 设计浓度为 150cm^3/m^3；当隧道长度 $L > 3000$m 时，隧道内 CO 设计浓度为 100cm^3/m^3；1000m $< L \leq$ 3000m 时，线性内插； (2) 交通阻滞时，阻滞段的平均 CO 设计浓度可取 150cm^3/m^3，同时经历时间不宜超过 20min，阻滞段长度按每车道不宜大于 1000m 计算； (3) 人车混合通行的隧道，洞内 CO 设计浓度不应大于 70cm^3/m^3； (4) 隧道内进行养护维修时，洞内 CO 设计浓度不应大于 30cm^3/m^3。 3. 烟雾浓度检测： (1) 检测原理：通过测定光线在烟雾中的透过率来确定；

续上表

知　识　点	相 关 要 点
三、运营隧道通风检测	(2)检测设备:光透过率仪; (3)测点布置:每通风段宜检测3个以上断面,断面间距不宜大于1000m。 4.隧道风压检测:空气静压、空气动压、全压。 5.隧道风速检测: (1)规定:单向交通隧道内风速≤10m/s,特殊情况可取12m/s;双向交通隧道内风速≤8m/s;人车混用隧道风速≤7m/s; (2)检测设备:风表、热电式风速仪、皮托管与压差计; (3)风表检测方法:迎面法和侧面法
四、运营隧道照明检测	1.照度检测分为洞口段检测和中间段检测。 2.现场检测方法:纵向照度曲线测试、横向照度曲线测试、加强平均段路面平均照度检测和中间段路面平均照度检测。 3.照明灯具检测:色温检测、显色性检测

习　题

一、单项选择题

1.单向交通且以设计速度通过的隧道的行车时间超过135s时,隧道中间段至少应分为(　　)个照明段。

A.2　　B.3　　C.4　　D.5

2.行人与车辆混合通行的隧道,其中间段的亮度不应小于(　　)。

A.1.5cd/m^2　　B.1.8cd/m^2　　C.2.0cd/m^2　　D.2.5cd/m^2

3.单向交通隧道宜划分为(　　)个照明段,每段长度宜取(　　)。

A.2,50m　　B.3,50m　　C.2,30m　　D.3,20m

4.长度为2000m的隧道,正常交通情况下,隧道内CO浓度应不大于(　　)。

A.200cm^3/m^3　　B.150cm^3/m^3　　C.125cm^3/m^3　　D.100cm^3/m^3

5.运营隧道内烟尘浓度达到(　　)时,应采取交通管制措施。

A.0.005m^{-1}　　B.0.008m^{-1}　　C.0.010m^{-1}　　D.0.012m^{-1}

6.运营隧道内每通风段宜检测(　　)以上断面的烟雾浓度,断面间距不宜大于(　　)。

A.2,500m　　B.3,1000m　　C.2,1000m　　D.3,500m

7.双向交通隧道内的风速不应大于(　　)。

A.3m/s　　B.5m/s　　C.7m/s　　D.8m/s

8.采用空气盒气压计测量隧道内风速时,盒面应(　　)放置在被测地点,停留10~20s待指针稳定后再读数。

A.倒立　　B.竖立　　C.水平　　D.与边墙平行

9.如把隧道内路面的光反射视为漫反射,那么亮度L与照度E、反射系数ρ间的关系为(　　)。

A. $L=\pi\rho E$　　B. $L=\pi\rho/E$　　C. $E=\pi\rho L$　　D. $L=\rho E/\pi$

10. 设计速度为 40km/h 的隧道，当烟雾浓度为 $9\times10^{-3}\ m^{-1}$ 时，行车舒适性评价为(　　)。

A. 空气新鲜　　B. 稍有烟雾　　C. 舒适度下降　　D. 不愉快的环境

二、判断题

1. 对于双向交通的隧道，可不设置出口段照明。(　　)
2. 运营隧道内某点处的烟雾透过率与该点处路面照度无关。(　　)
3. 隧道内进行养护维修时，洞内 CO 设计浓度不应大于 $70cm^3/m^3$。(　　)
4. 隧道风压是隧道通风的基本控制参量。(　　)
5. 对隧道内风速进行检测，根据测风员与风流方向相对位置的不同，分为迎面和背面两种测风方法。(　　)
6. 一般情形，单向交通隧道内风速应不大于 10m/s。(　　)
7. 运营隧道内某段风速较低时，在检测其风速时应优先选用皮托管。(　　)
8. 对运营隧道照度进行检测时，洞口段检测断面横向测点间距为 2m。(　　)
9. 运营隧道内交通分流段、合流段的亮度不宜低于中间段亮度的 3 倍。(　　)
10. 隧道紧急停车带照明光源宜采用显色指数高的光源，其亮度不应低于 $5.0cd/m^2$。(　　)

三、多项选择题

1. 运营隧道的纵向通风方式有(　　)。

A. 全射流　　B. 集中送入式　　C. 吸尘式　　D. 送风式

2. 隧道照明方式根据隧道行车的视觉特点划分为(　　)。

A. 入口段照明　　B. 过渡段照明　　C. 中间段照明　　D. 出口段照明

3. 运营隧道通风检测的主要内容包括(　　)。

A. 一氧化碳检测　　B. 烟雾浓度检测　　C. 隧道风压检测　　D. 隧道风速检测

E. 风机转速检测

4. 检测运营隧道内的空气压力时，根据度量空气静压所选择的基准分为(　　)等指标。

A. 静压强　　B. 空气动压　　C. 全压　　D. 绝对压力

E. 相对压力

5. 下列选项关于隧道内风速检测的说法正确的是(　　)。

A. 杯式风表和翼式风表使用条件相同

B. 侧面法测风速时，测试人员应背向隧道壁站立

C. 皮托管和压差计不可用于通风机风筒内高风速的测定

D. 公路隧道中，一般机械通风是指采用射流风机纵向通风

6. 根据照明区段的不同，运营隧道路面照度检测可分为(　　)。

A. 洞口段照度检测　　B. 出口段照度检测

C. 中间段照度检测　　D. 洞外引道照度检测

7. 关于隧道中间段路面照度的现场检测方法的表述,正确的有(　　)。

A. 取灯具间距长度均匀布置 5 个测点

B. 取灯具间距长度均匀布置 10 个测点

C. 横排测点由中间向两边均匀布置,分别取路中心、行车道中线、路缘点、侧墙 2m 处

D. 横排测点由中间向两边均匀布置,分别取路中心、侧墙底部、隧道拱顶处

8. 隧道内照明灯具色度检测内容包括(　　)。

A. 色温检测　　B. 色差检测　　C. 色谱检测　　D. 显色性检测

E. 眩光参数检测

四、综合题

1. 某单洞双向交通隧道长 1800m,对其进行运营环境检测,检测内容为风压、风速等,请回答以下问题。

(1)若隧道内风流中某点的风速为 5m/s,单位体积空气质量为 1.295kg/m^3,则该点处空气动压为(　　)。

A. 1.619Pa　　B. 1.619kPa　　C. 16.19Pa　　D. 16.19kPa

(2)现场拟采用风表检测隧道内的风速,下列选项中关于风表的选择正确的有(　　)。

A. 当隧道内的风速大于 10m/s 时,应采用杯式风表

B. 当隧道内的风速大于 10m/s 时,应采用翼式风表

C. 当隧道内的风速为 0.5 ~ 10m/s 的中等风速时,应采用杯式风表

D. 当隧道内的风速为 0.5 ~ 10m/s 的中等风速时,应采用翼式风表

(3)对该隧道内的风速进行检测,其检测结果为(　　)时,可判定为风速不满足要求。

A. 5m/s　　B. 6m/s　　C. 10m/s　　D. 12m/s

(4)采用迎面法检测该隧道内风速,测试结果为 12m/s,则实际风速为(　　)。

A. 12.48m/s　　B. 13.2m/s　　C. 13.68m/s　　D. 14.4m/s

(5)对该隧道纵向风速进行测试时,测点应远离射流风机(　　)以上,每通风段宜检测(　　)个以上断面。

A. 30m,2　　B. 50m,2　　C. 60m,3　　D. 60m,5

习题参考答案及解析

一、单项选择题

1. A

【解析】《公路隧道设计规范　第二册　交通工程与附属设施》(JTG D70/2—2014)第 6.4.3 条规定:单向交通且以设计速度通过隧道的行车时间超过 135s 时,隧道中间段宜分为两个照明段,第一段对应的长度为设计车速下 30s 的行车距离,余下中间段长度为第二段,第

一段的亮度按规范取值，第二段的亮度为第一段的50%～80%。

2. C

【解析】《公路隧道设计规范　第二册　交通工程与附属设施》(JTG D70/2—2014)第6.4.2条规定：行人与车辆混合通行的隧道，中间段亮度不应小于$2.0cd/m^2$，原《公路隧道设计规范　第一册　土建工程》(JTG D70—2004)第16.2.4条第2款规定：行人与车辆混合通行的隧道，中间段亮度不应小于$2.5cd/m^2$。考生应注意新旧规范的变化。

3. C

【解析】在单向交通隧道中，应设置出口段照明，出口段宜划分为两个照明段，每段长度宜取30m。

4. C

【解析】《公路隧道通风设计细则》(JTG/T D70/2-02—2014)对运营公路隧道CO浓度规定如下：

(1)正常交通时，隧道内CO设计浓度可按下表取值。

CO设计浓度δ

隧道长度(m)	≤1000	>3000
$\delta(cm^3/m^3)$	150	100

注：隧道长度为1000m<L≤3000m时，可按线性内插取值。

(2)交通阻滞时，阻滞段的平均CO设计浓度可取$150cm^3/m^3$，同时经历时间不宜超过20min。阻滞段长度按每车道不宜大于1000m计算。

(3)人车混合通行的隧道，洞内CO设计浓度不应大于$70cm^3/m^3$。

5. D

【解析】当隧道内烟尘浓度达到$0.012m^{-1}$时，应采取交通管制措施；交通阻滞或双洞单向交通临时改为单洞双向交通时，隧道内烟尘浓度不应大于$0.012m^{-1}$。

6. B

【解析】隧道内烟雾浓度检测纵向测点布置与隧道的通风方式有关，靠近进出口的测点应布置在距洞口10m处，检测各通风段的烟雾浓度值，每通风段宜检测3个以上断面，断面间距不宜大于1000m，如检测到某一断面超标，应向隧道进口方向增加检测断面来达到判断在何处开始超过允许浓度的目的。

7. D

【解析】《公路隧道通风设计细则》(JTG/T D70/2-02—2014)规定：单向交通隧道内风速不宜大于10m/s，特殊情况可取12m/s；双向交通隧道内风速不宜大于8m/s；人车混行隧道内风速不宜大于7m/s。

8. C

9. D

【解析】在隧道照明检测中，路面亮度是最重要的技术指标，并且经常把路面的光反射视为理想漫反射，在此假设下亮度L与照度E、反射系数ρ之间的关系为：$L=\rho E/\pi$。

10. C

【解析】当烟雾浓度、透过率和车速不同时，对舒适程度的感觉也不同。当车速为40km/h时，驾驶员对舒适水平的主观评价见下表。

烟雾浓度与舒适性

烟雾浓度 K(m^{-1})	L = 100m 处透过率 τ(%)	舒　适　性
5×10^{-3}	60	空气新鲜
7.5×10^{-3}	48	稍有烟雾
9×10^{-3}	40	舒适度下降
12×10^{-3}	30	不愉快的环境

二、判断题

1. √

【解析】在单向交通隧道中，应设置出口段照明，出口段宜划分为两个照明段，每段长度宜取30m；在双向交通隧道中，可不设出口段照明。

2. ×

【解析】隧道内的烟雾透过率与隧道照明水平有关，随着路面照度的增加，透过率可乘以修正系数，其相关性见下表。

透过率与路面照度关系

路面照度(lx)	30	40	50	60	70	80
透过率修正值	1	0.93	0.87	0.80	0.73	0.67

3. ×

【解析】隧道内进行养护维修时，洞内CO设计浓度不应大于$30cm^3/m^3$。

4. √

【解析】隧道风压是隧道通风的基本控制参量，在长大公路隧道中，通风系统往往由复杂的通风网络构成。要使风流有规律的流动，就必须调整或控制网络内各节点的风压。此外，风压还是各种通风机的一项基本性能指标，检验通风机时必须对其风压进行检测。

5. ×

【解析】对隧道内风速进行检测时，根据测风员与风流方向相对位置的不同，分为迎面和侧面两种测风方法。这两种测试方法对测试精度都有一定程度的影响，现场测得风速需经校正后才是真实风速，校正方法详见考试用书，这里不再赘述。

6. √

【解析】《公路隧道通风设计细则》(JTG/T D70/2-02—2014)规定：单向交通隧道内风速不宜大于10m/s，特殊情况可取12m/s。

7. ×

【解析】皮托管和压差计可用于隧道内通风机风筒内高风速的测定；皮托管与精度为0.1Pa的压差计配合使用，在测定1.5m/s以上的风速时，其误差不超过±5%；当风速过低或压差计精度不够时，误差较大，故当隧道内风速较低时不宜采用皮托管检测。

8. ×

【解析】隧道洞口照明段横向照度测试时，测点由中央向两边对称布置，间距为0.5m，用便携式照度仪检测各点照度，横向照度越均匀越好。

9. √

【解析】隧道内交通分流段、合流段的亮度不宜低于中间段亮度的3倍。

10. ×

【解析】隧道紧急停车带照明光源宜采用显色指数高的光源，其亮度不应低于4.0cd/m^2。

三、多项选择题

1. ABC

【解析】隧道通风分为自然通风和机械通风两大类。自然通风是通过气象因素形成的隧道内空气流动，以机械动车从洞外带入新鲜空气来实现隧道内外空气交换。机械通风是通过风机作用使空气沿着预定路线流动来实现隧道内外空气交换。隧道机械通风的基本方式主要有纵向式、半横向式、全横向式以及在这三种基本方式基础上的组合通风方式。隧道机械通风方式分类见下表。

机械通风方式的分类

纵向通风方式	半横向通风方式	全横向通风方式	组合通风方式
全射流 集中送入式 通风井送排式 通风井排出式 吸尘式	送风式 排风式 平导压入式	顶送顶排式 底送顶排式 顶送底排式 侧送侧排式	纵向组合式 纵向+半横向组合式 纵向+集中排烟组合式

2. ABCD

【解析】隧道照明的目的是为了解决驾驶员在进出隧道的视觉适应问题以及在隧道内部的视觉问题，以提高隧道行车的安全性。根据隧道行车视觉特点，隧道运营照明的基本方式可根据隧道照明区段分为入口段照明、过渡段照明、中间段照明和出口段照明。

3. ABCD

【解析】运营隧道通风检测的主要内容包括一氧化碳检测、烟雾浓度检测、隧道风压检测和隧道风速检测。风机检测属于机械设备运行状况检测，不属于通风检测。

4. DE

【解析】正确选项为DE。根据度量空气静压大小所选择的基准不同，空气压力分为绝对压力和相对压力。绝对压力是以真空状态绝对零压为比较基准的静压，恒为正值；相对压力是以当地大气压为比较基准的静压，即绝对静压与大气压力之差。

静压强：即隧道内大气压强，静压的大小与隧道的海拔高度相关。

空气动压：运动的物体受到阻碍时，就有压力作用在障碍物的表面上，压力的大小取决于物体动能的大小，当风流受到阻碍时，同样有压力作用在障碍物上，这个压力称为风流动压。

全压：风流的全压即静压与动压的代数和。

5. BD

【解析】杯式风表和翼式风表使用条件不同，杯式风表用于检测大于 10m/s 的高风速，翼式风表用于检测 0.5 ~ 10m/s 的中等风速，具有高灵敏度的翼式风表也可以用于检测 0.1 ~ 0.5m/s 的风速，故 A 选项错误；皮托管和压差计均可用于通风机风筒内高风速的测定，故 C 选项错误。

6. AC

【解析】隧道路面照度检测是隧道照明检测的基本内容之一，根据区段的不同，隧道照度检测可分为洞口段照度检测和中间段照度检测。具体的测试内容包括：纵向照度曲线测试、横向照度曲线测试、加强段路面平均照度检测和中间段路面平均照度检测，现场测得各测区的平均照度后，将各测区的照度再平均，即得到全隧道基本段的平均照度。

7. BC

【解析】中间段路面的平均照度是隧道照明设计的重要指标，在现场检测时视隧道长度的不同，测区总长度可占隧道总长度的 5% ~ 10%；各测区基本段路面平均照度检测时测点布置方式为：纵向取灯具间距长度均匀布置 10 个测点，横排测点由中间向两边均匀布置，分别取路中心、行车道中线、路缘点、侧墙 2m 处；将测区内所有测点照度的平均值作为该段隧道路面平均照度值。

8. AD

【解析】隧道内照明灯具色度检测内容包括色温检测和显色性检测。

四、综合题

1.（1）C　　（2）AD　　（3）CD　　（4）C　　（5）C

【解析】（1）空气动压的计算公式为：

$$h_v = 0.5\rho v^2$$

式中：h_v——空气动压（Pa）；

ρ——测点处单位体积空气质量（kg/m^3）；

v——风速值（m/s）。

将题中数据代入计算公式，可知选项 C 正确。

（2）杯式风表用于检测大于 10m/s 的高风速，翼式风表用于检测 0.5 ~ 10m/s 的中等风速，具有高灵敏度的翼式风表也可以用于检测 0.1 ~ 0.5m/s 的风速，故本题 AD 选项正确。

（3）该隧道为单洞双向交通隧道，根据《公路隧道通风设计细则》（JTG/T D70/2-02—2014）规定：单向交通隧道风速不宜大于 10m/s，特殊情况可取 12m/s，单洞双向交通隧道风速不应大于 8m/s，人车混行隧道风速不应大于 7m/s，故 CD 选项符合题意。

（4）隧道内风速检测方法分为迎面法和侧面法，检测时测试人体与风表的位置关系会对检测结果产生影响，因此，需对风表的检测结果进行修正后才是真实风速，迎面法的修正公式为：$v = 1.14v_s$；侧面法的修正公式为：$v = v_s(1 - 0.4/S)$，S 为所测隧道断面面积。

（5）隧道纵向风速测点布置与隧道通风方式有关，测点布置应远离射流风机 60m 以上，检测各通风段的风速值，每通风段宜检测 3 个以上断面。

第十八章　运营隧道结构检查

复习提示

考试大纲要求

检　测　师	助理检测师
1. 运营隧道病害类型及成因； 2. 公路隧道结构检查的内容及频率，各类病害检查手段及原理； 3. 各类病害检查仪器使用方法，检测数据的处理； 4. 土建、其他工程设施的技术状况评定方法及其应用	1. 运营隧道病害类型； 2. 隧道结构检查的内容及频率，各类病害检查方法； 3. 各类病害检查仪器使用方法

运营隧道结构检查知识要点

知　识　点	相　关　要　点
一、概述	1. 公路隧道养护等级分级。 2. 隧道检测可分为经常性检查、定期检查、应急检查和专项检查
二、结构检查及技术状况评定	1. 经常性检查：定义、检查频率、检查方法、检查内容及评定。 2. 定期检查：定义、检查频率、检查方法、检查内容、检查情况评定（重点为洞口、洞门、衬砌、路面和吊顶及预埋件的判定；土建结构各分项权重及技术状况等级界限；结构出现严重异常直接判定为4或5类隧道情况）。 3. 应急检查：定义、检查方法、检查内容及评定。 4. 专项检查：检查时机、检查项目及检查内容
三、衬砌裂缝检查与检测	1. 衬砌裂缝分类、成因。 2. 常规裂缝检查内容：位置、方向、长度、宽度、形态。 3. 详细裂缝检查：检查内容、方法。 4. 检测结果判定：依据已知裂缝扩展和裂缝扩展无法确定情况分别判定
四、渗漏水检查与检测	1. 渗漏水检查分类：简易检测和水质检测。 2. 简易检测和水质检测内容。 3. 检测结果判定
五、隧道净空断面变形检测	1. 净空断面变形检测内容、常用检测仪器、检测方法。 2. 检测结果判定：分别基于变形速率、起层剥落、断面强度降低和钢材腐蚀的评定标准；出现衬砌或附属设施任何侵限情况判定为3及以上状况值

习　题

一、单项选择题

1. 公路隧道定期检查的频率宜根据隧道技术状况确定，宜(　　)年检查1次，最长不得超过(　　)年1次。

A. 1,2　　B. 1,3　　C. 2,3　　D. 2,4

2. 某高速公路隧道长度为680m，单车道年平均日交通量为6000pcu/(d·ln)，则该隧道养护等级为(　　)。

A. 一级　　B. 二级　　C. 三级　　D. 四级

3. 隧道总体技术状况为(　　)类时，按规范要求的养护对策为“应对结构破损部位进行重点监测，并对局部实施保养维修”。

A. 5　　B. 4　　C. 3　　D. 2

4. 运营隧道检查时，衬砌技术状况描述为“材料劣化明显，钢筋表面全部生锈、腐蚀，断面强度有所下降，结构物功能可能受到损害”，对应的衬砌破损技术状况值应为(　　)。

A. 4　　B. 3　　C. 2　　D. 1

5. 公路隧道土建结构技术状况等级评定中，路面的分项权重为(　　)。

A. 10　　B. 15　　C. 20　　D. 25

6. 公路隧道土建结构技术状况评定，2类结构所对应技术状况评分(JGCI)的分类界限值为(　　)。

A. $85 > JGCI \geqslant 70$　　B. $85 \geqslant JGCI > 70$　　C. $85 \geqslant JGCI \geqslant 70$　　D. $85 > JGCI > 70$

7. 运营隧道侧墙存在一处喷射水流，已影响行车安全，则衬砌渗漏水技术状况值评定为(　　)。

A. 1　　B. 2　　C. 3　　D. 4

8. 高速公路隧道进行总体技术状况检查评定时，土建结构权重为(　　)。

A. 50　　B. 60　　C. 65　　D. 70

9. 某运营隧道，采用隧道激光断面检测仪检测出隧道衬砌及附属设施局部侵入建筑限界，应判定侵限区域属于(　　)类以上病害。

A. 1　　B. 2　　C. 3　　D. 4

10. 当前隧道净空断面检测通常采用(　　)。

A. 水准仪　　B. 全站仪　　C. 激光测距仪　　D. 激光断面仪

二、判断题

1. 公路隧道土建结构各分项工程的评定状况值都分为0、1、2、3、4五个等级。　(　　)

2. 某公路隧道养护等级为二级，定期检查频率宜为1次/1年。　(　　)

3. 对运营隧道的土建结构进行经常检查时，破损状况判定为两种情况。　(　　)

4. 新建公路隧道应在交付2年后首次进行定期检查。（　）

5. 当隧道定期检查中出现状况值为3或4的项目，且其产生原因及详细情况不明时，应做专项检查。（　）

6. 评定隧道洞口技术状况时，山体及岩体裂缝发育，存在滑坡、崩塌的初步迹象，该隧道洞口技术状况值为3。（　）

7. 经常检查中发现隧道存在一般异常情况时，应采取措施进行处治，并应立即开展定期检查或专项检查。（　）

8. 公路隧道分项检查结果应按隧道病害最严重段落的分段评价结果选取。（　）

9. 当隧道衬砌评定状况值达到3时，整座隧道评定为4类。（　）

10. 采用雷达检测某运营隧道的边墙，实测二次衬砌厚度为45cm，设计二次衬砌厚度为60cm，则按照衬砌断面强度降低的评定标准，将衬砌技术状况值评定为1。（　）

三、多项选择题

1. 按照《公路隧道养护技术规范》（JTG H12—2015）规定，隧道土建结构检查应包括（　）等。

A. 日常检查　B. 定期检查　C. 应急检查　D. 特别检查
E. 专项检查

2. 在公路隧道技术状况评定时，当（　）项目的评定状况值达到3或4时，对应土建结构技术状况应直接评为4类或5类。

A. 洞口　B. 洞门　C. 衬砌　D. 路面
E. 吊顶及预埋件

3. 对各类隧道土建结构，应分别采取不同的养护措施，下列表述正确的有（　）。

A. 2类隧道或存在评定状况值为2的分项时，应按需进行保养维修
B. 3类隧道应对局部实施病害处治
C. 4类隧道应及时关闭，然后实施病害处治
D. 重要分项以外的其他分项评定状况值为3或4时，应尽快实施病害处治

4. 运营期隧道检查，发现衬砌存在一条有发展变化的裂缝，长度为4m，宽度为4mm，其评定状况值可评为（　）。

A. 1　B. 2　C. 3　D. 4

5. 公路隧道渗漏水根据渗水压力、流量等因素，将渗漏水状态分为（　）。

A. 浸渗　B. 滴漏　C. 涌流　D. 喷射
E. 渗水

6. 公路隧道土建结构专项检查中材质检查项目有（　）。

A. 衬砌强度　B. 衬砌表面病害　C. 混凝土碳化深度　D. 钢筋锈蚀
E. 裂缝检测

7. 公路隧道根据（　）划分为三个养护等级。

A. 公路等级　B. 隧道长度　C. 交通量大小　D. 隧道宽度

8.《公路隧道养护技术规范》（JTG H12—2015）采用的技术状况评定方法是（　）。

A. 分层综合评定　　B. 单项控制指标　　C. 分项加权评定　　D. 分类综合评定

四、综合题

1. 某高速公路隧道长度为3200m,年平均日交通流量为8000pcu/d,其定期检查结果如下:①洞门拱部及其附近部位出现剥落,壁面存在严重渗水和挂冰,将会妨碍交通;②衬砌存在较多裂缝,但宽度变化较小,边墙衬砌背部存在空隙,有扩大可能;③路面大面积的明显沉陷、隆起、坑洞,路面板严重错台、断裂。

根据以上情况,请回答以下问题。

(1)该隧道定期检查的周期宜为(　　)。

A. 2 次/年　　B. 1 次/年　　C. 1 次/2 年　　D. 1 次/3 年

(2)关于土建结构检查的内容和仪器应用,表述正确的有(　　)。

A. 可用地质雷达检测衬砌背后的空洞

B. 定期检查要求对裂缝位置、长度、宽度、深度及范围进行检查

C. 隧道渗漏水检查分为简易检测和水质检测两类

D. 隧道净空断面变形通常采用激光断面仪检测

(3)关于土建结构检查技术状况评定,表述正确的有(　　)。

A. 评定分项包括洞口、洞门、衬砌等 9 部分

B. 各分项技术状况值越大,该分项状况越好

C. 分项检查结果取各段落评定结果的均值

D. 交通标志标线属于交安设施,不纳入土建结构检查

(4)根据题述,以下评定结果正确的包括(　　)。

A. 洞门技术状况值为 3　　B. 洞门技术状况值为 2

C. 路面技术状况值为 3　　D. 衬砌技术状况值为 2

(5)该隧道土建结构技术状况应评定为(　　)。

A. 5 类　　B. 4 类　　C. 3 类　　D. 2 类

2. 某隧道定期检查中发现边墙衬砌局部压裂,导致起层、剥落,产生原因不明,请回答以下问题。

(1)该隧道衬砌破损技术状况值应评定为(　　)。

A. 1　　B. 2　　C. 3　　D. 4

(2)关于隧道定期检查,表述正确的有(　　)。

A. 定期检查需配备必要的检查工具或设备,进行目测或量测检查

B. 检查时,应尽量靠近结构,依次检查各个结构部位

C. 检查时不必进行病害比对

D. 对于需要进一步查明缺损或病害原因的,报告中应建议进行专项检查

(3)关于隧道专项检查,表述正确的有(　　)。

A. 检查的项目、内容及其要求,应根据经常检查、定期检查或应急检查的结果有针对性地确定

B. 查阅有关的技术资料、档案进行,并对隧道周围的地质及地表环境等展开实地调查

C. 对严重不良地质地段、重大结构病害或病患处，宜开展运营期长期监测

D. 专项检查技术状况评定和定期检查相同

(4)专项检查中，衬砌及围岩状况检查项目包括(　　)。

A. 无损检查　　B. 衬砌应力检查　　C. 衬砌强度检查　　D. 钻孔检查

(5)以下表述正确的有(　　)。

A. 基于变形速率的评定标准，当 3mm/年 > v ≥ 1mm/年时，衬砌评定技术状况值为 3

B. 因山体滑移导致衬砌变形则衬砌技术状况评定值应判定为 3 或 4

C. 当裂缝有发展时，宽度大于 3mm，长度大于 5m，评定技术状况值为 3 或 4

D. 隧道裂缝检测时宽度 2mm 判定为张开

习题参考答案及解析

一、单项选择题

1. B

【解析】隧道定期检查的频率宜根据隧道技术状况确定，宜每年检查 1 次，最长不得超过 3 年 1 次。当经常检查中发现重要结构分项技术状况评定状况值为 3 或 4 时，应立即开展一次定期检查。定期检查宜安排在春季或秋季进行。新建隧道应在交付使用 1 年后进行首次定期检查。

2. B

【解析】根据公路等级，隧道长度和交通量大小，公路隧道养护可分为三个等级，如下表所示。

高速公路、一级公路隧道养护等级分级表

单车道年平均日交通量 [pcu/(d·ln)]	隧道长度(m)			
	$L>3000$	$3000 \geq L>1000$	$1000 \geq L>500$	$L \leq 500$
≥10001	一级	一级	一级	二级
5001～10000	一级	一级	二级	二级
≤5000	一级	二级	二级	三级

二级及二级以下公路隧道养护等级分级表

年平均日交通量 (pcu/d)	隧道长度(m)			
	$L>3000$	$3000 \geq L>1000$	$1000 \geq L>500$	$L \leq 500$
≥10001	一级	二级	二级	三级
5001～10000	二级	二级	三级	三级
≤5000	二级	三级	三级	三级

3. C

【解析】公路隧道总体技术状况评定分为 1 类、2 类、3 类、4 类和 5 类，评定类别描述及养护对策见下表。

公路隧道总体技术状况评定类别

技术状况评定类别	评定类别描述		养护对策
	土建结构	机电设施	
1类	完好状态。无异常情况,或异常情况轻微,对交通安全无影响	机电设施完好率高,运行正常	正常养护
2类	轻微破损。存在轻微破损,现阶段趋于稳定,对交通安全不会有影响	机电设施完好率较高,运行基本正常,部分易耗部件或损坏部件需要更换	应对结构破损部位进行监测或检查,必要时实施保养维修;机电设施进行正常养护,应对关键设备及时修复
3类	中等破损。存在破坏,发展缓慢,可能会影响行人、行车安全	机电设施尚能运行,部分设备、部件和软件需要更换或改造	应对结构破损部位进行重点监测,并对局部实施保养维修;机电设施需进行专项工程
4类	严重破损。存在较严重破坏,发展较快,已影响行人行车安全	机电设施完好率较低,相关设施需要全面改造	应尽快实施结构病害处治措施;对机电设施应进行专项工程,并应及时实施交通管制
5类	危险状态。存在严重破坏,发展迅速,已危及行人行车安全	—	应及时关闭隧道,实施病害处治,特殊情况需进行局部重建或改建

4. C

【解析】衬砌破损技术状况评定标准见下表。

衬砌破损技术状况评定标准表

状况值	技术状况描述	
	外荷载作用所致	材料劣化所致
0	结构无裂损、变形和背后空洞	材料无劣化
1	出现变形、位移、沉降和裂缝,但无发展或已停止发展	存在材料劣化,钢筋表面局部腐蚀,衬砌无起层、剥落,对断面强度几乎无影响
2	出现变形、位移、沉降和裂缝,发展缓慢,边墙衬砌背后存在空隙,有扩大的可能	材料劣化明显,钢筋表面全部生锈、腐蚀,断面强度有所下降,结构物功能可能受到损害
3	出现变形、位移、沉降、裂缝密集,出现剪切型裂缝,发展速度较快;边墙衬砌压裂,导致起层、剥落,边墙混凝土有可能掉下;拱部背后存在大的空洞,上部落石可能掉落至拱背;衬砌结构侵入内轮廓界限	材料劣化严重,钢筋断面因腐蚀而明显减小,断面强度有相当程度的下降,结构物功能受到损害;边墙混凝土起层、剥落,混凝土块可能掉落或已有掉落
4	衬砌结构发生明显的永久变形,裂缝密集,出现剪切型裂缝,裂缝深度贯穿衬砌混凝土,并且发展快速;由于拱部裂缝密集,衬砌开裂,导致起层、剥落,混凝土块可能掉下;衬砌拱部背后存在大的空洞,且衬砌有效厚度很薄,空腔上部可能掉落至拱背;衬砌结构侵入建筑限界	材料劣化严重,断面强度明显下降,结构物功能损害明显;由于拱部材料劣化,导致混凝土起层、剥落,混凝土块可能掉落或已有掉落

5. B

【解析】土建结构中路面分项权重为15,衬砌的权重最高,为40。各分项权重如下表。

土建结构各分项权重表

分项		分项权重	分项	分项权重
洞口		15	检修道	2
洞门		5	排水设施	6
衬砌	结构破损	40	吊顶及各种预埋件	10
	渗漏水		内装饰	2
路面		15	交通标志、标线	5

6. A

【解析】土建结构技术状况评定分类界限值宜按下表执行。

土建结构技术状况评定分类界限值表

技术状况评分	土建结构技术状况评定分类				
	1类	2类	3类	4类	5类
JGCI	≥85	≥70,<85	≥55,<70	≥40,<55	<40

7. C

【解析】衬砌渗漏水技术状况评定标准如下表所示。

衬砌渗漏水技术状况评定标准

状况值	技术状况描述
0	无渗漏水
1	衬砌表面存在浸渗,对行车无影响
2	衬砌拱部有滴漏,侧墙有小股涌流,路面有浸渗但无积水,拱部、边墙因渗水少量挂冰,边墙脚积冰,不久可能会影响行车安全
3	拱部有涌流、侧墙有喷射水流,路面积水,沙土流出、拱部衬砌因渗水形成较大挂冰、胀裂,或涌水积冰至路面边缘,影响交通安全
4	拱部有喷射水流,侧墙存在严重影响行车安全的涌水,地下水从检查井涌出,路面积水严重,伴有严重的沙土流出和衬砌挂冰,严重影响行车安全

8. B

【解析】隧道总体技术状况评定时,各分项权重按照公路级别的差异进行区分,如下表所示。

隧道总体技术状况评分权重值

项目	权重	
	高速公路、一级公路	二级及二级以下公路
土建结构	60	70
机电设施	35	25
其他工程设施	5	5

9. C

【解析】隧道建筑限界:为保证隧道内各种交通的正常运行与安全,规定在一定宽度和高度范围内不得有任何障碍物的空间限界。当检测出隧道衬砌或附属设施局部有侵入建筑限界,应判定侵限区域属于3类以上病害。

10. D

二、判断题

1. ×

【解析】隧道土建结构各分项技术状况评定时,洞口、洞门、衬砌破损、渗漏水、路面、排水设施及吊顶和各种预埋件状况值分为0、1、2、3、4;检修道、内装饰及交通标志标线状况值分为0、1、2、3。

2. ×

【解析】一般情形下,《公路隧道养护技术规范》(JTG H12—2015)规定的公路隧道定期检查频率为:一级养护等级隧道为1次/年,二级为1次/2年,三级为1次/3年。应注意的是,当经常性检查中发现某分项技术状况评定值为3或4时,应立即开展一次定期检查;新建隧道应在交付使用后1年后进行首次定期检查。

3. ×

【解析】《公路隧道养护技术规范》(JTG H12—2015)规定,隧道土建结构经常检查破损状况判定分为三种情况:情况正常、一般异常、严重异常。而定期检查和应急检查结果破损状况判定分为1、2、3、4、5五类,专项检查不适合定期检查的技术状况评定标准,但可以对所检局部的分项进行状况值评定。

4. ×

【解析】新建隧道应在交付1年后首次进行定期检查。

5. √

6. ×

【解析】隧道洞口技术状况评定标准如下表所示。

隧道洞口技术状况评定标准

状况值	技术状况描述
0	完好,无破损现象
1	山体及岩体、挡土墙、护坡等有轻微裂缝产生,排水设施存在轻微破坏
2	山体及岩体裂缝发育,存在滑坡、崩塌的初步迹象,坡面树木或电线杆轻微倾斜,挡土墙、护坡等产生开裂、变形,土石零星掉落,排水设施存在一定破损、阻塞
3	山体及岩体严重开裂,坡面树木或电线杆明显倾斜,挡土墙、护坡等产生严重开裂、明显的永久变形,坡脚或坡面有土石堆积,排水设施完全堵塞、破坏,排水功能失效
4	山体及岩体有明显而严重的滑动、崩塌现象,挡土墙、护坡断裂、外倾失稳、部分倒塌,坡面树木或电线杆倾倒等

7. ×

【解析】经常检查中发现隧道存在一般异常情况时,应进行监视、观测或做进一步检查;当经常检查中发现隧道存在严重异常情况时,应采取措施进行处治,若对其产生原因及详细情况不明时,还应做定期检查或专项检查。

8. √

【解析】隧道分项检查结果应按隧道病害最严重段落的分段评价结果选取。分项的分段方法依据分项各自特点确定,例如:洞口分项按照洞口数量分段,分进口和出口分别进行评价;衬砌分项按照长度分段,一般单位长度可取模板长度,或者取 10 ~ 100m 之间的某值;车行和人行横通道可以作为主洞衬砌的一个评定单元,纳入衬砌评定。

9. √

【解析】在公路隧道技术状况评定时,当洞口、洞门、衬砌、路面和吊顶及预埋件项目的评定状况值达到 3 或 4 时,对应土建结构技术状况应直接评为 4 类或 5 类。

10. √

【解析】基于衬砌断面强度降低的评定标准如下表所示:

衬砌断面强度降低的评定标准

结构	主要原因	起层和剥落的可能性		劣化程度			评定状况值
				有效厚度/设计厚度			
		有	无	<1/2	1/2 ~ 2/3	>2/3	
拱部	劣化、冻害,设计或施工不当等	√					4
			√				1
				√			3
					√	√	2
							1
侧墙		√					3
			√				1
				√			3
					√		2
						√	1

三、多项选择题

1. BCE

【解析】按照《公路隧道养护技术规范》(JTG H12—2015),土建结构检查应包括经常检查、定期检查、应急检查和专项检查。

2. ABCDE

【解析】在公路隧道技术状况评定时,当洞口、洞门、衬砌、路面和吊顶及预埋件项目的评定状况值达到 3 或 4 时，对应土建结构技术状况应直接评为 4 类或 5 类。

3. BD

【解析】对评定划定的各类隧道土建结构，应分别采取不同的养护措施：1 类隧道应进行正常养护；2 类隧道或存在评定状况值为 1 的分项时，应按需进行保养维修；3 类隧道或存在评定状况值为 2 的分项时，应对局部实施病害处治；4 类隧道应进行交通管制，尽快实施病害处治；5 类隧道应及时关闭，然后实施病害处治；重要分项以外的其他分项评定状况值为 3 或 4 时，应尽快实施病害处治。

4. BC

【解析】隧道裂缝按照是否有发展对其技术状况值评定标准如下表所示。

当裂缝存在发展时的评判标准

结　构	裂缝宽度 b(mm)		裂缝长度 l(m)		评定状况值
	$b>3$	$b\leq3$	$l>5$	$l\leq5$	
衬砌	√		√		3/4
	√			√	2/3
		√	√		2
		√		√	2

当无法确定裂缝是否存在发展时的评判标准

结　构	裂缝宽度 b(mm)			裂缝长度 l(m)			评定状况值
	$b>5$	$5\geq b>3$	$b\leq3$	$l>10$	$10\geq l>5$	$l\leq5$	
衬砌	√			√			3/4
	√				√		2/3
	√					√	2/3
		√		√			3
		√			√		2/3
		√				√	2
			√	√	√	√	1/2

5. ABCD

【解析】隧道渗漏水根据渗水压力、流量等因素，将渗漏水状态分为浸渗、滴漏、涌流和喷射四种。

6. ABCD

【解析】土建结构专项检查项目、内容及其要求，应根据经常检查、定期检查或应急检查的结果有针对性地确定，专项检查项目见下表。

公路隧道专项检查项目表

检查项目		检查内容
结构变形检查	公路线形、高程检查	公路中线位置、路面高度、缘石高度以及纵、横坡度等测量
	隧道横断面检查	隧道横断面测量，周壁位移测量（与相邻或完好断面比较）
	净空变化检查	隧道内壁间距测量（自身变化比较）
裂缝检查	裂缝调查	裂缝的位置、宽度、长度、开展范围或程度等
	裂缝检测	裂缝的发展变化趋势及其速度，裂缝的方向及深度等
漏水检查	漏水检查	漏水的位置、水量、浑浊、冻结及原有防排水系统的状态等
	漏水检测	水温、pH值检查、电导度检测、水质化学分析
	防排水系统	拥堵、破坏情况
材质检查	衬砌强度检查	强度简易测定，钻孔取芯，各种强度试验等
	衬砌表面病害	起层、剥落、蜂窝、麻面、孔洞、漏筋等
	混凝土碳化深度检测	采用酚酞液检查混凝土的碳化深度
	钢筋锈蚀检测	易凿检测法、电化学测定法、综合分析判定法
衬砌及围岩状况检查	无损检查	无损检测衬砌厚度、空洞、裂缝和渗漏水等，以及钢筋、钢拱架、衬砌配筋位置及保护层厚度、围岩状况、仰拱充填密实程度及其下岩溶发育情况
	钻孔检查	钻孔测定衬砌厚度等，内窥镜观测衬砌及围岩内部情况
荷载状况检查	衬砌应力计拱背压力检查	衬砌不同部位的应力及其变化、拱背压力的分布及其变化
	水压力检查	地下水丰富的隧道检查衬砌背后水压力的大小、分布及变化规律

7. ABC

【解析】《公路隧道养护技术规范》（JTG H12—2015）提出了公路隧道分级养护理念，根据公路等级、隧道长度和交通量大小，分为三个养护等级，并根据隧道养护等级对我国隧道结构检测、分级标准及技术状况评定方法进行了规范。

8. AB

【解析】《公路隧道养护技术规范》（JTG H12—2015）规定公路隧道技术状况评定应包括土建结构、机电设施、其他工程设施技术状况评定和总体技术状况评定。评定采用分层综合评定与隧道单项控制指标相结合的方法。《公路桥梁技术状况评定标准》（JTG/T H21—2011）规定公路桥梁技术状况评定同样采用分层综合评定与5类桥梁单项控制指标相结合的方法。

四、综合题

1.（1）B　　（2）ACD　　（3）A　　（4）AD　　（5）A

【解析】（1）略。

（2）定期检查要求对裂缝的位置、宽度、长度及范围或程度进行检测，裂缝深度在专项检查中进行检测。

（3）土建结构技术状况评定的分项内容包括洞门、洞口、衬砌、路面、检修道、排水设施、吊顶及预埋件、内装饰、交通标志及标线9部分，各分项的技术状况值反映该分项的完好状况，取值越小状况越好。分项检查结果取病害最严重段落的评定结果确定。

(4)土建结构各分项技术状况评定详见考试用书。

(5)隧道路面大面积的明显沉陷、隆起、坑洞,路面板严重错台、断裂,这些现象符合5类土建结构技术状况单项控制指标,A选项正确。另外还应注意,当洞口、洞门、衬砌、路面和吊顶及预埋件分项的评定状况值达到3或4时,土建结构技术状况应直接评为4类或5类。

2.(1)C　(2)ABD　(3)ABC　(4)AD　(5)BC

【解析】(1)衬砌破损技术状况值评为3的描述:出现变形、位移、沉降,裂缝密集,出现剪切性裂缝,发展速度较快;边墙处衬砌压裂,导致起层、剥落,边墙混凝土有可能掉下;拱部背面存在大的空洞,上部落石可能掉落至拱背;衬砌结构侵入内轮廓界限。

(2)选项C错误。历年检查结果对比分析为定期检查报告中重要内容,检查时应注意发现异常情况和原有异常情况的发展变化;对有异常情况的结构,应在其适当位置作出标记;检查结果记录宜量化。

(3)专项检查往往是在经常、定期和应急检查基础上,对于需要进一步查明破损或病害的详细情况和产生原因而进行的更深入的专门检测,其目的是为制订病害处治方案提供基础资料,更多情况是针对破损或病害局部开展的检查。因此,专项检查不适合对隧道总体进行技术状况评定,但可以对所检局部的分项进行状况值评定。

(4)专项检查的项目、内容及其要求,应根据经常检查、定期检查或应急检查的结果有针对性地确定,详见本章【多选】题6解析。衬砌应力检查属于荷载状况检查,衬砌强度检查属于材质检查。

(5)详见《公路隧道养护技术规范》(JTG H12—2015)4.5节条文说明。当3mm/年 $>v\geq$ 1mm/年时,衬砌评定技术状况值为2,如下表所示。裂缝按照宽度特征分类:微裂缝为宽度小于0.2mm;宽度界于0.2~3mm为微张开;宽度界于3~5mm为张开;宽度大于5mm为宽张开。衬砌裂缝技术状况值的评定标准参见本章【多选】题4解析。

基于变形速度的评定标准

结　构	变形速率 v(mm/年)				评定状况值
	$v\geq10$	$10>v\geq3$	$3>v\geq1$	$v<1$	
衬砌	√				4
		√			3
			√		2
				√	1

第十九章　盾构隧道施工质量检测与监测

复习提示

考试大纲要求

检　测　师	助理检测师
1. 盾构隧道结构特点、施工步骤； 2. 盾构隧道施工质量检验内容、方法； 3. 盾构隧道施工监测方法，测点布置原则、测点及传感器埋设要求和方法、量测频率要求，量测数据的分析处理及应用	1. 盾构隧道结构特点、施工步骤； 2. 盾构隧道施工质量检验内容、方法； 3. 盾构隧道施工监测方法，测点布置和量测频率

盾构隧道施工质量检测与监测知识要点

知　识　点	相 关 要 点
一、概述	1. 盾构隧道施工步骤。 2. 盾构法施工优、缺点
二、盾构管片质量检测	1. 盾构隧道管片质量检测项目、抽样频率。 2. 盾构隧道管片外观、尺寸、水平拼装的检测项目、允许偏差、检测方法和频率。 3. 盾构隧道管片渗漏、抗弯性能、抗拔性能的检测方法、检测步骤及判定标准
三、盾构隧道施工质量检测	1. 盾构隧道拼装质量检测项目、方法、抽检频率。 2. 盾构隧道壁后注浆分类、注浆要求及壁后注浆检测项目。 3. 成型盾构隧道验收主控项目和一般项目检测方法、检测数量及允许偏差
四、盾构隧道施工监测	1. 盾构隧道施工监测项目，注意按照监测等级的不同必测项目存在差异。 2. 盾构隧道施工监测频率、监测控制值及监测预警条件

习　题

一、单项选择题

1. 盾构隧道管片拼装时，衬砌环内错台允许偏差为(　　)mm。

A. 5　　B. 6　　C. 7　　D. 8

2. 混凝土管片的抗渗性能检测合格标准是(　　)。

A. 设计抗渗压力下稳压 2h,管片外弧面不出现渗水,侧面渗水高度不超过 30mm

B. 设计抗渗压力下稳压 2h,管片外弧面不出现渗水,侧面渗水高度不超过 50mm

C. 设计抗渗压力下稳压 2h,管片内弧面不出现渗水,侧面渗水高度不超过 30mm

D. 设计抗渗压力下稳压 2h,管片内弧面不出现渗水,侧面渗水高度不超过 50mm

3. 混凝土管片的抗弯性能检测合格标准是(　　)。

A. 加载到设计荷载并持荷 30min 后,没有观察到裂缝或裂缝宽度不大于 0.2mm

B. 加载到设计荷载并持荷 30min 后,没有观察到裂缝或裂缝宽度不大于 0.1mm

C. 加载到设计荷载并持荷 60min 后,没有观察到裂缝或裂缝宽度不大于 0.2mm

D. 加载到设计荷载并持荷 60min 后,没有观察到裂缝或裂缝宽度不大于 0.1mm

4. 混凝土管片的抗拔性能检测合格标准是(　　)。

A. 设计荷载下的最后 3 次所测位移,相邻两个位移差均小于 0.2mm

B. 设计荷载下的最后 3 次所测位移,相邻两个位移差均小于 0.1mm

C. 设计荷载下的最后 3 次所测位移,相邻两个位移差均小于 0.01mm

D. 设计荷载下的最后 3 次所测位移,相邻两个位移差均小于 0.02mm

5. 下列盾构隧道管片结构监测项目在工程监测等级为一级时属于必测项目,在二级、三级时属于选测项目的是(　　)。

A. 管片结构竖向位移　　B. 管片结构水平位移

C. 管片结构净空收敛　　D. 地表沉降

6. 依据《盾构隧道管片质量检测技术标准》(CJJ/T 164—2011)规定,管片抗弯性能和抗拔性能检测时加载级数为(　　)级。

A. 七　　B. 八　　C. 九　　D. 十

7. 盾构隧道管片钢筋保护层厚度检测中,要求保护层厚度检测合格率不低于(　　)。

A. 85%　　B. 90%　　C. 95%　　D. 100%

二、判断题

1. 成环后内径属于盾构隧道管片拼装检测内容。(　　)

2. 隧道轴线平面位置检测属于成型盾构隧道验收主控项目。(　　)

3. 成型盾构隧道验收时衬砌环椭圆度允许偏差为 ±8‰。(　　)

4. 盾构隧道混凝土管片的混凝土强度采用回弹法检测时,宜选择管片外弧面及管片拼接面。(　　)

5. 盾构隧道混凝土管片的强度等级不应小于 C40。(　　)

6. 成型盾构隧道验收一般项目包括衬砌环椭圆度、衬砌环内错台和衬砌环间错台。(　　)

三、多项选择题

1. 盾构法施工隧道具有(　　)特点。

A. 适用地层广　　B. 环境影响小　　C. 抗震性好　　D. 断面可多变

E. 机械化程度高

2. 盾构隧道混凝土管片质量检测项目包括(　　)。

A. 混凝土强度　B. 外观　C. 渗漏　D. 抗弯性能
E. 抗拔性能

3. 盾构隧道施工壁后注浆分为(　　)。
A. 同步注浆　B. 即时注浆　C. 一次注浆　D. 二次注浆
E. 滞后注浆

4. 盾构隧道施工监测,当出现下列(　　)情况时应进行预警。
A. 实测变形值大于允许变形的2/3时
B. 周边地表出现明显的沉降(隆起)或较严重的突发裂缝、坍塌
C. 建(构)筑物等周边环境出现危害正常使用功能或结构出现过大变形、沉降、倾斜或裂缝等
D. 周边地下管线变形明显增长或出现裂缝、渗漏等
E. 隧道结构出现明显变形、较大裂缝、较严重漏水

5. 盾构隧道管片外观检测项目不允许出现的病害包括(　　)。
A. 贯穿性裂缝　B. 内外弧面露筋　C. 孔洞　D. 疏松、夹渣

习题参考答案及解析

一、单项选择题

1. B

【解析】根据《盾构法隧道施工与验收规范》(GB 50446—2017)相关规定,管片拼装质量应符合以下要求:

(1)管片不得有内外贯穿裂缝、宽度大于0.2mm的裂缝及混凝土剥落现象;

(2)管片防水密封质量应符合设计要求,不得缺损,黏结应牢固、平整;

(3)螺栓质量及拧紧应符合设计要求;

(4)管片拼装过程中应对隧道轴线和高程进行控制,其允许偏差和检测方法应符合下表规定:

隧道轴线平面位置和高程偏差检测要求

序号	检查项目	允许偏差(mm)	检测方法	检测数量
1	隧道轴线平面位置	±75	全站仪测中线	逐环检测,1点/环
2	隧道轴线高程	±75	全站仪测高程	

(5)施工中管片拼装允许偏差和检测方法应符合下表规定:

管片拼装检测要求

序号	检查项目	允许偏差(mm)	检测方法	检测数量
1	衬砌环椭圆度(‰)	±6	激光断面仪、全站仪测量	每10环检测1环
2	衬砌环内错台(mm)	6	尺量	逐环检测,4点/环
3	衬砌环间错台(mm)	7	尺量	

2. D

【解析】管片渗漏检测面为内弧面。抗渗性能检测在设计抗渗压力下稳压 2h，管片内弧面不出现渗水，侧面渗水高度不超过 50mm，判定该检测管片抗渗性能合格。

3. A

【解析】混凝土管片加载到设计荷载并持荷 30min 后，没有观察到裂缝或裂缝宽度不大于 0.2mm，判定该检测管片抗弯性能符合设计要求。

4. C

【解析】在设计荷载下的最后 3 次所测位移，相邻两个位移差均小于 0.01mm，应判定该检测管片预埋受力构件抗拔性能符合设计要求。

5. B

【解析】盾构隧道管片结构和周围岩土体监测项目及方法如下表所示。

盾构隧道管片结构和周围岩土体监测项目及方法

序号	监测项目	工程监测等级			监测方法或仪器
		一级	二级	三级	
1	管片结构竖向位移	√	√	√	几何水准测量、电子测距三角高程测量、静力水准测量等
2	管片结构水平位移	√	□	□	小角法、方向线偏移法、视准线法、投点法、激光准直法等
3	管片结构净空收敛	√	√	√	收敛计、全站仪、红外激光测距仪等
4	管片结构应力	□	□	□	应力计
5	管片连接螺栓应力	□	□	□	
6	地表沉降	√	√	√	精密水准仪、铟钢尺或全站仪
7	土体深层水平位移	□	□	□	测斜仪
8	土体分层竖向位移	□	□	□	分层沉降仪、水准测量等
9	管片围岩压力	□	□	□	界面土压力计
10	孔隙水压力	□	□	□	孔隙水压力计

注：表中√表示应测项目，□表示选测项目。

6. A

【解析】管片抗弯性能和抗拔性能检测时，应按下表所示进行加载。

抗弯性能、抗拔性能检测加载表

荷载值	一级	二级	三级	四级	五级	六级	七级
$\frac{\text{分级加载值}}{\text{设计荷载值}}$	20%	20%	20%	20%	10%	5%	5%
$\frac{\text{分级加载值}}{\text{设计荷载值}}$	20%	40%	60%	80%	90%	95%	100%

7. B

【解析】盾构隧道钢筋保护层受检总数合格率为 90% 及以上时，判定为合格。

二、判断题

1. ×

【解析】成环后内径属于盾构隧道管片质量检测中水平拼装检测内容,施工中管片拼装质量检测包含隧道轴线平面位置、隧道轴线高程、衬砌环椭圆度、衬砌环内错台、衬砌环间错台。参见本章【单选】题1解析。

2. √

【解析】成型盾构隧道验收项目分为主控项目和一般项目,主控项目包括表观病害、接缝、防水、轴线平面位置和高程偏差;一般项目包括衬砌环椭圆度、衬砌环内错台和衬砌环间错台。其中表观病害和防水全数检测,观测检测,检查施工记录;衬砌结构断面采用激光断面仪、全站仪、水准仪等每5环检测1次。轴线平面位置、高程偏差以及一般项目检测应符合下表规定。

隧道轴线平面位置和高程偏差验收要求

序号	检查项目	允许偏差(mm)	检测方法	检测数量
1	隧道轴线平面位置	±150	全站仪或经纬仪测量	10环
2	隧道轴线高程	±150	水准仪测量	10环

一般项目验收要求

序号	检查项目	允许偏差(mm)	检测方法	检测数量
1	衬砌环椭圆度(‰)	±8	激光断面仪、全站仪测量	10环
2	衬砌环内错台(mm)	12	尺量	10环,4点/环
3	衬砌环间错台(mm)	17	尺量	10环,4点/环

3. √

【解析】盾构隧道施工质量检测在施工过程中和成型后验收检测内容相同,不同之处在于允许偏差、检测方法及抽检数量有所差异。参见本章【单选】题1及【判断】题2解析。

4. ×

【解析】混凝土管片的混凝土强度采用回弹法检测时,宜选择管片内弧面及管片拼接面。

5. ×

【解析】《盾构隧道管片质量检测技术标准》(CJJ/T 164—2011)规定:混凝土管片的强度等级不应小于C50,且应符合设计要求;当生产过程的混凝土试件强度试验报告评定为合格且回弹法抽检推定值或钻芯法芯样强度试验值满足设计要求时,判定该批混凝土管片强度合格。

6. √

【解析】参见本章【判断】题2解析。

三、多项选择题

1. ABCE

【解析】盾构法施工隧道具有机械化程度高、地层扰动小、掘进隧道快、地层适应性强、对周边环境影响小、受地形地貌限制小、结构抗震性好等特点。缺点有费用高、断面尺寸多变的区段适应能力差、曲率较小或埋深较浅时施工难度大。

2. ABCDE

【解析】《盾构隧道管片质量检测技术标准》(CJJ/T 164—2011)对盾构隧道管片质量检测要求如下表所示。

混凝土管片质量抽样检测数量

项次	检查项目	抽样检测数量
1	混凝土强度	抽检数量不少于同一检测批管片总数的5%
2	外观	每200环抽检1环,不足200环时按200环计
3	尺寸	
4	水平拼装	每1000环抽检1环,不足1000环时按1000环计
5	渗漏	每1000环抽检1环,不足1000环时按1000环计
6	抗弯性能	
7	抗拔性能	

3. ABD

【解析】壁后注浆分为同步注浆、即时注浆和二次注浆。同步注浆是盾构掘进的同时通过盾构注浆管和管片的注浆孔进行壁后注浆的方法;即时注浆是在掘进后迅速进行壁后注浆的方法;二次注浆是对壁后注浆的补充,其目的是填充注浆后的未填充部分,补充注浆材料收缩体积减小部分,处理渗漏水和处理由于隧道变形引起的管片、注浆材料、地层间产生剥离,通过填充注浆使其形成整体,提高止水效果等。

4. ABCDE

【解析】监测预警标准和预警等级主要根据工程特点、项目控制值和当地施工经验等确定。除题设答案ABCDE所列情况,根据工程经验判断可能出现的其他警情也应进行预警。

5. ABCD

【解析】盾构隧道管片外观检测项目一般包括贯穿或非贯穿性裂缝、内外弧面露筋、孔洞、疏松、夹渣、蜂窝、拼接面裂缝、麻面、粘皮、缺棱掉角、飞边、环纵向螺栓孔,具体的实测项目及要求如下表所示。

盾构隧道管片外观检查项目要求

序号	检查项目		规定值或允许偏差	检查方法和频率
1	主控项目	贯穿性裂缝	不允许	尺量:全部
2		内、外弧面露筋	不允许	目测:全部
3		孔洞	不允许	尺量:全部
4		疏松、夹渣	不允许	目测:全部
5		蜂窝	不允许	目测:全部
6		非贯穿性裂缝	裂缝宽度允许范围0~0.10mm	尺量:全部

续上表

序号	检查项目		规定值或允许偏差	检查方法和频率
7	一般项目	拼接面裂缝	拼接面方向长度不超过密封槽，裂缝宽度允许范围 0 ~ 0.20mm	尺量：全部
8		麻面、粘皮	表面麻皮、粘皮总面积不大于表面积的 5%	尺量：全部
9		缺棱掉角、飞边	应修补	目测：全部
10		环、纵向螺栓孔	畅通、内全面平整，不应有塌孔	目测：全部

第二部分
典型易错题剖析

针对考试大纲中要求的考核重点、难点内容以及历年考试经常出现的考点，本部分摘选了一些典型、易错习题并进行总结、剖析，涉及各章节易混淆、较难理解的概念、方法等，限于篇幅未能罗列完全。考生在备考过程中应举一反三，通过这类习题理清思路、避开考题中的“陷阱”或强干扰项。

1. 原材料试验检测

1.1 （单项选择题）混凝土立方体抗压强度试验中，混凝土强度等级为 C50 时的加荷速率宜为（　　）。

A. 0.02 ~ 0.05MPa/s　　B. 0.05 ~ 0.08MPa/s

C. 0.3 ~ 0.5MPa/s　　D. 0.5 ~ 0.8MPa/s

【解析】这一类型考题较为常见，主要考查不同强度的混凝土力学性能试验中对应的加荷速率，要注意抗压试验和抗拉试验加荷速率的差异。对比下表的 4 种试验，单个试件的加载时长大约都在 1 ~ 2min 左右（抗弯拉强度、劈裂抗拉强度远低于抗压强度），考生可据此来帮助记忆。

混凝土力学性能试验试件加荷速率（MPa/s）

试验项目	混凝土强度等级		
	小于 C30	C30 ~ C60	大于 C60
混凝土立方体抗压强度	0.3 ~ 0.5	0.5 ~ 0.8	0.8 ~ 1.0
混凝土棱柱体轴心抗压强度	0.3 ~ 0.5	0.5 ~ 0.8	0.8 ~ 1.0
混凝土抗弯拉强度	0.02 ~ 0.05	0.05 ~ 0.08	0.08 ~ 0.10
混凝土立方体劈裂抗拉强度	0.02 ~ 0.05	0.05 ~ 0.08	0.08 ~ 0.10

因此，本题正确答案为 D。

1.2 （判断题）混凝土棱柱体轴心抗压强度试验结果的最大值或最小值中，如有一个与中间值之差超过中间值的 15%，则取另外两个测值的算术平均值为测定值。（　　）

【解析】本题主要考查两个知识点，一是混凝土棱柱体轴心抗压强度试验结果的最大值或最小值中如有一个与中间值之差超过中间值的 15% 还是 20%，二是差值超过后取另外两个测值的算术平均值为测定值还是取中间值作为测定值。在混凝土各项力学性能试验中，混凝土立方体抗压强度、棱柱体轴心抗压强度、抗弯拉强度试验（当断面发生在两个加荷点之间）的试验结果计算，都是以 3 个试件测值的算数平均值为测定值，3 个测值中最大值或最小值中如有一个与中间值之差超过中间值的 15%，则取中间值为测定值；如最大值和最小值与中间值之差均超过中间值的 15%，则该组试验结果无效。混凝土抗压弹性模量试验的结果计算，是以3个试件试验结果的算术平均值为测定值，如果试件循环后任一个与循环前轴心抗压强度之差超过后者的20%，则弹性模量值按另两个试件试验结果的算术平均值计算，如果有两个试件试验结果超出上述规定，则试验结果无效。因此，本题正确答案为“×”。

1.3 （判断题）在室温条件下，对有明显屈服现象的钢材标准试样进行拉伸试验，通常取上屈服强度作为屈服强度特征值。（　　）

【解析】在室温条件下，对有明显屈服现象的钢材标准试样进行拉伸试验，屈服阶段中，应力-伸长率曲线会发生波动，取首次下降前的最大应力为上屈服强度，不计初始瞬时效应，取其最小应力为下屈服强度。通常将下屈服强度 R_{eL} 作为屈服强度特征值，如右图所示。因此，本题正确答案为“×”。

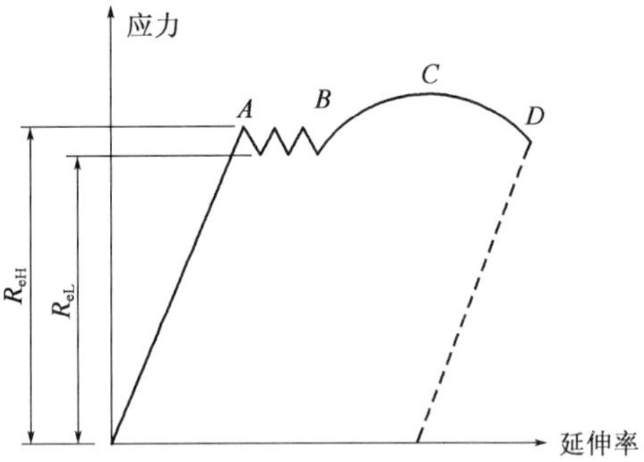

图解法测定屈服强度

1.4 （多项选择题）混凝土棱柱体抗弯拉强度试验标准试件尺寸为（　　）。

A. 150mm×150mm×600mm　　B. 150mm×150mm×550mm

C. 150mm×150mm×300mm　　D. 100mm×100mm×300mm

E. 100mm×100mm×400mm

【解析】混凝土性能试验试件的尺寸、数量及尺寸修正系数应根据下表选定。

混凝土性能试验试件尺寸及数量

试件名称	试件形状	试件尺寸(mm)	尺寸修正系数	每组试件数量(个)
立方体抗压强度试件	立方体	200×200×200(53)	1.05	3
	立方体	150×150×150(31.5)	标准试件	3
	立方体	100×100×100(26.5)	0.95	2
棱柱体轴心抗压强度试件	棱柱体	200×200×400(53)	1.05	3
	棱柱体	150×150×300(31.5)	标准试件	3
	棱柱体	100×100×300(26.5)	0.95	3
棱柱体抗压弹性模量试件	棱柱体	200×200×400(53)	—	3
	棱柱体	150×150×300(31.5)	标准试件	3
	棱柱体	100×100×300(26.5)	—	3
抗弯拉强度试件	棱柱体	150×150×600(31.5)	标准试件	3
	棱柱体	150×150×550(31.5)	标准试件	3
	棱柱体	100×100×400(26.5)	0.85	3
立方体劈裂抗拉强度试件	立方体	150×150×150(31.5)	标准试件	3
	立方体	100×100×100(26.5)	—	3

本题主要考点是混凝土各种力学性能试验试件的尺寸数量要求。混凝土棱柱体抗弯拉强度试验试件尺寸有三种类型，但是标准试件只有两种尺寸，即150mm×150mm×600mm和150mm×150mm×550mm。因此，本题正确答案为AB，选项E为非标准试件尺寸。同时需要注意的是，混凝土他各项力学性能试验的标准试件只有一种尺寸类型。

2. 工程制品试验检测

2.1 (单项选择题)依据《公路桥梁预应力钢绞线用锚具、夹具和连接器》(JT/T 329—2010)的规定,预应力钢绞线的扁锚张拉端锚具,钢绞线直径为15.2mm,锚固根数为7根,其标记应为( )。

A. YM15-7　　B. YMB15-7　　C. YMH15-7　　D. YMHB15-7

【解析】《公路桥梁预应力钢绞线用锚具、夹具和连接器》(JT/T 329—2010)将锚具、连接器按其结构形式分为张拉端锚具、固定端锚具两类;《预应力筋用锚具、夹具和连接器》(GB/T 14370—2015)将锚具、夹具和连接器按锚固方式不同,分为夹片式、支承式、组合式和握裹式四种基本类型。锚具、夹具和连接器产品分类及代号见下表。

锚具、夹具和连机器产品分类及代号

标准号	产品分类名称			产品分类代号
JT/T 329—2010	张拉端锚具	圆锚张拉端锚具		YM
		扁锚张拉端锚具		YMB
	固定端锚具	固定端压花锚具	圆锚固定端压花锚具	YMH
			扁锚固定端压花锚具	YMHB
		固定端挤压式锚具	圆锚固定端挤压式锚具	YMP
			扁锚固定端挤压式锚具	YMPB
	夹具			YJ
	连接器	圆锚连接器		YMJ
GB/T 14370—2015	锚具	夹片式	圆形	YJM
			扁形	BJM
		支承式	墩头	DTM
			螺母	LMM
		组合式	冷铸	LZM
			热铸	RZM
		握裹式	挤压	JYM
			压花	YHM
	连接器	夹片式	圆形	YJL
			扁形	BJL
		支承式	墩头	DTL
			螺母	LML
		握裹式	挤压	JYL
	夹具	夹片式	圆形	YJJ
			扁形	BJJ
		支承式	墩头	DTJ
			螺母	LMJ

锚具、夹片、连接器的标记由产品代号、预应力钢绞线直径、预应力钢绞线根数三部分组成。要注意交通运输行业标准 JT/T 329—2010 和国家标准 GB/T 14370—2015 对产品代号和标记的区别，同时也要注意同一规范内不同产品分类代号的差异。选项 A 是容易混淆的，依据 JT/T 329—2010 的规定，YM15-7 标记为：预应力钢绞线的圆锚张拉端锚具，钢绞线直径为 15.2mm，锚固根数为 7 根。因此，本题正确答案为 B。

2.2 （判断题）锚具静载试验，若效率系数 $\eta_a = 0.96$、实测极限拉力时的总应变 $\varepsilon_{apu} = 1.5\%$，钢绞线在远离锚具的非夹持部位断裂，则可判定该锚具不合格。（　）

【解析】本题主要考点是锚具静载性能试验的判定问题，分以下两种情况进行判定：

（1）若试验值未满足效率系数 $\eta_a \geq 0.95$、实测极限拉力时的总应变 $\varepsilon_{apu} \geq 2.0\%$，而钢绞线在锚具、夹具或连接器以外非夹持部位发生破断，应更换钢绞线重新取样做试验。

（2）若试验值虽然满足效率系数 $\eta_a \geq 0.95$、实测极限拉力时的总应变 $\varepsilon_{apu} \geq 2.0\%$，而锚具破坏、断裂、失效（滑丝、零件断裂、严重变形等）时，则试验结果判定为锚具不合格。

因此，本题正确答案为"×"。

2.3 （多项选择题）关于支座力学性能试验检测，下列表述正确的有（　）。

A. 板式支座随机抽取三块支座，若有一块支座不满足要求，则该批规格产品不合格

B. 盆式支座经试验判定合格的仍可用于桥梁建设中

C. 盆式支座在试验加载中出现损坏，则该支座判定为不合格

D. 球型支座的试验结果若有一个支座两项不合格，应取双倍试样对不合格项目进行复检

【解析】支座力学性能试验检测结果的判定如下：

（1）板式支座力学性能试验时，随机抽取三块支座，若有两块不能满足要求，则认为该批产品不合格；若有一块支座不满足要求，则应从该批产品中随机再抽取双倍支座对不合格项目进行复检，若仍有一项不合格，则判定该批规格产品不合格。

（2）盆式支座各项试验均为合格，判定为合格支座。试验合格的支座试验后可以继续使用。

（3）盆式支座在加载中出现损坏，则该支座为不合格。

（4）球型支座的试验结果若有两个支座各有一项不合格，或有一个支座两项不合格，应取双倍试样对不合格项目进行复检，若仍有一个支座一项不合格，则判定该批产品不合格。若有一个支座三项不合格，则判定该批产品不合格。

因此，本题正确答案为 BCD。

3. 构件材质状况无损检测

3.1 （多项选择题）混凝土结构无损检测的各个指标，主要反映了对结构耐久性和材质性能造成的影响，下列叙述正确的有（　）。

A. 混凝土内部的钢筋锈蚀电位差的绝对值越大，则钢筋锈蚀的可能性越大

B. 混凝土中氯离子含量越大，表明钢筋锈蚀的概率越大

C. 混凝土电阻率越小，则钢筋锈蚀的发展速度越快

D. 混凝土碳化会提高混凝土的表面硬度，因此碳化深度越大，则钢筋越不容易发生锈蚀

3.2 （多项选择题）关于混凝土结构耐久性评价指标的测试方法，下列叙述正确的有（　　）。

A. 可采用酚酞酒精试剂测定氯离子含量

B. 钢筋锈蚀概率可通过测试钢筋锈蚀电位来评估

C. 钢筋锈蚀仪可用于测定混凝土电阻率

D. 按照规范，如钢筋锈蚀电位评定标度小于3，可不进行混凝土碳化深度、氯离子含量及混凝土电阻率测试

【解析】构件材质状况无损检测这一章，常见3.1、3.2题这一类型的考题，主要考查关于混凝土结构耐久性几个测试指标的基本概念及其对耐久性的影响。各个指标的检测目的、检测方法、评定方法等见下表。其中，钢筋锈蚀电位和钢筋保护层厚度是必测指标，当钢筋锈蚀电位标度≥3时，认为钢筋有锈蚀活动性、发生锈蚀的概率较大，应进行混凝土碳化深度、氯离子含量及混凝土电阻率检测，否则这3项指标可以不做检测，其评定标度值取1。

检测内容	检测目的	基本原理、方法	仪器设备	评　定
钢筋锈蚀电位	评估钢筋锈蚀概率	电化学原理（半电池电位法）	钢筋锈蚀检测仪	电位差取负，越小越不利、标度越大
钢筋保护层厚度	评估对钢筋耐久性的影响	电磁感应	钢筋位置测定仪	实测代表值与设计值之比，越小越不利、评定标度越大
混凝土电阻率	评估钢筋锈蚀的发展速率	四电极法	电阻率测定仪	电阻率越小越不利、评定标度越大
氯离子含量	评估诱发锈蚀的可能性	化学分析法、滴定条法	化学试剂、滴定条等	氯离子含量越大越不利，评定标度越大
碳化深度	评估对钢筋锈蚀的影响	化学方法	酸碱指示剂（酚酞酒精）	实测碳化深度与实测保护层厚度之比，越大越不利、标度越大

因此，3.1题正确答案为ABC；3.2题正确答案为BD。

4. 地基与基础试验检测

4.1 （判断题）深层平板荷载试验过程中，当沉降量急剧增大，*P-S*曲线上有可判定极限承载力的陡降段，且沉降量超过0.06倍的承压板直径时，即可终止加载。（　　）

【解析】平板荷载试验分为浅层平板荷载试验和深层平板荷载试验，考生应注意区分二者的异同之处，进行总结对比记忆，避免混淆。

浅层平板荷载试验的试验加载终止条件为：

（1）承压板周围土体有明显侧向挤出或发生裂纹；

（2）在某一级荷载作用下，24h内沉降速率不能达到稳定标准；

（3）沉降量急剧增大，*P-S*曲线出现陡降段，本级荷载的沉降量大于前级荷载沉降的5倍。

（4）沉降量与承压板宽度或直径之比等于或大于0.06。

深层平板荷载试验的试验加载终止条件为：

（1）沉降量急剧增大，P-S 曲线上有可判定极限承载力的陡降段，且沉降量超过 $0.04d$（d 为承压板直径）；

（2）在某一级荷载作用下，24h 内沉降速率不能达到稳定标准；

（3）本级荷载的沉降量大于前一级荷载沉降量的 5 倍；

（4）当持力层坚硬、沉降量很小时，最大加载量不小于设计要求的 2 倍。

通过上述对比可知，本题正确答案为“×”。总结同类试验的共性，强化记忆不同之处，这是考试命题的考点，也是考生易错点。

4.2 （多项选择题）低应变反射波法检测桩身完整性，关于锤击振源对基桩检测信号的影响，下列表述错误的有（　　）。

A. 相同条件下，质量大的锤或力棒，产生的信号主频低，能量大

B. 相同条件下，质量小的锤或力棒，产生的信号主频低，能量小

C. 相同条件下，锤头材料硬，产生低频脉冲波，信号衰减快

D. 相同条件下，锤头材料软，产生低频脉冲波，信号衰减快

【解析】锤击振源对基桩检测信号的影响一直是历年考试的高频考点，同时也是考生的易错点（主要原因是概念理解不透彻，容易混淆）。锤击桩头的主要目的是要在桩顶输入一个符合检测要求的初始应力脉冲波，其技术特性为：波形、峰值、脉冲宽度或频谱、输入能量。当波形一定时，我们关注的是峰值和脉冲宽度两个主要问题。峰值决定激励桩身的应力大小，脉宽决定激励的有效频段范围，两者组合决定输入能量大小及能量在整个有效频段内的分配。锤击振源对基桩检测信号的影响主要有以下几个方面。

（1）锤击能量：其大小取决于锤的质量和下落速度。对大直径长桩，应选择质量大的锤或力棒，以产生主频率低、能量大的激励信号，获得较清晰的桩底反射信号，但这时桩身微小的缺陷会被掩盖。

（2）锤头材料：锤头材料硬，产生的高频脉冲波有利于提高桩身缺陷的分辨率，但高频信号衰减快，不容易探测桩身深部缺陷；锤头材料软，产生的低频脉冲波，衰减慢，有利于获得桩底反射信号，但降低了桩身缺陷的分辨率。

（3）脉冲宽度：激振脉冲宽度大，有利于探测桩身的深部缺陷，但波长大于缺陷尺寸时，由于波的绕射作用，桩身内的小缺陷不容易识别，从而降低了分辨率；激振力的脉冲宽度小，应力波频率高，波长短，有利于对桩身小缺陷的分辨率，但在桩浅部不能满足一维弹性杆件的平截面假定条件，会出现接收信号波形畸变。

综上，本题符合题意的答案为 BCD。总结规律为“主频低、能量大，信号衰减慢，微小缺陷会被掩盖”，在现场实际应用时，应根据具体情况，合理选择信号形式，以便更有效地判断桩身缺陷性质。

4.3 （多项选择题）采用低应变反射波法检测桩身完整性，关于测点布置位置及数量的表述，正确的有（　　）。

A. 传感器宜安装在距桩中心 1/2 ~ 2/3 半径处，且距桩的主筋不宜小于 50mm

B. 传感器宜安装在距桩中心 2/3 半径处，且距桩的主筋不宜小于 50mm

C. 当桩径大于 1000mm 时，不宜少于 4 个测点

D. 当桩径大于或等于 1000mm 时，应设置 3 ~4 个测点

【解析】《公路工程基桩检测技术规程》(JTG/T 3512—2020)作为公路工程行业推荐性标准，自 2020 年 9 月 1 日起施行，原《公路工程基桩动测技术规程》(JTG/T F81-01—2004)同时废止。本题的主要考点是关于新规范更新的应用。新规范第 8.3.4 条对低应变反射波法测点布置和数量进行了调整，考生应注意。

《公路工程基桩检测技术规程》(JTG/T 3512—2020)对信号采集规定如下：

(1)对混凝土灌注桩，激振点宜选择在桩中心，传感器宜安装在距桩中心 2/3 半径处，且距离桩的主筋不小于 50mm；当桩径小于 1000mm 时，不宜少于 2 个测点；当桩径大于或等于 1000mm 时，应设置 3 ~4 个测点；测点宜以桩心为中心对称布置。

(2)对混凝土预制桩，当边长或桩径小于 600mm 时，不宜少于 2 个测点；当边长或桩径大于或等于 600mm 时，不宜少于 3 个测点。

(3)对预应力混凝土管桩，激振点、检测点和桩中心连线形成的夹角宜为 90°，且不应少于 2 个测点。

(4)各测点记录的有效信号数不应少于 3 次，且检测波形应具有良好的一致性。

(5)当检测环境存在干扰时，宜采用信号叠加增强技术进行重复激振，提高信噪比，当时域信号一致性较差时，应分析原因，排除人为和检测仪器等干扰因素，重新检测或增加检测点数量。

综上，本题正确答案为 BD。

4.4 (多项选择题)依据《公路工程基桩检测技术规程》(JTG/T 3512—2020)，采用超声透射波法检测桩身完整性，关于声测管埋设数量的表述，正确的有(　　)。

A. 桩径为 1500mm 时，埋设 3 根管

B. 桩径大于 1500mm 时，埋设 4 根管

C. 当桩径小于 1000mm 时，应埋设 2 根管

D. 当桩径大于或等于 1000mm 且小于或等于 1600mm 时，应埋设 3 根管

E. 当桩径或大于 1600mm 且小于 2500mm 时，应埋设 4 根管

【解析】同 4.3 题，本题的主要考点是关于新规范更新的应用。新规范第 10.3.1 条对超声透射波法声测管埋设数量进行了调整，考生应注意。

《公路工程基桩检测技术规程》(JTG/T 3512—2020)对声测管埋设数量要求为：当桩径 $R<1000$mm 时，应埋设 2 根管；当 1000mm$\leqslant R \leqslant$1600mm 时，应埋设 3 根管；当 1600mm $<R<$ 2500mm 时，应埋设 4 根管；当 $R \geqslant$2500mm 时，应增加声测管的数量。

考生不仅要强化记忆新规范的要求，同时也要注意区分不同行业规范的区别，要审清题目依据的规范标准。如《建筑基桩检测技术规范》(JGJ 106—2014)对声测管埋设数量要求为：当桩径小于或等于 800mm 时，不得少于 2 根声测管；当桩径大于 800mm 且小于或等于 1600mm 时，不得少于 3 根声测管；当桩径大于 1600mm 时，不得少于 4 根声测管；当桩径大于 2500mm 时，宜增加预埋声测管数量。

综上，本题正确答案为 CDE。

4.5 (单项选择题)下列关于低应变反射波法检测结果的应用，表述正确的是(　　)。

A. 确定单桩竖向抗压极限承载力

B. 检测桩身缺陷及位置,评判桩身完整性类别

C. 检测桩身混凝土均匀性及缺陷位置及类型

D. 检测桩长及桩底沉淀厚度

【解析】本题主要考查考生对检测结果应用的掌握。根据不同的检测内容和目的,采用不同的检测方法,有时不同的检测方法也可以达到相同的目的,不同的方法可以相关验证,应重点记忆。检测方法及对应的检测目的和内容详见下表。

检测方法一览表

检测方法		检测目的及内容
成孔质量检测		检测混凝土灌注桩成孔的孔径、孔深、桩孔倾斜度及沉淀厚度
单桩竖向抗压静载试验		确定单桩竖向抗压极限承载力; 评判竖向抗压承载力是否满足设计要求; 通过桩身内力测试,测定桩侧及桩端阻力
单桩竖向抗拔静载试验		确定单桩竖向抗拔极限承载力; 评判竖向抗拔承载力是否满足设计要求; 通过桩身内力测试,测定抗拔桩的桩侧阻力
单桩水平静载试验		确定单桩水平临界荷载和极限承载力,推定土抗力参数; 评判水平承载力或水平位移是否满足设计要求; 通过桩身内力测试,测定桩身弯矩
低应变反射波法		检测桩身缺陷及位置,评判桩身完整性类别
高应变法		分析桩侧和桩端土阻力,推算单桩轴向抗压极限承载力; 检测桩身缺陷及位置,评判桩身完整性类别; 沉桩过程监控
超声法	透射法	检测灌注桩中声测管之间混凝土的均匀性和桩身缺陷及位置,评判桩身完整性类别
	折射法	检测灌注桩钻芯孔周围混凝土的均匀性和桩身缺陷及位置,辅助评判桩身完整性类别
钻孔取芯法		检测灌注桩桩长、桩身混凝土强度、桩底沉淀厚度、桩身缺陷及位置,评判桩身完整性类别; 评判桩端持力层岩土性状

因此,本题正确答案为B。

5. 桥梁技术状况评定

5.1 (单项选择题)当桥梁的次要部件材料有严重缺损,失去应有功能,严重影响正常交通;或原无设置,而调查需要补设的,则该部件技术状况评定标度为(　　)。

A. 2类　　B. 3类　　C. 4类　　D. 5类

5.2 (单项选择题)桥梁主要部件材料有严重缺损,或出现中等功能性病害,且发展较快;结构变形小于或等于规范值,功能明显降低,其技术状况评定标度为(　　)。

A. 2类　　B. 3类　　C. 4类　　D. 5类

【解析】5.1、5.2题主要考查的是根据桥梁部件技术状况的描述选择相应的评定标度。桥梁次要部件技术状况等级最高评定标度为4类,桥梁主要部件技术状况等级所对应的最高评定标度是5类,详见下表。

桥梁次要部件技术状况评定标度

评定标度	桥梁部件技术状况描述
1类	全新状态,功能完好;或功能良好,材料有轻度缺损、污染等
2类	材料有中等缺损或污染
3类	材料有严重缺损,出现功能降低,进一步恶化将不利于主要部件,影响正常交通
4类	材料有严重缺损,失去应有功能,严重影响正常交通;或原无设置,而调查需要补设

桥梁主要部件技术状况评定标度

评定标度	桥梁部件技术状况描述
1类	全新状态,功能完好
2类	功能良好,材料有局部轻度缺损或污染
3类	材料有中等缺损;或出现轻度功能性病害,但发展缓慢,尚能维持正常使用功能
4类	材料有严重缺损,或出现中等功能性病害,且发展较快;结构变形小于或等于规范值,功能明显降低
5类	材料严重缺损,出现严重的功能性病害,且有继续扩展现象;关键部位的部分材料强度达到极限,变形大于规范值,结构的强度、刚度、稳定性不能达到安全通行的要求

因此,5.1 题正确答案为 C;5.2 题正确答案为 C。

5.3 (多项选择题)桥梁技术状况评价中,有下列(　　)情况之一时,整座桥应评定为5类桥。

A. 上部结构有落梁,或有梁、板断裂现象

B. 梁式桥上部承重结构有明显裂缝,裂缝宽度超限值

C. 梁式桥上部承重构件有严重的异常位移,存在失稳现象

D. 结构出现明显的永久变形,变形大于规范值

E. 斜拉桥拉索钢丝出现严重锈蚀、断丝,主梁出现严重变形

【解析】根据评定标准,当桥梁出现下列情况之一时,整座桥应评定为5类桥。

(1)上部结构有落梁,或有梁、板断裂现象。

(2)梁式桥上部承重构件控制截面出现全截面开裂;或组合结构上部承重构件结合面开裂贯通,造成截面组合作用严重降低。

(3)梁式桥上部承重构件有严重的异常位移,存在失稳现象。

(4)结构出现明显的永久变形,变形大于规范值。

(5)关键部位混凝土出现压碎或杆件失稳倾向;或桥面板出现严重塌陷。

(6)拱式桥拱脚严重错台、位移、造成拱顶挠度大于限值;或拱圈严重变形。

(7)圬工拱桥拱圈大范围砌体断裂,脱落现象严重。

(8)腹拱、侧墙、立墙或立柱产生破坏造成桥面板严重塌落。

(9)系杆或吊杆出现严重锈蚀或断裂现象。

(10)悬索桥主缆或多根吊索出现严重锈蚀、断丝。

(11)斜拉桥拉索钢丝出现严重锈蚀、断丝,主梁出现严重变形。

(12)扩大基础冲刷深度大于设计值,冲空面积达20%以上。

(13)桥墩(桥台或基础)不稳定,出现严重滑动、下沉、位移、倾斜等现象。

(14)悬索桥、斜拉桥索塔基础出现严重沉降或位移;或悬索桥锚碇有水平位移或沉降。

梁式桥上部承重结构有明显裂缝,裂缝超限值不属于直接判定为5类桥的情形。因此,选项B错误,本题正确答案为ACDE。

6. 桥梁荷载试验

6.1 (多项选择题)根据《公路桥涵养护规范》(JTG 5120—2021)的规定,下列哪些情况下应对桥梁做特殊检查(　　)。

A. 定期检查中难以判明损坏原因及程度　　B. 拟通过加固提高荷载等级

C. 需要判明水中基础技术状况　　D. 技术状况评定为四、五类

6.2 (多项选择题)《公路桥梁承载能力检测评定规程》(JTG/T J21—2011)规定,在用桥梁有下列(　　)情况之一时,应进行承载能力检测评定。

A. 拟提高荷载等级　　B. 遭受重大自然灾害或意外事件

C. 日交通流量超过5万台车辆　　D. 使用10年以上

E. 技术状况等级为四、五类

6.3 (多项选择题)存在下列(　　)情形的桥梁,应进行荷载试验检测。

A. 技术状况等级为四、五类　　B. 需要提高荷载等级

C. 需要通行特殊重型车辆　　D. 遭受重大自然灾害和意外事件

6.4 (多项选择题)当出现下列(　　)情况时,应通过荷载试验评定桥梁的承载能力。

A. 技术状况等级为三类

B. 承载能力检算系数评定标度 $D \geqslant 3$

C. 经检算,作用效应与抗力效应之比在1.0~1.2之间

D. 采用其他方法难以准确判断桥梁能否承受预定荷载

【解析】6.1~6.4题这一类型的考题,主要考查桥梁特殊检查、承载力评定和荷载试验的相关规定,需要考生掌握规范对三者的要求并区分之间的差异。从涵盖范围来说,三者的关系是:特殊检查>承载力评定>荷载试验。承载力评定是特殊检查的工作内容之一,荷载试验是承载力评定的两种方法之一,在结构检查的基础上通过检算不能准确评定承载力,或者作用效应与抗力效应之比在1.0~1.2之间时,应通过荷载试验评定承载力。与此有关的三个规范及相关规定如下。

(1)《公路桥涵养护规范》(JTG 5120—2021)规定,下列情况应进行特殊检查:

以下四种情况之一应做专门检查:

①定期检查中难以判明损坏原因及程度的桥梁;

②拟通过加固提高荷载等级的桥梁;

③需要判明水中基础技术状况的桥梁;

④遭受洪水、流冰、滑坡、地震、风灾、火灾、撞击,因超重车辆通过或其他异常情况影响造成损害的桥梁。

(2)《公路桥梁承载能力检测评定规程》(JTG/T J21—2011)规定,下列情况之一应进行承载能力检测评定:

①技术状况等级为四、五类的桥梁；

②拟提高荷载等级的桥梁；

③需要通过特殊重型车辆荷载的桥梁；

④遭受重大自然灾害或意外事件的桥梁。

(3)公路桥梁荷载试验规程(JTG/T J21-01—2015)规定，下列情况可进行荷载试验：

①技术状况等级为四、五类；

②拟提高荷载等级；

③需要通过特殊重型车辆荷载；

④遭受重大自然灾害或意外事件；

⑤采用其他方法难以准确判断其能否承受预定的荷载。

因此，6.1题正确答案为ABC；6.2题正确答案为ABE；6.3题正确答案为ABCD；6.4题正确答案为CD。

6.5 (单项选择题)桥梁交竣工验收荷载试验时，应以(　　)作为控制荷载。

A. 设计荷载　　B. 正常使用荷载　　C. 极限状态荷载　　D. 等效荷载

6.6 (单项选择题)整体箱梁桥静载试验，某截面的设计活载弯矩为1960kN·m(不考虑冲击)，计算试验弯矩为2160kN·m，冲击系数为0.10，则该截面的静力荷载效率为(　　)。

A. 0.91　　B. 1.00　　C. 1.05　　D. 1.10

6.7 (单项选择题)某桥梁静载试验，跨中截面挠度初始值、加载测值、卸载测值分别为0.2mm、10.7mm、0.7mm，计算挠度为12.5mm，则挠度校验系数和相对残余挠度分别为(　　)。

A. 0.80和5.0%　　B. 0.80和4.8%　　C. 0.84和5.0%　　D. 0.84和4.8%

6.8 (单项选择题)混凝土桥梁静载试验的评价指标不包括(　　)。

A. 荷载效率　　B. 结构校验系数　　C. 相对残余　　D. 裂缝宽度

【解析】6.5～6.8题涉及桥梁荷载容易混淆的几个重要概念，包括：等效荷载、荷载效率、校验系数等，几乎是必考的核心考点，考生一定要掌握其概念、计算方法以及承载力的评价原则。

(1)等效荷载：桥梁静载试验中，将一定数量的荷载(一般为加载车辆)布置在适当位置，使得某控制截面的试验效应(弯矩或轴力或剪力或变形)与设计活载效应相当(满足荷载效率要求)的过程称为荷载等效，是桥梁静力加载设计的关键环节。

(2)荷载效率：桥梁静载试验，针对某试验测试截面(部位)的内力(或应力、变形)的计算效应值与试验荷载作用下的实际效应值之比，是保证静载试验有效性的指标，但不是评价承载能力的指标。《公路桥梁荷载试验规程》(JTG/T J21-01—2015)对静力荷载效率的取值规定为：交(竣工)验收取0.85～1.05，其他情形取0.95～1.05。荷载效率按下式计算：

$$\eta_q = \frac{S_S}{S(1+\mu)}$$

式中：S_S——静力试验荷载作用下，加载控制截面内力(应力)的计算效应值；

S——设计静荷载作用下，同一截面内力(应力)的最不利效应值；

μ——按规范取用的冲击系数值。

(3)校验系数:桥梁静载试验实测弹性值 S_e(应力、应变或变形)与理论计算值之比,是评价桥梁承载能力的关键指标,主要测点校验系数大于1,说明实际安全储备小于设计要求,可判定其承载力不满足要求。

综上,6.5 题正确答案为 A;6.6 题正确答案为 B,荷载效率 =2160/(1960×1.1) =1.00;6.7 题正确答案为 B,挠度校验系数 =(10.7 -0.7)/12.5 =0.80,相对残余 =(0.7 -0.2)/(10.7 -0.2) =4.8%;6.8 题正确答案为 A,荷载效率满足规范要求保证了试验的有效性,但不是评定承载能力的依据。

7. 桥梁承载力评定

7.1 (多项选择题)圬工结构桥梁在计算结构承载能力极限状态的抗力效应时,分项检算系数包括(　　)。

A. 承载能力检算系数 Z_1 或 Z_2　　B. 承载能力恶化系数

C. 截面折减系数　　D. 校验系数

E. 活载影响系数

7.2 (多项选择题)对配筋混凝土桥梁进行承载能力检算评定,应引入的分项检算系数包括(　　)。

A. 承载能力检算系数 Z_1 或 Z_2　　B. 承载能力恶化系数

C. 截面折减系数　　D. 校验系数

E. 活载影响系数

7.3 (多项选择题)基于桥梁技术状况检查的检算评定工作中,为确定跨中的抗力效应,除了确定承载力恶化系数、钢筋截面折减系数外,还需通过现场检测、检查确定(　　)等分项检算参数。

A. 混凝土截面折减系数　　B. 活载影响修正系数

C. 承载力检算系数　　D. 挠度校验系数

【解析】桥梁承载力评定有两种方法:荷载试验和在技术状况检测的基础上进行承载力检算。7.1~7.3 题涉及检算评定的 5 个分项检算系数,考生应重视各个系数所反映的缺损、病害、适用桥梁及其修正对象,另外,各个系数是现场检测哪些指标后量化得到的,也是常见的考点。详见本书第七章桥梁承载力评定相关知识点。

因此,7.1 题正确答案为 AC;7.2 题正确答案为 ABCE;7.3 题正确答案为 AC。

7.4 (多项选择题)某钢筋混凝土桥梁荷载试验过程中,出现以下(　　)情况之一可判定桥梁的承载能力不足。

A. 荷载作用下,桥墩发生压缩变形

B. 主要测点的校验系数大于 1

C. 荷载作用下,桥台基础发生不稳定沉降变位

D. 主要挠度测点的相对残余变位达到 15%

E. 荷载作用下,梁底横向裂缝宽度为 0.2mm

7.5 (多项选择题)对某桥梁进行基于技术状况检测的承载能力评定,根据检算结果,荷载作用效应与抗力效应的比值为 1.15,下列表述错误的是(　　)。

A. 荷载效应与抗力效应的比值大于1.0,该桥承载能力不满足要求

B. 该桥承载能力不明确,应进行荷载试验加以明确

C. 荷载效应与抗力效应的比值小于1.2,该桥承载能力满足要求

D. 应进行荷载试验确定检算系数 Z_2,代替 Z_1 重新检算承载能力

E. 应进行荷载试验,如校验系数小于1,可判定承载能力满足要求

7.6 (多项选择题)出现以下(　　)情形时,可判定桥梁承载能力不满足要求。

A. 荷载试验时,挠度测点的相对残余变形最大值达到15%

B. 荷载试验时,荷载作用下的结构受力裂缝超过规范限值,且卸载后未闭合

C. 检算的荷载效应与抗力效应的比值为1.25

D. 荷载试验主要测点的校验系数大于1

E. 通过荷载试验确定检算系数 Z_2 重新检算荷载效应与抗力效应的比值为1.03

7.7 (多项选择题)符合以下(　　)条件时,可判定桥梁承载能力满足要求。

A. 根据荷载试验前的检算结果,荷载效应与抗力效应的比值小于1

B. 桥梁技术状况评定为一类桥

C. 通过荷载试验确定检算系数 Z_2,重新检算荷载效应与抗力效应的比值小于1.05

D. 荷载试验主要应变测点的相对残余未超过20%

7.8 (多项选择题)对某桥梁进行承载能力检测评定,以下表述正确的包括(　　)。

A. 荷载效应与抗力效应的比值大于1.0时,判定承载能力不满足要求

B. 荷载效应与抗力效应的比值小于1.0时,判定承载能力满足要求

C. 荷载效应与抗力效应的比值大于1.2时,判定承载能力不满足要求

D. 荷载效应与抗力效应的比值为1.0~1.2时,应通过荷载试验确定其承载能力

【解析】7.4~7.8题是关于桥梁承载力评定的高频考点。评定规则总结如下:

(1)通过荷载试验评定桥梁承载能力的方式,《公路桥梁承载能力检测评定规程》(JTG/T J21—2011)规定,当出现以下情形之一时,应判定桥梁承载力不满足要求:

①主要测点静力荷载试验校验系数大于1;

②主要测点相对残余变位或相对残余应变超过20%;

③裂缝宽度超过规范限值,且卸载后裂缝闭合宽度小于扩展宽度的2/3;

④在试验荷载作用下,桥梁基础发生不稳定沉降变位。

(2)在技术状况检测的基础上进行承载力检算评定的方式,承载力极限状态评定的大致流程为:对桥梁进行各项检查后量化分项检算系数,引入分项检算系数计算荷载效应 S 与抗力效应 R,S/R 小于1.0时判定承载力满足,S/R 大于1.2时判定承载力不满足,S/R 介于1.0~1.2的桥梁,应通过荷载试验确定检算系数 Z_2(根据挠度、应力校验系数的大者查表),代替系数 Z_1 再次检算,得到的 S/R 小于1.05,判定承载能力满足要求,否则不满足;如承载力检算系数评定标度 $D<3$,只检算承载能力极限状态,如 $D\geqslant3$,还需要进行正常使用极限状态检算。

综上,7.4题正确答案为BC;7.5题正确答案为ACE;7.6题正确答案为BCD;7.7题正确答案为AC;7.8题正确答案为BCD。

8. 隧道基础知识

8.1 （判断题）公路隧道一般按围岩类型和衬砌类型每 100m 作为一个单位工程，紧急停车带单独作为一个分部工程。（　　）

【解析】本题主要考点在于考查考生对单位工程、分部工程和分项工程的理解。单位工程是指在项目建设中，根据签订的合同，具有独立施条件的工程；分部工程是指在单位工程中，应按结构部位、路段长度及施工特点或施工任务划分为若干个分部工程；分项工程是指在分部工程中，应按不同的施工方法、材料、工序等划分为若干个分项工程，对于复杂工程，还可以划分多个子分项工程。

根据《公路工程质量检验评定标准　第一册　土建工程》（JTG F80/1—2017）规定，公路隧道质量检验评定时，长隧道每座为一个单位工程，多个中、短隧道可合并为一个单位工程；一般按围岩类型和衬砌类型每 100m 作为一个分项工程，紧急停车带单独作为一个分项工程。混凝土衬砌采用模板台车时，宜按台车长度的倍数划分分项工程。按以上方法划分分项工程时，分段长度可结合工程特点和实际情况进行调整，分段长度不足规定值时，不足部分单独作为一个分项工程，特长隧道的单位工程、分部工程和分项工程科根据具体情况另行划分。

《公路工程竣（交）工验收办法实施细则》（交公路发〔2010〕65 号）对公路隧道竣（交）工验收做出了详细规定：

（1）隧道以每座作为一个单位工程，特长隧道、长隧道分为多个合同段施工时，以每个合同段作为一个单位工程。

（2）隧道衬砌、总体、路面分别作为一个分项工程。

因此，本题正确答案为“×”。

9. 隧道开挖质量检测

9.1 （单项选择题）全断面法主要适用以下（　　）隧道的开挖掘进。

A. Ⅰ～Ⅲ级围岩双车道及以下跨度　　B. Ⅰ～Ⅳ级围岩三车道及以下跨度

C. Ⅳ～Ⅵ级围岩双车道及以下跨度　　D. Ⅳ～Ⅵ级围岩三车道及以下跨度

【解析】全断面法主要适用Ⅰ～Ⅲ级围岩双车道及以下跨度隧道的开挖；Ⅳ级围岩双车道、Ⅲ级围岩三车道及以上跨度隧道，在有良好的机械设备保障和施工管理的前提下，也可采用全断面法开挖。台阶法可用于Ⅲ～Ⅳ级围岩两车道及以下跨度隧道，Ⅴ级围岩两车道及以下跨度的隧道在采用了有效的预加固措施后，也可采用。环形开挖留核心土法可用于Ⅳ～Ⅴ级围岩或一般土质隧道。中隔壁法、交叉中隔壁法及双侧壁导坑法适用于Ⅴ级围岩、浅埋、大跨、地表沉降需严格控制的情况。因此，本题正确答案为 A。

9.2 （单项选择题）采用钻爆法开挖隧道，软岩的炮眼痕迹保存率不得低于（　　）。

A. 90%　　B. 80%　　C. 70%　　D. 50%

【解析】对于不同性质的岩体，周边炮孔痕迹保存率应满足：硬岩不得低于 80%，中硬岩不得低于 70%，软岩不得低于 50%，松散软岩很难残留炮痕，主要以开挖轮廓是否平整圆顺来认定是否合格。因此，本题正确答案为 D。

周边眼炮孔痕迹保存率的计算公式如下：

$$周边炮孔痕迹保存率\ \xi = \frac{残留有痕迹的炮孔数}{周边孔总数} \times 100\%$$

10. 隧道喷锚衬砌施工质量检测

10.1 （单项选择题）锚杆的锚固密实度检测主要采用声波反射法原理进行，根据杆端反射波的（　　）判断锚固密实度。

A. 频率响应　　B. 振幅大小　　C. 实测波速　　D. 波形畸变

【解析】声波反射法适用于检测全长黏结锚杆长度和锚固密实度。锚杆声波法无损检测时，在锚杆杆体外端发射一个声波脉冲，它沿杆体钢筋以管道波形式传播，到达钢筋底端后反射，在杆体外端接受反射波。如握裹钢筋的砂浆密实、砂浆与围岩黏结紧密，则声波在传播过程中从钢筋通过水泥砂浆向岩体扩散，能量损失很大，在杆体外端测得的反射波振幅很小，甚至测不到；反之，如是无砂浆握裹则接收的反射波振幅较大；如握裹砂浆不密实，中间有空洞或缺失，则测得的反射波振幅大小介于前两者之间。因此，可根据杆体外端声波的反射波振幅大小判定锚杆锚固密实度。综上，本题正确答案为 B。

10.2 （多项选择题）锚杆安装质量检查内容包含（　　）。

A. 锚杆长度　　B. 锚杆锚固砂浆强度

C. 锚杆抗拔力　　D. 锚杆锚固密实度

【解析】锚杆加工质量检查包含锚杆杆体材料力学性能检测（抗拉强度、延展性、弹性）、杆体规格、锚杆长度和加工质量。锚杆安装质量检查包含锚杆孔位、锚杆方向、钻孔深度、孔径、锚杆锚固剂强度检测、锚杆垫板、锚杆数量、锚杆抗拔力、锚杆锚固长度和砂浆注满度检测。因此，本题正确答案为 BCD。

10.3 （单项选择题）喷射混凝土回弹率是（　　）。

A. 回弹下来的喷射混凝土混合料体积与喷射混凝土总体积之比

B. 回弹下来的喷射混凝土混合料质量与喷射混凝土总质量之比

C. 回弹下来的喷射混凝土混合料体积与未回弹喷射混凝土体积之比

D. 回弹下来的喷射混凝土混合料质量与未回弹喷射混凝土质量之比

【解析】回弹率测定方法是：按标准操作喷射 0.5～1m^3 的混凝土，在长度 3m 的侧壁或拱部喷 10cm 厚的喷层，用铺在地面上的彩条塑料布或钢板收集回弹物，称重后换算为体积，其与全部喷出混凝土体积的比值即为回弹率。因此，本题正确答案为 A。

11. 混凝土衬砌施工质量检测

11.1 （判断题）采用隧道激光断面仪对隧道总体尺寸进行检测时，曲线每 20m、直线每 40m 检查一个断面。（　　）

【解析】采用隧道激光断面仪对隧道断面轮廓进行检测时，隧道总体尺寸、隧道超欠挖检测、初期支护和混凝土衬砌检测断面布设存在一定差异。对隧道总体实测项目行车道宽度、内轮廓宽度、内轮廓高度检测时曲线每 20m、直线每 40m 检查一个断面；洞身开挖的超欠挖检测时每20m检查一个断面,每个断面自拱顶每2m测1点;初期支护断面每10m检查一个断面;二次衬砌断面每20m检查一个断面。因此,本题正确答案为“√”。

11.2(单项选择题)初期支护、明洞、混凝土衬砌质量检查时均需要实测项目包含(　　)。

A. 混凝土强度　　B. 外观　　C. 混凝土厚度　　D. 墙面平整度

【解析】本题需要考生注意的是,此三个隧道分部工程检查项目及允许偏差很相似,其中都需要检测的项目为强度、厚度,明洞和混凝土衬砌还需同时检测墙面平整度,喷射混凝土和混凝土衬砌还需同时检测背后缺陷。喷射混凝土强度和厚度允许偏差相对复杂,需单独记忆。对于墙面平整度检查,明洞浇筑和混凝土衬砌的检查方法和合格判定标准是相同的。采用地质雷达对隧道进行无损检测时,明洞和混凝土衬砌为每10m检查一个断面,初期支护为每20m检查一个断面。具体各检查项的规定值见下表。

明洞浇筑实测项目

项次	检查项目	规定值或允许偏差	检查方法和频率
1△	混凝土强度(MPa)	在合格标准内	按标准试验方法检查
2△	混凝土厚度(mm)	不小于设计值	尺量或采用地质雷达进行检查:每10m检查1个断面,每个断面测拱顶、两侧拱腰和两侧边墙共5点
3	墙面平整度(mm)	施工缝、变形缝处≤20	2m直尺:每10m每侧连续检查2尺,测最大间隙
		其他部位≤5	

喷射混凝土实测项目

项次	检查项目	规定值或允许偏差	检查方法和频率
1△	喷射混凝土强度(MPa)	当同批试件组数≥10时,试件抗压强度平均值≥设计值,任一组试件抗压强度≥0.85倍设计值;当同批试件组数<10时,试件抗压强度平均值≥1.05倍设计值,任一组试件抗压强度≥0.90倍设计值	在板件上喷射混凝土,切割制取边长100mm的立方体试件,在标准条件下养护28d;采用标准试验方法测得混凝土极限抗压强度乘以0.95
2	喷层厚度(mm)	平均厚度≥设计厚度;60%的测点厚度≥设计厚度;最小厚度≥0.6倍设计厚度	凿孔法:每10m检查一个断面,每个断面从拱顶中线起每3m测1点; 地质雷达法:沿隧道纵向分别在拱顶、两侧拱腰、两侧边墙连续测试共5条测线,每10m检查一个断面,每个断面测5点
3△	喷层与围岩接触状况	无空洞,无杂物	

混凝土衬砌实测项目

项次	检查项目	规定值或允许偏差	检查方法和频率
1△	混凝土强度(MPa)	在合格标准内	按标准试验方法检查
2	衬砌厚度(mm)	不小于设计值	尺量或采用地质雷达进行检查:每20m检查1个断面,每个断面测拱顶、两侧拱腰和两侧边墙共5点
3	墙面平整度(mm)	施工缝、变形缝处≤20	2m直尺:每20m每侧连续检查5尺,测最大间隙
		其他部位≤5	
4	衬砌背部密实状况	无空洞、无杂物	地质雷达进行检查:沿隧道拱顶、两侧拱腰和两侧边墙连续测试共5条测线

综上，本题正确答案为 AC。

12. 隧道防排水检测

12.1 （判断题）排水盲管包括环（竖）向排水盲管、纵向排水盲管、横向排水盲管，地下水可以进入管内也能从管内渗出。　　（　　）

12.2 （判断题）横向导水管的主要作用是将衬砌背后地下水直接排入深埋水沟或边沟，不允许管内水渗出。　　（　　）

【解析】12.1、12.2 题主要考查隧道排水系统的组成及基本要求。排水盲管又称为排水盲沟，包括环（竖）向排水盲管、纵向排水盲管、横向排水盲管。排水盲管属渗水盲管，地下水可以进入管内也能从管内渗出。横向导水管不同于排水盲管，是连接衬砌背后的纵向盲管与深埋水沟或边沟的封闭管，主要作用是将衬砌背后地下水直接排入深埋水沟或边沟，不允许管内水渗出。通常采用塑料圆管，管壁不打孔。

因此，12.1、12.2 题正确答案均为"√"。

12.3 （多项选择题）隧道止水带按照设置的位置可分为（　　）。

A. 中埋式止水带　　B. 背贴式止水带

C. 变形缝用止水带　　D. 施工缝用止水带

E. 橡胶止水带

【解析】隧道止水带类型按材质可分为：橡胶止水带、塑料止水带、金属止水带等。按用途可分为：变形缝用止水带、施工缝用止水带、有特殊耐老化要求的接缝用止水带等。按设置位置分为：中埋式止水带、背贴式止水带。按形状分为：平板型止水带、变形型止水带等。此外，一些新式的止水带，如可排水止水带、可注浆止水带等在工程实践中也取得良好效果。因此，本题正确答案为 AB。

13. 隧道辅助工程施工质量检查

13.1 （多项选择题）隧道施工应根据岩层及地质条件选择不同的围岩稳定措施，超前锚杆的适用条件为（　　）。

A. 无地下水的软弱地层

B. 薄层水平层状岩层

C. 开挖后拱顶围岩可能剥落或局部坍塌的地段

D. 开挖数小时内拱顶围岩可能剥落或局部坍塌的地段

13.2 （多项选择题）下列属于超前锚杆实测项目的有（　　）。

A. 长度　　B. 孔位　　C. 钻孔深度　　D. 注浆饱满度

【解析】13.1、13.2 题主要考查作为围岩稳定措施的超前锚杆的适用范围和实测项目。超前锚杆适用于无地下水的软弱地层、薄层水平层状岩层、开挖数小时内拱顶围岩可能剥落或局部坍塌的地段；13.1 题中，选项 C 开挖后拱顶围岩可能剥落或局部坍塌的地段应采用超前小导管。超前锚杆实测项目为长度、数量、孔位、钻孔深度、孔径。

因此，13.1 题正确答案为 ABD；13.2 题正确答案为 ABC。

13.3 (单项选择题)隧道注浆工程所采用的注浆材料,应满足(　　)。

A. 浆液黏度低,流动性好,渗透性强,凝结时间可控

B. 浆液黏度低,流动性差,渗透性弱,凝结时间可控

C. 浆液黏度高,流动性好,渗透性强,凝结时间可控

D. 浆液黏度高,流动性差,渗透性弱,凝结时间可控

【解析】本题容易混淆的是选项C。隧道注浆工程所采用的注浆材料应满足浆液黏度低、流动性好、渗透能力强、凝结时间可按要求控制。因此,本题正确答案为A。

13.4 (判断题)采用超前锚杆进行围岩稳定处治时,纵向两排之间水平搭接长度应不小于2m。(　　)

【解析】超前锚杆是沿隧道拱部开挖轮廓线布置,向纵向前方外倾5°~12°打设的密排砂浆锚杆,采用超前锚杆进行围岩稳定处治时,纵向两排之间水平搭接长度应不小于1m。其他的稳定地层措施中,超前小导管的纵向搭接长度不小于1m,超前管棚的纵向搭接长度不小于3m。因此,本题正确答案为"×"。

14. 隧道施工监控量测

14.1 (多项选择题)围岩声波测试,一般用波速、波幅、频谱等参数进行表征。关于围岩声波测试,以下说法正确的是(　　)。

A. 围岩风化、破碎、结构面发育,则波速高、衰减快,频谱复杂

B. 围岩风化、破碎、结构面发育,则波速低、衰减快,频谱复杂

C. 围岩充水或应力增加,则波速增高,衰减减小,频谱简化

D. 围岩充水或应力增加,则波速降低,衰减加快,频谱简化

【解析】在岩体中,波的传播速度与岩体的密度及弹性常数有关,受岩体结构构造、地下水、应力状态的影响,一般说来有如下规律:

(1)岩体风化、破碎、结构面发育,则波速低、衰减快,频谱复杂;

(2)岩体充水或应力增加,则波速增高,衰减减少,频谱简化;

(3)岩体不均匀性和各向异性使波速与频谱的变化也相应地表现出不均一性和各向异性。

因此,本题正确答案为BC。

14.2 (多项选择题)隧道围岩基本质量指标修正值[BQ]的修正因素包括(　　)。

A. 地下水　　B. 地应力状态

C. 岩体完整性指数　　D. 结构面产状

【解析】隧道围岩分级定量划分的综合评判方法应按以下顺序进行:首先,根据岩石的坚硬程度和岩体完整程度两个基本因素的定性特征和定量的岩体基本质量指标BQ,综合进行初步分级。其次,对围岩进行详细定级时,应在岩体基本质量分级基础上,考虑修正因素(地下水、结构面产状和地应力状态)的影响修正岩体基本质量指标值[BQ]。最后,按修正后的岩体基本质量指标[BQ],结合岩体的定性特征综合评判,确定围岩的详细分级。因此,本题正确答案为ABD。

15. 超前地质预报

15.1 (多项选择题)隧道超前地质预报物探法是以探测对象与周围介质存在可被利用的物性差异为基本条件,不同类型的物探方法利用的物理性质有所不同。以下说法正确的是(　　)。

A. 地震波探测利用探测对象与周围介质之间的弹性和密度的差异

B. 电磁法探测利用探测对象与周围介质之间的电性和介电性的差异

C. 直流电法探测利用探测对象与周围介质之间的导电性和电化学性质的差异

D. 磁法探测利用探测对象与周围介质之间的磁性差异

【解析】本题正确答案为 ABCD。除答案所列四种方法外,放射性探测利用天然放射性物质的浓度或衰变放出射线强度的差异。

15.2 (判断题)地质雷达法进行超前地质预报时宜采用连续观测方式;不具备连续观测条件时,可采用点测方式,点距不应大于 0.1m。　　(　　)

【解析】依据《公路工程物探规程》(JTG/T 3222—2020)地质雷达法进行超前地质预报时,宜采用连续观测方式,不能连续测量的地段可采用点测。连续测量时,天线应匀速移动,并与仪器的扫描率相匹配;点测时,应在天线静止状态采样,测点距不应大于 0.1m。注意,《铁路隧道超前地质预报技术规程》(Q/CR 9217—2015)规定,地质雷达进行超前地质预报测点距不应大于 0.2m。这里以最新的《公路工程物探规程》(JTG/T 3222—2020)为准。因此,本题正确答案为"×"。

15.3 (多项选择题)下列关于隧道超前地质预报物探方法资料解释,说法正确的是(　　)。

A. 根据地震波反射波组同相轴的层位及连续特征确定反射界面与掌子面之间的距离,并计算反射界面与隧道轴线之间的夹角

B. 根据地震波反射波的旅行时间,判断掌子面前方地层岩性、构造界面的分布和不良地质体的位置

C. 根据雷达反射波形特征、能量强度及初始相位等特征确定地质异常体的性质,追踪反射层位并圈定异常的形态

D. 物探成果利用应结合隧道地层岩性、物性特征、施工情况及现场干扰情况进行综合分析

【解析】资料解释应符合下列规定。

(1)反射波法资料解释宜采用下列方法:

①根据反射波组同相轴的层位及连续特征,判断掌子面前方地层岩性、构造界面的分布和不良地质体的位置;

②根据反射波的旅行时间确定反射界面与掌子面之间的距离,并计算反射界面与隧道轴线之间的夹角。

(2)地质雷达法宜采用下列方法:

①在剖面图上标出反射层位和反射波组,根据反射波形特征、能量强度及初始相位等特征确定地质异常体的性质,追踪反射层位并圈定异常的形态;

②根据反射波的传播时间，计算异常体与掌子面的距离；

③物探成果利用应结合隧道地层岩性、物性特征、施工情况及现场干扰情况进行综合分析。

因此，本题正确答案为 CD。

16. 运营隧道结构检查

16.1 （多项选择题）隧道土建结构技术状况应评为5类的情形包括（　　）。

A. 洞口边坡不稳定，出现严重的边坡滑动、落石等现象

B. 洞门结构大范围开裂、砌体断裂、脱落现象严重，可能危及行车道内的通行安全

C. 拱部衬砌出现大范围开裂、结构性裂缝深度贯穿衬砌混凝土

D. 路面发生严重隆起，路面板严重错台、断裂，严重影响行车安全

E. 洞顶各种预埋件和悬吊件严重锈蚀或断裂

【解析】在公路隧道技术状况评定中，有以下情况之一时，隧道土建结构技术状况应评为5类隧道：

（1）隧道洞口边坡不稳定，出现严重的边坡滑动、落石等现象；

（2）隧道洞门结构大范围开裂、砌体断裂、脱落现象严重，可能危及行车道内的通行安全；

（3）隧道拱部衬砌出现大范围开裂、结构性裂缝深度贯穿衬砌混凝土；

（4）隧道衬砌结构发生明显的永久变形，且有危及结构安全和行车安全的趋势；

（5）地下水大规模的涌流、喷射，路面出现涌泥沙或大面积严重积水等威胁交通安全的现象；

（6）隧道路面发生严重隆起，路面板严重错台、断裂，严重影响行车安全；

（7）隧道洞顶各种预埋件和悬吊件严重锈蚀或断裂，各种桥架和挂件出现严重变形或脱落。

因此，本题正确答案为 ABCDE。

17. 盾构隧道施工质量检测与监测

17.1 （多项选择题）下列盾构隧道管片结构监测项目在所有工程监测等级均属于必测项目的是（　　）。

A. 管片结构竖向位移　　B. 管片结构水平位移

C. 管片结构净空收敛　　D. 地表沉降

【解析】盾构隧道管片结构和周围岩土体监测项目及方法如下表所示。

盾构隧道管片结构和周围岩土体监测项目及方法

序号	监测项目	工程监测等级			监测方法或仪器
		一级	二级	三级	
1	管片结构竖向位移	√	√	√	几何水准测量、电子测距三角高程测量、静力水准测量等
2	管片结构水平位移	√	□	□	小角法、方向线偏移法、视准线法、投点法、激光准直法等

续上表

序号	监 测 项 目	工程监测等级			监测方法或仪器
		一级	二级	三级	
3	管片结构净空收敛	√	√	√	收敛计、全站仪、红外激光测距仪等
4	管片结构应力	□	□	□	应力计
5	管片连接螺栓应力	□	□	□	
6	地表沉降	√	√	√	精密水准仪、铟钢尺或全站仪
7	土体深层水平位移	□	□	□	测斜仪
8	土体分层竖向位移	□	□	□	分层沉降仪、水准测量等
9	管片围岩压力	□	□	□	界面土压力计
10	孔隙水压力	□	□	□	孔隙水压力计

注：表中√表示应测项目，□表示选测项目。

因此，本题正确答案为 ACD。

第三部分
模拟试卷及参考答案

一、试验检测师模拟试卷

说明：

1. 本模拟试卷设置单选题30道、判断题30道、多选题20道、综合题7道，总计150分；模拟自测时间为150分钟。

2. 本模拟试卷仅供考生进行考前自测使用。

一、单项选择题（共30题，每题1分，共30分）

1. 对桥隧养护工程的养护单元进行质量检验评定时，要求关键项目的合格率不得低于（　　）。

A. 80%　　B. 90%　　C. 95%　　D. 100%

2. 预应力混凝土用钢绞线最大力总伸长率试验试样数量为每批（　　）根。

A. 1　　B. 2　　C. 3　　D. 4

3. 混凝土棱柱体抗弯拉强度试验中，混凝土强度等级为C60时的加荷速率宜为（　　）。

A. 0.6MPa/s　　B. 0.07MPa/s　　C. 0.8MPa/s　　D. 0.09MPa/s

4. 某组混凝土立方体试件抗压强度试验结果分别为48.5MPa、51.0MPa、58.8MPa，则该组混凝土立方体抗压强度测定值为（　　）。

A. 52.8MPa　　B. 51.0MPa　　C. 48.5MPa　　D. 试验结果无效

5. 公称直径 d=28mm的HRBF400钢筋进行弯曲性能试验，对弯芯直径的要求是（　　）。

A. $3d$　　B. $4d$　　C. $5d$　　D. $6d$

6. 在锚具的疲劳荷载性能试验中，试件需经过（　　）循环荷载后，锚具零件不应发生疲劳破坏。

A. 200万次　　B. 100万次　　C. 50万次　　D. 10万次

7. 某公路桥梁矩形普通氯丁橡胶支座，短边尺寸为300mm，长边尺寸为400mm，厚度为47mm，下列标记正确的是（　　）。

A. GJZ300×400×47(CR)　　B. GJZ300×400×47(NR)

C. GYZ300×400×47(CR)　　D. GYZ300×400×47(NR)

8. 塑料波纹局部横向荷载试验规定管材残余变形量不得超过管材外径的（　　）。

A. 5%　　B. 10%　　C. 15%　　D. 20%

9. 桥梁结构混凝土材质强度的评定标度，是根据(　　)的取值范围确定的。

A. 推定强度匀质系数 K_{bt} 和平均强度匀质系数 K_{bm}

B. 强度推定值 $f_{cu,e}$

C. 强度标准差

D. 测区强度换算值的平均值

10. 下列选项中，不能采用超声法检测的项目是(　　)。

A. 混凝土内部钢筋锈蚀　　B. 混凝土强度

C. 混凝土裂缝深度　　D. 基桩完整性检测

11. 公路桥涵地基的岩土可分为(　　)类。

A. 四　　B. 五　　C. 六　　D. 七

12. 地基在荷载作用下达到破坏状态的过程，不包括以下(　　)阶段。

A. 压密阶段　　B. 剪切阶段　　C. 挤出阶段　　D. 破坏阶段

13. 直径 2.0m、桩长 45m 的摩擦桩成孔质量检测，当设计无要求时，其沉淀厚度应不超过(　　)。

A. 500mm　　B. 400mm　　C. 300mm　　D. 200mm

14. 根据桥梁检查结果，对需进一步判明损坏原因、缺损程度或使用能力的桥梁，针对病害进行的现场试验检测、验算与分析等鉴定工作称为(　　)。

A. 经常检查　　B. 定期检查　　C. 专门检查　　D. 应急检查

15.《公路桥梁技术状况评定标准》(JTG/T H21—2011)采用的评定方法是(　　)。

A. 统计加权评定

B. 分层综合评定

C. 按部件分别评定

D. 分层综合评定与 5 类桥梁单项控制指标相结合

16. 当桥梁总体技术状况为 2 类时，应采取的养护措施为(　　)。

A. 正常保养或预防养护　　B. 修复养护、预防养护

C. 加固或改造　　D. 改建或重建

17. 用电阻应变片测量混凝土表面应变，应采用(　　)的标距规格。

A. 3mm　　B. 10mm　　C. 20mm　　D. 80mm

18. 设计荷载等级为公路—Ⅰ级的桥梁，《公路桥涵设计通用规范》(JTG D60—2015)将跨径≤5m 的车道荷载的集中力提高到(　　)。

A. 180kN　　B. 240kN　　C. 270kN　　D. 360kN

19. 静载试验实测应力校验系数为 0.70 ~ 0.80，说明实际桥梁结构(　　)。

A. 强度不足　　B. 刚度不足　　C. 强度有储备　　D. 刚度有储备

20. 某一跨 40m 拱桥纵向线形测量，其测量截面不宜少于(　　)个。

A. 3　　B. 5　　C. 7　　D. 9

21. 公路隧道质量评定的外观检查中，衬砌钢筋混凝土结构裂缝宽度不得超过(　　)。

A. 0.1mm　　B. 0.2mm　　C. 0.3mm　　D. 0.4mm

22. 某公路隧道采用钻爆法开挖,围岩为中硬岩,炮痕保存率应(　　)。

A. ≥90%　　B. ≥80%　　C. ≥70%　　D. ≥60%

23. 衬砌钢筋实测项目中主筋间距允许偏差为(　　)mm。

A. ±5　　B. ±10　　C. ±20　　D. -10、+5

24. 声波反射法测定锚杆密实度,如反射波振幅值很小,则可判断该锚杆密实度为(　　)。

A. 密实　　B. 欠密实　　C. 不密实　　D. 有较多空洞

25. 采用地质雷达检查混凝土衬砌厚度时,每(　　)检查一个断面。

A. 20m　　B. 30m　　C. 40m　　D. 50m

26. 以下不可用于隧道注浆材料的是(　　)。

A. 单液水泥浆　　B. 超细水泥浆

C. 水泥-水玻璃双液浆　　D. 水玻璃浆

27. 下列不属于隧道监控量测选测项目的是(　　)。

A. 洞内围岩内部位移　　B. 拱顶下沉

C. 锚杆轴力　　D. 衬砌内部应力

28. 负责隧道超前地质预报实施细则的审批,并对地质预报工作的实施情况进行监督和检查的单位是(　　)。

A. 建设单位　　B. 设计单位　　C. 监理单位　　D. 施工单位

29. 采用滤膜测尘法检测隧道内空气中粉尘浓度,若采用直径为40mm的滤膜,滤膜上总粉尘增量不得大于(　　)。

A. 5mg　　B. 10mg　　C. 15mg　　D. 20mg

30. 公路隧道土建结构技术状况等级评定中,以下(　　)分项的权重最低。

A. 路面　　B. 衬砌　　C. 排水设施　　D. 洞门

二、判断题(共30题,每题1分,共30分)

1. 分部工程中,分项工程根据路段长度、结构部位及施工特点等进行划分。(　　)

2. 列入国家和地方基本建设计划的新建、改建、扩建以及拆除、加固的高等级公路桥梁工程均应进行安全风险评估。(　　)

3. 石料单轴抗压强度试验中试件的含水状态可根据需要选择烘干状态、天然状态、饱和状态。(　　)

4. 钢筋焊接接头的力学性能检验不包括疲劳试验。(　　)

5. 模数式伸缩缝防水性能试验,要求注水48h无渗漏。(　　)

6. 隧道用高分子防水卷材长度、宽度尺寸应不小于规定值的95%。(　　)

7. 依据《预应力筋用锚具、夹具和连接器》(GB/T 14370—2015),张拉后还需放张和拆卸的连接器力学性能要求与夹具的相同。(　　)

8. 回弹仪率定试验所用的钢砧应每2年送授权计量检定机构检定或校准。(　　)

9. 钢结构采用磁粉法进行无损检测时,交流电磁轭在最大磁极间距上的提升力应大于177N。(　　)

10. 桩的水平荷载试验采用连续加载方式。 ( )

11. 钻孔灌注桩成孔质量检测,单排桩桩孔中心位置最大允许偏差为50mm。 ( )

12. 低应变反射波法检测桩身完整性,被检桩混凝土强度不得低于设计强度的70%且不得小于15MPa,龄期不应少于7d。 ( )

13. 桥梁部件的技术状况评分由各构件评分的平均值和最低值计算得到,与构件数量无关。 ( )

14. 某桥下部结构无调治构造物(权重0.02),则桥墩的权重应由原来的0.30调整为0.306。 ( )

15. 在桥梁技术状况评定中,若构件的检测指标属于最差状态,则应评定为5类。 ( )

16. 振动法索力测定需准确测定索自振频率值,同时还须确定自振频率的阶数。 ( )

17. 简支梁桥静载试验,如跨中挠度增量不超过计算跨径的1/600,则可判定结构刚度满足要求。 ( )

18. 采用振弦式应变计测量结构应力(应变),是通过应变与频率的相关性进行测量的。 ( )

19. 桥梁实际承载力的最终评定结果是取所有部件实际承载力的平均值。 ( )

20. 对某桥梁进行承载能力检测评定,对承载能力恶化系数ξ_e的取值影响最大的检测指标是缺损状况。 ( )

21. 弧形导坑留核心土法可用于Ⅴ~Ⅵ级围岩两车道及以下跨度的隧道、Ⅲ~Ⅳ级围岩三车道隧道或一般土质隧道。 ( )

22. 采用激光断面仪测量隧道开挖轮廓线,激光断面仪必须布置在隧道轴线上。 ( )

23. 在实际工程中,容易出现钢架喷射混凝土层与围岩脱离现象,形成空洞,因此实际操作中允许出现少量空洞和不密实现象。 ( )

24. 隧道工程初期支护时钢架安装基底高程不足,不得用石块、碎石砌垫,应设置钢板或采用强度等级不低于C20的混凝土垫块。 ( )

25. 隧道工程的防排水系统不包括深埋水沟。 ( )

26. 隧道辅助工程措施施工时,应注意观察围岩及支护工作状态,并做好详细的施工记录。 ( )

27. 超前小导管进行隧道围岩稳定的原理与超前管棚相同,且对围岩稳定作用的能力强于超前管棚。 ( )

28. 隧道监控量测应达到能确定初期支护施作时间的目的。 ( )

29. 地质雷达工作天线频率越低,波长越大,预报距离就越短。 ( )

30. 对于双向交通的隧道,必须设置出口段照明。 ( )

三、多项选择题(共20题,每题2分,共40分。下列各题的备选项中,至少有两个符合题意,选项全部正确得满分,选项部分正确按比例得分,出现错误选项该题不得分)

1. 工程质量检验评定,分项工程实测项目应满足( )等要求。

A. 关键项目的合格率不应低于90%(机电工程为100%)

B. 一般项目的合格率不应低于 80%

C. 分项工程得分不应低于 75 分

D. 有极值规定的检查项目,任一单个检测值不得突破规定极值

2. 关于配制泵送混凝土的粗集料最大粒径的表述,正确的包括(　　)。

A. 对于碎石不宜超过输送管径的 1/3　　B. 对于碎石不宜超过输送管径的 1/2.5

C. 对于卵石不宜超过输送管径的 1/3　　D. 对于卵石不宜超过输送管径的 1/2.5

3. 评价石料抗冻性能好坏的指标包括(　　)。

A. 冻融循环后强度变化　　B. 冻融循环后质量变化

C. 冻融循环后含水率变化　　D. 冻融循环后外观变化

4. 盆式支座竖向承载能力试验,合格标准包括(　　)等。

A. 竖向设计荷载作用下,压缩变形不大于支座总高度的 1%

B. 竖向设计荷载作用下,压缩变形不大于支座总高度的 2%

C. 竖向设计荷载作用下,盆环上口径向变形不大于盆环外径的 0.5%

D. 卸载后,支座残余变形小于设计荷载下相应变形的 5%

5. 锚具抽样检测中,对同一组批表述正确的包括(　　)。

A. 同一种产品　　B. 同一批原材料　　C. 同一种工艺　　D. 同一生产时间

E. 一次投料生产的产品

6. 回弹法检测混凝土强度时,关于测区的选择,下列选项正确的是(　　)。

A. 对一般构件,测区数不宜少于 5 个

B. 相邻两测区的间距应大于 2m

C. 测区离构件端部或施工缝边缘的距离不宜大于 0.5m,且不宜小于 0.2m

D. 测区的面积不宜小于 $0.04m^2$

E. 测区应优先选在使回弹仪处于水平方向的混凝土浇筑侧面

7. 钢筋位置检测仪检测混凝土中钢筋保护层厚度,以下(　　)等因素会影响测试结果。

A. 混凝土含铁磁性物质　　B. 钢筋品种

C. 钢筋间距　　D. 混凝土含水率

8. 以下对钢结构防腐涂层附着力现场检测方法的叙述,正确的有(　　)。

A. 可用方法包括划格法、划叉法及条分法

B. 划格法适用于厚度不超过 250μm 的涂层

C. 划叉法不受涂层厚度的限制

D. 对于硬涂层,应采用划叉法

9. 浅层平板荷载试验,土层处于压密阶段的相关描述,正确的有(　　)。

A. 土中各点的剪应力均小于土的抗剪强度

B. 土中各点的剪应力均大于土的抗剪强度

C. 土体压力与变形呈线性关系

D. 土体压力与变形不呈线性关系

E. 土体处于弹性平衡状态

10. 对以下 4 个反射波典型曲线的描述中，正确的有（　　）。

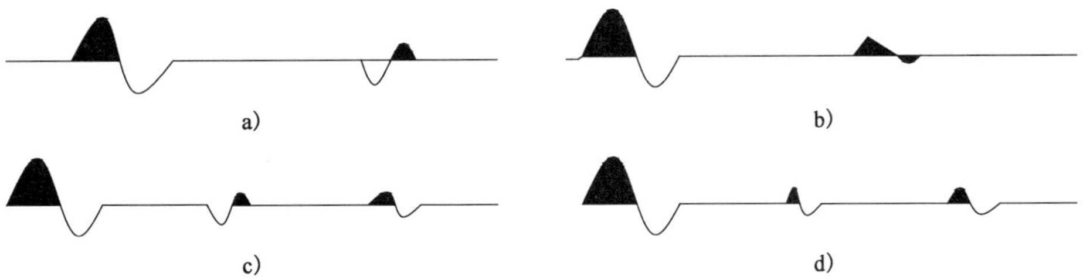

桩身阻抗变化的反射波特征曲线

A. 图 a）表示桩身完整　　B. 图 b）表示桩身完整

C. 图 c）表示桩身扩径　　D. 图 d）表示桩身扩径

E. 图 d）表示桩身缩颈

11. 下列桥梁中属于大桥的是（　　）。

A. 5 × 20m 简支梁桥　　B. 150m 跨径拱桥

C. 40m 跨径简支 T 梁桥　　D. 3 × 30m 连续梁桥

12. 当桥梁出现下列（　　）情况时应进行专门检查。

A. 桥梁技术状况为四类　　B. 超重车辆通行可能损伤结构

C. 拟通过加固提高桥梁的荷载等级　　D. 桥梁遭受洪水冲刷，基础受损严重

13. 桥梁荷载试验适用以下（　　）情形的桥梁。

A. 桥梁技术状况为三类　　B. 需要提高桥梁荷载等级

C. 需要通行特殊重型车辆　　D. 遭受重大自然灾害和意外事故

14. 采用频域法测定桥梁振型，振型通过实测得到的（　　）信息进行识别。

A. 时间　　B. 应变　　C. 振幅　　D. 相位

15.《公路桥梁承载能力检测评定规程》（JTG/T J21—2011）规定，在用桥梁有下列（　　）情况之一时，应进行承载能力检测评定。

A. 使用 10 年以上的桥梁　　B. 遭受重大自然灾害或意外事件的桥梁

C. 拟提高荷载等级的桥梁　　D. 需通行特殊重型车辆的桥梁

16. 公路隧道按照开挖掘进方式可分为（　　）。

A. 掘进机法隧道　　B. 沉管法隧道

C. 钻爆法隧道　　D. 盾构法隧道

17. 隧道混凝土衬砌质量检验评定时，实测项目包括（　　）。

A. 混凝土强度　　B. 衬砌厚度

C. 衬砌背部密实状况　　D. 渗漏水情况

E. 墙面平整度

18. 隧道止水带按照设置的位置可分为（　　）。

A. 中埋式止水带　　B. 背贴式止水带

C. 变形缝用止水带　　D. 施工缝用止水带

19. 可用于施工隧道内硫化氢气体浓度的检测方法有（　　）。

A. 滤膜法　B. 检知管法　C. 醋酸铅试纸法　D. 硫化氢传感器法
E. 光干涉法

20. 根据度量空气静压大小所选择的基准不同，检测时将隧道内的空气压力分为(　　)。
A. 静压强　B. 空气动压　C. 全压　D. 绝对压力
E. 相对压力

四、综合题(从7道大题中选答5道大题，每道大题10分，共50分。下列各题的备选项中，有一个或一个以上符合题意，选项全部正确得满分，选项部分正确按比例得分，出现错误选项该题不得分)

1. 对某在用钢筋混凝土结构进行结构材质状况无损检测，请回答以下相关问题。

(1)下列哪些情形不适合采用半电池电位法检测钢筋锈蚀(　　)。
A. 处于盐雾中的混凝土结构　B. 混凝土表面剥落、脱空
C. 混凝土表面有涂料　D. 混凝土接近饱水状态

(2)采用超声回弹综合法检测混凝土强度，下列关于测试操作的叙述，正确的有(　　)。
A. 同一测区应先完成超声测试，后进行回弹测试
B. 无须检测混凝土碳化深度
C. 超声测试宜优先采用对测或角测
D. 每个测区布置3个超声测点

(3)混凝土中氯离子含量测定，下列操作正确的包括(　　)。
A. 取粉孔可以与碳化深度测量孔合并使用
B. 钻孔取粉应分孔收集，即每个孔的粉末收集在一个袋中
C. 不同测区的测孔，但相同深度的粉末可收集在一个袋中
D. 钻孔取粉应分层收集，同一测区、不同测孔、相同深度的粉末可收集在一个袋中

(4)下列叙述正确的包括(　　)。
A. 混凝土碳化深度越大，则钢筋越不容易发生锈蚀
B. 混凝土中氯离子含量越高，诱发钢筋锈蚀的可能性越大
C. 混凝土电阻率越小，则钢筋锈蚀的发展速度越快
D. 混凝土内钢筋锈蚀电位差的绝对值越大，则钢筋锈蚀的可能性越大

(5)单平面平测法检测裂缝深度，根据多个测距跨缝测试的数据分别计算裂缝深度 h_i，并记录首波情况，结果见下表，则该裂缝的深度 h 为(　　)。

测距(mm)	100	120	140	160	180	200
该测距的裂缝深度 h_i(mm)	92	88	92	96	97	88
首波方向	↑	↑	↑	↓	↑	↑

A. 96mm　B. 95mm　C. 92mm　D. 91mm

2. 采用圆锥动力触探试验确定桥涵地基的承载力，请回答下列问题。

(1)如地基为砂土，应选用的仪器为(　　)。
A. 特轻型圆锥动力触探仪　B. 轻型圆锥动力触探仪

C. 重型圆锥动力触探仪　　　　　　　　D. 超重型圆锥动力触探仪

(2)重型圆锥动力触探试验,采用质量为(　　)kg 的穿心锤自动脱钩,以(　　)cm 落距自由下落,对土层连续触探将标准触探头打入土中(　　)cm,记录其锤击数 $N_{63.5}$。

A. 10;76;30　　B. 63.5;76;10　　C. 120;50;30　　D. 63.5;100;10

(3)关于重型圆锥动力触探试验的相关表述,正确的包括(　　)。

A. 地面上触探杆的高度不宜超过 1.5m,以免倾斜和摆动过大

B. 应尽量连续贯入,锤击速率宜为每分钟 10 ~ 20 击

C. 每贯入 10cm,记录其相应的锤击数

D. 贯入时应使穿心锤自由落下

(4)重型圆锥动力触探试验的实测锤击数需考虑(　　)等的修正。

A. 探杆长度修正　　　　　　　　B. 探杆重量修正

C. 侧壁摩擦影响修正　　　　　　D. 地下水影响修正

(5)若重型触探仪的触探杆长度为 3m,在某土层贯入深度为 10cm 的锤击数为 40 击,则修正后的锤击数为(　　)。

部分重型圆锥动力触探锤击数修正系数 α_1

杆长(m)	$N'_{63.5}$							
	5	10	15	20	25	30	35	40
2	1.00	1.00	1.00	1.00	1.00	1.00	1.00	1.00
4	0.96	0.95	0.93	0.92	0.90	0.89	0.87	0.86

A. 34　　B. 37　　C. 38　　D. 40

3. 对某预应力简支 T 梁构件进行单梁跨中荷载试验,该梁标准跨径为 30.6m,计算跨径为 30.0m,跨中设计弯矩为 3500.0kN · m(不计冲击),冲击系数为 0.28,采用重物堆载方式在全桥跨范围进行均布加载,荷载集度为 40kN/m。最大试验荷载作用下,跨中挠度初始值、加载测值、卸载测值分别为 0.05mm、18.05mm、2.05mm,挠度理论计算值为 20.00mm。请回答以下问题。

(1)试验梁跨中试验弯矩为(　　)kN · m。

A. 3500.0　　B. 4805.0　　C. 4681.8　　D. 4500.0

(2)跨中截面静力试验荷载效率为(　　)。

A. 1.15　　B. 1.05　　C. 1.00　　D. 0.95

(3)跨中的实测挠度校验系数为(　　)。

A. 1.250　　B. 0.903　　C. 0.900　　D. 0.800

(4)关于该梁的相对残余变形,表述正确的是(　　)。

A. 实测相对残余变形为 12.5%

B. 实测相对残余变形为 11.1%

C. 实测相对残余变形超过 10%,该梁弹性工作性能较差,不满足要求

D. 实测相对残余变形未超过 20%,该梁弹性工作性能正常

(5)拟测定该梁跨中梁底静应变,布片方案正确的包括(　　)。

A. 100mm 标距应变片布置在梁底混凝土表面上

B. 5mm 标距应变片布置在梁底受拉钢筋上

C. 5mm 标距应变片布置在梁底混凝土表面上

D. 弓形应变计布置在梁底混凝土表面上

4. 某在用圬工混凝土拱桥，位于厂区主干道上，交通繁忙且重车较多，受业主委托，对该桥进行承载能力检测评定，试完成以下相关分析和检测评定。

(1)为获取承载能力检算所需的各分项检算系数，需完成(　　)等工作。

A. 桥梁缺损状况检查评定　　B. 钢筋锈蚀状况检测

C. 实际运营荷载状况调查　　D. 材质状况检测

(2)除截面折减系数外，还需确定的分项检算系数包括(　　)。

A. 承载能力检算系数 Z_1 或 Z_2　　B. 活载影响系数

C. 钢筋截面折减系数　　D. 承载能力恶化系数

(3)为确定该桥的截面折减系数，需检测的技术指标包括(　　)。

A. 混凝土弹性模量　　B. 材料风化

C. 混凝土碳化状况　　D. 物理与化学损伤

(4)根据检测和计算结果，该桥的承载能力检算系数评定标度 $D=2.3$，经各分项检算系数修正后拱顶截面正弯矩的实际抗力效应为 5600kN·m，实际荷载作用效应为 5800kN·m，则现阶段可得出以下哪些推论(　　)。

A. 拱顶正弯矩实际荷载效应大于实际抗力效应，承载能力满足要求

B. 拱顶正弯矩实际荷载效应大于实际抗力效应，承载能力不满足要求

C. 拱顶正弯矩实际荷载效应与实际抗力效应的比值在 1.0～1.2 之间，承载能力不明确

D. 该桥的检算系数评定标度 $D<3$，按规范可不进行正常使用极限状态检算评定

(5)对该桥进行荷载试验，获取了承载能力检算系数 Z_2，经重新计算拱顶正弯矩的实际抗力效应为 5450kN·m，则以下结论正确的是(　　)。

A. 该桥的承载能力满足要求

B. 该桥承载能力不明确，还应进行正常使用极限状态检算评定

C. 该桥的承载能力不满足要求

D. 该桥承载能力不明确，还应再次进行荷载试验验证

5. 某隧道采用全断面法开挖，在初期支护后对拱顶下沉进行量测，基点测桩布置在已施作仰拱且稳定的路基上，测量通视条件好，无须转站。采用精密水准仪进行拱顶下沉测量，测量时基点塔尺采用正立(塔尺刻度值从下往上增大)，测点处的塔尺采用倒立(塔尺刻度值从下往上减小)。下表是某测点(拱顶轴线处)的前 6 次量测数据，每天测量 1 次；假定基点稳定无变形，且忽略测量误差，请回答以下问题。

测次	基点后视塔尺读数(mm)	测点塔尺读数(mm)	测次	基点后视塔尺读数(mm)	测点塔尺读数(mm)
1	1520.50	2300.00	4	1504.75	2310.61
2	1518.55	2298.80	5	1508.50	2306.53
3	1499.64	2316.25	6	1505.33	2309.49

(1)拱顶下沉测点应靠近掌子面及时埋设,在开挖后最迟不得超过(　　)完成初次测量。

A. 12h　　B. 24h　　C. 48h　　D. 72h

(2)为保证观测精度,基点测桩应布置在通视条件好、地基稳定无变形的坚硬岩石或构造物上,一般要求距离被测断面(　　)以外。

A. 50m　　B. 20m　　C. 10m　　D. 5m

(3)第2次量测相对首次测量的拱顶下沉量为(　　)。

A. -1.95mm　　B. 1.95mm　　C. 3.15mm　　D. -3.15mm

(4)第6次量测后拱顶累计下沉量为(　　)。

A. -5.68mm　　B. 5.68mm　　C. -3.75mm　　D. 3.75mm

(5)对前6次测量数据进行分析处理,其结果表明,被测点在本阶段的下沉变形特征为(　　)。

A. 位移速率逐渐变小,被测点变形状态正常

B. 位移速率基本不变,无稳定趋势

C. 位移速率增大,处于不稳定状态

D. 现有数据规律性较差,无法判断

6. 某公路隧道穿越两条断层地带,围岩级别为Ⅱ~Ⅲ级,岩层富水性中等偏高,有较普遍的滴水渗水现象,采用以地震波反射法为主的综合超前地质预报法进行预报。请回答以下问题。

(1)根据实际情况,除采用以地震波反射法为主的超前地质预报外,还需要综合其他哪些预报方法(　　)。

A. 地质调查法　　B. 低应变法　　C. 红外探测法　　D. 超声脉冲反射法

(2)下列哪些方法适用地下水发育情况的探测预报(　　)。

A. 高分辨直流电法　B. 红外探测法　　C. 地质雷达法　　D. 瞬变电磁法

(3)下列表述正确的选项有(　　)。

A. 地震波反射法的有效探距可达300m

B. 地震波反射法的两次连续预报的重叠距离不应小于10m

C. 红外探测法的有效探测距离一般不超过30m,重叠长度应在5m以上

D. 高分辨直流电法的有效探测距离一般不超过80m,重叠长度应在10m以上

(4)关于地震波反射法的相关描述,正确的包括(　　)。

A. 属于弹性波反射法中的一种方法

B. 可用于地下水发育情况的探测预报

C. 可用于地质构造、不良地质体范围的探测预报

D. 采用炸药爆破激发地震波,炸药药量越大,探测效果越好

(5)地震波反射法的炮点、检波器(探头)布置等相关操作正确的有(　　)。

A. 炮点布置在隧道拱顶轴线处,检波器布置在隧道左右边墙上

B. 炮点和检波器均布置在隧道左右边墙上,且高度位置应相同

C. 激发前,炮孔应用水或其他介质填充

D. 所有炮点应同时激发,时间差不得超过1s

7. 对长度为1800m、年平均日交通流量为6000pcu/d的二级公路隧道进行定期检查,检查

结果包括：

①洞门拱部及其附近部位出现剥落，壁面存在严重渗水和挂冰，将会妨碍交通；

②衬砌存在较多裂缝，但宽度变化较小，边墙衬砌背部存在空隙，有扩大可能；

③路面大面积的明显沉陷、隆起、坑洞，路面板严重错台、断裂。

根据以上情况，请回答以下问题。

(1)依据《公路隧道养护技术规范》(JTG H12—2015)，该隧道定期检查的周期应为(　　)。

A. 每3年一次　　B. 每2年一次　　C. 每年一次　　D. 每6个月一次

(2)关于土建结构检查的内容和仪器应用，表述正确的有(　　)。

A. 可用地质雷达检测衬砌背后的空洞

B. 可用激光断面仪检测衬砌与初期支护的结合状况

C. 隧道渗漏水检查分为简易检测和水质检测两类

D. 隧道净空断面变形通常采用激光断面仪检测

(3)关于土建结构技术状况评定方法的相关表述，正确的有(　　)。

A. 评定分项包括洞口、洞门、衬砌等9部分

B. 各分项技术状况值越大，该分项状况越好

C. 分项检查结果取各段落评定结果的均值

D. 分项检查结果取病害最严重段落的评定结果

(4)根据题述，以下评定结果正确的包括(　　)。

A. 洞门技术状况值为3　　B. 洞门技术状况值为2

C. 衬砌技术状况值为3　　D. 衬砌技术状况值为2

(5)该隧道土建结构技术状况应评定为(　　)。

A. 5类　　B. 4类　　C. 3类　　D. 2类

模拟试卷参考答案及解析

一、单项选择题

1. C

【解析】桥隧养护工程按养护单元、养护工程逐级进行质量评定。根据养护工程性质和设施特点，结合养护施工方法、工序及规模等划分成的养护工程基本评定单位，简称养护单元。养护单元的检验内容和要求与新建、改扩建工程相同，包括：基本要求、质量保证资料、外观质量、实测项目合格率检验，其中关键项目的合格率不得低于95%。

2. C

3. D

【解析】混凝土棱柱体抗弯拉强度试验加荷速率与混凝土强度等级有关，强度等级小于C30的加荷速率为0.02～0.05MPa/s，强度等级大于C30、小于C60时的加荷速率为0.05～0.08MPa/s，强度等级大于或等于C60的加荷速率为0.08～0.10MPa/s。

4. B

【解析】混凝土立方体抗压试验结果以 3 个试件的均值为测定值。如最大值或最小值中有一个与中间值之差超过中间值的 15%，取中间值为测定值；如两个与中间值之差均超过中间值 15%，试验结果无效。结果计算精确至 0.1MPa。

5. C

【解析】热轧钢筋弯曲性能试验按下表规定的弯芯直径弯曲 180°后，钢筋受弯曲部位表面不得产生裂纹。

热轧钢筋弯曲性能要求

牌　　号	公称直径 d(mm)	弯芯直径
HRB400 HRBF400 HRB400E HRBF400E	6～25	$4d$
	28～40	$5d$
	>40～50	$6d$
HRB500 HRBF500 HRB500E HRBF500E HRB600	6～25	$6d$
	28～40	$7d$
	>40～50	$8d$

6. A

【解析】规范规定，锚具的疲劳性能试验，试验经过 200 万次循环荷载后，锚具零件不应发生疲劳破坏；钢绞线因锚具夹持作用发生疲劳破坏的截面面积不应大于原试样总截面面积的 5%。

7. A

【解析】公路桥梁板式橡胶支座产品标记由名称代码、型式代号、外形尺寸及橡胶种类四部分组成；矩形普通氯丁橡胶支座，短边尺寸为 300mm，长边尺寸为 400mm，厚度为 47mm，标记为 GJZ300×400×47(CR)。

8. B

【解析】塑料波纹管局部横向荷载试验在规定荷载(800N)作用下，管材表面不应破裂，管材残余变形量不得超过管材外径的 10%。

9. A

【解析】结构或构件实测强度推定值、测区平均换算强度与混凝土抗压强度设计值的比值即为其推定强度匀质系数 K_{bt} 和平均强度匀质系数 K_{bm}，桥梁结构混凝土材质强度检测结果的评定，应依据 K_{bt} 和 K_{bm} 的范围按下表确定混凝土强度评定标度。

桥梁混凝土强度评定标准

K_{bt}	K_{bm}	强度状态	评定标准
≥0.95	≥1.00	良好	1
(0.95,0.90]	(1.00,0.95]	较好	2
(0.90,0.80]	(0.95,0.90]	较差	3
(0.80,0.70]	(0.90,0.85]	差	4
<0.70	<0.85	危险	5

10. A

【解析】混凝土内部钢筋锈蚀通常采用半电池电位法检测。

11. C

【解析】《公路桥涵地基与基础设计规范》(JTG 3363—2019)将公路桥涵地基的岩土分为岩石、碎石土、砂土、粉土、黏性土和特殊性岩土六类。该规范已于2020年4月1日起实施，在备考过程中应注意新旧规范的内容变化。

12. C

【解析】地基在荷载作用下达到破坏状态的过程分为三个阶段：压密阶段、剪切阶段和破坏阶段，不包含挤出阶段。

13. C

【解析】对于摩擦桩，在成孔质量检测时，其沉淀厚度首先应满足设计要求。当设计无要求时，对于直径≤1.5m的桩，沉淀厚度应≤200mm；对于桩径>1.5m或桩长>40m或土质较差的桩，其沉淀厚度应≤300mm。

14. C

15. D

【解析】公路桥梁技术状况评定采用分层综合法评定与5类桥梁单项控制指标相结合方法，先对各构件评定，后对各部件评定，再对桥面系、上部结构和下部结构分别评定，最后评定桥梁总体技术状况。

应特别注意掌握5类桥单项控制指标(共14条)，还有类似的隧道土建结构技术状况评定中的7条5类单项控制指标的内容。

16. C

【解析】根据桥梁技术状况评定结果，《公路桥涵养护规范》(JTG 5120—2021)对各类桥梁要求采取相应的养护对策，具体如下。

技术状况等级	养护对策
1类桥	正常养护或预防养护
2类桥	修复养护、预防养护
3类桥	修复养护、加固或更换较大缺陷构件；必要时交通管制
4类桥	修复养护、加固或改造；及时交通管制、必要时封闭交通
5类桥	及时封闭交通，改建或重建

17. D

【解析】混凝土是非匀质材料，混凝土表面应变测量时，要求标距$L \geq 4 \sim 5$倍最大集料直径，通常选用80~100mm的标距规格。

18. C

【解析】桥梁设计荷载分公路—Ⅰ级和公路—Ⅱ级两级，荷载形式分车道荷载和车辆荷载。车道荷载用于整体结构计算(如荷载试验)，由一集中力和均布荷载组成，并有如下规定：

(1)公路—Ⅰ级：跨径≤5m，集中力为270kN；跨径≥50m，集中力为360kN；两者之间插值计算。均布荷载为10.5kN/m。

(2)公路—Ⅱ级:取公路—Ⅰ级的0.75倍。

另外还需注意,《公路桥涵设计通用规范》(JTG D60—2015)对于单车道桥梁,考虑了1.20倍的荷载提高系数。

19. C

【解析】应力校验系数为0.70~0.80,说明荷载作用下实测应力小于计算应力,结构强度有储备。刚度采用挠度指标评价,BD选项错误。校验系数不超过1且相对较小,结构安全储备相对较大。

20. D

【解析】《公路桥梁承载能力检测评定规程》(JTG/T J21—2011)规定,桥梁纵向线形应按二等工程水准测量要求进行闭合水准测量。中小跨径桥梁,单跨不宜小于5个截面(即4等分,两支点、$L/4$、$L/2$、$3L/4$)。大跨径桥梁,单跨不宜小于9个截面(8等分)。

21. B

【解析】《公路工程质量检验评定标准　第一册　土建工程》(JTG F80/1—2017)对混凝土衬砌外观有如下规定:蜂窝、麻面面积不超过总面积的0.5%,深度不超过10mm。衬砌钢筋混凝土结构缝宽不得超过0.2mm,混凝土结构缝宽不得超过0.4mm。

22. C

【解析】围岩为硬岩时,炮痕保存率应≥80%;围岩为中硬岩时,炮痕保存率应≥70%;围岩为软岩时,炮痕保存率应≥50%。

23. B

24. A

【解析】若锚杆被密实、饱满的水泥砂浆握裹,砂浆又与周围岩体黏结可靠,则声波在传播过程中,不断从锚杆通过水泥砂浆向岩体扩散,能量损失很大,在杆体外端测得的反射波振幅很小,甚至测不到。

25. A

【解析】混凝土衬砌厚度检测方法分为两种,尺量时每20m检查1个断面,每个断面测5点;采用地质雷达检测时,沿隧道纵向分别在拱顶、两侧拱腰、两侧边墙共连续测试5条测线,每20m检查1个断面,每个断面测5点。

26. D

【解析】常用的注浆材料有单液水泥浆、水泥-水玻璃双液浆、超细水泥浆、水溶性聚氨酯浆液、丙烯酸盐浆液等。水玻璃浆属于化学浆液。

27. B

【解析】拱顶下沉以及洞内外观察、周边位移、地表下沉、拱脚下沉属于必测项目。

28. A

29. B

【解析】滤膜测尘法检测粉尘浓度,根据空气中粉尘浓度、采样夹的大小和采样流量及采样时间,估算滤膜上总粉尘增量。直径≤37mm的滤膜,滤膜上总粉尘增量不得大于5mg;直径40mm的滤膜,滤膜上总粉尘增量不得大于10mg;直径为75mm滤膜,滤膜上总粉尘增量不限。

30. D

【解析】隧道土建结构中的9个分项，衬砌的权重为40；其次是洞口和路面均为15；吊顶及预埋件为10；排水设施为6；洞门、交通标志标线为5；检修道和内装为2。

二、判断题

1. ×

【解析】在一个分部工程中，分项工程应根据施工工序、工艺或材料等进行划分，分部工程则是按路段长度、结构部位及施工特点等进行划分。

2. √

3. √

4. ×

【解析】钢筋焊接接头质量检验包括外观检查和力学性能检验，力学性能检验包括拉伸试验、弯曲试验、剪切试验、冲击试验和疲劳试验。

5. ×

【解析】模数式伸缩缝和异型钢单缝式伸缩缝的防水性能试验，均要求注水24h无渗漏。

6. ×

【解析】《氯化聚乙烯防水卷材》(GB 12953—2003)中对防水卷材的尺寸偏差进行了规定：长度、宽度尺寸偏差不小于规定值的99.5%。

7. √

【解析】依据国家标准GB/T 14370—2015，永久留在混凝土结构或构件中的连接器力学性能要求与锚具的相同，张拉后还需放张和拆卸的连接器力学性能要求与夹具的相同。

8. √

9. ×

【解析】钢结构采用磁粉法进行无损检测时，交流电磁轭在最大磁极间距上的提升力应大于45N，直流电磁轭在最大磁极间距上的提升力应大于177N。

10. ×

【解析】《公路桥涵施工技术规范》(JTG/T 3650—2020)规定，对于承受反复水平荷载的基桩，采用多循环加卸载方法；对于承受长期水平荷载的基桩，采用单循环加载方法。

11. √

【解析】钻孔灌注桩成孔质量检测，群桩桩孔中心位置最大允许偏差为100mm，单排桩桩孔中心位置最大允许偏差为50mm。

12. √

13. ×

【解析】桥梁部件的技术状况评分与所属构件中的最低得分、得分均值、构件数量有关，如上部结构某部件的评分采用下式计算：

$$PCCI_i = \overline{PMCI} - (100 - PMCI_{min})/t$$

式中：t——随构件数量而变的系数，构件数量越多 t 值越小。

14. √

【解析】《公路桥梁技术状况评定标准》(JTG/T H21—2011)规定，当某部件因不必要而未设置时，应将其权重按比例分配给其他既有部件；而当某部件应设置而未设置时，其评定标度取最大值。本题中，应将调治构造物的权重(0.02)按各自的权重分配给下部结构既有部件，桥墩的权重应调整为：

$$w = \frac{0.3}{1-0.02} = 0.306$$

15. ×

【解析】由于发生在不同构件的各种病害对桥梁影响程度不同，每种病害的最严重等级也不同，评定标准根据构件缺损对桥梁安全的影响程度不同，将最高评定标度分为3、4、5三种类型。例如圬工拱桥灰缝松散脱落的最高评定标度是3；混凝土梁桥上部结构构件混凝土保护层厚度的最高评定标度是4；主梁钢筋锈蚀的最高评定标度是5。

16. √

17. ×

【解析】梁式桥静载试验，除要求最大挠度不得超过计算跨径的1/600的规范强制性条款外(一般很难突破该限值)，还要求挠度校验系数(不超过1)和相对残余挠度(不超过20%)满足相关检测规程的要求。

18. √

19. ×

【解析】桥梁由众多构件、部件组成后协同工作，应以承载能力最低的那部分作为全桥的通行荷载标准。

20. √

【解析】承载能力恶化系数 ξ_e 由7项指标及桥梁所处环境确定，7项指标包括缺损状况、钢筋锈蚀电位、混凝土电阻率、混凝土碳化、钢筋保护层厚度、氯离子含量及混凝土强度。缺损状况权重最大，为0.32。

21. √

22. ×

【解析】条件允许时，断面仪应尽量放置在隧道轴线上，以保证等角度自动测量时各测点间距相等；现场条件受限时，断面仪也可偏离隧道轴线布置。

23. ×

【解析】喷射混凝土衬砌与围岩之间存在空洞时，喷射混凝土层局部形成孤立的薄壳结构，承载能力和稳定性大为降低；同时喷射混凝土衬砌没有形成对围岩的有效约束，围岩也失去了喷射混凝土衬砌的支护，可能进一步松弛，并可能导致塌方；围岩压力进一步增大，会导致衬砌开裂，影响隧道使用安全。因此，喷射混凝土背后不允许出现空洞和不密实现象。

24. √

25. ×

【解析】隧道工程的防排水系统包括初期支护与二次衬砌之间铺设的防水层、二次衬砌、环向排水管、纵向排水管、横向导水管、深埋水沟、路侧边沟。

26. √

27. ×

【解析】超前小导管进行隧道围岩稳定的作用原理与超前管棚相同,对围岩稳定作用的能力比超前锚杆强,比超前管棚弱。

28. √

29. ×

【解析】地质雷达工作天线频率越低,波长越大,能量衰减越慢,预报距离就越大,但相应的分辨率会降低。

30. ×

【解析】在单向交通隧道中,应设置出口段照明,出口段宜划分为两个照明段,每段长度宜取30m;在双向交通隧道中,可不设出口段照明。

三、多项选择题

1. BD

【解析】分项工程采用合格率评定法,即按规定的方法和频率对相应检查项目进行检验,由检查项目的观测点(组)数的合格率评定其是否符合要求;分项工程所属的检查项目均满足合格率要求且符合其他相关规定,分项工程才能评定为合格。实测项目合格判定规定为:

(1)检查项目分关键项目(涉及结构安全和使用功能的)和一般项目;

(2)关键项目的合格率不应低于95%(机电工程为100%);

(3)一般项目的合格率不应低于80%;

(4)有极值规定的检查项目,任一单个检测值不得突破规定极值。

2. AD

【解析】粗集料最大粒径宜按混凝土结构情况及施工方法选取,泵送混凝土的粗集料最大粒径对于碎石不宜超过输送管径的1/3;对于卵石不宜超过输送管径的1/2.5。

3. ABD

【解析】石料的抗冻性试验是用来评估石料在饱和状态下经受规定次数冻融循环后抵抗破坏的能力。评价石料抗冻性能好坏的三个指标:冻融循环后强度变化、质量变化、外观变化。

4. BD

【解析】盆式支座竖向承载能力试验,合格标准包括:

(1)在竖向设计承载力作用下,支座压缩变形不大于支座总高度的2%;

(2)在竖向设计承载力作用下,盆环上口径向变形不大于盆环外径的0.05%;

(3)实测荷载-竖向变形/环径向变形呈线性,且残余变形小于设计荷载下相应变形的5%;

(4)试验合格支座,试验后可继续使用;加载过程中如支座损坏,则该支座为不合格。

5. ABCE

【解析】规范规定同一种产品、同一批原材料、同一种工艺、一次投料生产的产品为一组批。对于锚具试验有关组批与抽样的还需注意：

(1)每个抽检组批不得超过2000件(套)；

(2)硬度检验时抽取3% ~5%，静载锚固性能、周期荷载试验、疲劳试验、辅助性试验时各抽取三个组装件的用量。

6. CE

【解析】《回弹法检测混凝土抗压强度技术规程》(JGJ/T 23—2011)，针对单个构件回弹检测时测区选择的规定主要包括：

(1)对一般构件，测区数不宜小于10个；当受检构件数量大于30个且不需提供单个构件推定强度或受检构件某一方向尺寸不大于4.5m且另一方向尺寸不大于0.3m时，测区数量可适当减少，但不应少于5个。

(2)相邻两测区的间距不应大于2m，测区离构件端部或施工缝边缘的距离不宜大于0.5m，且不宜小于0.2m。

(3)测区宜选在能使回弹仪处于水平方向的混凝土浇筑侧面。当不能满足要求时，也可选在使回弹仪处于非水平方向的混凝土浇筑表面或底面。

(4)测区的面积不宜大于0.04m^2。

(5)……

7. ABC

【解析】钢筋探测仪基于电磁感应原理制成，不适用含铁磁性物质的混凝土检测，同时还要避免外加磁场的影响；钢筋品种对测试结果有一定影响，主要是高强度钢筋，应加以修正；另外多层布筋、钢筋间距过小也会影响测量结果。

8. BCD

【解析】钢结构防腐涂层附着力的现场检测一般采用划格法或划叉法。如现场条件较好，可使用拉开法测试。划格法适用厚度不超过250μm涂层；划叉法不受涂层厚度限制，适用硬涂层。

9. ACE

【解析】地基土在荷载的作用下达到破坏的过程分三个阶段，即压密阶段、剪切阶段和破坏阶段。压密阶段，土中各点的剪应力均小于土的抗剪强度，土体压力与变形呈线性关系，土体处于弹性平衡状态。另外两个阶段的特点详见考试用书。

10. ACE

【解析】图a)，桩底反射波明显，且与首波反相，无缺陷反射，桩身完整。

图b)，桩底反射波与入射波同相位，无缺陷反射波，桩底存在沉渣。

图c)，可见桩底反射波和桩间反射，第一反射子波与入射波反相，后续子波与入射波同相位，桩身有扩径现象，扩径的尺寸与反射子波的振幅正相关。

图d)，可见桩底反射波和桩间反射，第一反射子波与入射波同相，后续子波与入射波反相位，桩身有缩颈现象，缩颈的尺寸与反射子波的振幅正相关。

11. ABC

【解析】《公路桥涵设计通用规范》(JTG D60—2015)将特大桥、大桥、中桥、小桥、涵洞按单孔跨径或多孔跨径总长分类，如下表所示。

桥梁涵洞分类

桥涵分类	多孔跨径总长 L(m)	单孔跨径 L_k(m)
特大桥	$L>1000$	$L_k>150$
大桥	$100\leqslant L\leqslant 1000$	$40\leqslant L_k\leqslant 150$
中桥	$30<L<100$	$20\leqslant L_k<40$
小桥	$8\leqslant L\leqslant 30$	$5\leqslant L_k<20$
涵洞	—	$L_k<5$

12. AC

【解析】特殊检查分为专门检查和应急检查。以下情况应做专门检查：

(1)定期检查中难以判明损坏原因及程度的桥梁；

(2)桥梁技术状况为四、五类者；

(3)拟通过加固手段提高荷载等级的桥梁；

(4)条件许可时，特殊重要的桥梁在正常使用期间可周期性进行荷载试验。

桥梁遭受洪水、流水、滑坡、地震、风灾、漂浮物或船舶撞击，因超重通行或其他异常情况影响造成损害时，应进行应急检查。BD 选项情形应做应急检查。

13. BCD

【解析】桥梁技术状况等级为四、五类的，可进行荷载试验。

14. CD

【解析】振型是指对应某阶模态频率的结构振动形态，描述结构空间位置的振幅比例和相位关系，系统有 n 个自由度，就有 n 个振型。要识别振型，须进行幅值归一计算和相位分析。振型的具体测定和分析方法请参见考试用书。

15. BCD

【解析】《公路桥梁承载能力检测评定规程》(JTG/T J21—2011)规定，对于以下情形的桥梁，应进行承载能力评定：

(1)技术状况等级为四、五类的桥梁；

(2)拟提高荷载等级的桥梁；

(3)需通行特殊重型车辆荷载的桥梁；

(4)遭受自然灾害或意外事件的桥梁。

16. ACD

【解析】按照修建方式，公路隧道可分为明挖隧道、暗挖隧道和沉管法隧道；按照开挖掘进方式可分为钻爆法隧道、掘进机法隧道、盾构法隧道和破碎机法隧道。

17. ABCE

【解析】隧道衬砌质量评定的实测项目包括混凝土强度、衬砌厚度、衬砌背部密实状况、墙面平整度。

18. AB

【解析】隧道止水带类型按设置位置分为：中埋式止水带、背贴式止水带。按形状分为:平板型止水带、变形型止水带等。此外,一些新式的止水带,如可排水止水带、可注浆止水带等在工程实践中也取得良好效果。

19. BCD

【解析】滤膜法用于检测隧道内空气中粉尘浓度,光干涉法用于瓦斯浓度检测,均不能用于检测硫化氢气体浓度。本题满足题意的选项为 BCD 选项。

20. DE

【解析】空气压力分为绝对压力和相对压力。绝对压力是以真空状态绝对零压为比较基准的静压,恒为正值;相对压力是以当地大气压为比较基准的静压,即绝对静压与大气压力之差。

四、综合题

1.(1)ABCD　(2) BCD　(3)AD　(4)BCD　(5)B

【解析】(1)混凝土表面剥落、脱空时,因不能形成良好的回路,会导致测试结果异常;混凝土内部接近饱水状态,由于水的导电性,混凝土与钢筋之间的半电池已近似短路,无法准确测量其电位。测区混凝土表面的绝缘涂料,在测试前打磨清除后,可采用半电池电位法检测。

(2)选项 A 错误,超声测试时在混凝土表面需涂抹耦合剂,如先完成超声测试则混凝土表面残留的耦合剂会影响回弹测值的准确性。

(3)氯离子含量测定,应注意混凝土粉末取样的相关要求:①分层收集,对每一深度应使用一个新的塑料袋收集粉末;②同一测区不同孔相同深度的粉末可收集在一个塑料袋中,质量不少于 25g;③不同测区的测孔即使相同深度的粉末也不应混合在一起。

(4)选项 A 错误,混凝土中的碱性介质对钢筋有良好的保护作用,混凝土碳化会使其碱度降低,对钢筋的保护作用减弱,钢筋更容易发生锈蚀。

(5)跨缝测量中,发现某测距处首波反相时,取该测距及两个相邻测距下测得的裂缝深度计算值的均值为该裂缝的深度值 h;本题裂缝深度 $h=(92+96+97)/3=95(\text{mm})$。

2.(1)C　(2)B　(3)ACD　(4)ACD　(5)B

【解析】(1)轻型圆锥动力触探试验用于贯入深度小于 4m 的黏性土、黏性土组成的素填土和粉土;重型圆锥动力触探试验适用于砂土、中密以下的碎石土和极软岩;超重型圆锥动力触探适用于较密实的碎石土、极软岩和软岩。

(2)轻型、重型和超重型圆锥动力触探仪的参数详见下表。

圆锥动力触探类型及规格

类型		轻型	重型	超重型
落锤	质量(kg)	10	63.5	120
	落距(cm)	50	76	100
探头	直径(mm)	40	74	74
	锥角(°)	60	60	60
探杆直径(mm)		25	42	50 ~ 60
指标		贯入 30cm 的锤击数 N_{10}	贯入 10cm 的锤击数 $N_{63.5}$	贯入 10cm 的锤击数 N_{120}

(3)重型和超重型圆锥动力触探试验的要点包括：

①贯入时，穿心锤应自动脱钩，自由落下；

②地面上触探杆的高度不宜超过1.5m，以免倾斜和摆动过大；

③贯入过程应尽量连续贯入，锤击速率宜为每分钟15~30击；

④每贯入10cm，记录其相应的锤击数$N'_{63.5}$、N'_{120}。

(4)重型圆锥动力触探试验成果整理对实测触探锤击数需进行探杆长度修正、侧壁摩擦影响修正和地下水影响修正，无须进行探杆重量修正。

(5)根据表中数据线性内插可得实测锤击数修正系数为0.93，实测锤击数根据探杆长度的修正结果为$N_{63.5}=\alpha_1 N'_{63.5}=40\times0.93=37.2$，修约为37。

3.(1)D (2)C (3)D (4)BD (5)AD

【解析】(1)均布荷载全跨加载，则跨中试验弯矩$M_{试验}=ql^2/8=40\times30^2/8=4500\text{kN}\cdot\text{m}$。

(2)跨中抗弯静载试验的荷载效率$\eta=\dfrac{跨中试验弯矩}{跨中设计静力弯矩\times(1+冲击系数)}=\dfrac{4500}{3500(1+0.28)}=1.00$。

(3)实测挠度总值为加载测值与初始值之差，为18.00mm；弹性挠度为加载测值与卸载测值之差，为16.00mm；挠度残余值为卸载测值与初始值之差，为2.00mm。测点的挠度校验系数为实测弹性值与计算挠度之比，即16.00/20.00=0.800。

(4)实测相对残余变形为残余值与挠度总值之比，即2.00/18.00=11.1%。

(5)预应力结构试验一般不允许破坏梁体，因此也不能在梁底钢筋上布置测点；混凝土为非匀质材料，为保证测试效果，要求应变片标距不小于4~5倍的最大粗集料粒径。BC选项错误。

4.(1)ACD (2)AB (3)BCD (4)CD (5)C

【解析】(1)圬工结构是指除钢筋混凝土、预应力混凝土、钢结构以外，由纯混凝土或砖石砌体材料建筑的结构。因此选项B错误，圬工桥梁无须进行钢筋锈蚀状况检测。

(2)题述中专门描述“该桥位于厂区主干道，交通繁忙且重车较多”，应进行实际运营荷载状况调查，引入活载影响系数修正设计荷载作用效应。圬工桥梁无须计入钢筋截面折减系数和恶化系数。

(3)略。

(4)拱顶截面正弯矩的实际荷载效应与实际抗力效应的比值在1.0~1.2之间，承载能力不明确，需通过荷载试验进一步判定；该桥的检算系数评定标度$D<3$，按规范可不做正常使用极限状态检算。

(5)5800/5450=1.06>1.05，可判定该桥承载能力不满足要求。

按照规范要求，第一次检算的荷载效应与抗力效应之比为1.0~1.2时，认为承载能力不明确，应通过荷载试验进一步验证，即根据荷载试验的校验系数较大值确定检算系数Z_2，代替Z_1进行第二次检算，如此时的荷载效应与抗力效应之比小于1.05，判定承载能力满足要求，否则不满足。

5.(1)B (2)B (3)D (4)A (5)A

【解析】(1)隧道开挖初期围岩变形发展较快,而围岩开挖初始阶段的变形动态数据又十分重要,因此规范要求各测点宜在靠近掌子面、不受爆破影响范围内尽快安设,初读数应在开挖后12h内、下一循环开挖前取得,最迟不得超过24h。

(2)基点测桩应布置在通视条件好、地基稳定无变形的坚硬岩石或构造物上,一般要求距离被测断面20m以外,洞内基点可布置在已完成的衬砌边墙或基础上。

(3)根据精密水准仪的测量原理和给定的条件,将测点高程与基点高程进行比较,通过计算高差即可获得拱顶下沉量,第2次量测相对首次测量的拱顶下沉量为:$\Delta h_{2-1}=(2298.80+1518.55)-(2300.00+1520.50)=-3.15\text{mm}$。

(4)与前述方法相同,第6次高程与初次高程之差:$\Delta h_{6-1}=(2309.49+1505.33)-(2300.00+1520.50)=-5.68\text{mm}$。

(5)量测数据处理结果表明,被测点每天下沉变化量随时间逐步减少(第2天至第6天的变化量分别为3.15mm、1.46mm、0.53mm、0.33mm、0.21mm),位移速率逐渐变小,因此可判断被测点变形状态正常。

6.(1)AC　(2)ABD　(3)BCD　(4)AC　(5)BC

【解析】(1)对于断层的预报应以地质调查法为基础,以地震波反射法或地质雷达法为主的综合超前地质预报法;因隧道岩层富水性中等偏高,有较普遍的滴水渗水现象,因此还需采用红外探测法或高分辨直流电法或瞬变电磁法探测地下水发育情况。

(2)地质雷达法不适用地下水发育情况探测。

(3)地震波反射法属长距离预报方法,根据隧道地质条件的差异,有效预报距离为100~150m。

(4)地震波反射法采用小药量爆破激发地震波,药量大小根据直达波信号强弱进行调整;地震波反射法不适用地下水发育情况探测。

(5)炮点和检波器均布置在隧道左右边墙上,且保证高度位置相同;激发前,炮孔应用水或其他介质填充,封住炮孔,以确保激发的能量绝大部分在地层中传播。炮点激发按序进行,一次一个炮点。

7.(1)B　(2)ACD　(3)AD　(4)AD　(5)A

【解析】(1)依据《公路隧道养护技术规范》(JTG H12—2015),该隧道养护等级为二级,应每2年进行一次定期检查。

(2)略。

(3)土建结构技术状况评定的分项内容包括洞门、洞口、衬砌、路面、检修道、排水设施、吊顶及预埋件、内装饰、交通标志及标线9部分,各分项的技术状况值反映该分项的完好状况,取值越小状况越好。分项检查结果取病害最严重段落的评定结果确定。

(4)各分项的具体评定方法详见规范。

(5)隧道路面大面积的明显沉陷、隆起、坑洞,路面板严重错台、断裂,这些现象符合5类土建结构技术状况单项控制指标,A选项正确。另外还应注意,当洞口、洞门、衬砌、路面和吊顶及预埋件分项的评定状况值达到3或4时,土建结构技术状况应直接评为4类或5类。

二、助理试验检测师模拟试卷

说明：

1. 本模拟试卷设置单选题30道、判断题30道、多选题20道、综合题7道，总计150分；模拟自测时间为150分钟。

2. 本模拟试卷仅供考生进行考前自测使用。

一、单项选择题(共30题，每题1分，共30分)

1.《公路工程质量检验评定标准　第一册　土建工程》(JTG F80/1—2017)规定，分项工程评定中检查项目、方法、数量及(　　)应满足要求。

A. 质量等级　B. 检查项目合格率　C. 检查频率　D. 检查项目优良

2. 在石料抗冻性试验中，需将试件放入烘箱烘至恒量，烘箱温度及烘干时间分别为(　　)。

A. 100～105℃，12～24h　B. 100～105℃，24～48h

C. 105～110℃，12～24h　D. 105～110℃，24～48h

3. 混凝土棱柱体轴心抗压强度标准试件的尺寸为(　　)。

A. 200mm×200mm×400mm　B. 150mm×150mm×300mm

C. 100mm×100mm×300mm　D. 150mm×150mm×150mm

4. 钢筋焊接接头拉伸试验，有1个试件呈延性断裂，2个试件发生脆性断裂，应再取(　　)个试件进行复验。

A. 2　B. 3　C. 4　D. 6

5. 按结构形式划分，用6根刻痕钢丝和1根光圆中心钢丝捻制的钢绞线的代号为(　　)。

A. 1×6　B. 1×6 I　C. 1×7　D. 1×7 I

6. 耐寒型盆式橡胶活动支座的摩擦系数(加5201硅脂润滑后)应不大于(　　)。

A. 0.03　B. 0.04　C. 0.05　D. 0.06

7. 下列不属于桥梁梳齿板式伸缩装置试验检测项目的是(　　)。

A. 拉伸、压缩试验　B. 变位均匀性试验

C. 防水性能试验　D. 水平摩阻力试验

8. 使用钻芯法检测混凝土强度，芯样试件的实际高径比应满足(　　)，否则测试数据无效。

A. 0.85～1.05　B. 1.0～1.5　C. 0.95～1.05　D. 1.5～2.0

9. 混凝土中氯离子的主要危害是(　　)。
A. 降低混凝土的强度　B. 降低混凝土的弹性模量
C. 加速混凝土的碳化　D. 诱发或加速钢筋的锈蚀

10. 采用钢筋位置探测仪进行钢筋位置测试,当探头位于(　　)时,其指示信号最强。
A. 与钢筋轴线平行且位于钢筋正上方　B. 与钢筋轴线垂直且位于钢筋正上方
C. 与钢筋轴线成45°且位于钢筋正上方　D. 远离钢筋

11. 酒精酚酞试剂喷洒在已碳化的混凝土表面,其颜色应为(　　)。
A. 紫色　B. 蓝色　C. 黑色　D. 不变色

12. 浅层平板荷载试验施加下一级荷载的条件为:当在连续两个小时内,每小时沉降量小于(　　)。
A. 0.2mm　B. 0.02mm　C. 0.1mm　D. 0.01mm

13. 低应变反射波法检测桩身完整性,单通道采样点数不宜少于(　　)点。
A. 512　B. 1024　C. 2048　D. 4096

14. 进行基桩静载试验时,为安置沉降测点和仪表,试桩顶部露出试坑地面高度不宜小于(　　)。
A. 300mm　B. 400mm　C. 500mm　D. 600mm

15. 桥梁主要部件材料有严重缺损,或出现中等功能性病害,且发展较快;结构变形小于或等于规范值,功能明显降低,其技术状况评定标度为(　　)。
A. 2 类　B. 3 类　C. 4 类　D. 5 类

16. 桥梁静载试验中,(　　)不适用于结构静应变检测。
A. 百分表引伸计　B. 千分表引伸计　C. 弓形应变计　D. 电阻应变计

17. 关于利用连通管测试桥梁挠度的相关表述,错误的是(　　)。
A. 利用“水平平面上的静止液体的压强相同”的原理制成
B. 适用大跨径桥梁静挠度测量
C. 不适用于桥梁动挠度测量
D. 普通连通管测试精度优于电子水准仪

18. 以下仪器中,(　　)不适用于桥梁结构的动态测试。
A. 电阻应变片　B. 振弦式应变计
C. 压电加速度传感器　D. 磁电式速度传感器

19. 对在用桥梁承载能力进行检算评定,根据桥梁检查与检测结果,对极限状态设计表达式的修正系数统称为(　　)。
A. 冲击系数　B. 横向分布系数　C. 车道折减系数　D. 分项检算系数

20. 桥梁实际承载评定方法包括基于技术状况检查的结构检算评定和(　　)两种。
A. 荷载试验　B. 动载试验　C. 设计检算　D. 材质状况无损检测

21. 按照隧道长度进行分类,属于长隧道的是(　　)。
A. 500m　B. 1500m　C. 3500m　D. 4500m

22. 在隧道复合衬砌中,第一层用喷锚衬砌,通常称为(　　)。
A. 初期支护　B. 临时支护　C. 二次支护　D. 二次衬砌

23. 初期支护钢筋网网格尺寸允许偏差、搭接长度要求为(　　)。

A. ±10mm、≥50mm　　B. ±10mm、≥30mm

C. ±5mm、≥50mm　　D. ±5mm、≥30mm

24. 根据止水带材质和止水部位可采用不同的接头方法，对于塑料止水带，其接头形式应采用(　　)。

A. 搭接或对接　　B. 搭接或复合接　　C. 复合接或对接　　D. 以上均不能采用

25. 隧道二次衬砌应满足抗渗要求，有冻害及最冷月份平均气温低于 -15℃ 的地区，混凝土的抗渗等级不低于(　　)。

A. P4　　B. P6　　C. P8　　D. P10

26. 根据岩层及地质条件的差异应选择不同的辅助工程围岩稳定措施，(　　)情形不适合采用超前锚杆。

A. 无地下水的软弱地层

B. 薄层水平层状岩层

C. 围岩自稳定能力弱、开挖后拱部易出现塌方的地段

D. 开挖数小时内拱顶围岩可能剥落或局部坍塌的地段

27. 隧道的周边位移和拱顶下沉监测项目，监测断面距开挖面的距离为 1～2 倍隧道开挖宽度时，监控量测频率宜为(　　)。

A. 2 次/d　　B. 1 次/d　　C. 1 次/(2～3d)　　D. 1 次/7d

28. 地质雷达法在一般地段预报距离宜控制在(　　)以内。

A. 20m　　B. 30m　　C. 40m　　D. 50m

29. 下列超前地质预报的物探方法中，可用于长距离预报的是(　　)。

A. 地质雷达法　　B. 高分辨直流电法　　C. 红外探测法　　D. 地震波反射法

30. 桥梁检查的类型不包括(　　)。

A. 初始检查　　B. 定期检查　　C. 周期检查　　D. 特殊检查

二、判断题(共 30 题，每题 1 分，共 30 分)

1. 特大斜拉桥可划分为多个单位工程。(　　)

2. 桥隧工程质量评定分为“合格、中、良、优”四个等级。(　　)

3. 配制混凝土时宜采用级配良好、质地坚硬、颗粒洁净且粒径小于 5mm 的河砂为细集料。(　　)

4. 钢筋断后伸长率为试样拉伸断裂后的残余伸长量与断后标距之比。(　　)

5. 在混凝土抗弯拉强度试验中，计算结果精确至 0.1MPa。(　　)

6. 预应力混凝土桥梁使用的塑料波纹管力学性能试验要求环刚度不小于 $5kN/m^2$。(　　)

7. 采用穿孔仪进行隧道防水卷材抗穿孔试验，重锤自由落下，撞击位于试样表面的冲头，将试样取出后若无明显穿孔，评定为不渗水。(　　)

8. 进行混凝土氯离子含量测定时，取粉孔不得与碳化深度测试孔合并使用。(　　)

9. 超声法检测混凝土结构内部缺陷，应避免超声波传播路径与附近的钢筋轴线平行，如无

法避免,应使两换能器连线与附近钢筋之间的最短距离不少于超声测距的1/6。 ( )

10. 桥梁结构混凝土材质强度的评定标度,是根据强度推定值$f_{cu,e}$的取值范围确定的。 ( )

11. 灌注桩的成孔质量检测应包括孔深、孔径、桩孔倾斜度及沉淀厚度。 ( )

12. 桥梁扩大基础位于坚硬的岩层上时,可不必检测地基承载力。 ( )

13. 基桩承载力可通过现场静载试验确定,采用慢速维持荷载法时可分5级加载至最大值。 ( )

14. 公路桥梁的特殊检查可由桥梁管理部门自行完成。 ( )

15. 用千分表引伸计检测结构应变,测试分辨力和精度与千分表的安装标距有关。 ( )

16. 桥梁静载试验采用电阻应变片检测结构应变,贴片完毕后应马上涂上防护层,以防止应变片受潮和被意外损伤。 ( )

17. 旧桥静载试验,钢筋混凝土结构主筋附近的竖向裂缝宽度不到超过0.25mm。 ( )

18. 桥梁静载试验的加载分级一般分为2~5级。 ( )

19. 磁电式速度传感器是桥梁动载试验中常用的振动检测设备。 ( )

20. 新建桥梁可采用基于技术状况检查的检算评定来确定其实际承载能力。 ( )

21. 对在用桥梁进行承载力评定,当结构或构件的承载能力检算系数评定标度D为1或2时,可以只进行承载能力极限状态评定检算。 ( )

22. 全断面法适用Ⅰ~Ⅲ级围岩双车道及以下跨度隧道的开挖掘进。 ( )

23. 隧道的喷射混凝土强度评为不合格时,相应的分项工程为不合格。 ( )

24. 喷锚衬砌断面尺寸可采用激光断面仪进行检测。 ( )

25. 防水板焊缝采用充气法检查,当压力达到0.25MPa,充气保持10min,压力下降在10%以内时,可判定焊缝质量合格。 ( )

26. 隧道工程中以堵水为目的的注浆宜采用强度较高、凝固时间短的双液浆或其他化学浆液。 ( )

27. 隧道周边收敛通常采用精密水准仪进行测量。 ( )

28. 岩溶预报应以地质调查法为基础,以弹性波反射法为主,结合多种物探手段进行综合超前地质预报。 ( )

29. 施工隧道穿越煤系地层时,应在地质破碎地带布设瓦斯浓度测点。 ( )

30. 隧道衬砌裂缝宽度检测可使用钢卷尺。 ( )

三、多项选择题(共20题,每题2分,共40分。下列各题的备选项中,至少有两个符合题意,选项全部正确得满分,选项部分正确按比例得分,出现错误选项该题不得分)

1. 分项工程质量检验包括( )等内容。

A. 外观质量　　B. 质量保证资料完整性

C. 实测项目合格率　　D. 基本要求

2. 混凝土力学性能试验主要包括( )等参数的测定。

A. 轴心抗压强度　B. 偏心抗压强度　C. 抗压弹性模量　D. 抗拉弹性模量

3. 钢筋试件在规定的弯曲角度、弯心直径及反复弯曲次数后，试件弯曲处不产生(　　)现象时即认为弯曲性能合格。

A. 收缩　B. 裂纹　C. 断裂　D. 延伸

4. 土工布物理特性检测项目包括(　　)。

A. 厚度　B. 单位面积质量　C. 抗拉强度　D. 延伸率

5. 板式橡胶支座产品标记由下列哪些部分组成(　　)。

A. 名称代号　B. 型式代号　C. 外形尺寸　D. 橡胶种类

E. 设计竖向承载力

6. 以下关于超声法检测混凝土缺陷的叙述，正确的是(　　)。

A. 混凝土结合面质量可采用对测法或斜测法进行检测

B. 混凝土表面损伤层厚度的检测方法有单面平测法和逐层穿透法

C. 混凝土匀质性一般采用平面换能器进行对测法检测

D. 混凝土内部空洞只能采用平面对测法检测

7. 在对金属材料进行超声探伤时，以下哪些材料可作为耦合剂(　　)。

A. 水　B. 化学浆糊　C. 甘油　D. 机油

8. 在工程中为保证基桩成孔质量，需要对孔底沉淀厚度进行测定，常用的测定方法是(　　)。

A. 垂球法　B. 超声波法　C. 电阻率法　D. 电容法

E. 钢筋笼法

9. 碎石土的密实度等级分为(　　)。

A. 松散　B. 稍密　C. 中密　D. 密实

10. 桥梁动载试验的测试内容包括(　　)。

A. 动挠度　B. 自振频率　C. 阻尼　D. 振型

11. 预应力混凝土桥梁静载试验，采用电阻应变片电测结构应变，布片方法正确的包括(　　)。

A. 用标距为 80mm 的应变片

B. 应变片布置在混凝土表面上

C. 进行恰当的温度补偿

D. 凿开保护层，应变片布置在混凝土内部钢筋上

12. 对在用桥梁进行承载力检算评定，需检算的极限状态包括(　　)。

A. 承载能力极限状态　B. 容许应力极限状态

C. 正常使用极限状态　D. 使用寿命极限状态

13. 公路隧道常见的病害主要包括(　　)等。

A. 渗漏水　B. 衬砌不密实　C. 洞口杂草　D. 路面开裂

E. 照明不佳

14. 隧道开挖断面检测方法中，直接量测开挖断面方法包括(　　)。

A. 以内模为参照物的直接量测法　B. 激光束方法

C. 投影机方法　D. 极坐标法

15. 隧道辅助工程注浆效果的检查方法有(　　)。

A. 分析法　　B. 数理统计法　　C. 检查孔法　　D. 物探无损检测法

16. 关于隧道围岩内部位移的量测,表述正确的有(　　)。

A. 每代表性地段布置 1 ~2 个检测断面　B. 可采用单点、多点杆式或钢弦式位移计量测

C. 多点杆式位移计可用药包锚固剂锚固　D. 每个测点连续测量 3 次

17. 隧道监控量测中洞内外观察包含(　　)。

A. 掌子面观察　　B. 支护状态观察　　C. 施工状态观察　　D. 洞外地表观察

18. 地质调查法的工作内容包括(　　)。

A. 地表补充地质调查　　B. 隧道外地质素描

C. 隧道内地质素描　　D. 周边建筑物调查

19. 一般地质隧道施工环境主要检测(　　)等指标。

A. 氧气含量　　B. 粉尘浓度　　C. 洞内温度　　D. 核辐射强度

20. 对于隧道土建结构,其定期检查的分项内容包括(　　)等 9 项。

A. 洞口　　B. 内装饰　　C. 衬砌　　D. 路面

四、综合题(从 7 道大题中选答 5 道大题,每道大题 10 分,共 50 分。下列各题的备选项中,有一个或一个以上符合题意,选项全部正确得满分,选项部分正确按比例得分,出现错误选项该题不得分)

1. 针对预应力筋锚具静载锚固性能试验,回答下列问题。

(1)锚具的静载锚固性能应满足(　　)的力学性能要求。

A. $\eta_a \geq 0.95$　　B. $\eta_a \geq 0.92$　　C. $\varepsilon_{apu} \geq 2.0\%$　　D. $\varepsilon_{apu} \geq 2.5\%$

(2)锚具静载锚固性能试验用设备,一般由以下哪些装置组成(　　)。

A. 加载千斤顶　　B. 荷载传感器　　C. 承力台座　　D. 游标卡尺

E. 液压油泵源及控制系统

(3)下列关于锚具静载锚固性能试验加载过程的描述,正确的是(　　)。

A. 加载速率为 100Pa/min

B. 分三级等速加载至钢绞线抗拉强度标准值的 80%

C. 加载到钢绞线抗拉强度标准值的 80% 后,持荷 1h

D. 持荷 1h 后迅速加载至试样破坏

(4)下述相关表述正确的是(　　)。

A. 试验过程中夹片允许出现微裂和横向断裂

B. 预应力筋达到极限破断时,锚板不允许出现过大塑性变形

C. 预应力筋达到极限破断时,锚板中心残余变形不应出现明显挠度

D. 夹片回缩 Δb 比预应力筋应力为 $0.8f_{ptk}$ 时成倍增加,表明已失去可靠的锚固性能

(5)若三组试件实测极限拉力时的总应变均满足要求,荷载效率分别为 0.96、0.97、0.94,则下列描述正确的是(　　)。

A. 三组试件荷载效率均值为 0.96,因此可判定为合格

B. 应另取双倍数量重做试验

C. 应另取 3 倍数量重做试验

D. 可直接判定不合格

2. 对某单个混凝土构件进行混凝土抗压强度检测,请回答以下相关问题。

(1)采用超声回弹综合法检测混凝土强度,全国统一测强曲线适用于以下哪些情况(　　)。

A. 泵送混凝土　　B. 自然养护

C. 龄期 7 ~ 2000d　　D. 混凝土强度 10 ~ 80MPa

(2)对该构件采用超声回弹综合法检测混凝土强度,下列关于测区布置的叙述,正确的有(　　)。

A. 测区数量可为 10 个

B. 如超声检测采用单面平测时,测区尺寸宜为 400mm × 400mm

C. 相邻两测区的间距不宜大于 1m

D. 测区应避开钢筋密集区和预埋件

(3)对该构件采用超声回弹综合法检测混凝土强度,下列关于测试操作的叙述,正确的有(　　)。

A. 同一测区应先完成回弹测试,后进行超声测试

B. 无须检测混凝土碳化深度

C. 超声测试宜优先采用单面平测

D. 每个测区布置 3 个超声测点

(4)对该构件采用钻芯法检测混凝土强度,下列关于芯样钻取的叙述正确的有(　　)。

A. 标准芯样不得少于 10 个

B. 芯样试件内不宜含有钢筋

C. 标准芯样的公称直径为 100mm,且不宜小于集料最大粒径的 3 倍

D. 小直径芯样的公称直径不宜小于 70mm,且不得小于集料最大粒径的 2 倍

(5)对该构件采用钻芯法检测混凝土强度,下列对芯样要求的表述,正确的有(　　)。

A. 经处理后芯样抗压试件的高径比 H/d 应在 0.95 ~ 1.05 范围内

B. 芯样端面与轴线的不垂直度小于 1°

C. 采用游标卡尺在芯样中部同部位量取两次,取平均值作为芯样试件的直径

D. 芯样有裂缝或其他较大缺陷时,可用环氧胶泥填补后进行试验

3. 采用超声透射波法检测基桩完整性,已知待检桩为混凝土灌注桩,直径为 1.8m,桩长 30.0m,请回答下列问题。

(1)下列关于试验前准备工作的相关表述,正确的有(　　)。

A. 疏通声测管

B. 在桩顶测量相应声测管外壁间净距

C. 采用标定法确定仪器系统延迟时间

D. 待混凝土强度达到设计强度 60% 后,方可进场检测

(2)应选用的检测设备包括(　　)。

A. 基桩动测仪　　　　B. 超声波孔壁测试仪
C. 非金属超声波检测仪　　　　D. 径向振动换能器

(3)根据《公路工程基桩检测技术规程》(JTG/T 3512—2020);该桩应埋设(　　)根声测管。

A. 2　　B. 3　　C. 4　　D. 5

(4)现场测试时,可根据超声波波速对混凝土强度进行评价,若实测声速为4600m/s,则该桩的混凝土强度可评价为(　　)。

A. 好　　B. 较好　　C. 可疑　　D. 差

(5)关于现场试验操作,下列表述正确的有 (　　)。

A. 发射与接收换能器应以相同高程同步升降,其累计相对高差不应大于20mm
B. 斜测时,发、收换能器中心连线与水平夹角一般取30°~40°
C. 斜测时,发、收换能器中心连线与水平夹角一般取40°~60°
D. 该桩共计有3个测试剖面

4. 对某钢筋混凝土5跨连续T梁桥(无人行道)进行技术状况评定,请依据《公路桥梁技术状况评定标准》(JTG/T H21—2011)回答以下问题。

(1)对于桥梁构件、部件的划分,下列表述正确的是(　　)。

A. 1个桥墩为1个部件　　　　B. 1片T梁为1个构件
C. 铰缝属于上部结构的一般构件　　　　D. 桥面铺装归于上部结构

(2)对于该桥,属于主要部件的包括(　　)。

A. T梁　　B. 支座　　C. 伸缩缝　　D. 基础

(3)某片T梁混凝土表面局部缺浆、粗糙,或有大量小凹坑的现象称为(　　)。

A. 蜂窝　　B. 麻面　　C. 剥落　　D. 磨损

(4)该桥无人行道(权重为0.10),桥面铺装的权重(原权重0.40)应调整为(　　)。

A. 0.43　　B. 0.44　　C. 0.45　　D. 0.50

(5)该桥技术状况评分为:上部结构61分,下部结构62分,桥面系40分,则该桥总体技术状况分类为(　　)。

A. 2类　　B. 3类　　C. 4类　　D. 5类

5. 在预应力混凝土桥梁的控制断面布设应力(应变)测点,用于施工阶段、竣工荷载试验和长期运营的应力(应变)检测和监测,请回答以下问题。

(1)下述关于应变测试方法的相关表述,错误的有 (　　)。

A. 电阻应变片稳定性好,适用各阶段的应变测试
B. 钢筋应力计与常规电阻应变片类似,不适用长期应变测试
C. 弓形应变计主要用于混凝土内部应变测试
D. 振弦式应变计不能用于混凝土表面应变测试

(2)施工阶段用于结构内部应力监测,可采用(　　)传感器。

A. 电阻应变片　　B. 千分表引伸计　　C. 弓形应变计　　D. 振弦式应变计

(3)用于竣工荷载试验的应力(应变)检测,可采用(　　)方法。

A. 在混凝土表面粘贴光纤传感器

B. 在混凝土表面粘贴电阻应变片

C. 在混凝土表面安装弓形应变计

D. 凿去混凝土保护层,在钢筋上粘贴电阻应变片

(4)以下哪种传感器可同时适用上述3个阶段的混凝土内部应力测试。

A. 电阻应变计 B. 弓形应变计 C. 振弦式应变计 D. 压电式传感器

(5)该桥的长期运营应力监测,可采用( )方法。

A. 在混凝土表面粘贴光纤传感器 B. 在混凝土表面粘贴电阻应变片

C. 在钢筋上粘贴电阻应变片 D. 在混凝土内部埋设振弦式应变计

6. 对隧道混凝土衬砌施工质量进行检测,请回答以下相关问题。

(1)隧道混凝土衬砌质量检测的内容包括( )等。

A. 混凝土强度 B. 混凝土衬砌厚度

C. 衬砌背后空洞 D. 墙面平整度

(2)采用激光断面仪测量混凝土衬砌厚度时,需满足以下哪些条件( )。

A. 衬砌浇筑前已有初期支护内轮廓线的实测结果

B. 初期支护内轮廓线与二次模筑混凝土衬砌内轮廓线的测量结果应属同一坐标系

C. 衬砌背后不存在空洞

D. 混凝土衬砌表面不能有明显渗漏水

(3)下列混凝土衬砌质量检查项目中,( )可用地质雷达进行检测。

A. 混凝土衬砌厚度 B. 混凝土衬砌强度

C. 衬砌混凝土背后密实性 D. 隧道衬砌内部钢筋

(4)采用地质雷达检测隧道混凝土衬砌厚度及内部状况检测,下列关于测线布置的描述,正确的有( )。

A. 测线布置应以纵向布置为主,环向布置为辅

B. 测线布置应以环向布置为主,纵向布置为辅

C. 单洞两车道隧道纵向测线应分别在拱顶、左右拱腰、左右边墙共布置5条测线

D. 单洞两车道隧道纵向测线应分别在拱顶、左右拱腰共布置3条测线

(5)混凝土衬砌结构背后缺陷检测方法包括( )。

A. 钻孔取芯量测法 B. 激光断面仪法

C. 冲击钻打孔量测法 D. 地质雷达法

7. 对隧道施工环境进行检测,请回答以下问题:

(1)隧道施工环境检测内容包括( )。

A. 粉尘浓度测定 B. 瓦斯浓度检测 C. 硫化氢浓度检测 D. 核辐射检测

(2)粉尘浓度采用( )测定。

A. 滤膜 B. 检知管 C. 醋酸铅试纸 D. 红外气体传感器

(3)现场常用的硫化氢气体浓度的测定方法有( )。

A. 检知管法 B. 醋酸铅试纸法 C. 硫化氢传感器法 D. 闪烁探测器

(4)瓦斯隧道装药爆破时,爆破地点20m内风流中瓦斯浓度必须小于( );总回风道风流中瓦斯浓度必须小于( )。

A. 1.0%;1.0%　　B. 1.0%;1.5%　　C. 1.0%;0.75%　　D. 1.5%;0.75%

(5)关于粉尘浓度的测试方法,表述正确的是(　　)。

A. 掘进工作面可在风筒出口后面距工作面4~6m处采样

B. 采样器要迎着风流,距地面高度为1.3~1.5m

C. 一般在作业开始20min后进行采样

D. 采样过程中不可更换采样夹

模拟试卷参考答案及解析

一、单项选择题

1. B

2. C

【解析】在石料抗冻性试验中,先对试件进行编号,用放大镜详细检验,并作外观描述,然后量出每个试件的尺寸,计算受压面积,然后将试件放入烘箱,在105~110℃下烘至恒量,烘干时间一般为12~24h,待在干燥器内冷却至室温后取出,立即称其质量,精确至0.01。

3. B

【解析】混凝土棱柱体轴心抗压强度标准试件尺寸为150mm×150mm×300mm;选项A、C不是标准试件,试验结果需进行尺寸修正;选项D为立方体抗压强度标准试件尺寸。

4. D

【解析】钢筋焊接接头拉伸试验,有1个试件断于钢筋母材,呈延性断裂,2个试件断于焊缝或热影响区,呈脆性断裂,应切取6个试件进行复验。

5. D

【解析】用6根刻痕钢丝和1根光圆中心钢丝捻制的钢绞线的代号为1×7Ⅰ;选项C表示用7根钢丝捻制的标准型钢绞线;选项A、B方式的代号不存在。

6. D

【解析】盆式橡胶支座摩擦系数(加5201硅脂润滑后)试验规定,常温型活动支座的摩擦系数应不大于0.03,耐寒型活动支座的摩擦系数应不大于0.06。

7. C

【解析】梳齿板式伸缩装置试验检测的项目包括:拉伸、压缩试验,水平摩阻力试验,变位均匀性试验。防水性能试验为模数式伸缩装置、异型钢单缝式伸缩装置的试验检测项目。

8. C

9. D

【解析】混凝土拌制过程中,混入的氯离子和在使用环境中侵入的氯离子直径小、活性大,很容易穿透混凝土钝化膜。当氯离子含量尤其是水溶性氯离子含量超过一定浓度时,就容易诱发或加速混凝土中钢筋的锈蚀,影响结构耐久性。

10. A

【解析】目前,大部分钢筋探测仪一般均可显示两种数据,一种是用于指示探测到金属物质的反馈信号值,距钢筋越近或钢筋直径越大,该信号值越大;另一种是钢筋保护层示值,离钢筋越近,该值越小。依据两种信号值均可判断钢筋位置,因检测人员的操作习惯而异。本题所指的是第一种信号。

11. D

【解析】混凝土碳化就是混凝土中的碱性物质与空气中的 CO_2 发生化学反应后生成碳酸盐和水等中性物质。酒精酚酞试剂作为无色的酸碱指示剂,遇到碱性物质变为紫红色,遇到酸性或中性物质不变色,D 选项正确。

12. C

【解析】浅层平板荷载试验加荷分级可按预估极限承载力的 1/15 ~ 1/10 分级施加。每级加载后,第一个小时内按间隔 10min、10min、10min、15min、15min,以后每半小时测读一次沉降量,当在连续两个小时内,每小时沉降量小于 0.1mm,则认为已趋于稳定,可施加下一级荷载。

13. D

【解析】《公路工程基桩检测技术规程》(JTG/T 3512—2020)对低应变反射波法采集处理器规定为:单通道采样点数不宜少于 1024 点,采样间隔宜为 5 ~ 50μs。

14. D

15. C

【解析】桥梁主要部件技术状况等级所对应的标度如下表所示(最高标度为 5)。

桥梁主要部件技术状况评定标度

评定标度	桥梁部件技术状况描述
1 类	全新状态,功能完好
2 类	功能良好,材料有局部轻度缺损或污染
3 类	材料有中等缺损,或出现轻度功能性病害,但发展缓慢,尚能维持正常使用功能
4 类	材料有严重缺损,或出现中等功能性病害,且发展较快;结构变形小于或等于规范值,功能明显降低
5 类	材料严重缺损,出现严重的功能性病害,且有继续扩展现象;关键部位的部分材料强度达到极限,变形大于规范值,结构的强度、刚度、稳定性不能达到安全通行的要求

16. A

17. D

【解析】普通连通管配合毫米刻度钢卷尺,可采用人工测读,分辨力低,通常用于挠度量值较大的测试场合;连通管内液位随高程变化的调整是一个缓慢的过程,其动态响应速度很慢,不适用动挠度测量;电子水准仪的分辨力可达 0.01mm,分辨率和精度均优于普通连通管。

18. B

19. D

20. A

21. B

【解析】《公路隧道设计规范　第一册　土建工程》(JTG 3370.1—2018)按隧道长度的不同,将隧道分为短隧道($L \leqslant 500$m)、中隧道($500\text{m} < L \leqslant 1000$m)、长隧道($1000\text{m} < L \leqslant 3000$m)、特长隧道($>3000$m)四类。

22. A

【解析】在复合式衬砌中,第一层衬砌采用喷锚衬砌,通常称为初期支护;第二层衬砌采用拱墙整体浇筑的模筑混凝土衬砌,也称二次衬砌。

23. A

【解析】钢筋网实测项目应符合下表的规定。其中,网格尺寸为关键检测项目。

钢筋网实测项目

项次	检查项目	规定值或允许偏差	检查方法和频率
1	钢筋网喷射混凝土保护层厚度(mm)	≥20	凿孔法:每10m测5点
2△	网格尺寸(mm)	±10	尺量:每100m^2检查3个网眼
3	搭接长度(mm)	≥50	尺量:每20m测3点

24. A

【解析】根据止水带材质和止水部位可采用不同的接头方法。每环中的接头不宜多于1处,且不得设在结构转弯处。对于橡胶止水带,其接头形式应采用搭接或复合接;对于塑料止水带,其接头形式应采用搭接或对接。

25. C

【解析】《公路隧道设计规范　第一册　土建工程》(JTG 3370.1—2018)规定,二次衬砌混凝土的抗渗等级在有冻害及最冷月份平均气温低于-15℃的地区不低于P8,其余地区不低于P6。

26. C

【解析】围岩自稳定能力弱、开挖后拱部易出现塌方的地段应采用超前管棚。

27. B

【解析】见《公路隧道施工技术规范》(JTG/T 3660—2020)第18.2.7条的相关要求。

28. B

【解析】地质雷达法为短距离超前地质预报法,在一般地段预报距离宜控制在30m以内,连续预报时前后两次重叠长度宜在5m以上。

29. D

30. C

二、判断题

1. √

【解析】特大斜拉桥、悬索桥应划分为多个单位工程,分别为塔及辅助、过渡墩(每个),锚碇(每个),上部结构制作与防护,上部结构浇筑和安装,桥面系、附属工程及桥梁总体等。

2. ×

【解析】桥隧工程质量评定分合格与不合格两个等级,采用逐级评定制,且只有当所属各分项/分部/单位工程全部合格,该分部/单位/建设项目(合同段)工程才能评为合格。

3. √

4. ×

【解析】钢筋断后伸长率是指试样拉伸断裂后的残余伸长量与原始标距之比(以百分比表示),它是表示钢材变形性能、塑性变形能力的重要指标。

5. ×

【解析】混凝土棱柱体抗压弹性模量的计算结果精确至100MPa;混凝土立方体抗压强度和混凝土棱柱体轴心抗压强度的测试结果精确至0.1MPa;混凝土抗弯拉强度和混凝土立方体劈裂抗拉强度的测试结果精确至0.01MPa。

6. ×

【解析】预应力混凝土桥梁用塑料波纹管力学性能指标包括环刚度、局部横向荷载、柔韧性和抗冲击性四项,其中,环刚度试验要求不小于$6kN/m^2$。

7. ×

【解析】隧道防水卷材抗穿孔性试验,重锤自由落下,撞击位于试样表面的冲头,将试样取出后若无明显穿孔则表明试样无穿孔,则还应进行水密性试验,根据试验结果判断试样是否穿孔,继而评定为是否渗水。

8. ×

【解析】每一测区取粉的钻孔数量不少于3个,取粉孔允许与碳化深度测量孔合并使用;钻孔取粉应分层收集,同一测区、不同测孔、相同深度的粉末可收集在一个袋中;不同测区的测孔,相同深度的粉末不允许混合在一起。

9. √

【解析】钢筋具有较好的透声性,会在测试区域内形成超声波另一传播路径("声短路"),影响混凝土缺陷的测试结果。为尽量减小此影响,规范中提出了题述的要求。

10. ×

【解析】结构或构件实测强度推定值、测区平均换算强度与混凝土抗压强度设计值的比值即为其推定强度匀质系数K_{bt}和平均强度匀质系数K_{bm},桥梁结构混凝土材质强度检测结果的评定,应依据K_{bt}和K_{bm}的范围按下表确定混凝土强度评定标度。

桥梁混凝土强度评定标度

K_{bt}	K_{bm}	强度状态	评定标度
≥0.95	≥1.00	良好	1
(0.95,0.90]	(1.00,0.95]	较好	2
(0.90,0.80]	(0.95,0.90]	较差	3
(0.80,0.70]	(0.90,0.85]	差	4
<0.70	<0.85	危险	5

11. √

【解析】《公路工程基桩检测技术规程》(JTG/T 3512—2020)第4.1.1条规定,灌注桩的成孔质量检测应包括孔深、孔径、桩孔倾斜度及沉淀厚度。

12. √

【解析】扩大基础比桩基础与土体的接触面积更大,所以单位面积对土体的作用力较小,对土层强度要求较低,埋深较浅。因此,桥梁扩大基础位于坚硬的岩层上时,可不必检测地基承载力。

13. ×

【解析】采用慢速维持荷载法试验，加载分级不宜小于10级，通常每级加载为最大加载量或预估极限承载力的1/15～1/10。

14. ×

【解析】公路桥梁特殊检查技术要求较高，应委托具有相应资质和能力的单位承担。

15. √

【解析】根据仪器的原理（$\varepsilon = \Delta L/L$），安装标距L不同，千分表最小刻度值（0.001mm）所对应的最小被测物理量也不同，标距越大，分辨力越高，可检出更小的被测物理量。

16. ×

【解析】电阻应变片粘贴完毕后，应待黏合胶固化且检查贴片质量（绝缘电阻、是否开路短路）后，方可进行防护处理。

17. √

18. ×

【解析】《公路桥梁荷载试验规程》（JTG/T J21-01—2015）规定，桥梁静载试验一般分3～5级加载。采用分级加载的目的有两方面：一是通过加载分级测定结构应变、挠度等响应与荷载的相关性，以说明结构是否处于弹性阶段；二是为保证结构安全，对于旧桥，特别是旧危桥和技术状况不明的桥梁，应增加荷载分级级数。

19. √

【解析】磁电式速度传感器基于电磁感应原理制成，传感器输出的感应电势与振动速度成正比，此类仪器与压电加速度计在桥梁振动试验中应用十分广泛。伺服式加速度计也适用桥梁振动检测，但价格昂贵，实际应用较少。

20. ×

【解析】在用桥梁的承载能力评定，可依据技术状况检测结果通过检算方式作出评定，该方法引入多个分项检算系数，其中如恶化系数、截面折减系数、承载力检算系数等是依据大量在用桥梁的统计资料和实践经验总结得出，因此《公路桥梁承载能力检测评定规程》（JTG/T J21—2011）明确规定，该规程适用于除钢-混凝土组（混）合桥梁以外的在用公路桥梁的承载能力检测评定。新建桥梁可通过荷载试验的方式评定其实际承载能力。

21. √

【解析】承载能力检算系数评定标度D是根据桥梁缺损状况、材质强度、自振频率等三个方面的检测结果，通过加权计算得到。当D值为1或2时，表明结构或构件总体技术状况较好，按规范可不进行正常使用极限状态评定计算；当$D \geq 3$时，说明桥梁存在较严重缺损或材质状况较差或结构实际刚度小于设计计算刚度，桥梁的总体状况不容乐观，需要进行正常使用极限状态评定检算，通过采用引入检算系数Z_1或Z_2的方式检算限制应力、结构变形和裂缝宽度。

22. √

23. √

24. √

25. ×

【解析】防水板焊缝可采用充气法检查。将5号注射针与压力表相接，用打气筒充气，当压力表达到0.25MPa时,保持15min,压力下降在10%以内,焊缝质量合格。

26. √

27. ×

【解析】隧道周边收敛通常采用收敛计进行测量,而精密水准仪用于拱顶下沉等测量。

28. ×

【解析】岩溶预报应以地质调查法为基础,以超前钻探法为主,结合多种物探手段进行综合超前地质预报,并应采用宏观预报指导微观预报、长距离预报指导中短距离预报的方法。所有不良地质体预报均以地质调查法为基础,其中断层预报以弹性波反射法探测为主,岩溶、煤层瓦斯、涌水、突泥预报以超前钻探法为主,结合多种物探手段进行综合超前地质预报。超前钻探法可以真实揭露隧道前方水文地质情况,相对物探法其准确度更高,受干扰较小。

29. √

【解析】煤系地层经常富含瓦斯,其地质破碎地带、地质变化地带、煤线地带、裂隙发育的砂岩、泥岩及页岩地带均为瓦斯可能渗出的地点,应布置瓦斯浓度测点,保障施工安全,可采用人工监测与自动监测相结合的方法进行监测。

30. ×

三、多项选择题

1. ABCD

【解析】分项工程质量检验内容包括:基本要求检查,实测项目(合格率),外观质量,质量保证资料四个方面。《公路工程质量检验评定标准　第一册　土建工程》(JTG F80/1—2017)还规定,只有在原材料、半成品、成品及施工控制要点等符合基本要求的规定,同时无外观质量限制缺陷且质量保证资料齐全时,方可进行分项工程的检验评定。

2. AC

【解析】混凝土构件的主要力学性能指标包括立方体抗压强度、棱柱体轴心抗压强度、抗压弹性模量、抗弯拉强度、劈裂抗拉强度等。

3. BC

4. AB

【解析】土工布物理特性检测项目主要指土工布的厚度与单位面积质量。抗拉强度及延伸率属于土工布的力学性能指标。此外土工布的孔隙率、有效孔径及垂直渗透性能指标反映土工布的水力学特性。

5. ABCD

6. ABC

【解析】选项D错误,混凝土内部空洞的检测一般采用平面对测法、钻孔或预埋管测法。

7. ABCD

【解析】金属超声探伤所采用的耦合剂应选用适当的液体或糊状物,应具有良好的透声性和适宜流动性,不对检测对象和检测人员有损伤,检测后易清理。一般常用的耦合剂有:水、水玻璃、化学浆糊、甘油、机油等,耦合剂中可加入适量的润湿剂或活性剂以改善耦合性能。

8. ACD

【解析】在工程中常用于测定沉淀土厚度的方法有垂球法、电阻率法和电容法。超声波法和钢筋笼法均用于检测成孔后的孔径和垂直度，不能检测孔底的沉淀厚度。

9. ABCD

【解析】碎石土的密实度，可根据重型动力触探锤击数 $N_{63.5}$，分为松散（$N_{63.5} \leqslant 5$）、稍密（$5 < N_{63.5} \leqslant 10$）、中密（$10 < N_{63.5} \leqslant 20$）和密实（$N_{63.5} > 20$）四个等级。

10. ABCD

【解析】桥梁动载试验的内容包括自振特性（即动力特性）测定和动力响应测定两个方面。其中自振特性参数包括自振频率、阻尼和振型；动力响应试验测定参数包括动挠度、动应变、加速度、冲击系数等。

11. ABC

【解析】对于预应力结构，混凝土全截面参与受力，因此除特殊情况外，不允许破坏混凝土保护层在钢筋上布置应变测点，而应直接布置在混凝土表面上。与之相反的钢筋混凝土结构是带裂缝工作的构件，受拉区混凝土因开裂退出工作，此时受拉区主筋的应力（应变）是性能评价的最重要数据。

12. AC

13. ABDE

【解析】隧道常见质量问题和主要病害现象包括隧道渗漏水；衬砌开裂；衬砌厚度不足；衬砌背后空洞及不密实现象；混凝土劣化、强度不足；路面隆起、下沉、开裂；照明亮度不足；悬挂件锈蚀、松动、脱落、缺失；附属设施损坏等。

14. ABC

【解析】极坐标法通常采用激光断面仪，激光断面仪采用激光测距的原理，属于非接触式测量法。

15. ACD

16. ABD

【解析】C 选项错误，多点杆式位移计安装宜采用灌注水泥砂浆进行锚固，不得采用药包锚固剂锚固。

17. ABCD

18. AC

【解析】地质调查法包括地表补充地质调查和隧道内地质素描。

19. ABC

【解析】《公路隧道施工技术规范》（JTG/T 3660—2020）主要对施工隧道中空气中的氧气含量、粉尘浓度、有害气体、噪声、温度等指标的允许值做出了明确规定。瓦斯隧道施工重点监测瓦斯浓度；放射性地层隧道施工重点监测核辐射。

20. ABCD

四、综合题

1.（1）AC　（2）ABCE　（3）C　（4）BCD　（5）B

【解析】(1)锚具的静载锚固性能试验需同时满足荷载效率 $\eta_a \geq 0.95$ 和实测极限拉力时的总应变 $\varepsilon_{apu} \geq 2.0\%$ 的要求。

(2)静载锚固性能试验、周期荷载试验用设备,一般由加载千斤顶、荷载传感器、承力台座、液压油泵源及控制系统组成。

(3)加载速率为100MPa/min;以预应力钢绞线抗拉强度标准值的20%、40%、60%、80%,分4级等速加载;加载至钢绞线抗拉强度标准值的80%后,持荷1h;持荷1h时后用低于100MPa/min的加载速率缓慢加载至试验破坏。

(4)在静载锚固性能满足后,夹片允许出现微裂和纵向断裂,不允许出现横向、斜向断裂及碎断;预应力筋达到极限破断时,锚板不允许出现过大塑性变形,锚板中心残余变形不应出现明显挠度。

(5)每个组装件的试验结果均应满足力学性能要求,不得进行平均。如果有一个试件不符合要求,应另取双倍数量重做试验,如仍有一个试件不合格,则该批产品不合格。

2.(1)ABC　　(2)ABD　　(3)ABD　　(4)BCD　　(5)AB

【解析】(1)采用超声回弹综合法检测混凝土强度,全国统一测强曲线的适用条件包括:人工或一般机械搅拌的混凝土或泵送混凝土、自然养护、龄期7~2000d、抗压强度为10~70MPa。应注意与回弹法适用条件的区别。

(2)相邻两测区的间距不宜大于2m,C选项错误。

(3)超声测试宜优先采用对测,当被测构件不具备条件时,可采用角测或单面平测。

(4)单个构件检测时,有效芯样数量不应少于3个,构件尺寸较小时不得少于2个,按有效芯样的最小值确定混凝土强度的推定值。A选项错误。

(5)用游标卡尺在芯样中部相互垂直的两个位置测量,取均值作为芯样试件的直径;试件的高径比 H/d 在0.95~1.05范围以外,或芯样有裂缝或其他较大缺陷时,测试数据无效(即无效芯样)。

3.(1)ABC　　(2)CD　　(3)C　　(4)A　　(5)AB

【解析】(1)用大于换能器直径的圆钢疏通,以保证换能器在声测管全程范围内升降顺利;混凝土龄期满14d以后,混凝土强度达到设计强度的70%、且不低于15MPa时,也可进场检测。

(2)选项A是低应变反射波法的检测仪器,选项B是钻孔桩成孔质量的检测仪器。

(3)《公路工程基桩检测技术规程》(JTG/T 3512—2020)对声测管埋设数量要求为:当桩径小于1000mm时,应埋设2根管;当桩径大于或等于1000mm且小于或等于1600mm时,应埋设3根管;当桩径大于1600mm且小于2500mm时,应埋设4根管;当桩径大于或等于2500mm时,应增加声测管的数量。

(4)混凝土强度与声速关系详见下表。

混凝土强度与声速关系参考表

声速(m/s)	>4500	4500~3500	3500~3000	3000~2000	<2000
强度定性评价	好	较好	可疑	差	非常差

(5)采用超声透射波法检测桩身完整性时,发射与接收换能器应以相同高程同步升降,其

累计相对高差不应大于20mm;斜测时,发、收换能器中心连线与水平夹角一般取30°~40°,故A、B选项正确;该桩应埋设4根声测管,共计有6个测试剖面。

4.(1)BC　　(2)ABD　　(3)B　　(4)B　　(5)B

【解析】(1)在进行桥梁技术状况评定时,先要进行结构的层次划分,再进行分层评定。构件是组成桥梁结构的最小单元,如一块梁板、一个桥墩等;同类构件统称为一类部件,如梁板、桥墩等;多个部件组合后成为结构,如上部承重构件(全部主梁)、上部一般构件(全部铰缝)、支座组成上部结构,桥面铺装则归于桥面系进行评定。

(2)根据桥梁各部件的重要程度,又分为主要部件和次要部件。对于梁式桥上部承重构件、桥墩、桥台、基础和支座属于主要部件,其余的属于次要部件。

(3)略。

(4)将人行道的权重按其他部件的权重分配给其余各部件,桥面铺装调整后的权重为:

$$w=\frac{0.40}{1-0.10}=0.44$$

(5)桥梁总体评分为 $D_r=61\times0.4+62\times0.4+40\times0.2=57.2$。根据评定标准,当桥梁上部结构、下部结构的技术状况为3类,桥面系的技术状况为4类,D_r分值在40~60之间时,桥梁总体技术状况应评定为3类桥。

5.(1)ACD　　(2)D　　(3)ABC　　(4)C　　(5)AD

【解析】(1)电阻应变片受温度变化影响大,不适用施工和运营等长期测试;弓形应变计为工具式应变计,只能用于表面安装;振弦式应变计通过安装脚座可用于混凝土表面应变测试。

(2)千分表引伸计、弓形应变计只能用于表面安装,BC选项错误;电阻应变片长期稳定性差,不适用施工阶段应变监测。

(3)竣工荷载试验为短期观测,预应力桥梁应变测点通常布设在混凝土表面上,ABC选项正确;预应力混凝土结构一般不允许破坏混凝土保护层,D选项错误。

(4)电阻应变计可制成钢筋应力计预埋在混凝土内部,但稳定性较差;弓形应变计为工具式应变计,不能用于混凝土内部应力测试;压电式元件可制成加速度传感器和测力传感器等,但不能用于应变检测;振弦式应变计既可预埋也可用于表面应变测试,且长期稳定性较好。

(5)限于电阻应变片受温度变化影响大、稳定性不佳的缺陷,该类传感器一般不适用长期应力监测,BC选项错误;光纤传感器和振弦式应变计稳定性较好,前者常用于桥梁长期运营的应变和温度监测,后者较多地用于施工阶段应力监测。

6.(1)ABCD　　(2)ABC　　(3)ACD　　(4)AC　　(5)ACD

【解析】(1)略。

(2)采用激光断面仪测量混凝土衬砌厚度的前提是衬砌浇筑前已有初期支护内轮廓线的实测结果,初期支护内轮廓线的实测结果与二次模筑混凝土衬砌内轮廓线的测试结果在同一坐标系中,衬砌背后不存在空洞或间隙。

(3)地质雷达可用于混凝土衬砌厚度,衬砌混凝土背后密实性,混凝土内部钢架、钢筋、预埋件等检查,不能用于混凝土强度检查。

(4)略。

(5)激光断面仪主要用于检测隧道开挖断面、初期支护断面和二次衬砌断面,评价隧道开挖质量和判断支护(衬砌)断面是否侵入限界,但不能用于衬砌背后缺陷检测。

7.(1)ABCD　(2)A　(3)ABC　(4)C　(5)AB

【解析】(1)《公路隧道施工技术规范》(JTG/T 3660—2020)规定,施工隧道环境检测内容包括:粉尘浓度,一氧化碳、硫化氢、瓦斯等有害气体浓度,洞内温度核辐射等。

(2)粉尘浓度采用滤膜测定,原理为质量法;检知管可以用于检测一氧化碳和硫化氢等有害气体;醋酸铅试纸可用于检测硫化氢浓度检测;红外气体传感器可用于检测一氧化碳浓度。

(3)国家、行业标准规定的硫化氢检测方法是亚甲基蓝比色法,现场检测常用的方法主要有:检知管法、醋酸铅试纸法和硫化氢传感器法;闪烁探测器用于核辐射检测。

(4)瓦斯隧道装药爆破时,爆破地点20m内风流中瓦斯浓度必须小于1.0%;总回风道风流中瓦斯浓度必须小于0.75%。开挖面瓦斯浓度大于1.5%时,所有人必须撤离至安全地点。

(5)施工隧道内粉尘浓度检测应在掘进工作面可在风筒出口后面距工作面4~6m处采样;采样器要迎着风流,距地面高度为1.3~1.5m,故AB选项正确。一般在作业开始30min后进行采样,C选项错误;采样前,要通过调节使用的采样流量和采样时间,防止滤膜上粉尘增量超过规定要求(即过载),采样过程中若有过载可能,应及时更换采样夹,D选项错误。